Gabriele Klein

FrauenKörperTanz

Eine Zivilisationsgeschichte des Tanzes

WILHELM HEYNE VERLAG
MÜNCHEN

HEYNE SACHBUCH
Nr. 19/5008

Lektorat: Manuela Runge

Ungekürzte Taschenbuchausgabe
im Wilhelm Heyne Verlag GmbH & Co. KG, München
Copyright © 1992 by Quadriga Verlag, Weinheim – Berlin
Printed in Germany 1994
Umschlagillustration: Henri Matisse, la danse, © Succession H. Matisse,
VG Bildkunst, Bonn 1994
Umschlaggestaltung: Atelier Adolf Bachmann, Reischach
Satz: Satz- und Reprotechnik GmbH, Hemsbach
Druck und Verarbeitung: Druckhaus Beltz, Hemsbach

ISBN 3-453-07032-1

Inhalt

6

Einleitung

Seit den siebziger Jahren vollziehen sich im Tanz bemerkenswerte Entwicklungen. Während für die Erben Knigges das Beherrschen von Standardtänzen wieder zum guten Ton gehört, sucht ein Teil der jüngeren Generation sich in High-Tech-Discos den Normierungen des Alltags zu entledigen. Untertauchen in der Masse und narzißtische Selbstdarstellung, freies Fließen der Bewegungslust und beziehungslose Selbstvergessenheit kennzeichnen das breite Spektrum dieser mittlerweile äußerst differenzierten Szene. Enormen Zulauf verzeichnen aber nicht nur traditionelle Tanzschulen und durchgestylte Discotheken; auch die allerorts entstehenden Zentren, Institute oder Studios für Bewegung und Tanz erfreuen sich größter Beliebtheit. In der ehemaligen Bundesrepublik gibt es mittlerweile ca. 1500 Einrichtungen dieser Art[1] mit einem breiten und insgesamt unüberschaubaren Angebot an Kursen und Workshops. Vor allem das Angebot an Tänzen ostasiatischer, südamerikanischer und afrikanischer Herkunft stößt hier auf eine begeisterte Nachfrage. Insbesondere Frauen verwenden viel Zeit und Geld auf das Erlernen expressiver Tanzstile, trifft der neue Kult um Erotik und Exotik doch gerade ihr spezifisches Körperbewußtsein: Die Aufmerksamkeit für den eigenen Körper wie auch die von Kind an gelernte Präsentation desselben prädestiniert sie zu eifrigen Besucherinnen von Tanzkursen.

Aber nicht nur der kommerzielle Tanzmarkt profitiert von der neuen Tanzbegeisterung. Auch Tanzfilme wurden weltweit zu Kassenschlagern und ihre Hauptdarsteller zu heißbegehrten Teenie-Idolen. Obwohl die Geschichten doch zumeist recht schlicht strukturiert sind, ist eine unerfüllte Sehnsucht nach Erotik, Sinnlichkeit und Körperlichkeit auch hier der entscheidende Motor für die Anziehungskraft dieser Filme.

Parallel zu dem aufblühenden Tanzmarkt vollziehen sich im Kunsttanz ebenfalls erstaunliche Entwicklungen. Eine differenzierte, kaum überschaubare Szene auch hier: Neben den nach wie vor zum Standardrepertoire städtischer Theater gehörenden klassischen Ballettwerken haben mittlerweile eine Vielzahl moderner Ballettinszenierungen von sich reden gemacht. Zeitkritische und wegweisende Inhalte kennzeichnen diese ebensosehr wie eine Vermischung traditioneller Ballettrethorik mit moderner Tanztechnik. Jenseits der Tradition des klassischen Kunsttanzes hat sich seit Mitte der siebziger Jahre das ›Deutsche Tanztheater‹ einen Platz im etablierten Drei-Sparten-Betrieb gesichert. Über die Thematisierung eines sozial deformierten Körpers und den gleichzeitigen Vorschein körperlicher Freiheit entwickeln hier vor allem Choreographinnen neue inhaltliche und formale Leitlinien für eine spartenübergreifende Tanzästhetik. Nicht zuletzt existiert seit Anfang der achtziger Jahre auch außerhalb der etablierten Theaterstätten eine bunte ›freie‹ Tanzszene, zu der sich im Gebiet der ehemaligen Bundesrepublik mittlerweile nahezu 250 professionelle Gruppen und Solisten[2] zugehörig fühlen. Nur selten von offizieller Seite subventioniert, sucht der ›neue Tanz‹ unter häufig armseligen Produktionsbedingungen nach einer zeitgemäßen Tanzsprache jenseits moralischer und ideologischer Interpretationen.

Zeitgleich mit der den Tanzboom fördernden ›Körperkonjunktur‹ erlangt das Thema ›Körper‹ auch in den Humanwissenschaften eine bislang nicht bekannte Aufmerksamkeit. Seit der Wiederentdeckung des zweibändigen Werkes des Soziologen Norbert Elias »Über den Prozeß der Zivilisation«[3] wird hier die Geschichte des abendländischen Zivilisationsprozesses als eine Geschichte zunehmender Körperdistanzierung und -disziplinierung interpretiert. Obwohl der Begriff Körper nicht eindeutig von dem des Leibes abgegrenzt ist,[4] wird gemeinhin unterstellt, daß mit der Herausbildung der bürgerlich-industriellen Gesellschaft körperliche Bedürfnisse zugunsten langfristig geplanter, zweckrationaler Handlungen abgewertet und verdrängt wurden. Im Verlauf dieser Entwicklung lernten die Menschen allmählich, ihre Körper so weit zu kontrollieren und zu disziplinieren, daß ihre Bedürfnisse ihnen selbst fremd wurden. Der Körper erschien ihnen von nun an als eine »Fiktion«[5], als eine vage Erinnerung an die verlorene ›Natürlichkeit‹.

Diese scheinbar paradoxe Entwicklung einer aktuellen Körperaufwertung im langfristigen Prozeß der Körperverdrängung manifestiert sich in einer Begrifflichkeit, in der einerseits von einer »Wiederkehr des Körpers«[6], andererseits vom »Schweigen des Körpers«[7], von einem »Schwinden der Sinne«[8] und von einer »Zerstörung der Sinnlichkeit«[9] die Rede ist. Hierbei wird zumeist ein geschlechtsneutraler Körper unterstellt und suggeriert, als seien die Körper von Frauen und Männern gleichen sozialen Zwängen ausgesetzt. Tatsächlich aber sind Frauen auf gesellschaftliche Bereiche verwiesen, in denen andere Disziplinierungsstrategien wirken. Die soziale Bestimmung der weiblichen ›Natur‹ hat zur Folge, daß Frauen nicht nur andere Räume ›besetzen‹, sondern sich auch anders in den prinzipiell männlich dominierten Bereichen bewegen.

Einer der gesellschaftlich den Frauen zugewiesenen Räume ist der Tanzraum. Sowohl in der ›Laientanzbewegung‹ wie auch im Kunsttanz sind hier Frauen nicht nur zahlenmäßig bei weitem in der Überzahl. Vielmehr schlagen sich die unterschiedlichen Körperbezüge von Frauen und Männern in einer spezifischen Tanzästhetik ebenso nieder wie sich das hierarchische Geschlechtsverhältnis in der Paarfiguration des Gesellschaftstanzes konkretisiert.

Die derzeitige Aufwertung des Körpers ist im geschichtlichen Prozeß zunehmender Körperdistanzierung aber keineswegs ein neues Phänomen. Vielmehr kennt die europäische Zivilisationsgeschichte mehrere historische Phasen, in denen die Menschen ihre Körperlichkeit gegen die gesellschaftlich normierten und formalisierten Verhaltensmuster einfordern. Ein wichtiger Indikator bildet dabei seit jeher der Tanz, dessen Geschichte einerseits als ein Teil der Gesellschaftsgeschichte beschreibbar ist, andererseits ein entscheidendes Medium der Körpergeschichte darstellt. Als Ausdrucksmittel von Körperlust ist Tanz zugleich immer auch bedrohlich und zwar für die Hüter der sozialen Ordnung, die in ihm eine

Gefahr für den Bestand derselben wittern. Phasen, in denen ein lockeres Ausleben der Körperlust die gesellschaftlichen Verhältnisse zum Tanzen zu bringen droht, sind von daher auch immer begleitet von dem Versuch, die Tanzwut wieder in geregelte Bahnen zu lenken. Gesellschaftlichen Strukturprinzipien widersprechend, hat der Tanz wie kaum eine andere Bewegungsform in der abendländischen Kultur um seine Anerkennung kämpfen und bangen müssen. Auch im Kanon der Künste beginnt er erst allmählich, sich einen eigenen Platz zu erobern.

Die Zivilisationsgeschichte des Tanzes auf dem Hintergrund der Geschichte menschlicher Körper zu verstehen und zu erklären, ist ein Anliegen dieses Buches. Das Instrument des Tanzes ist der Körper der Menschen; der Tanz spiegelt von daher das gesellschaftliche Verhältnis zum Körper wie die individuelle Bedeutung der Körperlichkeit wider.

Begreift man die Distanzierung der Menschen von ihren Körpern als ein entscheidendes Charakteristikum des abendländischen Zivilisationsprozesses, so fordert die bürgerlich-industrielle Gesellschaft den Menschen eine qualitativ neue Form von Körperdistanz ab. Gleichzeitig verschwindet der Körper als Subjekt auch aus der offiziellen Geschichte. Als Reservoir des Naturhaften findet er nunmehr seinen Platz im Bereich der »unterirdischen Geschichte«[10], dies umso mehr, als sich die Beherrschung äußerer und innerer Natur[11] immer rücksichtsloser vollzieht. Mit dem Verschwinden des Körpers werden die Frauen als die Repräsentantinnen des im Zivilisationsprozeß exkommunizierten Körpers zu Natur- und Körperwesen erklärt, während der Mann explizit als Kultur- und Verstandeswesen definiert ist. Über diese polare Anordnung verändern sich auch die geschlechtsspezifischen Machtbalancen[12]: die gesellschaftliche Bestimmung der Geschlechtscharaktere findet ihre soziale Verankerung in prinzipiell unterschiedlichen gesellschaftlichen Raumzuweisungen für Frauen und Männer. Parallel zu dieser ideologischen und sozialen Polarisierung lassen auch die stabiler funktionierenden Selbstzwangapparaturen das körperliche Verhältnis der Geschlechter zunehmend distanzierter werden. Wie die sich geschlechtsspezifisch unterschiedlich zivilisierenden Körper den Wandel der tänzerischen

Figurationen[13], und wie speziell Frauen die Geschichte der Tanz-kunst prägen, ist eine weitere Fragestellung dieses Buches.

Tanzgeschichte ist Teil von Gesellschaftsgeschichte. In ihr spiegeln sich die langfristigen Entwicklungen der allgemeinen Zivilisationsgeschichte wider. Diese läßt sich nach Elias nicht als ein linearer, auf ein bestimmtes Ziel ausgerichteter Prozeß beschreiben; vielmehr vollzieht sich der Prozeß der Zivilisation in einem permanenten Wechselspiel von Trends und Gegentrends. Es ist ein drittes Anliegen dieses Buches, die Einbindung der Tanzgeschichte in die abendländische Zivilisationsgeschichte von der Antike an nachzuzeichnen. Anhand einer historischen Spurensuche werden dabei zunächst die sozialen Bedeutungsgehalte und Funktionen von Tanz bestimmt. Zugleich richtet sich mein Interesse schon hier auf die spezifischen Verbindungen der Frauen-, Körper- und Tanz-geschichte, deren langfristige Entwicklungslinien im Verlauf des Mittelalters weiter verfolgt werden.

Mit der Verflechtung von Frauen-, Körper- und Tanzgeschichte seit Herausbildung der bürgerlichen Gesellschaft beschäftigt sich der Hauptteil des Buches. Während ich in den ersten beiden Kapiteln langfristige Trends nachzeichne, stelle ich nun kurzfristige Gegentrends sowohl im Gesellschafts- wie im Bühnentanz in den Vordergrund meiner Betrachtung. Untersuchungsgegenstand bilden die drei entscheidenden gesellschaftlichen Aufbruchsphasen um 1770, 1900 und 1960/70, in denen eine veränderte Aufmerksamkeit für den Körper eine Aufwertung des Tanzes bewirkt. Auf dem Hintergrund einer steigenden Gesellschafts- und Kulturkritik lassen sich diese Phasen als kurzfristige Gegentrends beschreiben, reihen sich aber zugleich in die langfristigen Entwicklungslinien einer historisch verdrängten Frauen-, Körper- und Tanzgeschichte ein. Trends und Gegentrends in der Tanzgeschichte korrespondieren hier mit einem Wechsel von Revolution und Restauration.[14] Zugleich sind sie Ausdruck eines Ineinanderwirkens von Prozessen der Zivilisierung und Subversion. In den Schlußbetrachtungen werde ich die zuvor entwickelten Stränge einer Zivilisationsge-schichte des Tanzes in Europa unter vier thematischen Gesichts-punkten zusammenfassen.

Entsprechend der bisher nur partiellen wissenschaftlichen Aufarbeitung der Tanzgeschichte basiert das vorliegende Buch auf Quellenmaterial unterschiedlicher Validität. Während ich für die Antike und das Mittelalter weitgehend auf chronologisch angeordnete, breite Zeiträume umfassende Werke zurückgreifen mußte, konnte ich ab dem neunzehnten Jahrhundert zunehmend Primärquellen heranziehen. Neben Biographien und Autobiographien von TänzerInnen und systematisch zusammenfassenden Werken zur Bewegungskonfiguration und Technik einzelner Tänze erwiesen sich dabei zeitgenössische Kultur-, Theater- und Tanzzeitschriften als die ergiebigsten Quellen. Darüber hinaus stellten Filmaufzeichnungen und persönlich durchgeführte Interviews mit Tänzerinnen und Choreographinnen eine wichtige Materialbasis dar.

Neben der mit den wenigen publizierten Materialien verbundenen Problematik war das Abfassen dieses Buches mit einem prinzipiellen Problem konfrontiert: Über Tanz zu schreiben, bedeutet grundsätzlich, etwas sprachlich ausdrücken zu wollen, für das es keine Begrifflichkeiten gibt. Die Sprache des Tanzes ist die des Körpers und des Augenblicks. Die ›Flüchtigkeit‹ der Bewegung entzieht sich dem gesprochenen und geschriebenen Wort. Tanz ist ein dynamischer, räumlich-zeitlicher und affektiv-körperlicher Vorgang, der nur während der Dauer seines Geschehens lebendig ist. Als »Gegenwartsbekenntnis, Erleben des Da-Seins ohne jeden intellektuellen Umweg« bezeichnete ihn die Ausdruckstänzerin Mary Wigman.[15] Ihrer Meinung nach muß Tanz gesehen und erlebt sein; das Schreiben über Tanz hat mit der tänzerischen Erfahrung nichts zu tun. Selbst dann, wenn das in Sprache Gefaßte einer Poetik des Tanzes gleichkommt, bleibt die eigentliche Primärquelle des Tanzes der Tanz selbst; insbesondere eine Zivilisationsgeschichte des Tanzes kann sich ihm nur über vermittelte Informationen annähern. Trotz dieser grundsätzlichen Problematik einer Verfremdung der Körpersprache des Tanzes durch das Wort ist dieses Buch von dem Bemühen getragen, der Dynamik der Tanzgeschichte gerecht zu werden.

1 Tonfigur, um 3700 v. u. Z.

1

Über die Bedeutung des Tanzes: Eine historische Spurensuche

Tanz und Kult bei den Naturvölkern

In einer der frühesten Formen gesellschaftlicher Organisation, den Stammesverbänden, gehörte der Tanz zu den zentralen Bestandteilen des alltäglichen Lebens.[1] Obwohl aufgrund der wenigen verfügbaren Quellen damaliger Tanzrituale eine Rekonstruktion äußerst schwierig ist, lassen sich anhand der Entdeckung von Tanzbildern in steinzeitlichen Höhlen einige grundlegende Aussagen über die damaligen sozialen und affektiven Bedeutungsgehalte des Tanzes treffen. Höhlenzeichnungen weisen darauf hin, daß die Menschen im Tanz ihre Verbundenheit mit der Pflanzen- und Tierwelt symbolisch abbildeten. Die körperlich-tänzerische Bewegung war zudem eine wesentliche Ausdrucksform sozialer Kommunikation. Bei nahezu jedem gesellschaftlichen Ereignis wurde getanzt, ob Geburt, Hochzeit, Tod, Krieg, Sieg, Ernte, Krankenheilung oder Beschwörung von Sonne, Regen, Fruchtbarkeit, Schutz und Vergebung.

Desweiteren scheint der Tanz in enger Verbindung mit Kult und Göttermythen gestanden zu haben. Frühe Kulturen kannten den uns vertrauten Gegensatz von Diesseits und Jenseits, Ideologie und alltäglichem Leben nicht. Vielmehr waren die Götter für die Menschen allgegenwärtig, sie bestimmten den sozialen Alltag, das gesamte Leben des einzelnen wie auch die Geschichte des Stammes. In der Durchdringung von Wirklichkeit und Symbol, Kult und Gesellschaftlichkeit fand der Tanz seine elementare gesellschaftliche Funktion.

Trotz des geringen Grades an gesellschaftlicher Differenzierung scheinen die Naturvölker aber schon verschiedene Tanzformen praktiziert zu haben. Curt Sachs beispielsweise unterscheidet tanzarme von tänzerischen Völkern, Tänze wider den Körper von körperbewußten Tänzen, welche die Funktion körperlich-emotionaler Entladung hatten, weit- von engbewegten Tänzen wie auch bildfreie von bildhaft-pantomimischen Tänzen.[2] Ist diese Differenzierung in Anbetracht der Quellenlage überhaupt vertretbar, läßt sie sich möglicherweise auf die schon in diesen Gesellschaften existenten, unterschiedlichen Formen sozialer Kommunikation zurückführen. Unabhängig davon war diesen Tänzen eines gemeinsam: sie wurden als Reigen getanzt.

Bei den Naturvölkern war der Reigen in den Variationen des Kreis-, Schlängel-, Front- und Platztauschreigens die gebräuch-

2 Höhlenzeichnung aus dem Paläolithikum, Höhlen von Tassili (Sahara)

lichste Form des Tanzes. Dabei lag der Sinn darin, in der geschlossenen und verbindenden Form des Kreises gemeinschaftlich Ereignisse zu beschwören oder zu verhindern. Mit Hilfe der Magie versuchten die Menschen, ihre enge Verbundenheit mit der äußeren Natur zu demonstrieren. Die kultischen Rituale brachten aber die Beziehung der Menschen zur Natur nicht nur symbolisch zum Ausdruck; vielmehr bildeten die Rituale selbst ein wesentliches Element der wirtschaftlichen Organisation.

Zum Reigen als Tanz der Gemeinschaft gehörten auch Einzeltänze, die entweder unorganisiert und spontan oder organisiert und rituell getanzt wurden. Als Bestandteile des Reigens bildeten sie aber keinen Gegensatz zu dem Tanz der Gruppe, denn unabhängig davon, wer die Tanzenden waren, bezogen sich in diesen Kulturen die Einzeltänze immer auf die Gemeinschaft der Tanzenden. Dennoch symbolisieren die Solotänze, beispielsweise die des Zauberers, Magiers oder des Priesters, die sozialen und ökonomischen Machtbeziehungen dieser Gesellschaften: In ihren herausgehobenen, stellvertretenden Positionen in der Tanzfiguration reproduzierten sich die sozialen Hierarchien der gesellschaftlichen Organisation. Darüber hinaus verdeutlichten gerade die Einzeltänze den hohen Stellenwert der Magie, Mystik und Religion für die wirtschaftliche Produktion.

Neben der Symbolisierung der sozialen Form der Naturaneignung, der gesellschaftlichen Beziehungen der Menschen zueinander wie auch der Spiegelung der kultisch-religiösen Verankerung jener Stammesverbände, kristallisierte sich in den Tänzen der Naturvölker ein geschlechtsspezifischer Aspekt heraus. Es waren hauptsächlich Männer, die in diesen Kulturen bei gesellschaftlichen Anlässen tanzten. Dabei erlangten die Männertänze durch die enge Verbindung von Kult und Ökonomie eine größere Bedeutung für den Fortbestand der Gemeinschaft als die Frauentänze. In ihren, zumeist sakral gebundenen und ekstatischen Tänzen demonstrierten die Männer die Inbesitznahme der Natur.[3] Wenn Frauen bei diesen Tänzen überhaupt anwesend waren, bestand ihre Aufgabe vor allem in der musikalischen Begleitung. Tanzten Männer und Frauen gemeinsam, berührten sie einander nicht, dies auch nicht bei einem Paartanz, der symbolisch die Paarung der Geschlechter als Erfordernis für das Wachstum des Stammes und der Natur demonstrierte. Ganz im Gegensatz zur neuzeitlichen Tanzgeschichte stand auch der Paartanz fast ausschließlich im Zusammenhang mit dem Gruppentanz, dem Reigen. Dennoch war die Paarfiguration selten anzutreffen; die Geschlechter tanzten zumeist getrennt, wobei jedes seinen spezifischen Beitrag zum Stammeskult leistete. Indem die Männertänze aber die Form der Naturaneignung, also die Basis ökonomischer Produktion, symbolisch abbildeten, waren diese sozial bedeutungsvoller als die Frauentänze: »*Und so kann man mit Gewißheit sagen, daß der Tanz in primitiven Gesellschaften stets eine Domäne des Mannes gewesen ist, vor allem der Häuptlinge und der Priester. Ihnen obliegt die Führung des Stammes im Krieg, die Vorbereitung der Jagd, das Bannen böser Geister. Wir stellen zudem fest, daß den Männern die wichtigeren Tänze vorbehalten bleiben, was sich nur zum Teil aus der großen physischen Beanspruchung erklärt, die Kraft und Ausdauer bis zum Äußersten verlangt.*«[4]

Die geschlechtsspezifische Hierarchie jener Stammesgesellschaften schlug sich nicht nur in den unterschiedlichen sozialen Bedeutungsgehalten der Tänze nieder; vielmehr manifestierte sich diese auch in der sozialen Funktion der Ekstase, die ebenfalls Männern vorbehalten war: »*Das hängt mit der Wichtigkeit zusammen, die man dem Tanze beilegt, er gilt für etwas so Ehrenvolles, daß er den Männern vorbehalten bleibt. (...) Die Naturvölker berauschen sich am Tanz, an den Zuständen der Ekstase, die er herbeiführt, haben nur die Männer teil.*«[5]

Tanz, ein wesentliches Medium körperlicher Ausdrucksmöglichkeiten, gehörte in diesen Gesellschaften noch zum Alltag; ein hohes Maß an unmittelbarer Körperlichkeit war deshalb charakteristisch für diese Gesellschaften, zumal gerade den Trance- und ekstatischen Tänzen eine große Bedeutung zugemessen wurde. Zugleich spiegelte das höhere Sozialprestige sowie die spezifische Ausführungsform der Männertänze die soziale und ökonomische Dominanz der Männer in diesen Stammesverbänden.

Im Gegensatz zu diesen patriarchalen Gesellschaften manifestierte sich in matriarchalen Kulturen die ökonomische, soziale und religiöse Höherbewertung der Frauen in der größeren gesellschaft-

3 Freskengemälde der Tänzer von Çatal Hüyük, Türkei

lichen Bedeutung ihrer Tänze. In matristischen Garten- und Akkerbaugesellschaften trugen im wesentlichen Frauen zur Sicherung der Subsistenzbasis bei wie sie auch die entscheidenden gesellschaftlichen Positionen innehatten. Auch waren sie diejenigen, die ekstatische Tänze zu wichtigen gesellschaftlichen Anlässen tanzten:[6] *»Ein Hauptmerkmal aller matriarchalen Kulte war der Tanz. (...) Der Tanz war mehr als ein augenblicklicher Gefühlsüberschwang, er war auch mehr als ein ausdrucksvolles Gebet: er war die wichtigste magische Praktik überhaupt. Der Tanz ist die älteste und elementarste Form der spirituellen Äußerung, er ist Magie als getanztes Ritual. Aus ihm entwickelte sich jene andere Ausdrucksform, die wir uns heute Kunst zu nennen angewöhnt haben.«*[7]

Während die Rituale matriarchaler Kulturen durch den Übergang von matristischen zu patristischen Gesellschaften in modifizierten Formen in der ›unterirdischen‹ Geschichte des zivilisatorischen Prozesses weiterlebten, ist die Tanzgeschichte der abendländischen Gesellschaften in ihrem Kern durch die spezifische Ausführungsform der Männertänze vaterrechtlich organisierter Kulturen geprägt. Die herausragende Stellung der Männertänze in patriarchalen Frühkulturen läßt die These zu, daß dem Tanz auch

21

die Funktion zukommt, geschlechtsspezifische Machtverhältnisse zu konstruieren und ständig zu erneuern.

Tanz in antiken (Hoch-)Kulturen

In den ersten antiken Klassengesellschaften Kretas und Ägyptens vollzog sich erstmals in der abendländischen Zivilisationsgeschichte eine Trennung des Tanzes in den der Herrschenden und den des Volkes. Mit der Teilung der sozialen Klassen begann sich auch der Tanz der ›höheren‹ Gesellschaftsschichten von dem des Volkes abzugrenzen. Die Entstehung einer ›Hochkultur‹ des Tanzes war die Folge.

Kreta und Ägypten

Die kretisch-mykenische Kultur (1600–1200 v. u. Z.) bildete die erste Hochkultur auf dem europäischen Kontinent. Die führende Schicht der mykenischen Gesellschaft war der achäische Adel, der im Zuge vieler Kriege und Beutezüge ca. 1600 v. u. Z. Kreta unterworfen hatte. Die kretische Gesellschaft war eine höfische; nach Erkenntnissen der Archäologie läßt sie sich als eine unkriegerische Gesellschaft mit matriarchalen Relikten kennzeichnen. Überlieferungen zufolge genossen kretische Frauen hohes gesellschaftliches Ansehen, sie waren »*Königinnen, Priesterinnen, Göttinnen, Herrinnen – nie Dienerinnen*«[8] und hatten dementsprechend entscheidende Handlungs- und Bewegungsfreiheiten. Nahezu göttlich verehrt wurden sie im Kult der ›Großen Mutter‹.

Die tänzerischen Fertigkeiten der Kreter waren virtuos und vielfältig. Bildlichen Darstellungen zufolge existierte der Tanz in vielfachen Variationen und wurde zu unterschiedlichen religiösen und gesellschaftlichen Anlässen ausgeübt. Kretische Zeichnungen beschreiben Kreisreigen um Laienspieler, kultische Paartänze und wiegend-engbewegte Tänze großer Frauenchöre. Trotz der ausgesprochen hierarchischen gesellschaftlichen Struktur erhielten Mädchen aller sozialer Klassen Unterricht im Tanz. Dies lag in der mutterrechtlichen Ordnung Kretas begründet, die den Frauen neben ihrer stärkeren sozialen Position auch wichtigere Funktionen im Tanz zuwies. Bei kultischen Spielen, so beispielsweise bei Masken-, Akrobaten- und Erntetänzen wirkten Frauen mit. Auch unter den Zuschauern waren sie häufig anzutreffen. Obwohl es schwierig ist, die auf den archäologischen Funden dargestellten Frauen als solche zu erkennen, da sie einen ähnlichen Körperbau wie die Männer hatten und ähnliche Kleidung trugen, scheinen sich die Frauen Kretas generell an körperkulturellen Aktivitäten beteiligt zu haben.[9]

In der kretisch-mykenischen Gesellschaft spielte der Tanz bei kultisch-rituellen Festen und verschiedenen gesellschaftlichen Ereignissen deshalb eine so große Rolle, weil kultische Riten und Alltagsleben hier noch eine Einheit bildeten. Die matriarchale Prägung dieser Gesellschaften, die sich gleichermaßen in der Verehrung von Göttinnen wie in der machtvollen gesellschaftlichen Position der Frauen zeigte, führte nicht nur zu einer hohen Beteiligung der Frauen bei den Tänzen. Vielmehr waren es gerade die Frauentänze, die der kretischen Tanzkultur ihr spezifisches Gepräge gaben.

4 Figurengruppe aus Palaikastron (Kreta), 1450–1200 v. u. Z.

Im Gegensatz zu Kreta wies die Kultur Ägyptens im gleichen Zeitraum erste Trennungen zwischen kultischem und sozialen Leben auf. Zugleich vollzog sich hier auch der historische Übergang vom Mutter- zum Vaterrecht. Diese gesellschaftlich-kulturellen Wandlungen schlugen sich auch in der Tanzkultur nieder.

Wie zahlreiche Wandmalereien, Plastiken und Reliefs in Grabkammern und Tempeln des alten Ägypten zeigen, spielten Tänze in der ägyptischen Kultur eine wesentliche Rolle. Durch das Verschmelzen zweier Kulturformen, der des Westens und des vorderen Orients, entstand eine Mischung von Tänzen, die einerseits kultisch ausgerichtet waren, andererseits aber zunehmend politisch funktionalisiert wurden. Calendoli[10] weist daraufhin, daß mit dem Übergang von den Sippenverbänden zu einer starken Königsherrschaft um 3000 v. u. Z. der Tanz zunehmend zur Demonstration des Herrschaftssystems und seiner komplexen Hierarchie benutzt und damit zu seiner politischen Stütze wurde.

Auch in der ägyptischen Gesellschaft tanzte man zu allen denkbaren Ereignissen, ob Kulthandlungen, Leichenfeiern oder Spiel. Im Gegensatz zu den vorher genannten Kulturen tanzten aber bei offiziellen Anlässen meist nur die Herrschenden, Könige wie Priester, ohne die aktive Beteiligung der anderen Anwesenden. Frauen hingegen tanzten nahezu ausschließlich am Hofe des Königs, der als Vertreter der Gottheiten den Staat repräsentierte, zu dessen Unterhaltung. Mit der Verschiebung der Machtbalancen zwischen König und den Vertretern höherer Kasten zugunsten der letzteren führten später auch diese tänzerische Vorführungen in ihren Häusern ein. Die Tänzerinnen tanzten Reigentänze wie auch akrobatisch-ekstatische Tänze, die gleichzeitig dem Kult und der Unterhaltung dienten. Die Zuschauenden klatschten und sangen im Takt dazu. Überlieferten Abbildungen zufolge trugen die Tänzerinnen eine Art (Lenden-) Schurz, der ihren Körper nur gering bedeckte, denn körperliche Nacktheit galt in der ägyptischen Kultur für beide Geschlechter als etwas ›natürliches‹. Körperliche Schönheit und Vollkommenheit bildeten ein wesentliches Ideal der ägyptischen Oberschicht, Körperpflege und Körperkultur wurden als etwas Selbstverständliches angesehen. Ebenso waren Salben und Massagen gängige Bestandteile der Körperpflege: »Nicht nur wa-

5 Ausschnitt aus dem Grab des Nacht, eines hohen Beamten
aus Theben

*ren Haut, Haare, Zähne, Augen, Brauen, Wimpern, Hand und
Fußnägel meisterhaft gepflegt, wurde die Gesamtmuskulatur täg-
lich massiert, friktioniert, geduscht, geölt, die Diät geregelt, auch
die innere Reinheit verstand sich von selbst.«* [11]*

Die große Aufmerksamkeit für die Pflege des Körpers ermöglichte auch den Frauen eine stärkere Beteiligung am körperkulturellen Leben. Ihre Bewegungsaktivitäten blieben aber auf bestimmte Bereiche begrenzt und auf die dazu gehörigen Verhaltensweisen festgeschrieben. Zu den vor allem Frauen zugänglichen
Bereichen gehörte der Tanz, der in der ägyptischen Kultur einen
entscheidenden Wandel erlebte: *»Der Tanz vereinigte nun aktive
und passive Teilnehmer, Ausübende und Zuschauer. Die ursprüng-*

25

lich religiöse Ausrichtung bestand zwar weiterhin, jedoch zur Kunstfertigkeit umgestaltet und von Spezialisten, von Berufstänzern ausgeführt.«[12]

Erstmals in der Zivilisationsgeschichte des Tanzes bildete sich in der ägyptischen Gesellschaft eine professionelle Tanzkunst heraus, deren Entstehen sich im Zuge der allmählichen Ablösung des Tanzes von seinen religiösen Gehalten vollzogen hatte. Zunehmend säkularisiert und im Sinne einer gesellschaftlichen Ästhetik umfunktioniert, diente Tanz nun zunehmend der Demonstration gesellschaftlicher Macht- und Herrschaftsverhältnisse. Gleichzeitig verloren die Frauen bei Tanzvorführungen anläßlich gesellschaftlicher Ereignisse zunehmend ihre ehemals wichtigen Funktionen. Mit dem gesellschaftlichen Machtverlust der Frauen, der sich hier, in einer Gesellschaft des Übergangs zwischen matristischer und patristischer Ordnung sowohl in dem Funktionswandel der Frauentänze als auch in ihrer geringeren gesellschaftlichen Bewegungsfreiheit demonstrierte, erfolgte gleichzeitig die Herausbildung des ›professionellen‹ Tanzes für Frauen. Tänzerinnen übernahmen von nun an immer mehr die Aufgabe, der Vergnügung der herrschenden (männlichen) Schichten zu dienen. Kultisch-ekstatische Elemente hingegen wurden in gleichem Maße aus dem Tanz ausgegrenzt wie das kultische Ritual aus dem gesellschaftlichen Leben selbst verschwand. Indem es auf die Tänzerinnen projiziert und von ihnen in modifizierter Form dargeboten wurde, blieb das Verdrängte aber dennoch gesellschaftlich erhalten.

Antikes Griechenland

Die antike Kultur Griechenlands war wie die römische Antike eine hochdifferenzierte Klassengesellschaft mit einer ausgeprägten patriarchalischen Struktur. Obwohl der Tanz auch in diesen Gesellschaften eine Vielfalt von Bedeutungen innehatte, zeigten sich dennoch hinsichtlich seiner Entwicklungsgeschichte einige Gemeinsamkeiten: Zunehmend seines ehemals rituellen und religiösen Gehalts beraubt, wurde der Tanz im Zuge seiner Säkularisierung mehr und mehr formalisiert und für politische Zwecke genutzt. Auch die Darbietungen der ›professionellen‹ Tänzerinnen fungierten zunehmend als Spiegel der klassen- und geschlechtsspezifischen Struktur dieser Gesellschaften.

Die Wertvorstellungen und Sitten der mediterranen Hochkultur Kretas haben einen wesentlichen Einfluß auf die antike griechische Kultur ausgeübt. Vor allem der Beziehung der Kreter zu Musik und Tanz kam für die weitere kulturelle Entwicklung Griechenlands eine große Bedeutung zu. Obwohl die griechische Tanzgeschichte keine eigentlich neuen Erfindungen aufzuweisen hat,[13] sondern es sich bei den griechischen Tänzen um kulturelle Überformungen der schon bei den Naturvölkern vorhandenen Tänze handelt, hat den Quellen zufolge kein Volk der Antike dem Tanz solche Bedeutung zugemessen wie die Griechen.

In der griechischen Antike stand der Tanz, zumindest bis zur hellenistischen Epoche (336–30 v. u. Z.), im Mittelpunkt des erzieherischen Bemühens. Mit dem Ziel, eine Harmonie von Körper und Seele zu erreichen, sah man die Aufgabe des Tanzes darin, den Körper harmonisch auszubilden und ästhetische Bewegungsabläufe zu schulen. Auf der anderen Seite aber diente der Tanz mit seinen gymnastischen Übungen auch der Vorbereitung auf den kriegerischen Einsatz.

Aufgrund regelmäßiger und systematischer Schulung war die tänzerische Technik sehr kunstvoll. Dies zeigte sich insbesondere bei den Schautänzen, die in Form von Gruppen-, Paar- und Chortänzen stattfanden. Bei den Chortänzen erfolgte die Aufstellung in festgelegten Formationen, im Viereck, Kreis, Rechteck oder als Serpentine. Aber gerade die hauptsächlich bei Götterfesten getanzten Chorreigen waren sehr statisch und bewegungsarm.[14] Dies hing mit ihrer zunehmenden Formalisierung zusammen, in deren Verlauf »...*Eigendenken und Eigenwollen des Tänzers verschwinden, das Persönliche wird abgestreift, und in strenger Gleichförmigkeit bewegt er sich marionettenhaft wie an den Drähten eines unsichtbaren Meisters.*«[15]

Formalisierung und Entindividualisierung des Tanzes betrafen vor allem die Frauen, denn sie waren diejenigen, die überwiegend den Chorreigen ausführten. Auch in der patriarchalen Kultur der Griechen spiegelte sich in dem gesellschaftlich erlaubten Tanz für

Frauen ihre soziale Position nur allzu gut wieder. Ebenso verdeutlichte die Form der Frauentänze, daß intensive körperliche Bewegung dem hellenischen Ideal von Weiblichkeit widersprach.

Neben dem Chorreigen, der bei Zeremonien wie Opferhandlungen, Festen und Feierlichkeiten zelebriert wurde, tanzten Frauen auch zur Unterhaltung der ›oberen‹ Gesellschaftsschichten. Hier unterschieden sich die tanzenden Frauen in ihrer sozialen Herkunft je nach Anlaß und Ort der Tanzvorführung. Bei geselligen Anlässen von Männern herrschender Schichten spielten Tänzerinnen eine besondere Rolle. Abbildungen auf Vasen und Reliefs zeigen hier vor allem Hetären als »*die bemerkenswertesten Frauen ihrer Zeit.*«[16] Hetären entstammten hauptsächlich griechischen Kolonien oder Inseln, wo Frauen noch eine bedeutendere gesellschaftliche Stellung innehatten. Sie, »*die als Mätressen ihrer Besitzer gekauft wurden, sich ihre Freiheit erschmeichelten oder erkauften, und als Hetären einen bleibenden Einfluß auf das Kulturleben ganzer Generationen ausübten*«,[17] bildeten einen wesentlichen Bestandteil des griechischen Gesellschaftslebens. Als geachtete Prostituierte führten die Hetären auch in Athen ein relativ freies Leben. Im Gegensatz zu der Prostitution in den Bordellen boten sie eine anspruchsvollere Unterhaltungserotik vor allem auf den arrivierten Männergesellschaften, den Symposions. Während zu diesen Gastmählern ansonsten keine Frauen zugelassen waren, übernahmen Hetären als Gesellschafterinnen den Part der Ersatzfrauen, die die Vernügungen durch Unterhaltungskünste ihrerseits erhöhten. Als Tänzerinnen und Musikantinnen forcierten sie den Sinnesrausch der Symposiasten, wobei insbesondere die subtile Erotik ihrer Tänze mobilisierend wirkte: »*Die Prostitution all jener Künstlerinnen liegt auf der Hand. (…) Ihre vielfältigen Qualitäten trugen nicht zuletzt ihren Teil dazu bei, das Bild der Hetäre als einer allbegabten Gesellschafterin entstehen zu lassen.*«[18]

Neben den Hetären tanzten auch Gauklerinnen bei den Männerfesten. Von Castagnetten begleitet, boten sie zur Unterhaltung der Männergesellschaft ›Gleichgewichtsübungen‹ und ›akrobatische Kunststücke‹ an. Vasenbilder schildern: »*Mädchen in Stellungen und Haltungen der alten Fruchtbarkeitsriten, wohlbekannte Tänze, die, ihres religiösen Sinns entkleidet, zur Schaustellung*

6 Terrakottafigur aus Tanagra (Ostböotien), 4. Jh. v.u.Z.

körperlicher Reize und zur berechneten Herausforderung männlicher Lust abgewertet sind«.[19]

Die Abspaltung ekstatisch-kultischer Elemente aus den Tänzen der Frauen höherer Gesellschaftsschichten und deren Projektion auf Tänzerinnen, die diese zum Zwecke männlichen Vergnügens darboten, spiegelt die für patriarchale Gesellschaften charakteristische ›Spaltung‹ der Frauen in ehrbare, tugendhafte auf der einen und lustvoll-erotische Frauen auf der anderen Seite: Während sich in der Ausführungsform des Chorreigens der Verlust der Individualität und die Begrenzung der gesellschaftlichen Bewegungsfreiheit der Frauen niederschlug, wurden Frauen als Tänzerinnen sozial aufgewertet und gleichzeitig über die Präsentation ihres Körpers in ›akrobatisch‹–ekstatischen Tänzen erniedrigt. Auf diese Weise blieben zwar die ursprünglichen Elemente des Tanzes erhalten, wurden jedoch zunehmend säkularisiert und zum Zwecke männlicher Schaulust umgewertet.

Die patriarchalen Elemente der griechischen Kultur kamen auch in den Idealbildungen männlicher Körper zum Ausdruck. Nur der männliche Körper schien die angestrebte Harmonie zwischen dem Göttlichen und dem Menschlichen herstellen zu können. Der Männerkörper galt, wie das männliche Geschlecht insgesamt, als vollkommen. Frauen hingegen waren keine Menschen (anthropoi), sondern Weiber (gynaikes). Aristoteles hielt sie für träger, unfertiger, unvollkommener im Organismus, Platon für schwächer und hinterhältiger, die Physiognomen für flüchtig, feige, kopflos und Anstrengungen nicht gewachsen. Lediglich im Körper des herrschenden Mannes vereinigten sich die hohen Werte der griechischen Kultur. Seine Körperpflege diente ästhetischen und herrschaftlich-militärischen Zwecken.

Im Zeitalter der griechischen Klassik (500–300 v. u. Z.) bildete sich das Idealbild vom Menschen heraus, in dem körperliche Erscheinung als Spiegelbild geistigen Seins galt. Nur wer körperliche und geistige Schönheit in sich vereinigte, wurde als vollkommener Mensch, als ›kalokagathos‹ bezeichnet. In der Kunst tauchten aber als Abbilder menschlicher Vollkommenheit ausschließlich männliche Archetypen auf, sei es der massive, muskulöse Herakles, der graziöse Appollon oder der fragile Jüngling Narzissus. Diese veredelten, männlichen, gottähnlichen Körper, die in ihren unterschiedlichen Bildern verschiedene Entwicklungsstadien desselben Körpers bezeichneten und noch bis heute als Schönheitsideal gelten, entstanden aus dem (männlichen) Wunsch, göttlicher Vollkommenheit gleichzukommen. Zum Mittel der Machtdemonstration avanciert, dienten die männlichen Körper dabei zugleich der Negation von Ungleichheiten und Brüchen anderer sozialer Körper, neben Alter, Armut, Schwäche und Gebrechlichkeit vor allem auch der Existenz scheinbar unvollkommener weiblicher Körper, ihres Ausdrucks, ihrer Formen, Kraft und Ästhetik. In diesem Sinne interpretierten Horkheimer/Adorno das Gymnasium, die Sportstätte der männlichen Jugend aus gehobenen Sozialschichten, als ein wesentliches Medium zur Stabilisierung männlicher Macht: »*Bei den Herren Griechenlands* (hatte, G.K.) *die Pflege des Leibs, naiv, ihr gesellschaftliches Ziel. Der kalos kagathos war nur zum Teil ein Schein, zum Teil gehörte das Gymnasium zur realen Aufrechterhaltung der eigenen Macht, wenigstens als Training zu herrschaftlicher Haltung.*«[20]

Das Körperbild der griechischen Klassik setzte den männlichen Körper als Norm. Dies entsprach der realen Ausgrenzung von Frauen aus dem öffentlichen Bereich und ihrer gleichzeitigen Begrenzung auf den Bereich des Hauses. Auch in der griechischen Antike wurden die körperlichen Fähigkeiten und Funktionen der Frau als Begründung für eine strikte Rollenverteilung angeführt. Während eine direkte Beteiligung an Politik und Verwaltungsangelegenheiten ausschließlich männlichen Bürgern vorbehalten war, bedeutete das Leben der Frauen im Haus eine tiefe Isolierung. Rechtlich unmündig, mangelhaft ausgebildet und schon früh in die Ehe gezwungen, führten insbesondere die Frauen der gehobenen Kreise hier ein von ihren Männern völlig verschiedenes Leben. Nur tief verschleiert und mit ausdrücklicher Genehmigung des Hausherrn durften sie sich in der Öffentlichkeit lediglich bei Hochzeiten, Begräbnissen oder religiösen Umzügen zeigen. Selbst innerhalb des Hauses verhinderten getrennte Wohnbereiche die Kommunikation zwischen den Eheleuten; die Ehe selbst galt in erster Linie als eine Verpflichtung gegenüber dem Staat. Frauen unterer Schichten hatten zwar aufgrund ökonomischer Zwänge mehr Be-

wegungsmöglichkeiten in der Öffentlichkeit, gehörten aber ebenfalls zum Besitz ihrer Männer: »*Die Frauen sind im allgemeinen
(und abgesehen von der Freiheit, die ihnen ein Status wie der der
Kurtisane geben mag) äußerst strengen Zwängen unterworfen; und
doch wendet sich diese Moral nicht an die Frauen (...). Es ist eine
Männermoral: eine Moral, die von Männern gedacht, geschrieben,
gelehrt wird und an Männer – natürlich freie – gerichtet ist. Folglich
eine männliche Moral, in der die Frauen nur als Objekte oder be-
stenfalls als Partner vorkommen, die es zu formen, zu erziehen und
zu überwachen gilt.*«[21]

Trotz der grundsätzlichen Begrenzung des Lebens der Frauen
auf den familiären Bereich standen sich in der griechischen Antike
unterschiedliche Lebensbedingungen von Frauen gegenüber: Die
Lebensweisen von Frauen oberer und unterer Sozialschichten, von
Hetären, Huren und ›sauberen‹ Frauen waren Spiegel der Klassen-
verhältnisse einer männlich dominierten Gesellschaft. Wenn die
Frauen grundsätzlich durch patriarchale Strukturen begrenzt waren, so spalteten die sozialen Gegensätze aber auch die griechische
Männerwelt: Gymnasien und Palaestren als Treffpunkte des öf-
fentlich-kulturellen Lebens schlossen nicht nur Frauen aller
Schichten, sondern auch Männer der unteren Klassen aus. Insofern
begegneten sich in der antiken griechischen Gesellschaft auch in der
Männerwelt zwei extreme Bezüge von Körperlichkeit: Einerseits
die Sklaven mit physischem Verschleiß durch härteste körperliche
Arbeit und andererseits der ›freie‹ Grieche mit dem Idealbild der
Kalokagathie, dem Bestreben nach körperlich-geistiger Vollkommenheit.

Wenn auch bei den Griechen dem Körper ein hoher sozialer Wert
zugemessen wurde, galt, im Gegensatz zur ägyptischen Kultur, die
öffentliche Präsentation des nackten Körpers keineswegs als etwas
natürliches. Lediglich griechische Athleten bildeten hierbei eine
Ausnahme. Frauen war es bei Androhung der Todesstrafe verwehrt, Wettkämpfen nackter Sportler zuzusehen.[22] Obwohl auf
zahlreichen Abbildungen dargestellt, war auch die Entblößung der
Brüste und der Schenkel von Sportlerinnen bei den Griechen äußerst verpönt. Lediglich eine ›rituelle Nacktheit‹ von pubertieren-
den Mädchen im Rahmen von Fruchtbarkeitstänzen scheint gesell-

schaftlich erlaubt gewesen zu sein, wobei Männer bei diesem Ritual nicht anwesend waren.

Dem schamhaft-distanzierten Verhältnis zu körperlicher Nacktheit entsprach das eheliche Sexualleben. Dessen Aufgabe sah man lediglich darin, Nachkommen zu zeugen; eine Befriedigung des Geschlechtstriebes oder die Erfüllung sinnlicher Lust versprachen hingegen die Bordelle, deren Besuch für Männer keineswegs moralisch verwerflich war. Bei den Frauen hingegen avancierte die aufgezwungene sexuelle Enthaltsamkeit zur Tugend. Wegen der geringen Bedeutung, die dem ehelichen Geschlechtsleben zukam und wegen des Schamgefühls, die ›ehrbare‹ Bürgerin beim ehelichen Liebesakt darzustellen, existieren keine Abbildungen körperlicher Intimität zwischen Ehepartnern. Vielmehr erscheint in der bildenden Kunst die Ehe als asexuell und damit als eine gewollte Verdrängung ihrer sexuellen Komponente aus dem öffentlichen Bewußtsein.

Hetärenliebe hingegen wurde zumeist unverblümt abgebildet. Auch erscheint die Hetäre, im Gegensatz zur verhüllten Ehefrau, zumeist nackt, denn sie ist die sexuelle Frau, die Garantin männlicher Triebbefriedigung. Derart gespalten ist die körperliche Lust, sowohl der Frauen wie der Männer, sozial kanalisiert und in zivilisatorische Bahnen gelenkt. Weitgehend ausgegrenzt aus der Ehe und verbunden mit Halbwelt und Käuflichkeit der Prostituierten, ist sie lediglich für die ›ehrbaren‹ Männer frei und ungezwungen: *»Das Maßhalten war das ethische Mittel, das vielfältige und freizügige sexuelle Angebot an die Männer gegenüber der restriktiven Einengung der Frauen in der sozialen Verflechtung der menschlichen Beziehungen erträglich zu machen und die Mißachtungen und Kränkungen der abhängigen Frauen in Grenzen zu halten. Diese Ethik war die eigentliche Kulturleistung und der vornehmste Zug jener zivilisatorischen Bändigung des Sexualtriebes in der griechischen Gesellschaft.«*[23]

Die zunehmende Distanz zu körperlicher Nacktheit sowie die unterschiedlichen Wertmaßstäbe für Männer und Frauen hinsichtlich ihres Geschlechtslebens standen in engem Zusammenhang mit einem Wandel der Geschlechterfiguration. Mit dem Übergang vom archaischen zum klassischen Griechenland verschoben sich die

Machtbalancen zwischen den Geschlechtern zugunsten der Männer, die von nun an unbenommen zu den Trägern und Repräsentanten des öffentlichen Lebens avancierten. Die neue Machtposition der Männer manifestierte sich auch in der bildenden Kunst. Während der männliche Körper nach wie vor als ein vollkommen harmonischer Körper präsentiert wurde, erschien der weibliche Akt, der zumeist Hetären darstellte, mit physiognomischen Verhäßlichungen und ordinären Körperhaltungen. Zunehmend äußerte sich hier die soziale Geringschätzung der Frauen in der Präsentation weiblicher Körper als Objekt männlicher Augenlust.

Die sozialen Machtverhältnisse zwischen den Geschlechtern, die geschlechtsspezifischen Körperbilder wie auch die Spaltung der Frauen in ›saubere‹ und sexuelle Frauen reproduzierten sich in der Entwicklung des Tanzes. Zunehmend formalisiert und ekstatische zugunsten disziplinierter Bewegungen ausgrenzend, diente dieser in der griechisch-patriarchalen Adels- und Ständegesellschaft nunmehr der Demonstration sozialer Macht, auch die der Männer über die Frauen. Ausgeführt wurde er hauptsächlich von Frauen, die die Tänze des patriarchalen Klassenstaates öffentlich inszenierten, sei es in streng formalisierten Tänzen, die sie in der Freiheit ihrer körperlichen Bewegungsmöglichkeiten stark einschränkten, sei es durch die Tänzerinnen, die dabei zugleich ihren Körper prostituierten.

Nur scheinbar im Widerspruch zu der Diskriminierung der Frauen und ihrer Körper stand die große Verehrung der weiblichen Muse Terpsichore. Die ›Anbetung‹ einer Göttin bei gleichzeitiger realer gesellschaftlicher Diskriminierung der Frauen läßt sich nicht nur in säkularisierter Form auf verschiedenen Stufen des zivilisationsgeschichtlichen Prozesses nachweisen, sondern auch als ein wesentliches Strukturmerkmal patriarchaler Gesellschaften identifizieren.

Römische Antike

»Nemo fere saltat sobrius« – *»Kein Nüchterner tanzt«:* Ciceros Worte brachten die ganze Verachtung zum Ausdruck, die die herrschenden Schichten Roms für eine Kunst hatten, die es vermochte, die angesehenen männlich-rationalen Werte und militärischen Tugenden in Frage zu stellen. Ihrer sozialen Diskriminierung entsprechend blieben kultisch-rituelle oder ekstatische Tänze in der römischen Antike unbedeutend. Parallel zur altrömischen Geschichte ist die Entwicklung des Tanzes in drei Phasen unterteilbar: die altrömische Zeit (753–510 v. u. Z.), die Blütezeit der res publica (510–27 v. u. Z.) und das Kaiserreich (27 v. u. Z.–476 u. Z.).

Für die altrömische Zeit sind Bemerkungen und Berichte über körperliche Aktivitäten insgesamt nur bruchstückhaft und vereinzelt zu finden.[24] Das geringe verwertbare Material beschreibt lediglich Männerreigen, wie die Frühjahrsgänge der Saatpriester und die Waffenreigen der Krieger. Ansonsten hatte der Tanz in der altrömischen Geschichte keine bedeutsame Tradition; aus den Riten blieb er weitgehend ausgeklammert. Die Bewegungsmuster der altrömischen Tänze sind sehr formalisiert und von daher nur bedingt als Tanz zu bezeichnen. Dennoch lesen wir bei Plutarch, daß er von der Anmut und Geschmeidigkeit der tänzerischen Bewegungen äußerst beeindruckt war. Die in seinen Schriften zum Ausdruck kommende positive Bewertung des Tanzens scheint aber mehr seiner eigenen kulturellen Herkunft wie auch den Tanzformen des hellenisierten Roms seiner Zeit zu entspringen, denn bis zur Unterwerfung des hellenistischen Ostens waren die Tanzformen anderer Kulturen den Römern weitgehend unbekannt. Darüber hinaus bildeten schon allein die Anmut und Geschmeidigkeit tänzerischer Bewegungen einen krassen Gegensatz zu den römischen Normen männlicher Körperideale.

Erst mit der Unterwerfung des hellenistischen Ostens vollzogen sich große außen- und innenpolitische Umbrüche, die auch das geistig-kulturelle Leben der Römer nicht unberührt ließen. Durch Überlagerungen der hellenischen Kultur fanden nun auch etruskische und griechische Tänze Eingang in das kulturelle Leben Roms. Für diesen Zeitraum sind Elemente der hellenischen Tanzkunst bei

7 Etruskische Tänzerin, 6. Jh. v. u. Z.

Götterfesten, hauptsächlich denen zu Ehren des Gottes Bacchus, nachgewiesen. Aber auch bei gesellschaftlichen Anlässen erfreute sich die griechisch-etruskische Tanzkunst zunehmender Beliebtheit, dies scheinbar so sehr, daß der Tanz in der Erziehung wohlhabender Schichten Mode wurde. Zum Erlernen tänzerischer Fertigkeiten wurden sogar Tanzschulen gegründet. Die zunehmende Integration des Tanzes in die römische Alltagskultur erfolgte aber keineswegs ohne Widerstand. Vielmehr mehrten sich Stimmen, die den Tanz als unsittlich verpönten. Diese entstammten zumeist konservativen Mündern, wie beispielsweise dem des Scipio Aemilianus Africanus: »*Man lehrt sie* (die Kinder der Adligen, G.K.) *schändliches Gaukelwerk; mit schlechten Gesellen gehen sie mit Harfe und Zither auf den Tanzplatz und lernen Lieder, die unsere Vorfahren als eine Schande für Freigeborene angesehen haben wollten. (...) Als mir das jemand erzählte, wollte ich nicht glauben, das Männer von Adel ihre Kinder so etwas lehren lassen. Aber man führte mich auf den Tanzplatz, und ich habe da, meiner Treu, mehr als fünfzig Knaben und Mädchen auf diesem Übungsplatz gesehen.*«[25]

In der Gefahr einer sozialen Verrohung höherer Gesellschaftsschichten und damit in der Bedrohung, die der Tanz für die res publica hatte, sah Scipio A. Africanus genügend Gründe, um die Tanzschulen wieder schließen zu lassen.

Die dritte Phase der altrömischen Tanzgeschichte umfasst die Kaiserzeit. Sie läßt sich als »*die anerkannte Herrschaft etruskischen, griechischen und morgenländischen Tanzes*«[26] kennzeichnen, wobei zu Beginn unserer Zeitrechnung der Tanz wohl den größten Aufschwung erlebt hat. Dies gilt insbesondere für pantomimische Tänze. Ebenfalls der griechischen Kultur entnommen, erreichten diese in Rom einen erstaunlichen Grad an Beliebtheit. Pantomimen stellten Götter- oder Heldengeschichten mit so großer Präzision dar, daß der griechische Schriftsteller Lukian sich dazu verleiten ließ, die geschulten Fertigkeiten des Pantomimen mit denen eines politischen Redners zu vergleichen. Von demselben Autor sind auch einige Geschichten überliefert, die darauf hinweisen, daß Pantomimen an den kaiserlichen Höfen hochgeehrt und mit viel Reichtum versehen wurden. Insofern symbolisiert der Siegeszug der Pantomime auf künstlerischer Ebene das römische Geistesleben: »*Die Römer, untänzerisch veranlagt und eingestellt, geben sich dem Genuß der darstellenden Tänze mit beispielloser Begeisterung hin. Tanz als Ekstase, als künstlerisch gebändigte Lebenssteigerung muß dem Nüchternen, Wirklichkeitssinnigen fremd bleiben; ihn fesselt nur der Tanz, bei dem man sich etwas denken kann.*«[27]

Die ›Vergeistigung‹ des Tanzes in der dramatischen Handlung der Pantomime kam der römischen ›Kopf‹-Kultur entgegen, die die körperliche Ekstase schon längst aus dem öffentlichen Leben ausgeblendet hatte. Dementsprechend erhielt in dem römischen Menschenbild der Körper nur eine marginale Bedeutung; Seneca bezeichnet ihn sogar als Strafe, Fessel, Last und Kerker für die Seele. Die Verdammung des Körpers schlug sich beispielsweise auch in der Art der Götterdarstellung nieder: Die römischen Götter waren gestaltlose Wesen. Erst durch den Einfluß der griechischen Kunst, die ihre Götter seit jeher als vollkommene Menschen präsentierte, erhielten auch die römischen Gottheiten eine körperliche Gestalt. Auch maßen die Römer körperlicher Schönheit nicht die Bedeutung bei, die sie noch bei den Griechen innehatte. Während sich hier das soziale Ansehen eines Menschen, entsprechend des griechischen Idealbildes einer körperlich und geistigen, inneren und äußeren Schönheit in den von ›kalos‹ abgeleiteten Namen niederschlug, galten in Rom vor allem Reichtum, Abstammung, politische Erfolge und die Anzahl der Kinder als die entscheidenden Merkmale des idealen römischen Charakters.

Der geringe Wert, den die Römer der Pflege des Körpers zubilligten, bewirkte ein distanziertes Verhältnis zum Körper wie auch eine schamhafte Beziehung zur Nacktheit. Gerade körperliche Nacktheit, von Cicero als der Ursprung allen Übels verdammt, galt, wie der griechische Hedonismus insgesamt, als eine zu große Gefahr nicht nur für den Bestand der römischen Tugenden, sondern für die Gesellschaft schlechthin. Dementsprechend diente der erzieherische Umgang mit dem Körper vorwiegend militärischen und gesellschaftspolitischen Zwecken und war somit auf die männliche Jugend beschränkt. Diese sollte in den ›iuventus‹, den Jugendvereinigungen der gesellschaftlichen Oberschicht, auf das Idealbild des ›vir bonus‹ erzogen werden, und das bedeutete: Hingabe an den Staat, Erfurcht vor den Alten, Gehorsam, Genügsamkeit, Fleiß und militärische Tüchtigkeit. Diese, im Verlaufe der weiteren Zivilisationsgeschichte immer wieder formulierten Ideale patriarchaler Gesellschaften brachten für die männliche Jugend Erziehungziele wie Mut, Ausdauer, Kraft und Stärke mit sich.

Für die Mädchen hingegen stellte die ›Qualifizierung‹ für den Heiratsmarkt das oberste Erziehungsziel dar. Hierbei spielten häusliche Fertigkeiten und die äußere Schönheit des Körpers eine wesentliche Rolle. Daß demzufolge die wohlhabende Römerin einen großen Wert auf die Pflege ihres Körpers legte, war selbstverständlich, diente dieser doch dazu, sich einen Platz im gesellschaftlichen Leben zu erobern. Sosehr die Frau über ihren Körper bewertet wurde, das Zeigen des nackten Körpers in der Öffentlichkeit blieb für sie undenkbar. Ihr war beispielsweise der Zugang zu den Thermen, einer Kombination aus Luft- und Wasserbad zum Zwecke der Körperhygiene untersagt. Wenn auch später diese Bäder im Zuge der Verschlechterung der hygienischen Verhältnisse für Frauen geöffnet wurden, blieb in Rom, ähnlich wie in Griechenland, »gemeinsames Baden mit den Männern ebenso verpönt wie im 19. Jahrhundert.«[28] Auch körperliche Aktivitäten waren den Frauen in der Öffentlichkeit nicht gestattet.

Die gesellschaftlich-rechtliche Stellung der Frauen führte zu einer beschränkten Verfügungsgewalt über ihren Körper. Die römische Gens war streng patriarchalisch organisiert, die Institution der Familie, einschließlich deren Mitglieder, galten als Privateigentum des Mannes, dem ›pater familias‹. Die Frau war von dieser obersten Autorität wirtschaftlich völlig abhängig. Auch rechtlich unterstand sie der Vormundschaft des Familienoberhauptes. Allerdings sah das Erbrecht eine Gleichbehandlung von Frauen und Männern vor, was real die Existenz einer großen Anzahl vermögender Frauen zur Folge hatte. Mit diesen wirtschaftlichen Freiheiten, die die Frauen höherer Sozialschichten in Rom von den Frauen der griechischen Antike unterschied, wuchs auch ihr politischer Einfluß, zumal die römischen Frauen nicht prinzipiell vom kulturellen Leben ausgeschlossen waren. Ganz im Gegenteil: Die reichen Römerinnen nahmen an Spielen, öffentlichen Aufführungen und politischen

Versammlungen teil. Aber trotz der größeren Bewegungsmöglichkeiten in der Öffentlichkeit, blieb auch den römischen Frauen die aktive Teilnahme am politischen Leben verwehrt. Ihr Platz blieb das Haus, wo sie auf die Tugenden verwiesen war, die die Römer seit jeher an den Frauen schätzten: Pietas, die religiöse Pflichterfüllung; fides, die lebenslange Treue zum eigenen Mann auch nach seinem Tode und ›pudicita‹, ein tugendhaftes Sexualleben. Erst als sich in der Kaiserzeit mit der Erweiterung der unterworfenen Gebiete, der unproduktiven Sklavenökonomie und dem komplizierten politischen System die traditionellen gesellschaftlichen Strukturen endgültig aufzulösen begannen, erlangten die Frauen der oberen Schichten an sozialer Macht und konnten selbständig in ihnen bisher verschlossene öffentliche ›Räume‹ vordringen:[29] *»Nachdem sie ihre Bewegungsfreiheit errungen hatten, begannen diese Frauen der Reichen sich jenen intellektuellen Aktivitäten zuzuwenden, die bis dahin das Privileg der Männer gewesen waren: Kunst, Literatur, Rhetorik, Philosophie.«*[30]

Obwohl nach wie vor das weibliche Geschlecht als minderwertig, schwach und leichtsinnig galt und der männlichen Gewalt unterstellt blieb, stieg mit diesen neuen ›Freiheiten‹ die Möglichkeit zu intellektueller Bildung. Frauen gehobener Schichten besuchten nun die Elementarschulen oder erhielten Privatunterricht. Sie führten literarische Salons; einige von ihnen wurden als Prosaschriftstellerinnen bekannt. Auch die pantomimische Tanzkunst blieb nun nicht mehr ein Privileg der Männer. Vor allem am römischen Theater, an dem sich der Bühnentanz in Form von Pantomimen, Possen und Balletten immer mehr durchgesetzt hatte, durchbrachen Frauen die traditionelle Domäne der Männer. Sie spielten und tanzten nun selbst die weiblichen Rollen: *»Auch am Theater nahm die emanzipierte Frau aktiven Anteil. Nicht nur galten die großen Schauspieler als Lieblinge der High-Society (...), sondern es waren auch Frauen, die langsam den Mann aus allen Frauenrollen verdrängten und am Ende sogar die Führung der Schauspieltruppen übernahmen.«*[31]

Ob es sich bei diesem Prozeß um eine Gleichstellung der Frau gehandelt hat, ist zu bezweifeln, denn im gleichen Zeitraum erhielten die Tänze zunehmend sexuelle Attribute. Tänzerinnen traten von nun an häufig nackt auf, was angesichts der schamhaften Beziehung zur Nacktheit und der zunehmenden unmittelbar körperlichen Distanz zwischen den Geschlechtern als obszön erschien. Die neue Freiheit fand ihre Kehrseite in der Diskriminierung und Stigmatisierung der Tänzerin.

In der steigenden Anzahl und künstlerischen Bedeutung der Schauspielerinnen und Tänzerinnen konkretisierte sich die Ambivalenz des zivilisatorischen Fortschritts, symbolisierte sie doch eine bis dato nicht gekannte Form von Frauendiskriminierung. Die neuen Bewegungsfreiheiten der Frauen sowohl auf alltagskultureller Ebene wie im Bereich des Tanzes und des Theaters bedeuteten einerseits ihre gesellschaftliche Aufwertung. Auf der anderen Seite ermöglichten die neuen gesellschaftlich-kulturellen Errungenschaften, daß Frauen von nun an öffentlich einer sublimierten männlichen Triebbefriedigung dienten, hatte doch die römische Erziehung die Männer nicht nur zu edlen Tugenden, sondern auch zu Triebverzicht erzogen. Die öffentliche Präsentation des entblößten Frauenkörpers schloß angesichts der gesellschaftlichen Beziehung zur Nacktheit nicht nur die Diskriminierung der Frauen ein, sondern bot gleichzeitig den Männern die Möglichkeit, ihre Triebbedürfnisse aufstauen und gleichzeitig befriedigen zu können. Insofern ist es nicht erstaunlich, daß Schauspielerinnen und Tänzerinnen »gesellschaftlich akzeptiert« waren[32], weil »auf der Bühne die ökonomische Emanzipation äußerst eng mit der sexuellen« verbunden gewesen sei.[33] Dagegen scheinen mit der gesellschaftlichen Freisetzung derartiger Bewegungsmöglichkeiten für Frauen auch in der römischen Klassengesellschaft Begrenzungen einhergegangen zu sein. In der altrömischen Kunst bedeuteten derartige ›Freiheiten‹ von Frauen, angesichts der Doppelmoral und der Diskriminierung des Weiblichen, keineswegs die Möglichkeit des Auslebens körperlicher Bedürfnisse, sondern eher die reale Degradierung des weiblichen Körpers zu einem Objekt männlicher Schaulust. Die neue Freiheit der Frauen entpuppte sich im wesentlichen als eine Freiheit patriarchaler Männer, insbesondere derjenigen gesellschaftlicher Oberschichten.

In der römischen Kultur existierte der Tanz seit jeher als eine von kultischen Riten abgetrennte, säkularisierte Bewegungsform. Die strenge Organisation der patriarchalen Klassengesellschaft trennte den Tanz der Herrschenden vom Tanz des Volkes. Während die Tänze höherer Gesellschaftsschichten weitgehend eines ekstatischen Charakters beraubt waren und intellektualisierte Züge tru-

8 Bronze einer Zwergentänzerin, 1. Jh. v. u. Z.

gen, lebten kultisch-rituelle Elemente von nun an im wesentlichen in den Tänzen unterer Sozialschichten weiter. Drückte sich hier weitgehend ein hohes Maß an körperlicher Unmittelbarkeit aus, spiegelten die Tänze der höheren Schichten das distanzierte Verhältnis zum eigenen Körper und zu dem des anderen Geschlechts.

Die klassenspezifische Ausprägung der römischen Gesellschaft schloß darüber hinaus grundsätzlich eine Ausgrenzung der Frauen aus Ökonomie und Politik ein. Diese gesellschaftliche Beschränkung weiblichen Bewegungsraumes schlug sich auch in der Tanzkunst nieder, die im wesentlichen eine Kunst der Männer war. Erst mit dem allmählichen politischen Zerfall des Römischen Reiches wie auch mit der damit einhergehenden Lockerung des Sitten- und Moralkodex erweiterten sich die gesellschaftlichen Möglichkeiten der Frauen. Sie drangen nicht nur allmählich in die Bereiche der Politik und Gesellschaft ein, sondern eroberten sich als professionelle Tänzerinnen auch den Bereich der Tanzkunst. Ihre nunmehr aktive Rolle in der Körperkunst einer patriarchalen ›Kopf‹kultur bedeutete gleichzeitig, Verdrängtes zu repräsentieren. In dieser Funktion bildeten die Tänzerinnen sowohl einen sozialen und symbolischen Gegenpol als auch ein Komplement zu den Trägern patriarchaler Macht.

Körper und Tanz im frühen Christentum

Dem endgültigen Zusammenbruch der hellenistisch-römischen Kultur in der Zeit der Völkerwanderungen gingen Veränderungen voraus, die sich vor allem aus dem Übergang vom Heiden- zum Christentum ergaben. Seit dem dritten Jahrhundert u. Z. bestimmte die christliche Religion zunehmend die geistige und politische Situation im Römischen Reich, wobei sich ihre endgültige Durchsetzung in einem entscheidenden Ereignis manifestierte: Mit dem Toleranzedikt von Mailand (313 u. Z.) wurde die christliche Lehre als gleichberechtigte Religion anerkannt, bevor sie dann 380 u. Z. zur offiziellen Staatsreligion avancierte.

Das Christentum nahm nunmehr massiven Einfluß auf die hellenisch-römische Körperkultur. In den ersten beiden Jahrhunderten u. Z. unterstützte die Kirche noch die gymnastische Erziehung der Jugend, wie sie auch noch keine Einwände gegen die römische Thermenkultur äußerte. Diese positive Einstellung zur Körperlichkeit hing mit einer uns heute fremd erscheinenden offiziellen Auslegung der Bibel zusammen. Zu jener Zeit vertraten die Kirchenväter noch ein ganzheitliches Menschenbild, in dem der Leib, verstanden als ein beseelter Körper, eine besondere Würdigung erhielt: Der Mensch galt in seiner Ganzheit, einschließlich seiner körperlichen Existenz, als ein Geschöpf Gottes. Durch die Menschwerdung Christi geheiligt, wurde der Leib wegen der Verheißung seiner Auferstehung hochverehrt. Trotz der eindeutig ›körperfreundlichen‹ Position der Bibel konnte sich aber schon am Ende des zweiten Jahrhunderts eine leibfeindliche und triebverneinende Richtung innerhalb der christlichen Lehre durchsetzen. Hierzu trugen die aufkommenden dualistischen Lebensphilosophien wie Neuplatonismus, Gnosis und Neuphythagoreismus entscheidend bei. Diese Lehren sahen den Sinn des menschlichen Lebens darin, aus der materiellen Welt über die sittliche Reinigung und Befreiung der Seele vom Leib durch reine Denkfähigkeit zur Glückseligkeit, zum Einen, zurückzufinden.

Das sich immer mehr verbreitende dualistische Denken führte nicht nur zu einem polaren Verständnis von Diesseits und Jenseits, sondern auch zu der Vorstellung, daß eine Bewährung im irdischen Dasein gerade durch körper- und lustverneinendes Leben erfolge. Gleichzeitig schloß dieser Dualismus eine Aufspaltung der leiblichen Ganzheit in Geist, Seele und Körper und deren hierarchische Anordnung mit ein. Diese Spaltung bildete den vorläufigen Endpunkt einer Körpergeschichte, die schon in der Antike ihren Anfang genommen hatte: Platon beispielsweise sah den Leib als Ursache der Irrtümer und bösen Begierden an. Er nannte ihn das »*Grab der Seele*«. Pythagoras lehrte, daß das Böse seinen Sitz im Körper habe, während die Seele, die ein Ausfluß Gottes sei, in ihm wie in einem Gefängnis wohne. Nicht zuletzt Seneca gab den Rat: »*Sorge also vor allem für die Gesundheit von Seele und Geist, in zweiter Linie erst für die des Körpers.*«[34] Auf dem Hintergrund der augustinischen Erbsündenlehre verdammte die Kirche den Körper endgültig als Sitz der Begierde. Augustinus, »*der beten konnte ›Gib mir Keuschheit…, doch nicht gleich!‹, der erst fromm wurde, als er sich satt gehurt, als sein Faible für Frauen, wie bei manchen alternden Männern, ins Gegenteil umschlug, (…) dieser Augustinus schuf die klassische, besonders die Konkupiszenz bekämpfende Sündenlehre der Patristik und bestimmte damit maßgeblich die christliche Moral und das Schicksal von Millionen sexuell gehemmter und verklemmter Abendländer bis heute.*«[35]

Unermüdlich predigte der Vertreter christlicher Sündenpsychose die Liebe zu Gott als die einzig wahre, zumal diese es vermochte, die Begierden der Sinne und des Körpers zu schwächen. Da er das Übel durch den Zeugungsakt vererbt sah, verdammte Augustinus selbst den ehelichen Geschlechtsverkehr und damit die einzige Form der Sexualität, die die Kirche gestattete. Gleichzeitig prägte er den unerschütterlichen Glaubenssatz des Christentums, daß die Frau die Trägerin der Sünde sei.

Mit der ideologischen Verdrängung von Körperlichkeit und Triebhaftigkeit und der gleichzeitigen Rückbesinnung auf die traditionellen römischen Tugenden veränderte sich seit dem Ende des zweiten Jahrhunderts immer mehr die offizielle Einstellung der herrschenden Schichten zum Tanz. Zwar akzeptierten die Kirchenväter zunächst den Tanz noch bedingt bei religiösen Feiern, aber mit der Durchsetzung der augustinischen Lehre wurde auch er als ein Teufelskreis interpretiert, in dessen Mitte der Teufel beherbergt sei: »*Streng genommen ist es nicht absurd, im Teufel einen ›Dionysos redivivus‹ zu erblicken.*«[36]

Die christliche Morallehre begann den Tanz zu verteufeln. Seine ekstatischen und kultisch-rituellen Elemente stellten eine zu große Herausforderung an den neuen triebverneinenden Sittenkodex dar. Als anarchisches, körper- und lustbetontes Relikt heidnischer Gebräuche bildete er eine zu große Gefahr für die sich neu etablierende zentrale politische Macht des Mittelalters, die katholische Kirche: »*…der ganze Zusammenhang bildete sich erst innerhalb des Christentums aus, wo der ursprüngliche Charakter, der heilige Charakter der Erotik, verschwand und sich zugleich die Erfordernisse der Arterhaltung behaupteten.*«[37]

Immer häufiger und vehementer verdammten die Kirchenväter heidnische Kulttänze als Ausgeburt des Bösen. Zugleich verboten sie den Schautanz als Überrest aus heidnischer Zeit. Zwar wurden auch weiterhin Tänze zu Ehren heidnischer Götter abgehalten und auch das Verbot, Theater zu besuchen, häufig durchbrochen, aber trotz dieser Widerstände konnte sich die Abneigung der Kirche gegen den Tanz, als eine konsequente Folge von Körper- und Lustverneinung im Laufe des abendländischen Zivilisationsprozesses langfristig durchsetzen.

9 Albrecht Dürer, Tanzendes Bauernpaar, Kupferstich 1514

2

Weibliche Lebensbedingungen, Körperlichkeit und Tanz im Mittelalter

Die mittelalterliche Gesellschaft war in ihren Grundzügen durch die feudale Ökonomie geprägt. Sie basierte auf der Naturalwirtschaft, die durch ein System bodenvermittelter Herrschaftsbeziehungen, das Lehnswesen, getragen wurde. Die durch die feudalen Produktionsverhältnisse bestimmten Machtbeziehungen zwischen Adel und Bauern bildeten sich mit Hilfe des Klerus heraus, der in einer Zeit dezentralisierter gesellschaftlicher Kontrolle die zentrale Machtinstanz blieb. Als Trägerin der mittelalterlichen Weltanschauung bestimmte die christliche Lehre zudem den gesellschaftlich erlaubten Umgang mit dem Körper sowie das Verhältnis der Geschlechter zueinander. Die klerikale Macht trug wesentlich zu der sozialen Diskriminierung von Frauen bei, die im Verlauf des Mittelalters in der Hexenverfolgung bis zur Folterung und Tötung einer Unzahl von Frauen führen sollte. Die symbolische Ausgrenzung von Frauen und Körperlichkeit aus dem mittelalterlichen Weltbild wie auch die klassenspezifische Struktur der mittelalterlichen Gesellschaft wirkten sich nachhaltig auf die Geschichte des Tanzes aus.

Trotz dieser grundlegenden Charakteristika stellt das Mittelalter keine einheitliche Epoche dar. Vielmehr handelt es sich um einen Zeitraum, der sich durch vielfältige und ineinander verflochtene ökonomische, soziale, politische, kirchliche und kulturelle Entwicklungen auszeichnet. Trotz dieser mannigfaltigen sozialräumlichen Differenzen sind wesentliche Charakteristika der Verbindungslinien zwischen den Lebensbedingungen von Frauen, den Formen von Körperlichkeit und Tanz erkennbar. Diese werden in Anlehnung an die in der Geschichtswissenschaft genutzte klassische Periodisierung in das frühe Mittelalter (500–1000), das hohe Mittelalter (1000–1300) und das späte Mittelalter (1300–1500) nachgezeichnet. Geographische Bezugspunkte bilden dabei das zentrale Mitteleuropa und Westeuropa.

Christliche Ethik

Das frühe Mittelalter war durch zwei miteinander verflochtene Vorgänge geprägt: durch den Verfall der hellenisch-römischen Welt und durch die Ausformung der neuen abendländischen Kultur. An diesem Prozeß waren die germanischen Völkerschaften wesentlich beteiligt, die ca. 500 u. Z. nach jahrhundertelangen Kämpfen die ersten Staaten auf römischem Boden gründeten. Ihre Niederlassungen besiegelten die Auflösung des ›Imperium Romanum‹. Die außenpolitischen Ereignisse waren begleitet von einer internen Auflösung der hellenisch-römischen Welt. Zunehmende Verarmung weiter Bevölkerungskreise, wachsender Mangel an Sklaven und kriegsbedingte Verwüstungen beschleunigten den allgemeinen wirtschaftlichen Niedergang, den Verfall der römischen Stadtkultur und ihrer Bildungseinrichtungen sowie die zunehmende Staatsverdrossenheit der römischen Bürger.

Mit dem Niedergang der hellenisch-römischen Welt vollzog sich eine innere Wandlung der Menschen. Die traditionellen männlichen römischen Tugenden verloren objektiv an Sinn. Werte wurden brüchig, die bisher zur Aufrechterhaltung der Herrschaft über andere Völker, über die Frauen und über die eigenen Körper nötig gewesen waren.

Das Aufbrechen traditioneller Herrschaftsstrukturen hatte in der Spätantike zunächst ein repressionsfreieres Verhältnis zwischen den Geschlechtern ermöglicht. Dieser neuen Freiheit setzte aber vor allem die christliche Morallehre durch disziplinierende Verhaltensstandards schnell wieder Grenzen: Während des gesamten Mittelalters, einer Zeit geringer zentraler gesellschaftlicher Kontrolle, blieb die Kirche die allgegenwärtige ›Begrenzerin‹. Mit ihr wurde erneut Herrschaft stabilisiert, die über das Geschlechterverhältnis, die Diskriminierung von Frauen und die Unterdrückung von Körperlichkeit ihre Wirkung entfalten konnte.

Das Christentum hatte sich bis zum fünften Jahrhundert enorm verbreitet. Als einzig ›Überlebende‹ und Verwalterin des hellenisch-römischen Erbes avancierte die Kirche im Laufe des sechsten Jahrhunderts zur wichtigsten Erziehungsinstanz. In ihren Einrichtungen, den Kloster- und Domschulen lehrten die Kirchenväter ein Menschenbild, das sich vollends am Jenseits orientierte. Das Ideal bildete der Heilige, der sich durch die Hilfe der ›Gnade Gottes‹ im irdischen Leben bewährt hatte.

In dem christlichen Bild des idealen Menschen schlug sich eine ideologische Abkehr von lebens- und lustbejahenden Bedürfnissen nieder, die wesentlich das Verhältnis der Geschlechter zueinander und zu ihren Körpern prägte. Diese Entwicklungen sind im wesentlichen anhand dreier Bereiche beschreibbar: Über das Rechtswesen, über die Leitbilder und Normenkataloge der christlichen Lehre und über die Familienstrukturen der mittelalterlichen Gesellschaft.

Das mittelalterliche Rechtswesen sprach grundsätzlich nur dem Mann volle rechtliche Handlungsfähigkeit zu. Wehr- und Waffenfähigkeit, körperliche Unversehrtheit und Körperkraft galten als die entscheidenden Kriterien menschlich-männlicher ›Vollkommenheit‹. Physische Gebrechen und Krankheiten hingegen wurden als Strafe Gottes interpretiert. Dementsprechend hatten selbst die körperlich schwachen oder kranken Männer des Adels nur äußerst begrenzte Rechte, was sich beispielsweise in der mangelnden Verfügungsgewalt über ihr Besitztum manifestierte. Da die lehnsrechtliche Ordnung sich ausschließlich auf Besitz und Waffengewalt gründete, galten die Frauen als politisch nicht rechtsfähig. Dementsprechend konnten sie kein Lehen innehaben. Selbst als im zehnten Jahrhundert das Lehen erblich und eine weibliche Erbfolge möglich wurde, dienten Frauen lediglich als Verwalterinnen des Erbguts bis ein männlicher Nachfolger dieses übernahm: *»Sie wird nicht freier dadurch; in gewisser Weise ist sie nun ein Teil des Lehens; sie gehört zum Immobilienbestand.«*[1]

Neben dem weltlichen Recht, das im übrigen von dem kirchlichen Recht nicht scharf zu trennen ist, weist die dominante Form der gerichtlichen Strafe auf die soziale Mißachtung des physischen Körpers hin. Während des gesamten Mittelalters blieb körperliche Folterung eine anerkannte rechtliche Strafform. Dies zeigte sich vor allem bei den Hexenverfolgungen: Mit glühenden Eisen und kochendem Wasser marterte man die Körper der Beschuldigten, deren Schmerzen als gerichtliches Beweismittel für eine Schuldigsprechung galten: »*Sie* (die körperliche Folter, G.K.) *gräbt um den Körper, oder besser noch: am Körper des Verurteilten Zeichen ein, die nicht verlöschen dürfen. Das Gedächtnis der Menschen wird in jedem Fall die Erinnerung an die Zurschaustellung, den Pranger, die ordnungsgemäß festgestellten Qualen und Schmerzen bewahren.*«[2]

Erst im Zuge der gesellschaftlichen und politischen Veränderungen im Hochmittelalter wichen die, mittlerweile zu Schauveranstaltungen entwickelten Verfahren der körperlichen Marter immer mehr der ›wissenschaftlichen‹ Beweisführung, die sich aber erst mit dem Übergang der abendländischen Gesellschaft zur »*disziplinierenden Normalisierungsmacht*« (Foucault) im achtzehnten Jahrhundert als ein neues, legitimes Strafverfahren der bürgerlichen Gesellschaft durchsetzen konnte.

Das Körperverständnis der mittelalterlichen Rechtsordnung entsprach der Sexualethik der katholischen Kirche, die den schon in antiken Kulturen vorhandenen Dualismus von Leib – Seele, Körper – Geist noch wesentlich verschärfte. Die christliche Morallehre setzte die Ursünde der Menschen mit ihrer Leiblichkeit gleich; die körperlichen Begierden galten als Urgrund aller Sündhaftigkeit. Verurteilt wurde insbesondere das geschlechtliche Begehren, das als geistesfremd und zum Bösen neigend aufgefaßt wurde. Unkontrollierte Sinnlichkeit galt von nun an als der Inbegriff des Bösen und Teuflischen und als Feind des Guten und Göttlichen. Augustinus fand den Körper animalisch, und Thomas von Aquin behauptete: »*Tiere entbehren der Vernunft! Dementsprechend wird der Mensch im Geschlechtsakt tierisch, weil er die Lust am Akt und die Glut der Begierde nicht durch Vernunft zügeln kann.*«[3]

Entsprechend der christlichen Lehre predigten die Kirchenväter die Entfremdung vom Leiblichen und die Abtötung aller körperlichen Leidenschaften. Als anzustrebende Form menschlicher Aktivität sahen sie hingegen das ›vita contemplativa‹, Stille und geistige Erkenntnis, an, das durch ein auf das Jenseits gerichtetes asketisches Leben erreicht werden konnte. Askese sollte alle Lustmomente ausschalten und körperlichen Begierden abtöten. Diejenigen, die dem geschlechtlichen Verkehr aber nicht zu entsagen vermochten, sollten ihre Lust in der Ehe ausleben. Aber selbst hier bildete nicht die Befriedigung sexueller Bedürfnisse, sondern die Fortpflanzung das ausschließliche Ziel. Geschlechtsverkehr, Zeugung, Schwangerschaft, Geburt und Aufzucht der Kinder zu gläubigen Christen bildeten in der Ehe einen von Gott gewollten, unantastbaren Zusammenhang.

Die Leibfeindlichkeit der Kirche übte nicht nur nachhaltigen Einfluß auf den Umgang mit körperlichen Bedürfnissen aus, sondern führte zu einer weitreichenden Diskriminierung des weiblichen Geschlechts. Die Erbsündenlehre sah in der Frau die Verkörperung aller Sündhaftigkeit. Sie galt von ›Natur‹ aus als schlecht, als Trägerin der Erbsünde und in der Gestalt der biblischen Eva schuldig am Sündenfall. Nach dieser Lehre schienen weibliche Verderbtheit, Lasterhaftigkeit und Genußsucht nur dazu zu dienen, den Mann an der Verwirklichung des asketischen Lebens zu hindern. Folglich wurde die Eheschließung, also das Zusammenleben mit einer Frau, lediglich als ein Zugeständnis an die männliche Schwäche und zum Zwecke der Fortpflanzung akzeptiert. Mit christlicher Vollkommenheit, definiert durch ein menschlich-männliches Ideal, war sie allerdings nicht vereinbar.

Aber gerade für die Frauen, insbesondere der Adelsgesellschaft, bildete die Ehe neben dem Klosterleben die einzig mögliche Lebensform. Das soziale Prestige und persönliche Umfeld der Frauen wie auch ihre Lebensgestaltung bestimmten sich allein durch die Familienstruktur und die Bedingungen ihrer Konstitution und Aufrechterhaltung. Und obwohl auch die jungen Männer des Adels aus politischen und sozioökonomischen Gründen schon im frühesten Alter zu einer Heirat gezwungen wurden, äußerte sich die spezifische Diskriminierung von Frauen in nicht vergleichbarer Weise in der Reduzierung ihrer Existenz auf die des Ehemannes und der Vatersippe wie auch in der Kontrolle weiblicher Sexualität und des weiblichen Körpers. Dementsprechend war die Frau in der

Ehe völlig macht- und rechtlos. Die Möglichkeit ihrer körperlichen Züchtigung legitimierte sich durch die göttliche Weltordnung, das Ertragen der Qualen seitens der Frauen galt als Beweis ihrer Schuld.

Die Position der Frau in verwandtschaftlich-rechtlichen Beziehungen entsprach den diskriminierenden Werturteilen, die die Kirchenväter über die Frauen trafen: »*Die Frau ist wegen der Schwäche ihres Verstandes wie auch ihres Körpers dem Manne untergeordnet*«, konstatierte Thomas von Aquin[4], und so »*steht fest, daß das Weib dazu bestimmt ist, in der Botmäßigkeit des Mannes zu leben, und daß sie keine Macht über sich selber hat.*«[5]

In der Unterdrückung der Frauen hob sich die Unterordnung des Körpers unter den Geist auf. Die geringere Körperkraft der Frauen sowie die ihnen zugewiesene ›Schwäche‹ für leibliche Begierden begründeten ihre geistige Unfähigkeit und zugleich die ›Unmenschlichkeit‹ ihrer Existenz. Die Diskriminierung von Frauen durch die christliche Theologie stand dabei in einem engen Zusammenhang mit der Verachtung des physischen Körpers und der Verurteilung körperlicher Lust. So kündigte sich in diesem Zeitraum auch parallel zu der Verstärkung des Dualismus von Körper und Geist und der damit einhergehenden Diskriminierung des Körperlichen eine Dualität in den gesellschaftlich produzierten Frauenbildern an. Im fünften Jahrhundert avancierte die Jungfrau Maria zur ›Gottgebärerin‹, zu einem entsexualisierten Symbol der Reinheit, Keuschheit und Jungfräulichkeit. Das ihr polar entgegengesetzte Bild war das der triebhaften und sündigen Eva, die als ein aus der Welt auszugrenzendes Wesen betrachtet wurde. Mit der Heiligsprechung der Jungfrau Maria integrierte die Kirche die Frauen positiv in ihr Weltbild. Dies verbesserte aber keineswegs die Lebenssituation von Frauen, ganz im Gegenteil: Die Verehrung der Jungfrau Maria diente von nun an ausschließlich der Hochachtung und Wertschätzung der Frauen, deren Lebensinhalt ein gottergebenes, zurückgezogenes, karitatives Wirken war. Dementsprechend vertraten beispielsweise viele Hagiographien vehement das Ideal der Jungfräulichkeit und eine asketische Lebensweise und lehnten gleichzeitig die Ehe wegen der geschlechtlichen Lust nicht nur für Männer, sondern auch für die gläubigen Frauen als ein Martyrium ab. Wenn auch dieses christliche Ideal lediglich eine Negativ-Folie des tradierten Bildes von Frauen als genußsüchtige Evatöchter bildete, wurde mit ihm die Entrechtung, Verachtung und Verfolgung einer Vielzahl ›triebhafter‹ Frauen gerechtfertigt. Darüber hinaus blieb diese Polarität zwischen der keuschen Maria und der verführerischen Eva, zwischen der Heiligen und der Hure in unterschiedlichen Formen der Säkularisierung im gesamten Prozeß der Zivilisation ein entscheidendes patriarchales Herrschaftsprinzip, über das die Aneignung weiblicher Produktivität legitimiert wurde. In der Neukonstruktion der Dualismen Körper-Geist, Hure-Heilige konkretisiert sich nicht zuletzt, daß »... *gerade im Frühmittelalter Denkformen, Leitbilder, Verhaltensnormen und Handlungsmuster aufgenommen, amalgamiert oder neu gefunden werden, die bis in unsere Zeit fortwirken*«.[6]

Über das Tanzleben der frühmittelalterlichen Zeit sind nur wenige Zeugnisse überliefert. Diese stammen fast ausschließlich von Kirchenvätern, Männern also, denen der Zugang zu Frauen, Körperlichkeit und Tanz als besonders verächtlich galt. Zwar schrieben vereinzelt auch Frauen, die aber aufgrund ihrer religiös-asketischen Orientierung und dem damit wie selbstverständlichen Dasein in dem herrschenden Wert- und Normensystem ähnliche Meinungen vertraten. Und obwohl darüber hinaus davon auszugehen ist, daß wegen der vielfältigen ethnischen Gruppen und Kulturen auch unterschiedliche Tanzformen existiert haben, weisen die kirchlichen Quellen darauf hin, daß mit der Ausbreitung des Christentums grundsätzlich das Bemühen einherging, alte heidnische Tanzgebräuche zu verdrängen und auch weltliche, gesellige Tänze zu unterbinden.

Bis zu diesem Zeitpunkt aber war das Tanzen auch noch im Christentum bei kirchlichen Festen zulässig, allerdings nur als eine Art gemäßigter Reigen, der unter strenger Aufsicht der Kirchenväter getanzt wurde. Entsprechend der Trennung der Geschlechter tanzten auch bei gottesdienstlichen Zeremonien Männer und Frauen getrennt: »*In den Kirchen standen die Frauen auf den Emporkirchen, die mit Gittern versehen waren (wie bei den Nonnen das Chor), damit sie nicht gesehen werden konnten.*«[7]

10 Gauklerin aus dem »Tropario di san Marziale« (Limogenes)

Die noch zunächst an christlichen Festen geduldeten heidnischen Tanzgebräuche wurden aber von den Kirchenvätern zunehmend verurteilt. Mit der verstärkten Bekämpfung abweichender christlicher und nichtchristlicher Glaubensformen und der Vereinheitlichung von Sitten und kultischen Gebräuchen im Sinne des Christentums tauchten auch erste Tanzverbote auf, in denen die ›Ausschweifungen‹ bei feierlich-religiösen Tänzen als Angriff auf den sittlich-religiösen Lebenswandel gewertet wurden. Die Verbote bezogen sich vor allem auf Tanzformen, die an ekstatische Kulttänze erinnerten und in der ländlichen Bevölkerung und einzelnen germanischen Stämmen weit verbreitet waren. Die Kirchenväter schritten gegen dieses Treiben, das zum Teil auch in den Kirchen stattfand, massiv ein. Sie verdammten Tänze in den Kirchen als ›schändliche Ruchlosigkeit‹ und gingen später dazu über, Tanz und Gesang generell zu verbieten. Trotz der Vielzahl der Dekrete und Verbote praktizierte das Volk weiterhin tänzerische Rituale heidnischen Ursprungs nunmehr außerhalb der Gotteshäuser zumeist bei gemeinschaftlichen und geselligen Anlässen. Nur durch diesen subversiven Widerstand hauptsächlich unterer Sozialschichten gegen die Vielzahl und Vehemenz der Verbote ist der Ausbruch der Tanzekstase mit vielen anarchisch-subversiven und kultisch-rituellen Elementen im weiteren Verlauf des Mittelalters zu erklären.

Auf Distanz zum Körper

Vom elften Jahrhundert an geriet die mittelalterliche Gesellschaft zunehmend in Bewegung. Auf allen gesellschaftlichen Ebenen fanden Entgrenzungsprozesse[8] statt: Die Bevölkerung wuchs,[9] die landwirtschaftlichen Nutzungsflächen vergrößerten sich, neue Transportwege und -mittel wurden geschaffen und Städte expandierten infolge einer Arbeitsteilung von handwerklicher und gewerblicher Produktion: *»Die Gesellschaft expandiert (...) nicht nur in die Weite, sie expandiert gewissermaßen auch im Inneren; sie differenziert sich, sie setzt neue Zellen an, sie bildet neue Organe.«*[10]

Die Arbeitsteilung von Handel, Handwerk und landwirtschaftlicher Produktion über größere Gebiete hinweg führte zu Prozessen gesellschaftlicher Binnendifferenzierung. Ein Prozeß zunehmender Funktions- und Arbeitsteilung setzte ein, und mit diesem vergrößerten sich die Abhängigkeiten der Menschen voneinander. Die Monetisierung, die Umwandlung des Tausch- in den Geldverkehr, machte verstärkte Abstraktionsleistungen und die Fähigkeit zu Langsicht und Planung erforderlich.

Neben den ökonomischen und technischen Veränderungen vollzog sich in diesem Zeitraum auf gesamtgesellschaftlicher Ebene der Übergang vom Personenverbandstaat zum institutionalisierten Flächenstaat: Größere Gebiete wurden ›pazifiziert‹, das Gewalt- und Steuermonopol lag in den Händen einzelner Fürstenhäuser und mußte verwaltet werden, was wiederum neue Abhängigkeiten seitens der Herrschenden hervorrief. In diesem Prozeß formierte sich die aristokratische Oberschicht neu: Der Dienstadel verschmolz mit dem alten Erbadel und bildete vom zwölften Jahrhundert an den Ritterstand.[11] Aufgrund des langandauernden Konflikts zwischen Papsttum und Kaiser und der damit einhergehenden Schwächung der monarchischen Macht avancierte dieser zum Träger der neuen weltlichen Kultur der Herrschenden, während die Kirche ihre alte Vormachtstellung erhalten konnte.

Das Nebeneinander neuer und alter Herrschaftsschichten bewirkte auf ideologischer Ebene eine verstärkte Trennung von Lebensbejahung und Jenseitserwartung. Mit dem Aufstieg der Ritterkultur wurde erstmalig nach dem Zusammenbruch des hellenisch-römischen Reiches Kultur wieder Ausdruck eines diesseitigen Lebensgefühls. Neue Formen der Geselligkeit mit Musik und Tanz tauchten auf und auch Literatur und bildende Künste wandten sich zunehmend weltlichen Themen zu. Gerade in Minnesängen und Ritterromanen konkretisierte sich das neue ästhetische Leibverständnis.[12]

Das dem Diesseits zugewandte Lebensgefühl des Ritterstandes führte zu einer allgemeinen Aufwertung des Leiblichen; der Körper rückte wieder in den Blickpunkt des Interesses, dies aber vor allem in Hinblick auf körperliche Leistungsfähigkeit und Wehrtüchtigkeit. Da die Aufwertung des Körpers vor allem durch die besonderen Anforderungen der Kreuzzüge[13] bedingt war, demonstrierte sich darin zunächst lediglich das kriegerisch notwendige Verhältnis des Mannes zu seinem Körper. Auch die sozioökonomischen Bedingungen der mittelalterlichen Gesellschaft verlangten für den Vollzug von Handlungen von ihnen den unmittelbaren körperlichen Einsatz: »*In hohem Maße bleiben die Tätigkeiten, die sozial vorgesehen sind, im Bereich weitgehend unmittelbarer Bedürfnisbefriedigung. Wenn man so will: die Handlungen stellen noch ein Stück offener Triebstruktur dar.*«[14]

Auf dieser Stufe des Zivilisationsprozesses bezogen sich die Handlungen unmittelbar auf körperliche Affekte; zwischen Körper und sozialem System, Individuum und Gesellschaft existierte eine relative Deckungsgleichheit. In den relativ überschaubaren Herrschaftsräumen waren Elemente von Rationalität und Planung weder ökonomisch noch sozial zwingend. Direkt an körperliche Bedürfnisse gebunden, bildete die mittelalterliche Gesellschaft die Grundlage dafür, daß die Menschen noch die Unmittelbarkeit ihres Körpers kannten.

Obwohl das Verhältnis der Menschen zu ihren Körpern viel unmittelbarer war als noch in der griechischen und römischen Antike, zeichneten sich seit dem elften Jahrhundert Tendenzen ab, die langfristig eine zunehmend distanziertere Beziehung der Menschen zu ihren Körpern in späteren modernen Industriegesellschaften zur Folge haben sollten. Zunächst aber vollzog sich der Prozeß der Körperdistanzierung hauptsächlich in der neuen gesellschaftlichen Oberschicht, dem Ritterstand, der als neue Führungselite einerseits männliche Körperkraft wieder aufgewertet hatte, andererseits aber auch distanziertere Beziehungen zwischen den Geschlechtern propagierte.

Die neuen herrschenden Schichten begannen, sich von dem lockeren und körperbetonten Umgang der Geschlechter miteinander in den bäuerlichen Schichten abzugrenzen. Das sich entwickkelnde distanziertere Verhältnis zwischen Männern und Frauen ging dabei mit einer Idealisierung der Frauen ›höherer‹ Schichten einher: »*Kurz vorher war die Frau ein Gebrauchsgegenstand, etwas, das man besaß. Nun wurde sie idealisiert.*«[15]

Mit der ›Verehrung‹ der Frau als einem im ästhetischen und sittlichen Sinn ›höheres‹ Wesen stieg auch die ökonomische und soziale Bedeutung der adeligen Frauen. Mit der durch Kriegsverhältnisse bedingten monatelangen Abwesenheit des Hausherrn avancierten sie zu Verwalterinnnen seines Besitzes, seiner Stellung und Macht. Nunmehr ohne männlichen Schutz erhielten die adeligen Frauen die ökonomischen und rechtlichen Befugnisse des Mannes, wie Gerichtsbarkeit, Münzrecht und politisches Stimmrecht. Diese, an den Besitz von Ländereien gebundenen Rechte sollten ihnen aber nach Beendigung der Kreuzzüge im Zuge der gesellschaftlichen Konsolidierung und Zentralisierung wieder genommen werden.

Die neue gesellschaftliche Position der adeligen Frauen fand ihre ideologische Verankerung in der Minne. Auch diese idealisierte die Frau als Erzieherin der Männer zu höfischem Anstand und kulturellem Wissen. Mit ihrer ›Anbetung‹ vollzog sich der erste Schritt zur Säkularisierung des Bildes der ›sauberen‹ Frau, das in dem christlichen Bild der Jungfrau Maria seinen Anfang genommen hatte. Innerhalb der weltlichen Kultur des Ritterstandes erhielt die ›Verehrte‹ nun einen Körper, der zugleich sexualisiert wurde: Die in den Minnesängen angebetete adelige Frau galt von nun an als Inbegriff weiblicher Erotik und Schönheit.

Die Verehrung dieses säkularisierten Frauenbildes richtete sich vom sozial niederstehenden Mann an die gesellschaftlich höherstehende Frau, die Frau des Herrn. Da es sich hierbei ausschließlich um die Verehrung eines Bildes handelte, verbesserte dies keineswegs grundsätzlich die Lebensumstände höfischer Frauen, geschweige denn die der unteren Sozialschichten.

Nach wie vor hatte der Mann die Verfügungsgewalt über die Frau; das noch relativ unmittelbare Verhältnis zu seinem Körper gestattete ihm die gesetzlich abgesicherte körperliche Züchtigung der Frau: »*Im Gros der feudalen Gesellschaft, wo der Mann der Herrscher, wo die Abhängigkeit der Frau vom Mann unverhüllt und kaum eingeschränkt ist, nötigt auch nichts den Mann, seinen Trieben Zwang und Zurückhaltung aufzuerlegen. Von ›Liebe‹ ist in dieser Kriegergesellschaft wenig die Rede. Und man hat den Eindruck, daß der Verliebte unter diesen Kriegern lächerlich erscheinen müßte. Die Frau erscheint hier im allgemeinen den Män-*

nern als ein Wesen inferiorer Art. Es ist genug davon vorhanden. Sie dienen zur Befriedigung der Triebe in ihrer einfachsten Form.«[16]

Dennoch ließ der in diesem Zeitraum in den oberen Gesellschaftsschichten einsetzende Prozeß der Triebdämpfung und Körperkontrolle auch die Beziehung der Geschlechter zunehmend distanzierter werden.

Die Geschichte der zunehmenden Körperdistanzierung zeigte nicht zuletzt auch eine nachhaltige Wirkung auf die Tanzkultur. Auch hier manifestierte sich die Distanz zum Körper zunächst (wieder) als eine klassenspezifische Abgrenzung. Eine endgültige Trennung des Tanzes der ›oberen‹ Gesellschaftsschichten vom dem des Volkes war die zwangsläufige Folge. Mit Religion und Kult hatte der sich herausbildende ›Tanz der Gesellschaft‹ nichts mehr zu tun. Zeitgleich mit dem Entstehen einer neuen ›Hoch‹–Kultur des Tanzes tauchte auch erstmalig das Wort ›tanzen‹ auf, das seinen Ursprung in Frankreich, der Heimat der Troubadoure, mit dem Begriff ›danser‹ hatte. Während diese Begriffe den oben beschriebenen prozessionsartigen Paartanz bezeichneten, wurde der Volkstanz weiterhin als ›reigen‹ beschrieben. Gemeint war hiermit der langjährig überlieferte Reigentanz, bei dem die Tanzenden eine geschlossene Einheit bildeten.

Die ersten Ansätze des ›Gesellschaftstanzes‹ entwickelten sich im zwölften Jahrhundert, einer Zeit, in der die drei gesellschaftlichen Stände Bauern, Adel, Klerus streng voneinander abgegrenzt waren: *»Die Trennung von Bauern und Adel einerseits und die Trennung von Kirche und Welt andrerseits sind Voraussetzungen für die Entstehung des Gesellschaftstanzes.«*[17]

Im Verlaufe des zwölften Jahrhunderts schufen sich die Adelsschichten eine rein weltliche Kultur, in der auch die Tänze zunehmend ihrer kultisch-rituellen Tradition beraubt wurden. Die soziale Abgrenzung von dem wilden, ungezügelten Reigentanz der Bauern bildete dabei das Motiv. Aus dem Minnesang geht hervor, daß zudem das gemeinschaftliche Tanzen wie die Wildheit und Unbeherrschtheit im Umgang der Geschlechter miteinander als unehrenhaft und unadelig angesehen wurden.

In Abgrenzung zu den bäuerlichen Tänzen entwickelte sich der

Tanz der höheren Gesellschaftsschichten zu einem gemäßigten Paartanz, dessen Ausführungsform zunehmend distanzierter und formalisierter wurde. Man tanzte eine Art Polonaise, bei der die Partner ihre Körper nicht umfassten, sondern der Mann die Frau an der Hand führte. Der dieser Tanzform zugrunde liegende, aus dem Volk stammende Aufmarsch der Gruppe hatte sich zu einer Art paarweisen Prozession entwickelt, bei der Pantomime, unmittelbare Körperlichkeit und eindeutiges Bekenntnis zur Lust zugunsten einer indirekt und körperlich sehr distanziert ausgedrückten Anbetung der ›frouwe‹ verschwunden war. Andersartige, körperbetontere und bewegtere Tanzformen entsprachen nicht den courtoisen, durch zunehmende Triebdämpfung und Körperdistanzierung gekennzeichneten Umgangsformen: *»Natur wird Kultur, Leben wird Spiel, Erotik wird Kunst. Der Gesellschaftstanz ist nicht mehr das Leben selbst, sondern nur noch Symbol.«*[18]

Die in der Paarkonfiguration des Tanzes sich abzeichnende Tendenz einer zunehmenden Distanz zu dem Körper des anderen wie auch die Abkehr von schwungvolleren Bewegungsformen fand auch in der Kleidermode ihren Niederschlag. Durch den zunehmenden Handel mit dem Orient trug man in den höheren Gesellschaftskreisen Kleider aus Samt und Damast. Diese schweren Stoffe betonten einerseits die Konturen vor allem des weiblichen Körpers, begrenzten aber andererseits stark die körperliche Bewegungsfreiheit. Auch die Handschuhe signalisierten eine körperliche Distanz. Als neues Modeaccessoire und zugleich als Statussymbol der herrschenden Schichten symbolisierten sie nicht nur die Abneigung gegen Hand-Arbeit; vielmehr verdeutlichten sie auch den Verlust der Nähe zum Körper des anderen, zumal der Körperkontakt zwischen den Tanzpartnern in den Tänzen der ›oberen‹ Gesellschaftsschichten lediglich über die Berührung der Hände erfolgte. Tanz und Kleidung bildeten auch hier eine Harmonie, eine wesentliche Bestimmungsgröße für die Bewegungsmöglichkeiten und -grenzen im Tanz. Die Bekleidung der Bauern und Handwerker, die weiten, aus ungefärbtem wollenen Tuch hergestellten formlosen Kleider, ermöglichten hingegen größere körperliche Bewegungsfreiheiten und unbekümmertere, wildere Tänze. Hier griff das System der Selbstzwänge und Körperdisziplinierungen noch nicht. Herrschaft wurde hier hauptsächlich durch äußeren Zwang ausgeübt. Der Prozeß der Triebdämpfung, Körpermodellierung und -distanzierung hatte sich in diesen Schichten noch nicht durchgesetzt und sollte auch langfristig nur über äußere Gewalt erreicht werden.

Triebdämpfung und Entfesselung

Seit Mitte des dreizehnten Jahrhunderts vollzogen sich im gesamten europäischen Raum tiefgreifende gesellschaftliche Veränderungen. Diese waren hauptsächlich durch den militärischen, wirtschaftlichen und gesellschaftlichen Niedergang des Ritterstandes sowie durch den Aufstieg einer frühbürgerlichen Stadtkultur gekennzeichnet.

Die Durchsetzung des mittelalterlichen Städtewesens hatte schon im elften Jahrhundert begonnen. Mit der zunehmenden Differenzierung von Arbeit, der Trennung von Agrarwirtschaft und Handwerk sowie der Neubelebung des Handels erreichte diese Entwicklung im Übergang zum vierzehnten Jahrhundert ihren Höhepunkt. Der Reichtum der neuen Handelsstädte, der Produktionsanstieg durch Arbeitsteilung und die allmähliche Ablösung der Natural- durch die Geldwirtschaft betrafen in erster Linie die wohlhabenden städtischen Schichten und die großen Landesherren; der Ritterstand hingegen nahm daran nur geringen Anteil. Vielmehr förderte diese Entwicklung seinen wirtschaftlichen Niedergang, während gleichzeitig sein militärischer Bedeutungsschwund durch die Einrichtung von Söldnerheeren im vierzehnten Jahrhundert beschleunigt wurde. Somit kann das Aufblühen der Städte als neue Zentren von Handel und Handwerk, Ware und Markt, Bürgerrechten und Autonomiebestrebungen, als Ausdruck und Symbol der gesellschaftlichen Umbrüche im ausgehenden Mittelalter und als deren sozialer Ort angesehen werden.[19]

Die unmittelbare Folge des neuen Städtewesens war eine allgemeine Landflucht[20] und damit einhergehend ein langsames Aufbrechen der feudalen Ökonomie. Diese Entwicklung schwächte gleichzeitig die wirtschaftliche Machtstellung der Kirche, die als größte Grundbesitzerin der mittelalterlichen Gesellschaft bislang die entscheidende Stütze des Feudalsystems gewesen war. Zeitgleich mit dem Verlust ihrer ökonomischen Basis geriet die Kirche in eine Legitimationskrise, die durch den keineswegs unberechtigten Vorwurf zunehmender Korruptheit und Verweltlichung des Klerus ausgelöst worden war. Diesen Vorwurf erhoben hauptsächlich städtisch-bürgerliche Kreise, die sich aufgrund der noch vorhandenen kulturprägenden und heilsvermittelnden Instanz der Kirche nur als sozialreligiös orientierte Sekten konstituieren konnten. Trotz verschiedener Strömungen innerhalb der Sektenbewegung beriefen sie sich alle auf das Urchristentum, lehnten die herrschaftsstabilisierende Ideologie der Kirche ab und sagten Krieg, Töten und bestehenden Eigentumsverhältnissen den Kampf an. Mit der Ablehnung des kirchlich-feudalen Weltbildes sowie traditioneller Wertmuster und Verhaltensweisen zeigten sich im Sektenwesen zukunftsweisende Tendenzen im Sinne von Prozessen der Individualisierung und Rationalisierung, auch wenn diese mythisch-religiös verschleiert blieben.

Auf die sich ausbreitende Sektenbewegung reagierte die Kirche mit allen ihr zu Gebote stehenden Mitteln. Mit der Einführung der päpstlichen Inquisition durch Gregor IX im Jahre 1231 setzte sie die Politik der Folterungen und Scheiterhaufen durch, mit der sie noch einige Jahrhunderte ihre Machtstellung halten konnte. Bis zu der Herausbildung absolutistischer Staaten mit eigenen zentralen Institutionen wie Gerichtsbarkeit, Verwaltungsbürokratie und Polizei blieb die Kirche die zentrale Machtinstanz, die im ausgehenden Mittelalter die Bedürfnisse und Sehnsüchte der Menschen, die mit dem Aufbruch in die bürgerliche Welt einhergingen, einzudämmen und zu disziplinieren versuchte.

Neben den inneren sozialen Auflösungstendenzen ließen auch die vielen Entdeckungen dieser Zeit das mittelalterliche Weltbild zunehmend brüchig werden: Die Erfindung des Buchdruck beendete allmählich den kirchlichen Besitz des geschriebenen Wortes: Flugschriften und Bibelübersetzungen wurden immer mehr zum Medium der Aufständischen.[21] Auch setzte sich mit der Entdekkung des Kolumbus allmählich die Erkenntnis durch, daß die Erde keine Scheibe ist und daß der Ozean keineswegs in die Hölle führt.

Die neuen Erkenntnisse ließen auch die bestehende Gesellschaftsordnung nicht unberührt: Es gab zwar noch Despoten, aber gottgewollt waren sie nicht. Sie waren erreichbar und damit anzweifelbar und angreifbar geworden. Mit der Einsicht in die Veränderungsmöglichkeit bestehender Herrschaftsverhältnisse begann die Zeit der Bauernaufstände und frühbürgerlichen Revolutionen, begleitet von großen Hungersnöten und Seuchen.

Die Lösung aus personalen Abhängigkeitsstrukturen, die zunehmende Brüchigkeit traditioneller Deutungsmuster und die damit einhergehende Aufbruchstimmung schwächten nicht nur die gesellschaftlichen Kontrollinstanzen, sondern weckten auch die Lust auf das Ausleben bislang unterdrückter Bedürfnisse: Ähnlich wie in der Spätantike äußerte sich der gesellschaftliche Umbruch auch auf dieser Stufe des zivilisatorischen Prozesses in der Sehnsucht nach Triebbefriedigung. Körperlichen Freuden durchaus aufgeschlossen und konventionelle Moralvorstellungen ignorierend, zeigten sich beispielsweise die »Brüder und Schwestern vom freien Geist«. Auch kannte die Literatur seit 1400 umfassende Sammlungen von Schwänken, meist sexuelle Erzählungen, die kaum mit moralischen Attributen versehen waren.[22]

Die Vielzahl der Kriege wie auch die Auflösung der Villikationswirtschaft hatte einem immensen Frauenüberschuß zur Folge. Im Zuge der Versorgungskrise strömten viele unverheiratete Frauen in die Städte und arbeiteten dort zunächst im aufblühenden Handwerksgewerbe, das vom 13.–15. Jahrhundert noch keinen wesentlichen Unterschied zwischen Frauen- und Männerarbeit kannte; vielmehr waren Frauen zu allen Zunftgewerben zugelassen, in bestimmten Bereichen existierten sogar reine Frauenzünfte. Auch der Kleinhandel wurde vor allem von Frauen betrieben, insbesondere der Verkauf von Arznei und Zaubermitteln. Die Heilkunst oblag insgesamt den Frauen, deren Wissen über die Wirkungsweise von Kräutern und Säften und deren Kenntnisse über Geburtshilfe, Empfängnisverhütung und Abtreibung über Generationen überliefert worden war. Ebenso wie das Handwerk kannte die landwirtschaftliche Produktion zunächst noch keine geschlechtsspezifisch getrennten Arbeitsbereiche. Lediglich im Feudaladel waren die Lebensbereiche von Frauen und Männern so stark getrennt, daß sich hier ›spezifisch weibliche‹ Eigenschaften herausbilden konnten. Befreit vom Zwang der alltäglichen Reproduktion, verschrieben sich die adeligen Frauen zunehmend einem intellektuellen Zeitvertreib, so daß sie nicht nur real häufig über eine bessere Bildung als ihre Männer verfügten, sondern weibliche Gelehrsamkeit und Klugheit auch zu einem neuen Ideal erhoben wurden.

Die schichtspezifisch unterschiedlichen sozialen Bewegungsmöglichkeiten von Frauen wurden im Verlauf des fünfzehnten Jahrhunderts im Zuge der sich anbahnenden Zentralisierungs- und Vereinheitlichungstendenzen wieder begrenzt. Die zunehmende Konzentration von Ökonomie und Politik in den Händen immer weniger Adelshäuser hatte eine Konzentration von Wissen und Macht zur Folge, die auch die Lebensbedingungen von Frauen nicht unberührt ließ. Zunehmend wurden Frauen, die trotz der relativen Gleichstellung im Produktionsprozeß rechtlich immer unmündig gewesen waren und deren Körper beispielsweise durch Mund-Gewalt und das ›Jus primae noctis‹ immer Instrument männlicher Verfügungsgewalt geblieben war, nun wieder aus den Bereichen direkter Produktion verdrängt. Neue Zunftordnungen versagten ihnen, vor allem den Meisterinnen, den Zugang zu den meisten Handwerken, die wissenschaftliche Medizin erklärte die Heilverfahren der Frauen als barbarisch, und auch die Domschulen verbannten zunehmend Frauen. Ausgeschlossen aus den Bereichen selbständiger gesellschaftlicher Produktion schlossen sich viele Frauen den neuen sektiererischen Bewegungen an oder verdingten sich als Prostituierte, Lohnarbeiterinnen und Mägde. Wohlhabende Frauen gründeten als Beginen Frauengemeinschaften, die sozialen Diensten nachgingen und in »...*ihrem urkommunistischen Kollektivdenken und ihrer Autonomie tatsächlich eine Bedrohung für die ›sakramental-hierarchischen‹ Strukturen der Kirche und des Geschäftslebens darstellten.*«[23]

Wegen ihrer sozialen Autonomie und ihres pantheistischen Gedankengutes bemühten sich gesellschaftliche und klerikale Kräfte mit vereinter Anstrengung, die Beginenhäuser wieder aufzulösen. Zugleich wurden Beginen, wie auch Medizinerinnen und Frauen bäuerlicher und städtischer Unterschichten, seit dem vierzehnten Jahrhundert der Ketzerei und Hexerei bezichtigt. Hauptanklagepunkt bildete der Vorwurf eines Paktes mit dem Teufel, den man in dem angeborenen Interesse der Frauen an sexuellen Ausschweifungen und ihrer ›natürlichen‹ Unersättlichkeit an fleischlichen Begierden zu erkennen glaubte. Theweleit bezeichnet gerade die Hexenverfolgung, der eine Unzahl von Frauen durch Denunziation, Folterungen und Verbrennungen zum Opfer fielen als »...*ein die Entgrenzung der europäisch-mittelalterlichen Welt begleitender Feldzug gegen die weibliche Sexualität der beherrschten Klassen, der zentrale Reterritorialisierungsvorgang überhaupt.*«[24]

Die Beraubung der gesellschaftlichen und körperlichen Autonomie sozial diskriminierter Frauen bildete die Voraussetzung für den Durchbruch frühbürgerlich-männlicher Prinzipien. Sie erfolgte zu derselben Zeit, in der die höfische Literatur mit der Verehrung von Frauen die künstlerischen Bildwelten prägte; die Unterdrückung sozial ausgegrenzter Frauen und die Verehrung eines patriarchalen Weiblichkeitsideals erschienen auch hier als zwei Seiten einer Medaille. Adelige Frauen eigneten sich die männlichen Projektionen an und verinnerlichten das neue Wertsystem der höfischen Moral, zumal sie in der Erziehung des Kriegers zu der neuen Haltung der ›courtoisie‹ Achtung und Bewunderung erfuhren. Indem sie den höfischen Männern die neuen Verhaltensstandards vermittelten, halfen sie mit, das alte männliche Ideal des rauhbeinigen Haudegens zu ›verweiblichen‹. Insofern produzierten die höfischen Frauen sowohl das Bild der sittlich-tugendhaften und christlichen Frau wie auch das neue männliche Ideal des ›Gentleman‹ mit.

Der sich langsam abzeichnende Aufbruch aus den mittelalterlichen Abhängigkeitsstrukturen und Wertsystemen und die damit verbundenen Hoffnungen, Sehnsüchte, neuen Lebensmöglichkeiten und auch Todesängste manifestierten sich in den Tanzformen jener Zeit. Zur Mitte des vierzehnten Jahrhunderts entfesselte sich in der Rheinniederung eine Tanzwut, die möglicherweise aus den Pestabwehrriualen entstanden ist: »*Durch Pest, lange Kriege und endloses Unglück zermürbt und im Innersten aufgewühlt, wälzten sich Scharen Besessener von Ort zu Ort westwärts. Allein oder Hand an Hand kreisen und springen sie in schauerlichem verrenktem Reigen – stundenlang, bis sie schäumenden Mundes zusammenbrechen.*«[25]

11 Michael Wolgemut, Totentanz, Stich 1494

Die Tanzwut zeigte den Tanz als Medium zwischen Toten und Lebenden, als Todverkündung und Lebensenthebung. Historisch in den Trancetänzen der Naturvölker verwurzelt und auch schon im Altertum bekannt, symbolisierten die Totentänze eine Strafe Gottes; sie waren Ausdruck einer ›satanischen Realität‹.

Bekannt geworden sind diese Tänze als Veitstanz, Tarantella oder ›danse macabre‹. In ihnen kommt ein Stück *»ekstatischen Seelenlebens«*[26] zum Ausdruck. Zur Lippe begreift diese Tänze als ein extremes Beispiel lustvoller Entgrenzungen: *»Körperliche Raserei hatte am Ende des Mittelalters als ›Tanzwut‹ oder ›Veitstanz‹ ganz Europa von Sizilien bis zum Niederrhein durchzogen; die Menschen hatten sich zu Tode getanzt.«*[27]

Er interpretiert diese Tanzrevolte als eine *»krankhaft auftretende Begierde nach leiblicher Selbsterfahrung«*,[28] als eine körperliche Reaktion auf die Triebunterdrückung durch das mittelalterliche Herrschaftssystem. Hierbei ist aber zu berücksichtigen, daß Triebverzicht zu diesem Zeitpunkt noch vorwiegend durch ein System von Fremdzwängen aufrechterhalten wurde, dies vor allen in den bäuerlichen Schichten, in denen die Tanzhysterie ihren Anfang nahm. Da die Tanzwut auch auf diese soziale Schicht begrenzt blieb, erhielt sie, neben der Möglichkeit körperlicher Entgrenzung, vor allem die Funktion des symbolischen Ausgleichs sozialer Gegensätze: im Tanz des Todes gab es keine Herrschaft der Reichen: *»Angesichts des Todes sind alle Menschen gleich. So war es eine Art Erlösung für diejenigen, die unter ihrer tiefen sozialen Rangstufe litten: Der Tanz erlaubte es ihnen, die Reichen im Leben wie im Sterben darzustellen.«*[29]

In der Tanzbesessenheit des ausgehenden Mittelalters konkretisierte sich ein für die Zivilisationsgeschichte des abendländischen Tanzes charakteristischer Zusammenhang: Die Auflösung der mit-

12 Spätmittelalterliche Miniatur, »Theatrum sanitas«

telalterlichen Feudalgesellschaft eröffnete nicht nur soziale ›Frei-räume‹, sondern gleichzeitig auch Möglichkeiten zu einer Locke-rung der Körperkontrollen, die sich in ekstatischen Tänzen vor-nehmlich der ›unteren‹ Sozialschichten realisierten. Denn als Tanzhysterie und Totentänze die bäuerlichen Schichten in ihren Bann nahmen, begannen die städtischen, bürgerlichen Schichten sich zu disziplinieren: Sie glichen ihre Tanzkultur der des Adels an. Mit dieser Annäherung setzte ein Prozeß ein, der langfristig zu einer Umwandlung des ›Tanzes der Gesellschaft‹ zum ›Gesell-schaftstanz‹ und zu dessen Verbreitung zunächst in die bürgerli-chen und allmählich, im Übergang zum zwanzigsten Jahrhundert, auch in die bäuerlichen bzw. die proletarischen Schichten führen sollte. Zunächst aber schloß diese Entwicklung die unteren Sozi-alschichten noch aus, zumal die bürgerlichen ›Zwischenschichten‹ darum bemüht waren, sich nach ›unten‹ sozial abzugrenzen. Zu diesem Zwecke blieb dem gemeinen Volk auch der Zutritt zu den Tanzhäusern untersagt[30], die die Stadtväter im Zuge der sich her-ausbildenden städtischen Tanzkultur gegründet hatten.[31] Auch alle lebhafteren Tanzformen wurden zunehmend verboten.[32] Im Ge-gensatz zu den ekstatischen und ungebundenen Tänzen der unte-ren Sozialschichten tanzten die Städter paarweise angeordnete Schreittänze und Prozessionstänze. Ein anschauliches Bild des bür-gerlichen Tanzes dieser Zeit gibt ein Gelehrter aus Baden, Johann von Münster: »*Die deutsche allgemeine Tanzform besteht hierin-nen, daß nachdem bei den Pfeiffern und Spielleuten der Tanz zuvor bestellet ist, der Tänzer auf das zierliche, höflichste, prächtigste und hoffärtigste herfürtrete und aus allen allda gegenwärtigen Jung-frauen und Frauen eine Tänzerin, zu welcher er eine besondere Affektion trägt, sich erwähle, dieselbe mit Abnehmung des Hutes, Küssen der Hände, Kniebeugen, freundlichen Worten und anderen Zeremonien bittet, daß sie mit ihm einen lustigen, fröhlichen und ehrlichen Tanz halten wolle…*«[33]

Im ausgehenden Mittelalter fand die sich schon in der Antike abzeichnende Spaltung der Tanzkultur in einer Trennung von Volkstanz und dem Tanz der ›Gesellschaft‹ ihren vorläufigen End-punkt. In dieser Spaltung des Tanzes reproduzierten sich die neuen sozialen Klassengegensätze sowohl im Sinne schichtspezifischer

Reaktionsformen auf soziale Erfahrungen wie auch hinsichtlich des schichtspezifischen Umgangs der Macht mit den Körpern der Menschen. Von der neuen »*Zwischenschicht*« (Elias) der Städter waren die ökonomischen und sozialen Notwendigkeiten schon so weit verinnerlicht, daß sie aus dem Zwang der Abgrenzung nach ›unten‹ die formalisierten Tänze der traditionellen Herrschaftsschichten adaptierten. Der Tanz, nunmehr wieder zum Medium gesellschaftlicher Konvention avanciert, verdeutlichte zudem, daß in diesen Schichten die von der christlichen Morallehre über die Beichte und über die Folter in die Körper gepredigte Leib- und Lustfeindlichkeit sich immer mehr von einem Verbot zu einem Gebot, zu einem scheinbar freiwilligen Streben nach Disziplinierung zu verwandeln begann.

In den unteren Schichten hingegen vollzog sich die Aneignung der neuen Körpermoral vor allem über körperlich wirkende Fremdzwänge. Und ebenso wie hier das System der Selbstzwänge noch nicht griff, blieben diese Schichten auch in ihrer unmittelbaren Körperlichkeit und direkteren Beziehung zueinander die Träger der ekstatischen, weniger formalisierten Tänze. Wie in der Tanzwut des ausgehenden Mittelalters, deren ekstatische Tänze für die höheren Gesellschaftsschichten weder körperlich noch sozial möglich gewesen wären, sollten auch in Zukunft Zeiten gelockerter gesellschaftlicher Kontrolle mit einer körperlichen ›Entladung‹ in den Tänzen ›unterer‹ Schichten beantwortet werden, die sich aber wegen ihrer zunehmend distanzierteren Formen zugleich als neue ›Schübe‹ in dem langfristigen Prozeß der Körperdisziplinierung offenbarten.

13 Francisco de Goya, Volaverunt. »Los caprichos«,
Radierung 1797–1799

3

Körperlichkeit und Weiblichkeit in der bürgerlichen Gesellschaft

Der allmähliche Zerfall mittelalterlicher Machtinstanzen, Abhängigkeitsstrukturen, Verhaltensweisen und Orientierungsmuster bildete die Voraussetzung für die Entstehung der bürgerlichen Gesellschaft und des spezifisch bürgerlichen Sozialcharakters: Soziogenese und Psychogenese bildeten auch hier einen ineinanderverflochtenen, untrennbaren Vorgang. Während aber die Durchsetzung der bürgerlich-industriellen Gesellschaft auf sozio-ökonomischer Ebene immense Entgrenzungen bedeutete, erfolgten auf psychosozialer Ebene neue Grenzziehungen: Der ›Aufstieg‹ kapitalistischer Ökonomie und Technik und die damit verbundene immer rücksichtsloser werdende Beherrschung und Ausbeutung der äußeren Natur erforderten ein sich selbst disziplinierendes Individuum, ein neuartiges Herrschaftsverhältnis zwischen den Geschlechtern sowie eine qualitativ neue Form von Körperbeherrschung.

Das Ineinanderwirken von Be- und Entgrenzungsprozessen bestimmte den weiteren Verlauf der Zivilisationsgeschichte des Tanzes: Während sich die Tänze der ›oberen‹ Gesellschaftsschichten mit der Übernahme der Wertmaßstäbe abstrakter Tauschbeziehungen und bürgerlicher Kultur immer mehr säkularisierten und zivilisierten, manifestierte sich in den Tänzen der unteren Sozialschichten – insbesondere in Phasen gesellschaftlichen Umbruchs – eine Lust auf unmittelbare Körperlichkeit. Mit dem Durchbruch der bürgerlichen Kultur spaltete sich gleichzeitig die Bühnentanzkunst von dem ›Tanz der Gesellschaft‹ ab: Kunsttanz, Gesellschaftstanz und Volkstanz sollten, trotz vielfältiger Beeinflussungen, von nun an ein relatives Eigenleben führen.

Gegen die Natur:
Ökonomie, Technik, Wissenschaft

Die Renaissance stellte eine entscheidende Phase auf dem Weg zur bürgerlich-industriellen Gesellschaft dar. Die Eroberung, Kolonialisierung und Ausbeutung fremder Länder und Völker entgrenzte die Welt. Gleichzeitig vollzog sich mit der allmählichen Durchsetzung der manufakturellen Produktion einer der entscheidenden Umbrüche auf ökonomischer Ebene. Ihre Bedingung war, daß die aus den überkommenen Arbeitsstrukturen des Mittelalters freigesetzten Menschen lernten, einer geregelten und durchorganisierten Arbeit nachzugehen, was zunächst über äußeren Zwang erfolgte: Arbeits- und Zuchthäuser wurden errichtet, um die unteren Schichten an die Anforderungen der neuen Produktionsweise zu gewöhnen.[1]

Neben der Anpassung des menschlichen Arbeitspotentials hatte die Durchsetzung der frühkapitalistischen Produktion einige technische Erfindungen zur Voraussetzung. Dazu gehörte zunächst einmal die mechanische Uhr, nach Lewis Mumford *»der entscheidende Schritt zur Automation.«*[2] Ihre nachhaltige Wirkung bestand darin, ein ehemals subjektives, individuelles und zyklisches Zeitempfinden durch einen allgemeingültigen, abstrakten und linearen Zeitablauf zu ersetzen. Während sich das Zeitempfinden der Menschen im Mittelalter an der Verbundenheit zur Natur, Mystik und Religion orientiert hatte,[3] wurde mit der Ablösung der *»kulturellen Einheit von religiösen Sinnbezügen, Arbeit und Reproduktion«*[4] durch neutralisierte Austauschbeziehungen Zeit zu einer formalen Kategorie, zu einem abstrakten Konzept. Von nun an schien der Sinn- und Bedeutungsgehalt von Zeitabschnitten wie auch das menschliche Leben im allgemeinen unabhängig von dem Rhythmus der Naturvorgänge zu existieren. Die Menschen wurden dazu gezwungen, neue Sinne zu entwickeln, um sich in der neuen Welt abstrakter Einheiten und der Quantifizierung von Raum und Zeit zurechtzufinden.

Die Veränderung des Zeitbegriffs vollzog sich nicht unabhängig von einer neuen Betrachtungsweise des Raumes. Nunmehr aus der Zentralperspektive betrachtet, wurde der soziale Raum neu konstruiert und an eine ideale, geometrisch geordnete Form angepasst. Die neue Wahrnehmung des Raumes realisierte sich in der zweckmäßigen Gliederung, Verfügbarmachung und Überschaubarkeit der Natur,[5] wie auch in den hierarchisch durchstrukturierten, auf ein Zentrum ausgerichteten Städten und Stadtplänen.[6] Sie »...*zeigen die Stadt von oben und aus der Ferne gesehen, perspektivistisch, als Gemälde und gleichzeitig als geometrische Darstellung. Der idealistische und zugleich realistische Blick, der Blick des Geistes, der Macht, richtet sich auf die Vertikale, in den Bereich der Erkenntnis und der Vernunft, beherrscht und schafft so ein Ganzes, die Stadt.*«[7]

Die Veränderung der sozialräumlichen Wahrnehmung wurde in der bildenden Kunst ästhetisiert, so beispielsweise in der perspektivistischen Malerei eines Dürer oder Da Vinci: »*Noch bevor Wissenschaft den Ort der Erde (und als Derivat davon auch den Ort des Menschen) im Weltall verändert hatte, trat schon ein Wandel in den Vorstellungen über den eigentlichen Ort des Menschen in der eigenen, der irdischen Welt ein (...). Die Suche nach den Proportionen von Mensch und Welt findet nicht zuletzt darin ihren Ausdruck, daß und wie die Perspektive, die Darstellung der Perspektive zu einem zentralen Problem und zu einer zentralen Aufgabe der Malerei wird. Sobald sich der Hintergrund vor der Welt ›öffnet‹, wird auch in der Malerei demonstriert, daß der Mensch nicht länger zur Transzendenz, sondern zu einer durchaus menschlichen und dem Menschen angemessenen Welt Kontakt hat. Ebenso demonstriert die Malerei auch (vor allem in den Theorien über die Perspektive), daß die Inbesitznahme der Welt für den Menschen eine Inbesitznahme einer an sich seienden natürlichen Welt ist.*«[8]

Aber vor allem in den sich herausbildenden neuzeitlichen Wissenschaften konkretisierten sich die revolutionären Entwicklungen des sechzehnten Jahrhunderts. Die Entgrenzung der Welt, die Geometrisierung des Raumes, die Linearisierung der Zeit, sowie die Durchsetzung des kopernikanischen Weltbildes hatten an dem Durchbruch der ›exakten‹ Naturwissenschaften einen maßgeblichen Anteil. Ihr charakteristisches Merkmal sollte keineswegs die Hinwendung zu sinnlicher Erfahrung, sondern die mathematischtechnische (Re-)Konstruktion von Natur werden. Die Naturwissenschaften erklärten Naturvorgänge zunehmend über Abstraktionen, geometrische Figuren und mathematische Kalküle. Damit konstruierten sie eine distanzierte Sichtweise zur äußeren und inneren Natur, die langfristig nicht nur die Erkenntnisse von Wissenschaft und Technik entscheidend prägte, sondern auch in den Beziehungen der Menschen zueinander und zu sich selbst eine nachhaltige Wirkung zeigte.

Die Modellierung der menschlichen Triebstruktur

Die aufgezeigten gesamtgesellschaftlichen Prozesse wären nicht erfolgt, wenn nicht gleichzeitig eine ›Ummodellierung‹ des Menschen eingesetzt hätte. Diese vollzog sich zunächst über die äußeren Zwänge traditioneller und neuer Machtinstanzen: über die Kirche mit Inquisition und Hexenverfolgungen, über das Handwerk und dessen neue Zunftordnungen, über die Städte und ihre Stadtordnungen, über die neuen Produktionsstätten und ihre Zucht- und Arbeitshäuser sowie über den neu entstehenden Zentralstaat und seinen vielfältigen Gebrauch des Gewalt- und Steuermonopols. Allmählich aber lernten die Menschen, diese äußeren Gewalten zu verinnerlichen. Dieser langfristige Prozeß führte zur Herausbildung einer stabilen Selbstzwangapparatur, die in einem langsamen Durchsetzungsprozeß von ›oben‹ nach ›unten‹ immer mehr auch die unteren Sozialschichten ergreifen sollte.

In der Renaissance aber etablierten sich die courtoisen Umgangsformen zunächst nur in den aristokratischen Oberschichten. Das Verhalten und die äußere Erscheinung des einzelnen wurden wichtiger, der Zwang zu Höflichkeit und gegenseitiger Rücksichtnahme wuchs. Die Menschen am Hofe, der Macht des Herrn immer mehr ausgeliefert, lernten, sich selbst und andere zu beobachten und zu kontrollieren. Die zu diesem Zeitpunkt noch relativ unbefangenen gesellschaftlichen Verhaltenscodes begannen sich zu verfestigen; abweichende Verhaltensmuster riefen immer mehr Gefühle der Scham und Peinlichkeit hervor.

In der absolutistischen Gesellschaft nahmen die neuen Verhaltensregelungen allmählich ›zivilisierte‹ Formen an. Trieb- und Affektkontrolle verlagerten sich zunehmend ins Unbewußte und zeigten dort ihre Wirkung in einer, von dem Bewußtsein des einzelnen unbeeinflußbaren, scheinbar automatisch funktionierenden Selbstzwangapparatur. Durch die Abspaltung des Triebhaften von den sich formierenden Ich- und Über-Ich-Funktionen wandelte sich das Bewußtsein in Richtung zunehmender Rationalisierung.

Aber nicht nur die aristokratischen Oberschichten[9], sondern auch das ökonomisch und sozial aufsteigende Bürgertum hatte an der Durchsetzung des zivilisierten Verhaltenskodex einen entscheidenden Anteil. Hier verlangten weniger die von außen bestimmten Verhaltensnormen des Umgangs und der Etikette, sondern die Erfordernisse der neuen Ökonomie eine immense Steigerung der Selbstdisziplin und eine pedantische Reglementierung der Lebensführung: »...es sind (...) unmittelbarer als zuvor die weniger sichtbaren und unpersönlicheren Zwänge der gesellschaftlichen Verflechtung, der Arbeitsteilung, des Marktes und der Konkurrenz, die zur Zurückhaltung und zur Regelung der Affekte und der Triebe zwingen. Sie sind es (...), bei der die ›Modellierung‹ darauf abgestellt ist, das gesellschaftlich erforderliche Verhalten als vom Einzelnen selbst aus eigenem, inneren Antrieb so gewolltes Verhalten in Erscheinung treten zu lassen.«[10]

Die Anforderungen der neuen Ökonomie bewirkten zunächst in der Manufakturbourgeoisie massive Verhaltensänderungen. Diese aufsteigende Schicht begann, das neue formal-systematische Orientierungsmodell und das individualistische Lebensideal, beides Produkte der neuen Wahrnehmung von Raum und Zeit, zu ästhetisieren.

Die ›unteren‹ Schichten hingegen widersetzten sich zunächst der Verdrängung zeremonieller Bräuche und traditioneller Orientierungsmuster zugunsten der neuen »methodisch-zeitökonomischen Lebensführung«[11]. Hier wurde die für die industriell-technische Produktion notwendige Lebenshaltung vor allem über die Kasernierung in Arbeitshäusern und Gefängnissen, über militärische Zucht und körperliche Folter erreicht. Allmählich lernten aber auch diese Menschen, die für die neue Produktion notwendige

Disziplinierung ihrer Körper zu verinnerlichen. Hierbei erhielten Protestantismus, Calvinismus und Puritanismus eine entscheidende Bedeutung: *»Wie so oft erscheint der Rückschritt in der Gestalt des Aufruhrs gegen die Autoritäten (...). Luther, gestützt weniger auf Paulus als auf seinen Landesfürsten, bot an: den Gott innen, dafür keinen Papst mehr. Das war ein Fortschritt sicherlich für die, die dabei waren, sich in den immer mehr erstarkenden Einzelfürstentümern häuslich einzurichten, für das mit dem Adel verbündete Bürgertum.«*[12]

Auf der ideologischen Grundlage der reformatorischen Lehren lernten die Menschen der unteren Gesellschaftsschichten, ›gottgefällig‹ zu leben, indem nun auch sie Arbeit als Streben an sich zu verinnerlichen begannen. Müßiggang und Bettelei galten von nun an als Sünde, und wer sich freie Zeit nahm, anstatt diese der Arbeit zu widmen, blieb der Erlösung fern: *»Wozu dieser Charakter wirklich prädestinierte, war die Durchführung der frühen manufakturellen Akkumulation. Nicht nur, daß sein Persönlichkeitsideal (...) die berühmten, kapitalistisch gut verwertbaren Tugenden (...) schuf; ausschlaggebend war auch die Sprengung libidinöser menschlicher Bindungen, um der zunehmenden Abhängigkeit von sachlichen Austauschbeziehungen folgen zu können.«*[13]

Die Disziplinierung der Körper

Aber es sollte noch einige Zeit dauern, bis das puritanisch-bürgerliche Arbeitsethos verinnerlicht und die für die bürgerlich-industrielle Gesellschaft typische Charakterstruktur entwickelt war. Die Modellierung betraf aber nicht nur die Psyche und das Verhalten der Menschen, sondern ergriff unmittelbar den Körper. Nach Foucault bildete das *»klassische Zeitalter«*[14] die entscheidende Etappe auf dem Weg zur produktiven Anpassung der Körper an die Erfordernisse der neuen Gesellschaft: *»Man wird diese Epoche der administrativen Ausgrenzung der Unvernunft (1650–1800) umschreiben können als diejenige, in der die Kirche die Formen der Unvernunft, namentlich Arme und Irre, nicht mehr, die bürger-*

lich-kapitalistische Wirtschaftsgesellschaft aber noch nicht umgreifen konnte.«[15]

Neben den Mechanismen der Selbstkontrolle brauchten die Menschen neue Körpergrenzen, um den neuen Lebensbedingungen gewachsen zu sein und gleichzeitig beherrschbar zu bleiben. Zu diesem Zwecke bewegten sich die neuen gesellschaftlichen Verhältnisse in die Individuen hinein. Schmerzhafte Fremdzwänge wurden nach und nach durch unbewußte Selbstzwänge überlagert, die äußeren, direkten Formen der Kontrolle über die Menschen fanden schließlich ihre Ergänzung in inneren, subtilen, unsichtbaren.[16] Das Ziel der neuen sozialtechnologischen Kontrollinstanz war nicht mehr der gemarterte, sondern der disziplinierte, kontrollierbare Körper. Mit Hilfe neuer wissenschaftlicher Erkenntnisse über die Funktionsweise des menschlichen ›Apparates‹ wurden Gesten, Haltungen und Bewegungen der Menschen analysiert, Zeit, Raum und Bewegung bis ins Kleinste erfasst und vorgeplant: *»...es geht nicht mehr um die Bedeutungselemente des Verhaltens oder um die Sprache des Körpers, sondern um die Ökonomie und Effizienz ihrer inneren Organisation.«*[17]

Die Hauptmodellierungsvorgänge der neuen Machttechnologie bewirkten eine Abspaltung der Affekte und körperlichen Bedürfnisse vom Bewußtsein[18] und schufen gleichzeitig eine körperliche Spaltung in ein Innen und ein Außen, deren immer schärfer werdende Grenze die Haut bildete:[19] Mit der Kontrolle durch innerpsychische Instanzen korrelierte eine körperliche ›Panzerung‹, die die physische Basis dafür lieferte, daß die Menschen sich von der äußeren Welt abgetrennt erleben konnten. *»Der Panzer ist keine Metapher,«*[20] vielmehr entstand er über die durch Dressur, Strafe wie durch Scham- und Peinlichkeitsempfindungen disziplinierte Haut. Diese bildete von nun an die jedem Menschen eigene Körpergrenze zwischen Innen- und Außenwelt, zwischen Privatheit und Öffentlichkeit.[21]

Die neue Körpergrenze wurde zu einer Art zweiter ›Natur‹, in der die Spaltungen von ›Innen‹ und ›Außen‹ als der selbstverständliche Ausdruck des Selbst erschienen. Von nun an sollte das ›Innen‹ nur begrenzt, als Gefühl, nach außen dringen. Die Affekte hingegen blieben stillgelegt: *»Gefühle sind Aufschubbedingungen für* *die Affekte, die mit der Industrialisierung gezähmt werden müssen (…). Abgewöhnung der Affekte, Angewöhnung der Gefühle als deren abgeschwächte Repräsentanzen.«*[22]

Mit der Abtrennung der Affekte von den Emotionen wie auch mit der körperlichen Panzerung entstand das Problem der Unsicherheit in der Wahrnehmung von Wirklichkeit und Illusion, Objektivität und Subjektivität, Öffentlichkeit und Intimität, die wiederum die verstärkte Beobachtung und Psychologisierung des Verhaltens notwendig machte:[23] *»Diese ganze Problemstellung hängt in der Tat mit einer spezifischen Entwicklung der tief in die Menschen eingebauten Selbstkontrollen zusammen, der Panzerung, die sie fühlen läßt, daß sie in ihrem Panzer sozusagen getrennt von dem Rest der Welt existieren.«*[24]

In dem Maße, in dem die Menschen genötigt waren, spontane Regungen zurückzudrängen, verlor der Körper an Bedeutung. Die Menschen nahmen zunehmend Abstand zu sich und ihrem körperlichen Sein. Sinnliche Wahrnehmung bzw. die Bewußtheit über deren Komplexität trat immer mehr zurück. Vielmehr wurde ein Prozeß in Gang gesetzt, der zu einer Unterordnung der Sinne unter den abstrakten Sinn des Sehens führte. Das Primat des Auges ermöglichte, aus der Distanz zwischen dem Betrachter und dem betrachteten Objekt Lust zu gewinnen. Indem diese Lust von anderen sinnlichen Bezügen zu abstrahieren vermochte, gestattete sie eine Triebbefriedigung in sublimierter Form: Auf der Basis verinnerlichter Körperdisziplin blieb das betrachtete Objekt auf ein Objekt der Augenlust reduziert.[25] Die Lust des Sehens war von den unmittelbaren Triebbedürfnissen des Körpers abgekoppelt, eben *»weil die unmittelbaren Befriedigungen des Lustverlangens durch eine Unzahl von Verboten und Schranken eingeengt wird.«*[26] Gerade in der Kunstbetrachtung erhob sich das Auge allein zum Vermittler der Lust.

Die gesellschaftlich notwendig gewordene Fähigkeit zur Körper- und Selbstdistanzierung bewirkte einen Wandel der individuellen Handlungsmuster. Mit dem Aufbau einer stabilen Selbstzwangapparatur auf der einen und der Zentralisierung und Differenzierung von Gesellschaft auf der anderen Seite wurden Handlungen zunehmend gegen den Körper, gegen die körperlich-seelischen Bedürfnisse durchgeführt. Die neue Arbeitsorganisation erforderte zudem das Erlernen eines kurzfristigen Bedürfnisaufschubs zugunsten langfristiger Gratifikationen und die Wandlung des Körpers von einem Lust- zu einem Leistungsorgan: Arbeit und Disziplin avancierten zur adäquaten Form der Lebensgestaltung. Mit der Verdrängung von Lust und Genuß aus den alltäglichen Lebensbezügen erhöhte sich gleichzeitig auch die Empfindlichkeit gegenüber den realen und symbolischen Andeutungen des Unterdrückten: Takt, Anstand und Schamgefühl bestimmten immer mehr die sozialen Handlungen der Menschen.

Mit der Entstehung des Körperpanzers und der Psychologisierung und Rationalisierung des eigenen und fremden Verhaltens wurde der Körper enteignet. Seine ›Entlebendigung‹ ermöglichte eine Geometrisierung der körperlichen Bewegungen, die ihre gesellschaftliche Parallelität in der Geometrisierung des Raumes hatte: »...man suchte sich selbst nach den Augen des objektiven Zeitgenossen zu formen, wenn man sich bewegte, statt in originären Erfahrungen den eigenen Körper sich anzueignen. Dieser wurde vielmehr denselben Prinzipien unterworfen, mit denen man sich die Objektwelt zu eigen machte. Die Tendenzen des instrumentellen Handelns gegenüber der Natur und der institutionalisierten Beziehungen zwischen den vergesellschafteten Menschen konvergieren in dieser Form der Naturbeherrschung am eigenen Leibe.«[27]

Die Geometrisierung der menschlichen Körper fand Eingang in die Bewegungsmuster der höfischen Tänze, wurde später im Bewegungsvokabular des Balletts stilisiert, und weitete sich allmählich auch auf die bürgerlichen Gesellschaftstänze aus.

›Modern Times‹:
Machttechnologie und Körpernormierung

In dem Film ›Modern Times‹, »a story of industry, of individual enterprise – humanity crusading in the pursuit of happiness.«[28] zeigt Charlie Chaplin sehr anschaulich, daß auch im zwanzigsten Jahrhundert die Mechanismen der Disziplinierung, Konditionierung und Kontrolle menschlicher Körper immer noch wirksam sind. Als eine hervorragende filmische Inszenierung der zuvor dargestellten Entwicklungstendenzen und Strukturmerkmale moderner Gesellschaften bietet sich eine Darstellung des 1936 gedrehten Films zum Abschluß dieses Kapitels an.

Der Film beginnt mit dem Symbol der modernen Zeit, der tikkenden Uhr. Dann eine Metapher: Eine Schafherde, darunter ein schwarzes Schaf, durch eine enge Gasse zum Scheren getrieben, ist die Chiffre für eine Masse von Arbeitern, die sich später durch ein Fabriktor drängeln. Ihre erste Handlung besteht in dem Bedienen der Stechuhr, bevor sie mit ihrer sinnentleerten Arbeit am Fließband beginnen. Hier erscheinen sie als maschinenhafte Wesen, die vorgegebene Handgriffe im Tempo des Bandes mechanisch ausführen. Lediglich das ›schwarze Schaf‹ Charlie stört den Rhythmus der maschinellen Arbeit. So beispielsweise, als er zum Verschnaufen das WC aufsucht. Aber auch hier bleibt er nicht lange unkontrolliert: Auf einer übergroßen Leinwand erscheint plötzlich der Chef und ermahnt zur Arbeit, denn er weiß ›Zeitersparnis bringt Profit‹, eine ökonomische Tatsache, die ihm später auch noch als Werbeslogan durch den Vertreter einer Ernäherungsmaschine präsentiert wird. Funktionstüchtigkeit ist auch hier das Entscheidende, die körperliche Enteignung der Menschen hingegen unwichtig.

Charlies kleiner Körper ist dem maschinell vorgegebenen Arbeitstempo nicht gewachsen. Das ›schwarze Schaf‹ unter den Maschine-Menschen wird durch die Räder der Maschine gedreht und wird ›verrückt‹. Er tanzt wie eine Ballerina durch die Fabrikhalle und chaotisiert den linearen Arbeitsrhythmus. Aufgrund dessen wird er in eine Irrenanstalt eingeliefert. Nach seiner Entlassung gerät er durch widrige Umstände, die ihn zu einem Kommunistenanführer stempeln, ins Gefängnis, wo er die gleichen Ordnungsregeln wie in der Fabrik antrifft. Die uniformierten und numerierten Häftlinge werden diszipliniert und konditioniert wie Pawlows Hunde: Auf Pfiff eines Hüters der Ordnung bewegen sie sich im Gleichmarsch außerhalb ihrer Zellen. Nach ›erfolgreicher‹ Resozialisierung bemüht Charlie sich vergebens um eine Arbeit, die die Grundlage für ein gemeinsames Zuhause mit seiner ebenfalls verarmten Freundin bieten könnte. Aber im Gegensatz zu den anderen ist er nicht der Mensch, der sich den sozialen Gegebenheiten problemlos anzupassen vermag. Ausbrüche aus dem umfassenden System der Kontrolle bewirken auch hier soziale Ausgrenzung, ›Nischen‹ innerhalb des Systems scheint es nicht zu geben. Aus diesem Dilemma sieht Charlie nur einen Aus-Weg: Mit seiner Freundin flüchtet er aus dem gesellschaftlichen Alltag in ein Nirgends.

Als eine karikative Überzeichnung der gesellschaftlich geforderten Körperkontrolle beweist der Film noch heute seine Gültigkeit. Hatte es schon immer Machtstrategien zur Disziplinierung und Kontrolle der menschlichen Körper gegeben, erfuhren diese mit dem Übergang zur modernen Industriegesellschaft eine neue Qualität. Der Körper, das Fundament von Affekt- und Verhaltensmodellierungen, Normierungen und Formierungen, wurde nun endgültig ins Abseits der gesellschaftlichen Öffentlichkeit gedrängt, geriet dadurch aber keineswegs aus dem Blickfeld gesellschaftlicher Machtstrategien. Vielmehr setzte die Verdrängung der Körperlichkeit eine genaue Aneignung der physischen Körper voraus, die wiederum nach den Prinzipien der neuen Machttechnologie strukturiert war. Der Körper wurde dabei über Körpertechniken, definiert als die Art, wie sich Menschen ihres Körpers bedienen, seinem sozialen Nutzen angepasst. Auf diese Weise prägten die Menschen selbst die soziale Struktur ihren Körpern und ihrem Bewußtsein auf. Dies wiederum bestimmte auch die Wahrnehmung und Betrachtung des Körpers als physischem Gebilde. Insofern kann nicht nur die Psyche, sondern auch der konkrete physische Körper als ein Ergebnis gesellschaftlich-historischer Veränderungen im Individuum betrachtet werden.

Auch wenn die Strategien der neuen Machttechnologie sich immer mehr verfeinerten und zunehmend subtiler, unsichtbarer funktionierten, blieben sie bis heute ein strukturelles Merkmal abstrakter, hochdifferenzierter Gesellschaften. Und je mehr die Sozialstruktur von dem einzelnen ein bewußtes Maß an Körperkontrolle forderte, desto mehr formalisierten sich die Ausdrucksweisen des Körpers bei gleichzeitiger Verleugnung unwillkürlicher körperlicher Bedürfnisse. Damit stieg auch das Mißtrauen und die Angst vor Erlebnisweisen, bei denen eine bewußte Körper- und Selbstkontrolle aussetzt.

Und obwohl der aufgezeigte Trend zur Körperdistanzierung und -disziplinierung einen wesentlichen Bestandteil des Zivilisationsprozesses in der bürgerlichen Gesellschaft bildete, bleibt zu berücksichtigen, daß das Verhältnis des Menschen zu seinem eigenen Körper, seinen Ausdrucksmöglichkeiten wie seinen subjektiv zugeordneten Bedeutungsgehalten nicht nur historisch und kulturell konkret eingebunden, sondern zugleich geschlechterpolar angelegt war. Die geschlechtsspezifische Differenzierung reifte mit der bürgerlichen Gesellschaft zu einer *»Polarisierung der Geschlechtscharaktere«* (Hausen) an, die sowohl im sozio-ökonomischen Bereich wie auch in den sozialen und individuellen Körper-Geschichten ihren Niederschlag fand. Da den Frauen andere gesellschaftliche Bereiche als die des Mannes zugewiesen wurden, stellt sich die Frage nach den spezifischen ›Modellierungen‹ weiblicher Körper.

›Naturwesen‹ Frau

Gegen Ende des fünfzehnten Jahrhunderts setzte ein Prozeß ein, der die ökonomische Selbständigkeit von Frauen langfristig nahezu vollständig beschränkte. Er fand im Übergang zum achtzehnten Jahrhundert seinen vorläufigen Abschluß, sollte aber, abgesehen von zyklisch auftretenden ökonomischen Krisensituationen, weiterhin seine Wirksamkeit entfalten. Die Ausgrenzung von Frauen aus den Bereichen selbständiger ökonomischer Produktion bildete die Voraussetzung für die soziale Diskriminierung von Frauen wie auch für die ideologische Gleichsetzung von Weiblichkeit mit Naturhaftigkeit und Körperlichkeit.

Die Herausdrängung der Frauen aus selbstbestimmten Bereichen der gesellschaftlichen Produktion ließ neue Formen der Aneignung weiblicher Produktivität notwendig werden. Diese lagen von nun an vor allem außerhalb des Bereichs direkter Subsumtion, in der Familie.

Im Zuge der Durchsetzung der manufakturellen Produktion wandelte sich die Familie vom ›ganzen Haus‹, der vorherrschenden familialen Sozialform des Mittelalters, zu einem Zwei-Generationenhaushalt, der noch heute vorherrschenden bürgerlichen Familienform. War das ›ganze Haus‹ durch einen arbeitsteilig organisierten, mehrere Generationen umfassenden Produktions- und Lebenszusammenhang gekennzeichnet, in der die aus der Arbeit resultierenden Beziehungen die Zugehörigkeit zur Hausgemeinschaft bestimmten, entwickelte sich die Familie im Zuge der Trennung von Produktion und Reproduktion immer mehr zu der Sphäre des Intimen und Privaten. Ein ›Familienleben‹, das vorindustriellen Personenverbänden noch fremd war, bildete sich heraus, dessen Aufgabe es wurde, die ›Härten‹ des Arbeitsalltags zu kompensieren: »*Mit seiner Aufspaltung* (des ›ganzen Hauses‹, G.K.) *in Betrieb und Haushalt tritt der ›Rationalität‹ des Betriebes die ›Sentimentalität‹ der Familie gegenüber.*«[29]

Mit der Trennung von Erwerbs- und Familienleben veränderte sich das soziale Bezugssystem, das die gesellschaftliche Funktion der Geschlechter definierte. Während mit Männlichkeit nun sämtliche Bereiche gesellschaftlicher Produktion, mit männlichem Charakter die Begriffe Aktivität, Rationalität, Vernunft, Geist und Kultur assoziiert wurden, stand Weiblichkeit synonym für den Bereich der reproduktiven Arbeit; das weibliche Geschlecht erhielt Charakterzuschreibungen wie Passivität, Emotionalität, Intuition, Körperlichkeit und Naturhaftigkeit.

Die Zuordnung weiblicher Charakterzüge und Verhaltensvorschriften zu dem Bereich der reproduktiven Arbeit läßt sich sowohl als Folge wie auch als Stabilisator sozioökonomischer Trennungen begreifen. Von nun an bestand die Gesellschaftlichkeit der Frau gerade in ihrer ›Natur‹, ihrem Körper: »*Die Frau ist nicht Subjekt* (…). *Sie wurde zur Verkörperung der biologischen Funktion, zum Bild der Natur, in deren Unterdrückung der Ruhmestitel dieser Zivilisation bestand.*«[30]

Die produktiven Tätigkeiten von Frauen galten von nun an nicht mehr als Auseinandersetzung mit der Natur, also als Arbeit,[31] sondern erschienen als Akt der Natur selbst, als ›natürliche‹ Bestimmung der Frau, als Resultat der physischen Beschaffenheit des weiblichen Körpers. War schon immer der Natur ein weibliches Prinzip[32] unterstellt worden, erhielt diese Interpretation mit dem Übergang zur bürgerlichen Gesellschaft eine neue Qualität. Die hier anzutreffende Assoziation von Natur mit Weiblichkeit wies wiederum, entsprechend den unterschiedlichen historischen Phasen, verschiedene Variationen auf, ohne dabei aber die grundlegenden Analogien von Natur und Weiblichkeit in Frage zu stellen. So vollzog sich mit dem Übergang zur mechanistischen Naturmetapher im sechzehnten Jahrhundert zunächst ein entscheidender Wandel in der Interpretation von Natur. Mit dem Versuch der Kontrolle über die unkontrolliert, verführerisch und chaotisch erscheinende Natur wurde diese als ›tote Materie‹ begriffen, Naturvorgänge als Mechanismen imaginiert. Gleichzeitig wurde die ehemals organische Metapher von Natur als ›nährender Mutter‹ inadäquat und transformiert in die Idee der friedliebenden und sorgenden, aber untergeordneten und passiven Mutter oder Jungfrau. In einem weiteren ›Schub‹ erfuhr die Naturmetapher hundert Jahre später erneut eine Wandlung. Natur wurde nun als Sklave definiert, ihre Beherrschung mit wissenschaftlichen Erkenntnissen und mechanischen Erfindungen legitimiert. Während der Mann als Schöpfer abstrakter Naturgesetze die Natur zu seinem Sklaven machte, wurde die Frau über diese Charakterisierung von Natur endgültig entmündigt; die wissenschaftliche Legitimierung unbegrenzter Naturbeherrschung bedeutete gleichzeitig die soziale Ausgrenzung des ›Naturwesens Frau‹: »*So wird die Frau mit dem metaphysisch verklärten Prinzip Natur ineins gesetzt, sie wird zugleich erhoben und erniedrigt, und zwar so hoch und so tief, daß sie in den gesellschaftlichen Lebenszusammenhängen keinen Platz mehr findet.*«[33]

Die Soziabilität des Mannes hingegen beruhte gerade auf der gleichzeitigen Beherrschung von Natur und Körper. Von daher wurden Männer wegen der gesellschaftlichen Bestimmung ihres Geschlechts von den Maximen bürgerlicher Gesellschaftlichkeit niemals prinzipiell ausgeschlossen, obwohl sie aus ökonomischen, sozialen, politischen, ethischen und ethnischen Gründen auch oft Unterdrückte waren und sind.

Die polare und gleichzeitig hierarchisierende Geschlechtsrollenzuweisung bildete von nun an ein entscheidendes Strukturmerkmal der bürgerlichen Gesellschaft. Ebenso wie die Kultur die Natur, der Geist den Körper, die Vernunft die Sinne zu dominieren begannen, erhob sich nun Männlichkeit zur gesellschaftlichen Norm, während das von der Norm abweichende Weibliche abgewertet wurde und als kompensatorischer Gegenpol die Funktion der Bestätigung und Stabilisierung des Normal-Männlichen übernahm.[34] Brigitte Wartmann interpretiert die Ausgrenzung von Frauen als einen ›circulus vitiosus‹. Ihrer Meinung nach »...ist im ›realen‹ Zirkelschluß der männlich dominierten Gesellschaft Frauen die Eigenschaft zugewiesen worden, nicht gesellschaftlich zu sein, weil sie dem Manne untertan seien – und untertan mußten sie dem Manne bleiben, weil sie keine gesellschaftlichen, d.h. in der Diktion der patriarchalen Kulturentwicklung, keine rational-geistigen Fähigkeiten – die höchsten Güter dieses gesellschaftlichen Prozesses – ausbilden konnten.«[35]

Als Anreiz und zugleich als Kompensation für den Ausschluß der Frauen aus der Marktökonomie wie auch aus der politischen Öffentlichkeit diente die neue, psychische Abhängigkeit des Mannes und der Kinder von der Frau. Gerade Kunst und Philosophie eiferten darum, den weiblichen Unterwerfungs- und Aufopferungswillen nicht nur als die spezifisch weibliche ›Natur‹ zu verkünden, sondern daraus auch Glück und Zufriedenheit der Frauen abzuleiten. So heißt es beispielsweise bei Fichte: »...das zweite Geschlecht steht der Natureinrichtung nach um eine Stufe tiefer als das erste, es ist Objekt einer Kraft des ersteren, und so muß es seyn, wenn beide verbunden seyen sollen (...). Die Ruhe des Weibes hängt davon ab, daß sie ihrem Gatten ganz unterworfen sey, und keinen Willen habe, als den seinigen.«[36]

Nach der neuen, aufgeklärten, naturrechtlichen Auffassung galt die Unterwerfung der Frau unter die Autorität des Mannes als die Grundbedingung für das gute Funktionieren der Ehe, die sich in der bürgerlichen Gesellschaft zu einem individualrechtlichen Vertrag zwischen scheinbar gleichgestellten Partnern gewandelt hatte, gleichzeitig aber von der Frau die totale Identifizierung mit dem Willen des Mannes unter Aufgabe des eigenen Ichs forderte: Die gesellschaftliche und körperliche Einschränkung ihrer Bewegungsmöglichkeiten bedeutete eine spezifische Form von Körperdisziplin und Triebverzicht, zumal die körperliche Autonomie von Frauen in Richtung eines mit ehelicher Monogamie verbundenen

Prinzips tugendhafter Sinnlichkeit umdefiniert wurde: »*Im bürgerlichen Kontext ›heißt‹ die Frau zwar noch Natur, aber damit ist
sie keineswegs körperlich bestimmt; sie ist ganz und gar durch ihr
Geschlecht definiert, aber einen Geschlechtstrieb hat sie nicht zu
haben.*«[37]

Parallel zu der Begrenzung der körperlichen Autonomie von
Frauen wurde das Bild eines idealen Frauen-Körpers konstruiert.
Dieser Prozeß nahm ebenfalls im dreizehnten Jahrhundert in der
allmählichen Säkularisierung und Sexualisierung des Bildes der ge-
schlechtslosen, körperlosen Jungfrau Maria seinen Ausgangspunkt,[38] um dann mit der Etablierung der bürgerlichen Gesellschaft im achtzehnten Jahrhundert im Bild der begehrten, aber real
kaum erreichbaren irdischen Frau seinen Abschluß zu finden.[39]
Der Prozeß der Erotisierung der sozial höher stehenden Frau bei
gleichzeitiger Entsexualisierung der sozial niedrig stehenden Frau
bedeutete eine qualitativ neue Spaltung der Frauenbilder. Bildeten
polare Frauenbilder schon immer einen wesentlichen Bestandteil
patriarchalischer Gesellschaften, wurden sie an der Wende zur
Neuzeit zwingend: »*An diesem historischen Kreuzpunkt zeigt sich
mit aller Schärfe die Produktions- und Funktionsweise von Bildern
der Weiblichkeit und die Entlastung der Wirklichkeit über die Bilder.*«[40]

Die polarisierten Frauenbilder reiften zur Stereotypenbildung
heran und richteten sich von nun an generell auf das ›Naturwesen‹
Frau. In ihrem Körper sollten sich madonnenhafte Tugenden wie
Verständnis, Opferbereitschaft, Dienstbarkeit, Schönheit und
Reinheit mit den Eigenschaften der entmachteten Hexe, dem Lei-
denschaftlichen, Dämonischen, Begierlichen und Sexuellen verei-
nigen.

Auf diese Weise nahm die neue Gesellschaft die weibliche
Produktivkraft in Besitz. Als ›unbearbeitete‹ Natur wurden die
Frauen vergesellschaftet, einerseits sexualisiert als Verführerinnen
der verlockenden und angstbesetzten Natur, andererseits entsexualisiert als Wahrerinnen von Sitte und Tugend. Als Mittel dazu
diente ihr Körper. Über ihn wurde die Frau aufgewertet und zugleich erniedrigt, und zwar so, daß weder für ihre Lebensrealität
Platz war, noch daß sie durch diese Form von Öffentlichkeit an

gesellschaftlichen Entwicklungs- und Gestaltungsmöglichkeiten teilhaben konnten.

Im Laufe eines langen Zivilisationsprozesses lernten die Frauen allmählich, diese Bilder zu verinnerlichen und ihren Körper dementsprechend zu modellieren, ihn wie ein Stück Natur zu unterwerfen und zu formen, eine Entwicklung, die nach Michel Foucault die Hysterisierung des weiblichen Körpers zur Folge hatte: *»Die Hysterisierung des weiblichen Körpers ist ein dreifacher Prozeß: der Körper der Frau wurde als ein gänzlich von Sexualität durchdrungener Körper analysiert, qualifiziert und disqualifiziert; aufgrund einer ihm innewohnenden Pathologie wurde dieser Körper in das Feld der medizinischen Praktiken integriert; und schließlich brachte man ihn in organische Verbindung mit dem Gesellschaftskörper (dessen Fruchtbarkeit er regeln und gewährleisten muß), mit dem Raum der Familie (den er als substantielles und funktionales Element mittragen muß) und mit dem Leben der Kinder (das er hervorbringt und das er dank einer die ganze Erziehung während biologisch-moralischen Verantwortlichkeit schützen muß).«*[41]

Die Modellierung des weiblichen Körpers

Mit der Etablierung der bürgerlichen Gesellschaft rückte der Körper immer mehr in den Mittelpunkt des gesellschaftlichen Interesses. Er avancierte zu einer Grenzlinie zwischen Innen- und Außenwelt, zum Repräsentanten der Synthese von physischer Erscheinung, gesellschaftlicher, klassen-, schicht- und geschlechtsspezifischer Präsentation und psychischer Struktur.

Die Geschichte der menschlichen Körper erhielt mit der Trennung von Produktions- und Reproduktionsbereich eine neue Qualität. Indem Frauen sich von nun an in anderen gesellschaftlichen Bereichen als Männer oder ›anders‹ in denselben Lebenswelten bewegten, waren die Disziplinierungen, die ihre Körper erfuhren, grundsätzlich andere. Die Geschichte der menschlichen Körper, ihrer Haltungen, Gesten und Bewegungen war geschlechterpolar angelegt. Die Geschichte der Frauenkörper läßt sich dabei schreiben als die einer äußeren Erotisierung bei innerer Entleerung. Es ist die Geschichte der Entstehung eines Marktes, bei dem die Frauenkörper als Waren auftauchen.

Die zunehmende Bedeutung des Körpers für den gesellschaftlichen Wert der Frauen führte zu einer immer differenzierteren Betrachtungsweise des weiblichen Körpers und der zunehmenden Sexualisierung seiner Einzelteile: *»Der Körper hört auf, eine Einheit zu sein, und wird zu einem Kompositum. Dadurch ist die frühere Harmonie, die das menschliche Schönheitsideal der Renaissance charakterisierte, völlig aufgehoben. Man sieht z. B. hinfort nicht sie, die Frau, als ein Ganzes, sondern man sieht an ihr in erster Linie die einzelnen Reize und Vorzüge: den kleinen Fuß, die schmale Hand, die delikaten Brüste, die schlanken Glieder und so weiter.«*[42]

Mit der verstärkten Aufmerksamkeit für den Körper und der Erotisierung seiner Einzelteile lief ein Prozeß, der sich durch einen Anstieg der Scham- und Peinlichkeitsschwelle gegenüber dem nackten Körper auszeichnete. In dem gleichen Maße, in dem Nacktheit immer mehr in den Bereich des Intimen und Obszönen verschwand, erhöhte sich die Aufmerksamkeit auf die Kleidung: *»Die Kleidung ist die Gußform, mit deren Hilfe die Körper vom Geiste der Zeit geformt werden. Darum führt jede Epoche, die in der Ideologie einen neuen Adam und eine neue Eva konstruiert, auch stets zu einem prinzipiell neuen Kostüm.«*[43]

In der bürgerlichen Gesellschaft blieb die Kleidung nicht mehr die dekorative Gewandung des nackten Körpers, sondern avancierte zu einem entscheidenden Faktor des Schönheitsideals. An dem bekleideten Körper ließen sich nun Schönheit, Individualität und Soziabilität demonstrieren. Von nun an wurde vor allem der weibliche Körper wie eine Kleiderpuppe ausgestattet mit dem Ziel, den jeweiligen sozialen Status am eigenen Körper öffentlich zur Schau zu tragen.[44] Zunächst betraf diese Status-Verkörperung hauptsächlich die Frauen der höheren Gesellschaftsschichten, sollte sich aber in einer langfristigen Durchsetzungsbewegung von ›oben‹ nach ›unten‹ auf andere Sozialschichten ausweiten. Auch die Frauen ›unterer‹ Gesellschaftsschichten lernten allmählich, das bürgerliche Frauenbild zu verinnerlichen und nicht nur ihre Sprache, Gebärden und Bewegungen, sondern auch ihre Kleidung darauf auszurichten: »*Diese sich einpassende Orientierung in männliche Konzeptionen und Phantasien des Weiblichen ist nicht aktive Rezeption der inneren Bewegung. Sie ist Verrücken eines Fixierbildes. Deshalb erfahren sich viele Frauen als Puppen, die von den jeweiligen Männern Leben eingehaucht bekommen.*«[45]

Entsprechend den historisch sich wandelnden Frauenbildern formte sich die ›zweite‹ Haut: Kleiderlängen, Stoffe, Schnitte, Accessoires, Schmuck, Schminke und Frisuren wechselten von nun an unaufhörlich und boten eine immer differenzierter werdende Modepalette. Mit den wechselnden Umhüllungen wurde den ›Puppen‹ Leben eingehaucht, denn über die Kleidung verlebendigten sie gleichzeitig einen bestimmten Sozialcharakter: die Romantische, Aufreizende, Mondäne, Funktionale, Unschuldige, Sachliche, Burschikose, Kindliche gehörten von nun zu einer immer differenzierter werdenden Palette weiblicher Idealtypen, die nicht nur Orientierungsmodelle für die realen Frauen bildeten, sondern gleichzeitig einige Wirtschaftszweige der neu entstehenden industriellen Produktion aufblühen ließen.

Aber die Moden umhüllten, formten und charakterisierten den Körper der Frauen nicht nur, sondern engten ihn auch in seinen Bewegungsmöglichkeiten stark ein. Schnürleiber, Korsetts, Trikotagen, Mieder, Reifröcke, schwere Stoffe, enge Schuhe, Absätze, Hüte begrenzten die Ausdrucks- und Bewegungsfreiheit des Körpers, so daß im neunzehnten Jahrhundert einige Ärzte vor gesundheitlichen Schädigungen warnten und eine sportliche Betätigung für Frauen forderten.

In ihrer gesellschaftlichen Definition auf den Körper reduziert, waren die Frauen von nun an gezwungen, sich mit den Disziplinierungen ihrer Körper und den damit verbundenen Begrenzungen ihrer Bewegungsfreiheit auseinanderzusetzen. Indem sie diese akzeptierten, unterstützten Frauen die männlichen Bilderprojektionen und produzierten gleichzeitig eine Identität, die sich nach außen richtet und körperlich ausdrückt. Derart geformt, blicken Frauen auf sich als Erscheinung, auf etwas Hergestelltes, Produziertes und Repräsentierendes.

Die Auswirkungen geschlechtsspezifischer Körper-Bilder

Die Modellierung der menschlichen Körper und Psyche zeigte unterschiedliche Auswirkungen auf die Geschlechter: Der Herausbildung des autonomen, rationalen, männlichen Ichs stand die Definition der Frau als Natur- und Körperwesen gegenüber. Damit gehörten Männer und Frauen von nun an zwei unterschiedlichen Welten an: der Raum der Männlichkeit wurde die öffentliche, gesellschaftlich anerkannte Welt der Ökonomie, Technik, Geschichte und Wissenschaft, während Weiblichkeit mit der polar entgegengesetzten Welt des Privaten, Intimen gleichgesetzt wurde. Im Gegensatz zu der Frau vollzog sich bei dem Mann eine Triebumschichtung und Körpermodellierung, die sich als eine Abtrennung der Triebbedürfnisse von dem Selbst und deren Sublimation in gesellschaftliche Produktionen beschreiben läßt. Begleitet und unterstützt wurde dies durch die Herausbildung eines ›Körperpanzers‹, der es ermöglichte, unmittelbare Bedürfnisse, Wünsche und Ängste einzudämmen. Nach den Theorieansätzen der klassischen Psychoanalyse und deren Ergänzungen, Weiterführungen und Korrekturen durch feministische Entwürfe[46] bildete der Körperpanzer die Voraussetzung für ökonomische, technische und soziokulturelle Produktionen des Mannes. Demnach ist der Körperpanzer Teil der triebökonomischen Grundlage, auf der die Beherrschung von Natur erfolgte. Naturbeherrschung schloß immer soziale Unterdrückung ein und zwar der Sozialschichten, die im bürgerlichen Naturverständnis Naturhaftes repräsentierten, neben den ›barbarischen‹ Völkern insbesondere die Frauen, deren Körper als Projektionsfläche für die abgespaltenen und unterdrückten Momente des männlichen Körpers benutzt wurden: *»Sie drücken eine Sehnsucht nach dem ganz Anderen, Unverdorbenen oder fleischlicher Natur aus.(…) Es handelt sich um den Versuch der Negierung eines Naturverhältnisses, das – vermittelt durch die Frauen – subjekthaftes Hervorbringen von Leben repräsentiert. Denn dieses steht im Gegensatz zum Naturverhältnis der bürgerlichen Gesellschaft, in der Körperlichkeit, Sinnlichkeit und Materialität unterdrückt und Natur als Technik hervorgebracht wird.«*[47]
  Der bürgerlich-industriellen Gesellschaft blieb das magisch-

mythische Bild der Hexen-Frau erhalten. Die bürgerlich-patriarchale Norm des ›neuen Menschen‹ war der Mann, dessen eigene Verdrängungen und Beherrschungen sich weiterhin auf dämonische Frauenkörper richteten. Von nun an galt aber nicht mehr die ›Hexe‹, sondern universell das ›Naturwesen‹ Frau als die verführerische Gefahr.

Frauenkörper boten die Möglichkeit einer Projektion männlicher Verdrängungen, aber nicht nur ihrer Ängste vor dem Verdrängten, sondern auch ihrer Wünsche, Träume und Phantasien, indem hinter jeder erträumten Freiheit das Bild einer begehrten Frau erschien: Die Unterwerfung fremder Länder suggerierte gleichzeitig die Eroberung exotischer Frauen und auch der Wunsch nach sozialem Aufstieg wurde und wird häufig mit dem ›Erreichen‹ der sozial ›höher‹stehenden Frau assoziiert.

Während die Inhalte der Bilder begehrter Frauenkörper sich historisch mehrfach änderten, blieb die strukturelle Funktion weiblicher Körperideale bis heute erhalten: Nach wie vor dienen diese Bilder einerseits als Projektionsfläche für die abgespaltenen triebstrukturellen Bedürfnisse, andererseits begrenzen sie Wünsche, gesellschaftliche Erwartungen und Autonomiebestrebungen, dies sowohl bei Männern wie bei Frauen. Die Macht dieses Mechanismus liegt darin, daß das Ideal mit dem realen Körper von Frauen meist nicht zur Deckung zu bringen ist. Nach wie vor kann die Erkenntnis der körperlichen ›Unvollkommenheit‹ für Frauen zu einer leidvollen individuellen Erfahrung werden wie sie andererseits auch Widerstand gegen die normierenden Körpermodelle bewirken kann. Dies zeigt sich insbesondere seit Beginn des zwanzigsten Jahrhunderts. Seitdem leben Frauen zunehmend in gesellschaftlichen Zusammenhängen, die die Konflikte und Widersprüchlichkeiten des weiblichen ›Identitätszwanges‹ offensichtlich werden lassen. Qualifizierte Ausbildung, Berufstätigkeit und kulturell-künstlerische Arbeit machten immer mehr ›Freiräume‹ und die Möglichkeit, den tradierten Verhaltenszuschreibungen zu entrinnen, sichtbar. Zunehmend suchten Frauen ihre Identität jenseits der tradierten Geschlechterordnung. Diese Tendenzen verzeichneten vor allem in den zwanziger und den siebziger Jahren des zwanzigsten Jahrhunderts entscheidene ›Schübe‹. Demokratisierungstendenzen führten in diesen Phasen gelockerter gesellschaftlicher Kontrolle zu einer veränderten Machtbalance zwischen den Geschlechtern und zu einer Stärkung der sozialen Position von Frauen. Mit diesen Aufbruchstendenzen wurden die grundlegenden bürgerlich-patriarchalen Strukturprinzipien allmählich brüchig, ohne daß ihr Machtmechanismus bislang grundlegend verschwand.

Mit dem Aufbrechen des traditionellen Geschlechterdiskurses zeigten sich gleichzeitig Gegentrends zu dem langfristigen Trend der Körperdistanzierung und -disziplinierung, die eine Rückbesinnung auf die verdrängte Körperlichkeit zum Ausdruck brachten, so beispielsweise in der Frauensport-, und Gymnastikbewegung zu Beginn des zwanzigsten Jahrhunderts wie auch in der Neuen Frauenbewegung der siebziger Jahre. Die hier vollzogenen Versuche von Frauen, der ›Macht der Norm‹ zu entrinnen, ließen auch die Paarkonfiguration des Gesellschaftstanzes und die Tanzkunst nicht unberührt.

14 Daniel Chodowiecki, »Occupations des dames«, Radierung 1779

4

Frühbürgerliche Tanzkultur

Die Tanzgeschichte der bürgerlichen Gesellschaft weist im wesentlichen drei Entwicklungsschübe auf: Nach 1770, nach 1900 und nach 1960/70 vollzogen sich im Gesellschaftstanz wie auch im Bühnentanz entscheidende Veränderungen, die in engem Zusammenhang mit sozioökonomischen und politischen Umwälzungen standen. Diese wiederum bewirkten einen kurzfristigen und langfristigen Wandel des Verhältnisses der Menschen zu ihrem Körper wie auch des Geschlechterverhältnisses.

Ausgangspunkt der Geschichte des neuzeitlichen Gesellschafts- und Bühnentanzes bildete der höfische Tanz als die vom sechzehnten bis zum achtzehnten Jahrhundert charakteristische Tanzform des Adels und des gehobenen Bürgertums. Während das ›gemeine Volk‹ noch ausgelassen das Ende der mittelalterlichen Gesellschaft tanzte, hatte in diesen Kreisen der allgemeine Trend zur Mathematisierung und Formalisierung, die zunehmende Disziplinierung des Körpers und seiner Bedürfnisse sowie die Rationalisierung und Psychologisierung des Verhaltens stilisierte Tanzformen hervorgebracht. Die endgültige Trennung von Volkstanz und Gesellschaftstanz war damit vollzogen, dies sowohl in sozialer wie auch in tanzästhetischer und tanztechnischer Hinsicht. In der Bewahrung traditioneller anarchischer Elemente blieb der Volkstanz, und zunehmend auch der anderer Völker, bis heute eine wesentliche Quelle des Gesellschaftstanzes wie auch des professionellen Bühnentanzes.[1] Die Trennung von Volks- und Gesellschaftstanz bildete eine wesentliche Voraussetzung für die traditionswahrende und zugleich subversive Funktion des Volkstanzes in der weiteren Zivilisationsgeschichte des Tanzes.

Das mit zunehmender Perfektionierung von Technik und Theatralik des höfischen Tanzes sich entwickelnde Spezialistentum von Tänzern führte desweiteren zu einer Abtrennung der professionellen Tanzkunst vom Tanz der ›Gesellschaft‹. Mit letzterem nahm die Tanzkunst als kunstästhetisch aufbereiteter Bühnentanz Gestalt an. Dessen wichtigste Manifestation wurde zunächst das Ballett, das sich bis heute ein Dauerabonnement auf den abendländischen Theaterbühnen sicherte.

Die bürgerliche Revolution im Gesellschaftstanz: Vom Menuett zum Walzer

Im sechzehnten Jahrhundert, zeitgleich mit den ersten Manierenbüchern für gehobene Stände begannen die Anstandsregeln, den ›höheren‹ Schichten ein strenges Körper- und Bewegungsverhalten auch im Tanz vorzuschreiben. Einer der ersten war Caroso. Er empfahl 1581: »*Halte den Körper gut aufgerichtet und das Bein so, daß die Hälfte des linken Fußes vor dem rechten steht; die Spitze des rechten Fußes also in der Höhe der Höhlung des linken, ein Fuß vom andern ungefähr vier Finger breit entfernt; achte darauf, daß die Fußspitzen vollkommen geradeaus stehen und auf die Dame gerichtet sind oder jene andere Person, der du die Verbeugung auf dem Balle oder anderswo machst; und laß dir nicht einfallen, es so zu machen, wie alle es allgemein tun, daß ein Fuß nach Süden der andere nach Norden schaut, wie wenn die Füße von Natur aus verrenkt wären, was einen höchst unziemlichen Eindruck macht.*«[2]

Carosos Vorschriften für eine korrekte Körperhaltung waren den Adelsschichten nicht völlig neu, einige festgelegte Bewegungsmuster kannten sie beim Tanzen schon. Diese führten sie aber noch recht ›unzivilisiert‹ aus. Sowohl Bewegungsvorschrift wie auch Ausführungsform sollten sich aber in einem langfristigen Prozeß, der zu Beginn des zwanzigsten Jahrhunderts seinen vorläufigen Abschluß fand, zunehmend differenzieren und verfeinern.

Und so war auch schon knapp 150 Jahre, nachdem die ersten

Verhaltensvorschriften den Körper der ›höheren‹ Schichten zu modellieren begannen, das Tanzen als »*Körperdisziplinierungsinstanz*« (Foucault) und seine Beherrschung als Merkmal guten Benehmens (wieder) entdeckt. Tanz begann, sich als Frage von guten Manieren zu gestalten. Der Zwang zum Einhalten höfischer Etikette wie auch die zunehmende Kompliziertheit, Differenziertheit und Verfeinerung des tänzerischen Bewegungsvokabulars erforderten zunehmend ein systematisches Erlernen der hochkomplizierten Tanzschritte. Dies war die Geburtsstunde der Tanzmeister und der Tanzliteratur. Die professionellen Tanzmeister leiteten eine neue Etappe in der Geschichte des Tanzes ein. Sie legten den Grundstein für den Berufsstand des Tänzers, schufen eine Theorie des Tanzes

15 Italienischer Tanzmeister, 1580

und eliminierten aus dem Tanz der ›Gesellschaft‹ allmählich alles Spontane und Improvisierte zugunsten von Verfeinerung, Zurückhaltung und Technik. Dem höfischen Sitten- und Moralkodex angepaßt, avancierte der Tanz zu einem wesentlichen Ausdrucksmedium höfischer Konvention und bildete von nun an einen elementaren Bestandteil der Erziehung junger Adeliger, der Frauen wie der Männer.

Mit zunehmend strenger werdenden Körpervorschriften und Bewegungsmustern entfernte sich der ›Tanz der Gesellschaft‹ zunehmend vom Volkstanz und dessen tradierten religiösen und kultischen Riten sowie dessen unkonventionellen Bewegungsmustern. Verweltlichung, Stilisierung der Bewegungsformen, standesbegrenzter Gebrauch und die Art der tänzerischen Figuration waren von nun an die wesentlichen Kennzeichen des höfischen Tanzes, mit denen sich der Adel von den Tänzen anderer Sozialschichten abzugrenzen versuchte.

Die Formvollendetheit höfischer Tänze beschränkte die Kontakte der Tanzpartner auf Andeutungen, Metaphern und Symboliken. Im Unterschied zum Volkstanz unterbanden sie jegliche unmittelbare körperliche Berührung; die Kontakte der Tanzpartner stellten sich beispielsweise lediglich über die Berührungen der Hände her, die von dem neuen Modeasseccoire Handschuh verdeckt blieben. Auch ausgelassenere Bewegungsformen wie Hüpfen, Springen und Drehen waren zugunsten des gemessenen Schreitens aus den höfischen Tänzen des siebzehnten Jahrhunderts nahezu vollständig verdrängt.

Die höfischen Tänze setzten sich primär aus positionellen und flächengeometrischen Elementen, die mannigfaltig variiert wurden, zusammen. Zum Teil allein dem höfischen Zeremoniell entsprungen, zum Teil Volkstänzen unterschiedlicher Nationalitäten entlehnt und den höfischen Bewegungsmustern angepasst, entsprachen sich diese Tänze in ihren Grundformen: feierlicher Aufzug der Paare, geometrisch geordneter Gruppentanz und Einzelpaartanz mit der ›Gesellschaft‹ als Zuschauerin. Insbesondere die Figuration des Paartanzes war ein neues Element in der Geschichte des neuzeitlichen Gesellschaftstanzes. Der Paartanz hatte im Rahmen der ritterlichen Troubadourkultur seine (Wieder-) Geburt erlebt, in einer Zeit, in der die Frauen als höheres, engelsgleiches Wesen angebetet worden waren. Im Zuge der Säkularisierung und gleichzeitigen Erotisierung des Frauenbildes auf der einen und der zunehmenden Systematisierung des Tanzes auf der anderen Seite setzte er sich als stilisierter, formvollendeter, nonverbal-erotischer Umgang zwischen den Geschlechtern durch. Dies geschah nicht zufällig zur gleichen Zeit, in der die Frauen auch im Tanz eine *»relative Gleichstellung«* (Elias) erhielten, vielmehr hatte diese die Idealisierung der Frauen zur Bedingung. Waren die Schrittmuster der Frauen hier noch mit denen der Männer vergleichbar, die Führungsposition noch nicht eindeutig dem Mann übertragen, so sollte sich dies mit dem Durchbruch des Walzers grundlegend ändern: Mit ihm etablierte sich der Paartanz endgültig, dies allerdings auf dem Boden eines hierarchischen Abhängigkeitsverhältnisses zwischen den Geschlechtern, und bildete von da an ein wesentliches Charakteristikum der bürgerlichen Tanzkultur.

Der gemessene Schritt: Das Menuett

Neben Pavane, Galliarde, Courante, Gavotte war das Menuett der wichtigste und bekannteste Tanz der höfischen Gesellschaft.[3] Das Menuett beherrschte von der Mitte des siebzehnten Jahrhunderts bis zum Ende des achtzehnten Jahrhunderts die Ballsäle der höfischen Gesellschaft. Es entstammte ursprünglich einem im Poitou beheimateten Volkstanz, erhielt aber seine Umwandlung zum höfischen Tanz durch Lully, den Tanzmeister Ludwig XIV. Dieser überarbeitete das Menuett eigens für das ›ballet royal de la nuit‹, ein Ballett, in dem Ludwig selbst die Rolle der alles verklärenden Sonne tanzte, die ihm wiederum den Beinamen ›der Sonnenkönig‹ einbrachte.

Während zuvor Ballette in ihrer Funktion als Vermittler politischer Botschaften von dem Herrscher selbst mitinitiiert waren, übernahm mit dem Menuett erstmals in der höfischen Tanzgeschichte ein Fachmann vollständig die Ausarbeitung einer tänzerischen Komposition. Damit wurde der Weg zur Professionalisierung und Kommerzialisierung des Tanzes geebnet, der die

Durchsetzung des Balletts als Kunstform zur Folge haben sollte. Nicht nur aufgrund dieser ›Professionalität‹, sondern auch weil der absolute Herrscher selbst, zusammen mit seiner Maitresse, den neuen Tanz präsentierte, avancierte das Menuett zum Modetanz der gesamten europäischen ›Gesellschaft‹.

Menuett tanzte man im Dreiertakt als einen offenen Paartanz, bei dem entweder ein Paar solo tanzte oder mehrere Paare in Reihen antraten. Die Schrittfolgen basierten auf einer rhythmisch und dynamisch streng kodifizierten Ordnung mit hochkomplizierten Schrittkombinationen, die jahrelange, konstante Übung erforderten. Diese waren begleitet von unendlich vielen Verbeugungen, Seitwärts-, Vorwärts- und Rückwärtsbewegungen. Gerade das Beherrschen der Reverenz, der Verbeugung, war von besonderer Wichtigkeit. Sie stellte nicht nur die Einleitung des Tanzvorganges dar, sondern bildete die Hauptfigur des Tanzes selbst. Mit ihr symbolisierten die Tanzenden ihre Unterlegenheit gegenüber dem Herrscher wie auch der Tänzer seine ›Hochachtung‹ gegenüber der begehrten Frau.

War das Menuett im Zusammenhang mit dem Ballett kreiert worden, so waren auch die folgenden parallelen Entwicklungen im Gesellschafts- und Kunsttanz nicht zufällig. So erlebte der Gesell-

16 Johann Elias Nilson, Menuett, Kupferstich 18. Jh.

schaftstanz in dem Zeitraum eine Zäsur, in dem Noverre das mittlerweile hochverkünstelte Ballett zu reformieren trachtete. Das Eindringen alter Volkstänze wie Mazurka und Polonaise[4] in den Gesellschaftstanz brachte Neuerungen gegenüber dem Bewegungsverhalten der klassischen höfischen Tänze mit sich. Deren kompliziertes Regelwerk der Positionen und Schrittkombinationen baute man zugunsten zwangloserer Einfachheit in Haltung, Gebärde, Reverenz und Zahl der an der Konfiguration beteiligten Tanzpaare ab. Damit leiteten die Tanzmeister eine von ihnen nicht

17 Menuett, Karikatur um 1810

geplante Entwicklung ein: Ihre Neuerungen sollten das Absterben der klassisch-höfischen Tänze zur Folge haben, zumal sich neben den tanztechnischen und -ästhetischen Auflockerungen mit dem erneuten Eindringen der Volkstänze in den Tanz der ›Gesellschaft‹ auch langsam die strengen sozialen Schranken zu öffnen begannen.

Die neuen Tänze blieben nicht nur dem Adel vorbehalten, sondern fanden zunehmend Eingang in die bürgerlich-städtischen Schichten. Diese Entwicklung demonstrierte das Brüchigwerden der strengen Standesschranken, den sozialen Aufstieg der bürgerlichen Schichten und den Übergang vom Tanz der ›Gesellschaft‹ zum Gesellschaftstanz nur allzu gut. Sie vollzog sich zu einer Zeit, in der das traditionelle Europa durch die bürgerliche Revolution der Franzosen erschüttert wurde und in der sich die Industrialisierung nach England nun auch in anderen europäischen Ländern durchzusetzen begann. Es war das Zeitalter des ›aufgeklärten‹ aufstrebenden Bürgertums, das zwar traditionelle Herrschaftsschichten noch nicht ganz verdrängt hatte, aber mit Vehemenz dessen Kultur zu zerstören begann. Mit der Lockerung der höfischen Tänze deutete sich dieser Prozeß an. Aber erst der Walzer wurde zum Inbegriff der bürgerlichen Tanzkultur. Sein Durchbruch kann als Ankündigung der revolutionären Entwicklungen begriffen werden, als eine sich im Körper- und Bewegungsverhalten ausdrückende vorrevolutionäre Bewegung.

Im Taumel der Ereignisse: Der Walzer

Der Walzer entstammte dem volkstümlichen Ländler Bayerns, Österreichs und des Böhmerwaldes. Er war zunächst nichts anderes als ein bäuerlicher Springtanz, der aufgrund seiner Wildheit und des lockeren Umgangs der Partner miteinander einst von den herrschenden Schichten des ausgehenden Mittelalters verunglimpft und verboten worden war. In den siebziger Jahren des achtzehnten Jahrhunderts begann er als Walzer die Tanzböden der Gesellschaft zu erobern[5] und schon 1814 hieß es auf dem Wiener Kongreß:

»*Le congres ne marche pas – il danse*«. Man tanzte in Wien Walzer, um die Durchsetzung der Metternich'schen Politik gegenüber dem geschlagenen napoleonischen Frankreich auch während des abendlichen Vergnügens zu demonstrieren. Schnell wurde der Walzer auch in Paris Mode, fand Übernahme in Opern und etablierte sich mit den Werken Schuberts, Brahms, Chopins als Konzertwalzer. Sein entscheidender Durchbruch vollzog sich aber in Musik und Tanz auf alltagskultureller Ebene: Unabhängig von sozialer Schicht und geographischem Raum befand sich das Europa des neunzehnten Jahrhunderts im Walzerrausch, verbunden durch die Musik von Johann Strauß.

Während die Durchsetzung des Walzers als Modetanz an den Höfen die zunehmend brüchiger werdende Machtposition traditioneller Herrschaftsschichten demonstrierte – so wurde beispielsweise am preußischen Hof das Walzertanzen noch von Wilhelm II. untersagt[6] – kündigte der Walzer für das Bürgertum und den ›vierten Stand‹ eine gesellschaftliche Entwicklung an, die politisch noch erkämpft werden mußte. Er war der Inbegriff der Revolution und das Symbol des bürgerlichen Prinzips der ›égalité‹. Mit dem Walzer setzte das aufbegehrende Bürgertum nun auch den zivilisierten Bewegungsformen der traditionellen Herrschaftsschichten eine neue Tanzkultur entgegen. Daneben bestand das Revolutionäre des Walzers auch in den geforderten Bewegungsvollzügen. Dies bezog sich auf das Verhalten des einzelnen Tanzenden, die Konfiguration des Einzelpaares und der Paare untereinander: Mit den schnellen wirbelnden Kreisbewegungen des Walzers wurden die ehemaligen festgelegten Körperhaltungen, Arm- und Fußpositionen überflüssig wie auch die Reverenz aus dem Tanzvorgang selbst ausschied. Die Schritte unterlagen von nun an nicht mehr geometrischen Ordnungsmustern, vielmehr tanzten die einzelnen Paare von ihnen selbst bestimmte Kreisformen. Damit wurde auch die den höfischen Tanz charakterisierende Gesamtkonfiguration der Tanzenden unwichtig und mit ihr auch deren zentral ausgerichtete hierarchische Struktur. Darüber hinaus kannte der Walzer die Aufspaltung der ›Gesellschaft‹ in Tanzende und Zuschauende nicht mehr. Vielmehr zeichnete er sich primär durch die Konfiguration des tanzenden Einzelpaares aus, eine Entwicklung, die den gesamtgesellschaftlichen Prozeß der Herausbildung der bürgerlichen Eheform und privaten Intimität nur allzu gut spiegelte.

Nicht zuletzt bestand eine entscheidende Veränderung in dem Umgang der Tanzpartner miteinander, die sich im Tanz der bürgerlichen Revolution wieder zu umarmen begannen. Dies ist aber in einem sehr patriarchalen und bürgerlichen Sinne als ›fraternité‹ zu verstehen, denn zum einen erhielt der Mann unstreitbar die Position des Führenden, während die Frau ihm schwebend in seinen Armen folgte. Zum anderen war die Umarmung keineswegs wie im Ländler oder in südamerikanischen Paartänzen mit körper-

18 Walzer, anonym. franz. Maler des 18. Jh.

licher Nähe, Berührungen und Küssen verbunden, denn dies war, zumindest in ›Gesellschaft‹, im neunzehnten Jahrhundert mittlerweile auch im Bürgertum verpönt. Auch die ›Bürgerlichen‹ hatten inzwischen gelernt, in körperlicher Distanz zum anderen Geschlecht über den Blick Lust zu gewinnen. Nahezu paradox erscheint es deshalb, daß vor allem für den Bürgersmann die neue Nähe zur Frau schon erotische Gefühle erzeugte. Hier erkannte er die im höfischen Tanz kaum sichtbaren tänzerischen Fähigkeiten ihres Körpers wieder, einem Körper, der mittlerweile – im Gegensatz zu seinem eigenen – zum ›natürlichen‹ Repräsentanten von Triebhaftigkeit und Sinnlichkeit avanciert war. Ganz angetan von dieser ›Revolution der Sinne‹ schrieb Goethe, der selbst jahrelang das Menuetttanzen von seinen Vater gelernt hatte, 1774 in ›Die Leiden des jungen Werther‹: *»Tanzen muß man sie sehen! Siehst Du, sie ist so mit ganzem Herzen und mit ganzer Seele dabei, ihr ganzer Körper eine Harmonie, so sorglos, so unbefangen, als wenn das eigentlich alles wäre, als wenn sie sonst nichts dächte, nichts empfände (…). Und da wir nun gar ans Walzen kamen und wie die Sphären umeinander herumtollten, gings freilich anfangs, weils die wenigsten können, ein bißchen bunt durcheinander (…). Nie ist mirs so leicht vom Flecke gegangen. Ich war kein Mensch mehr. Das liebenswürdigste Geschöpf in den Armen zu haben und mit ihr herumzufliegen wie Wetter, daß alles ringsumher verging.«*[7]

Charles Dickens schrieb aufgrund ähnlicher Erfahrungen in ›David Copperfield‹ 75 Jahre später: *»Ich weiß nicht wo, zwischen wem, wie lange. Ich weiß nur, daß ich selig berauscht im Raum umherschwebe mit einem blauen Engel im Arm.«*[8]

Beide waren in dem lustvollen Taumel des Walzers gefangen. Ob mit Lotte, der begehrten Frau oder mit einem anonymen Engel, jedenfalls tanzten beide mit ›etwas‹, das ihnen Sinnenrausch ermöglichte. Gerade der Gefahr, die für die vernunftgeleiteten Männer des aufstrebenden Bürgertums in diesem Sinnenrausch mit einem scheinbar überirdischen Wesen bestand, mußte mit der Kontrolle des Körpers durch den Kopf Einhalt geboten werden. In diesem Sinne empfahl Vieth seinen Geschlechtsgenossen: *»Bei diesem Tanze ist alles kreisförmig-wirbelnde Bewegung, alles dazu geschickt, Taumel zu erregen und die Sinne zu verführen (…). Um* *sich vor dem Schwindel zu bewahren, finden solche, die demselben unterworfen sind, es dienlich, immer der Moitie ins Gesicht und nicht auf die umliegenden Gegenstände zu sehen, welche sich alle im Kreise herum zu drehen scheinen.«*[9]

Tatsächlich ist die Drehung im Tanz eine Bewegung, die schon von den ›Naturvölkern‹ als Erzeuger von Rausch und Ekstase praktiziert worden ist. Neben dem Geschwindigkeitsrausch, der den veränderten Umgang mit Raum und Zeit verdeutlichte, war sie die wesentliche, revolutionäre Errungenschaft des neuen Gesellschaftstanzes, zumal die Bewegungsdynamik der Drehungen zugleich das Gefühl romantischer Schwerelosigkeit weckte. Den lustvollen wie auch bedrohlichen Elementen des Walzers hingegen galt es Einhalt zu gebieten, denn die Revolution sollte zwar das Volk, wie schon einige Jahrhunderte zuvor in der Tanzwut des ausgehenden Mittelalters, in einen Taumel fallen lassen, das bürgerlich-männliche Ich aber mußte klaren Kopf behalten, um sein Ziel des gesellschaftlichen Aufstiegs nicht aus den Augen zu verlieren. Dies galt nicht nur für die gesellschaftspolitische, sondern auch für die tänzerische Revolution. Dementsprechend warnte der Moralpraktiker Adolph von Knigge das vernunftgeleitete Bürgertum noch ein Jahr vor Ausbruch der französischen Revolution mit den Worten: »*Wenn das Blut in Wallung kommt, so ist die Vernunft nicht mehr Meister der Sinnlichkeit; verschiedene Arten von Temperamentsfehlern werden dann offenbar. Man sei also auf der Hut! Der Tanz versetzt uns in eine Art Rausch, in welchem die Gemüter die Verstellung vergessen.*«[10]

Vor allem für den Mann blieb das Motto ›Mit klarem Kopf voraus‹ eine Parole, die zugunsten einer stabil funktionierenden Selbstzwangapparatur und Körperkontrolle sowohl eine ganzheitliche Sinneserfahrung verhinderte, wie sie auch auf dem Hintergrund der Ordnungsvorstellungen der bürgerlichen Gesellschaft das patriarchale Geschlechterverhältnis neu konstruierte. Im Gegensatz zum höfischen Tanz wurde die Führungsposition hier (wieder) eindeutig dem Mann übertragen, die Frau hingegen erhielt zwei recht ohnmächtige Alternativen: ›aufgefordert‹ zu werden oder sitzenzubleiben, Anpassung und Unterordnung oder Diskriminierung und Ausgrenzung. So fanden sich die neuen bürgerlich-patriarchalen Prinzipien der Selbstzwänge, Körperunterdrückung und Frauendiskriminierung auch im Walzer wieder, dessen Geschichte die vom ehemaligen wilden Volkstanz über den Revolutionstanz zum stilisierten Standardtanz war. Als solcher kannte er seit Beginn des zwanzigsten Jahrhunderts wieder festgelegte, schriftlich fixierte Bewegungsvorschriften und stilisierte Formen. Erst einmal von den Tanzlehrerverbänden normiert, avancierte er zum Erziehungsmittel bürgerlicher Konventionen und übernahm damit Funktionen, die einst das Menuett in der Adelsgesellschaft innegehabt hatte. Aber auch wie diesem, sollte dem Walzer ein ähnliches Schicksal zuteil werden: Gerade sein Symbolcharakter war in dem nächsten zivilisationsgeschichtlichen ›Schub‹ einer Körperaufwertung zu Beginn des zwanzigsten Jahrhunderts für die aufbegehrende Jugend der Auslöser, ihm neuere, rasantere, freiere und vor allem körperbetontere Tänze entgegenzusetzen.

Die Rückkehr zur Natur:
Das romantische Ballett

Während der Walzer zeitgleich mit den revolutionären Aufbrüchen am Ende des achtzehnten Jahrhunderts die Tanzböden Europas eroberte, setzte sich das romantische Ballett[11] auf den Bühnen des Theaters und mit ihm die romantische Ballerina in den Herzen der bürgerlichen Männer erst fest, als sich die Wogen der Revolution wieder zu glätten begannen. Aber auch im Bühnentanz deuteten sich schon im ausgehenden achtzehnten Jahrhundert Strukturbrüche an. Und ähnlich wie der Walzer im Gesellschaftstanz, sicherte sich das romantische Ballett langfristig ein Dauerabonnement auf den Theaterbühnen.

Die Geschichte des Balletts wies mehrere Entwicklungsetappen auf: Sie begann in der italienischen Renaissance,[12] an den Höfen des italienischen Kaufmannskapitals,[13] erfuhr einen nächsten ›Schub‹ im Zeitalter des französischen Barock, um dann zu Beginn des neunzehnten Jahrhunderts ihren vorläufigen Abschluß im romantischen Ballett zu finden. Bis zu den Reformen durch das russische Ballett Serge Diaghilews und den ›revolutionären‹ Bestrebungen der AusdruckstänzerInnen Anfang des zwanzigsten Jahrhunderts sollte dem romantischen Ballett und mit ihm der Ballerina eine uneingeschränkte Vormachtstellung auf der Tanzbühne erhalten bleiben.

Das Ballett als künstlerische Darbietung in der Einheit von Libretto, Tanz, Musik und Bühnenbild tauchte erstmals in der zweiten Hälfte des sechzehnten Jahrhunderts mit dem ›ballet comique de la royne‹,[14] 1581 uraufgeführt, auf. Sein Inhalt: Circe, die homerische Zauberin, verwandelt alle, die ihr verfallen, bis Jupiter herbeieilt und sie durch seine Kraft von einem Blitz erschlagen wird. Damit erlangen auch alle Verzauberten ihre Freiheit wieder.

In diesem Ballett tanzte der König selbst die Figur des Jupiters und symbolisierte damit, daß sich inhaltliche Gestaltung und räumliche Perspektive im französischen Staat auf den Souverän ausrichteten, und dies zu einer Zeit, in der Frankreich in der schwersten Periode der Religionskriege stand. Neben der politischen Funktion signalisierte dieses Werk auch, daß die Prinzipien der neuen Staatsmacht über die Unterwerfung der Natur wie auch der weiblichen Sinnlichkeit erfolgten. Symbolisch für alle Frauen wurde hier die sinnliche, verführerische und bedrohliche Circe bekämpft und unterworfen. Dementsprechend tanzten die höfischen Frauen, angeführt von der Königin, ein Stück Natur, die Najaden, dies ›entfleischlicht‹, auf geometrische Muster reduziert. Als Sinnbild der gesellschaftlichen Unterordnung der Frauen waren auch ihre tänzerischen Bewegungen auf den Herrscher ausgerichtet. In ihrer tänzerischen Figuration manifestierten sich aber nicht nur die Prinzipien der politischen Zentralität und sozialen Ausgrenzung von Frauen; vielmehr verdeutlichte sich darin auch die Idealisierung des Weiblichen: Das Ballett war nicht nur der Königin gewidmet, sondern es tanzte auch erstmalig eine Frau die Hauptrolle, eine Aufgabe, die den Frauen in den folgenden hundert Jahren nicht mehr zukommen sollte. Im ›ballet de cour‹ brillierten zumeist die Höflinge, während sich die Hofdamen nur an einem besonderen Teil des Balletts, einer Art Finale, beteiligten. Diese Geschlechtsspezifik stand in Zusammenhang mit der politischen Funktion, welches das Ballett in diesem Zeitraum innehatte: Es

19 Ludwig XIV. im »Ballet royal de la nuit«, 1653

diente dazu, die Position der einzelnen Höflinge in der sozialen
Hierarchie am Hofe symbolisch zu präsentieren.

Das ›ballet du cour‹ büßte seine politische Funktion in dem Moment ein, als Ludwig XIV. (1643–1715) sich hundert Jahre später

zum absolutistischen Herrscher erhob. Mit der Monopolisierung seiner Macht verlor die Aristokratie ihre Funktion als politische Entscheidungsträgerin und damit verkümmerte auch das Hofballett. Gleichzeitig entstanden immer mehr öffentliche Theater, die Tanzvorstellungen gaben und kompetente Organisatoren und Berufstänzer erforderten, während die Aristokraten sich zunehmend von den Bühnen zurückzogen und ihre Rollen auf die der Zuschauer und Mäzene verlagerten. Sie selbst tanzten von nun an Gesellschaftstänze, bei denen Frauen zu ihren Partnerinnen avancierten. Mit dieser Entwicklung vollzog sich endgültig die Trennung von Gesellschaftstanz und professionellem Bühnentanz, der mit der Gründung der ›Académie royale de la danse‹ im Jahre 1661 nun auch seine institutionalisierte Form erhielt. Mit dieser Institutionalisierung wurde der Tanz in den akademischen Rang erhoben;[15] der Weg für die Entwicklung des Balletts zu einer eigenständigen Kunstgattung war geebnet. Schon zwanzig Jahre später wurde ein erstes Signal für die neue künstlerische Autonomie des Balletts sichtbar: ›Le Triomphe de l'amour‹, 1681 uraufgeführt, war die erste Ballettoper ohne Gesang, das erste Ballett, in dem ein ›pas de deux‹ getanzt wurde und vor allem das erste Ballett, in dem Mlle. La Fontaine für sich in Anspruch nehmen konnte, die erste Ballerina der Ballettgeschichte zu sein.

Und es dauerte wiederum knapp hundert Jahre bis die zunehmende Verkünstelung und inhaltliche Entleerung des ehemaligen Hofballetts den Auslöser für neue Reformbestrebungen bildete. Jean Georges Noverre (1727–1810), einer der großen Ballettreformatoren des achtzehnten Jahrhunderts, forderte die Überwindung der steifen Formen des Spätbarocks zugunsten ›natürlicher‹ Ausdrucksformen von Körper und Geist.[16] Von der bürgerlich-aufklärerischen Philosophie des sich anbahnenden klassischen Zeitalters durchdrungen, legte er in seinen berühmt gewordenen ›Lettres sur danse et sur les ballets‹[17], 1760 erschienen und 1769 von Lessing ins Deutsche übersetzt, eine Ballettkonzeption vor, die sich mit der Forderung nach Einfachheit, Erhabenheit, Proportion, Ordnung und Harmonie an den Idealen der griechischen Antike orientierte: *»Macht Eure Gesten nobel; fort mit diesen enormen Perücken und diesem gigantischen Kopfputz, all das, was die wahren Proportio-*

nen zwischen Kopf und Körper zunichte macht,«[18] waren seine
Forderungen, Tanz war für ihn »...*die Kunst, durch bedeutungs-
volle Bewegungen, Gesten und Gesichtsausdruck, unsere Gefühle
der Aufnahmefähigkeit der Zuschauer zu vermitteln.«*[19]

Noverres Vorstellungen dokumentierten, daß sich das Ballett als
selbständige Kunstgattung nun in Richtung bürgerlicher Kunst-
darbietung zu verändern begann: Mit seiner Forderung nach einer
formalen und thematischen Loslösung von der tänzerisch-zeremo-
niellen Ausgestaltung des absolutistischen Prinzips leitete er eine
von ihm nicht geplante Entwicklung ein. Nicht die von ihm ge-
forderte Naturschönheit des sich bewegenden Körpers, sondern
die Kunstschönheit des stilisierten Körpers erhob den Tanz zu
einer eigenständigen Kunstform, eine Entwicklung, die zu Beginn
des neunzehnten Jahrhunderts im romantischen Ballett ihren präg-
nanten Niederschlag fand.

Schon zu Noverres Lebzeiten kündigte sich mit der romantischen Bewegung eine neue Sichtweise der Wirklichkeit an. Durch
das Scheitern der französischen Revolution, die Etablierung der
Napoleonischen Herrschaft und den Zusammenschluß des einst
revolutionären Bürgertums mit der absolutistischen Reaktion
machte sich auf dem Boden der sich entfaltenden Industriegesellschaft eine politische Resignation breit, die sich im Bürgertum in
einem ›romantischen Lebensgefühl‹ äußerte. Mit den Formeln
›Poetisierung der Welt‹ und ›Phantasie an die Macht‹ begann die
romantische Bewegung gegen die durch Industrialisierung und na-
turwissenschaftliche Denkweise voranschreitende Quantifizierung
vieler Lebensbereiche, gegen bürgerliche Leistungsvorstellungen,
Zeitökonomie und Vernunfthörigkeit zu protestieren. Den Folge-
wirkungen der Zivilisation setzten sie das Primat des Gefühls, der
Poesie, des Traums und der Seele entgegen. Ihre Forderungen richteten sich an die Rückgewinnung der Natur, der Welt der Sinne
jenseits des durch Vernunftherrschaft verkümmerten Lebens. Die
Versöhnung von Mensch und Natur versprachen sich die Roman-
tiker vor allem von der Frau. Sie galt ihnen als Symbol für ein
naturverbundenes Dasein.

Während die romantischen Vorstellungen schon Ende des ach-
zehnten Jahrhunderts Literatur und Malerei prägten, wirkte sich

ihr Einfluß auf das Ballett erst in den dreißiger Jahren des neunzehnten Jahrhunderts aus. Seinen Durchbruch fand das romantische Ballett 1832 mit ›La Sylphide‹, gefolgt von ›Giselle‹, 1841 ebenfalls in Paris uraufgeführt.[20] In diesen Balletten bestimmten keineswegs Themen der antiken Mythologie, die einst Noverre vorschwebten, sondern nordische Götterhimmel, Feen, Elfen und

20 Marie Taglioni als La Sylphide, 1832

Zaubergeister die Inhalte des Bühnengeschehens. In ›La Sylphide‹ liebt James, der Farmer, zwei Frauen: Effi, das menschliche Wesen, die er zu heiraten gedenkt und eine Sylphide, ein luftiges Wesen, die ihn auch zu lieben scheint. Er entscheidet sich für die letztere, die ihm allerdings entschwindet. Der Versuch, sie festzuhalten, mißlingt, sie stirbt. James hat so beide begehrten Frauen verloren.

Mit der Thematisierung der Zweiteilung der Frau in ein soziales und ein naturhaftes Wesen und dem gleichzeitigen Versuch, letzteres zu bezähmen, konkretisierte sich in diesem Ballett ein gesellschaftliches Strukturprinzip, das auch in dem Ballett ›Giselle‹ wiederkehrte, mit dem Unterschied, daß hier die dämonisch-hexenhaften Züge des Weiblichen hervorgehoben wurden: Giselle, die Winzerin, liebt den Tanz und einen Herzog, der einer standesgemäßen Frau versprochen ist, Giselle aber verführt hat. Wegen der unerfüllbaren Liebe wählt sie den Tod, der sie in eine gespenstisch tanzende Hexe, eine Wili, verwandelt. Als solche vermag sie ihren Geliebten vor den Todesdrohungen der anderen Wilis zu retten. Dieser wiederum erkennt nun Giselles Liebe, kann sie aber nicht mehr erfahren. Zutiefst verzweifelt flüchtet er in die Arme seiner Verlobten. In ›Giselle‹ traf das bürgerlich-männliches Prinzip der Frauenspaltung mit der Verdammung des Tanzes durch die christliche Morallehre zusammen. Das Ergebnis: Die Frau, gespalten in ein unglücklich liebendes Mädchen und eine bedrohliche Hexe, der Tanz als die ihr angemessene Bewegungsform, die Tänzerin als Inkarnation des christlichen Sündenprinzips.

Mit der bildhaften Umsetzung träumerischer Sehnsüchte und bedrohlicher Phantasien erhielten die romantischen Ideen und männlichen Projektionen in diesen Balletten, die beispielhaft für alle weiteren standen, ihre tanzästhetische Form. Mit ihnen errangen gleichzeitig die Tänzerinnen eine Vormachtstellung auf der Ballettbühne, eine Entwicklung, die mit dem ersten Auftreten von Berufstänzerinnen 1681 eingeleitet worden war: »*Die Vormachtstellung in der Balletthierarchie zu ertanzen, gelingt der Frau durch Verflüchtigung in die Welt des Arkadischen, der Luftgeister, der Sylphiden. Diese Welt ätherischer Wesen in ihrem ›style aerien‹ entsprach der Verherrlichung der Frau in der Romantik. Solch traumhafte überirdische Wesen hatte die Frau jetzt zu verkörpern.*«[21]

21 Carlotta Grisi als Giselle, zeitgen. Stich 1843

Der Mann hingegen blieb die einzige menschliche Konstante.
Romantisches Ballett war ohne die Dominanz von Frauen gar
nicht denkbar. Dies äußerte sich gleichermaßen in der Bevorzu-
gung der Tänzerin vor dem Tänzer, wie im Erfinden ihr adäquat
scheinender Inhalte. Die Persönlichkeit der Tänzerin stand von

nun an in einem dialektischen Verhältnis zu dem, was sie tanzte. Die Ballerina wurde mit den für sie erdachten Rollen identifiziert, gleichzeitig formte sie diese Rollen zu unverwechselbaren idealisierten Bildern. Die Umgestaltung der Inhalte zu einer ›weiblichen Problematik‹ bildete dabei sowohl die Voraussetzung wie auch das Ergebnis. Immer märchenhaftere Geschichten wurden nun konstruiert, die in dramatische Situationen verwickelte Frauen darstellten. Waren Frauenschicksale schon bei Noverre ein wesentliches inhaltliches Gestaltungselement gewesen, so trat mit der Uraufführung von ›La Sylphide‹ ein qualitativ neues Element hinzu: Die Frauen wurden nun zu einem Doppelwesen erklärt, sie erschienen als menschliche und Geisterwesen zugleich. Die Tänzerinnen blieben Medien gesellschaftlicher, nun bürgerlicher Moralvorstellungen, während sie sich gleichzeitig zu Abstraktionen, zu Wunsch- und Traumgebilden wandelten: Giselle oder die Sylphide geronnen zu Chiffren der Doppeldeutigkeit des ›Naturwesens Frau‹, zu einem Bild, das romantisches Lebensgefühl und bürgerlich-männliche Projektionen vereinigte. Die Spaltung der Frau in ein wirkliches und ein unwirkliches Geschöpf spiegelte aber nicht nur die gesellschaftliche Spaltung der Frau in ein soziales und ein naturhaftes Wesen wider, sondern verdeutlichte auch, daß Geschlechterkonflikte sich nur über eine freiwillige oder erzwungene Lebensaufgabe und Entsagung der Frauen lösen lassen: Nicht Albrecht starb aus unerfüllbarer Liebe zu Giselle, sondern sie wechselte die Welten, indem sie sich in ein überirdisches Wesen verwandelte.

Die romantische Ballerina verschmolz indessen mehr und mehr mit ihren Rollen, die sie auf der Bühne zu verkörpern hatte. Hatte sie diese erst einmal verinnerlicht, wurde die Tänzerin zum Sinnbild ihrer selbst: Marie Taglioni die zarte geisterhaft schwebende Sylphide, Fanny Elssler die sinnliche, exotische Venus, Carlotta Grisi die unglücklich liebende Giselle, wiederum Bilder, die keineswegs der Realität der Tänzerinnen entsprachen, denn ob Star oder Corpstänzerin, die soziale Anerkennung ihres Berufes war beiden gleichermaßen verwehrt. Im neunzehnten Jahrhundert war eine Tänzerin nicht gesellschaftsfähig, außerhalb des strahlenden Bühnenlichtes war sie, mit Ausnahme der wenigen Berühmten, gar nichts, sie gehörte eher zum Lumpenproletariat. Soziale Mißachtung ging hier einher mit einem geringem Einkommen,[22] so daß die meisten Tänzerinnen über Prostitution ihr Leben finanzierten. Gestützt wurde diese Doppelmoral der Idealisierung und Entrechtung von Tänzerinnen von ›kollegialen‹ Theaterdirektoren, die ihren wohlhabenden Geschlechtsgenossen nicht selten eine ihrer ›Ballettratten‹ für ›private Aufführungen‹ zur Verfügung stellten.[23] Der sozialökonomische Zwang, den eigenen Körper gleich zweimal zu verkaufen, entsprach keineswegs den Lebensvorstellungen junger Mädchen aus wohlhabenden Schichten, und so verwundert es nicht, daß selbst die herausragenden Ballerinen des neunzehnten Jahrhunderts aus ärmeren Familien oder aus Tänzerfamilien stammten. Für die Tänzerin des neunzehnten Jahrhunderts war der Verkauf ihres Körpers total, die Männer der gehobenen Schichten hingegen feierten in ihr die Personifizierung ihrer eigenen Traumbilder, das der Heiligen ebenso wie das der Hure.

Stilisierte Natur: Die Idealisierung der Tänzerin

Edgar Degas (1834–1917) gestaltete seine künstlerischen Arbeiten vor allem über Tänzerinnen, die er in unzähligen Bildern, Zeichnungen und Statuetten festhielt. In der Tänzerin glaubte er die Natur zu finden, ihre Darstellung galt ihm als »...*ein Vorwand für ein verborgenes Zwiegespräch mit der Natur. Weder Landschaft noch Stilleben, sondern allein der weibliche Körper, dessen Bewegungen und Haltungen waren ihm Synonym für das Leben.*«[24]

Das Ballett symbolisierte für ihn den Sieg der Kunst über die Natur. In seinen Kunstwerken spiegelte sich der Wunsch nach Versöhnung mit der Natur, ein Wunsch der, auf die Tänzerin projiziert, sie zum Symbol der Harmonie mit der Natur werden ließ, zum Wunschbild eines anderen, naturversöhnenden Selbst. Wie Degas, beschäftigten sich zu Beginn des neunzehnten Jahrhunderts zunehmend bildende Künstler, Literaten und Schriftsteller mit der Darstellung und Beschreibung von Tänzerinnen, und immer waren mit dieser Auseinandersetzung Mythologisierungen einzelner Tänzerinnen oder der Tanzkunst selbst verbunden. Hier

22 Edgar Degas, Danseuses roses

konkretisierte sich (s)ein gesellschaftlicher Traum in der bildenden und darstellenden Kunst.

Tatsächlich suggerierte das romantische Ballett die Versöhnung von Mensch und Natur, wobei es nicht zufällig war, daß die Ballerina dazu auserwählt war, naturhaftes Sein zu verkörpern. Hinter der ›femininen‹ Ästhetik des Balletts verbargen sich Wunschvorstellungen, in denen sich romantische Ideen mit bürgerlich-männlichen Strukturen trafen.

In der patriarchalen Kulturentwicklung wurden Frauen seit jeher mit Natur assoziiert und in imaginierte Bildwelten gebannt, die entsprechend der jeweiligen historischen Epoche unterschiedlich getönt waren. In der bürgerlichen Gesellschaft wurde die Frau als ›bürgerliches Naturwesen‹ in die Gesellschaft integriert. Mit der Vergesellschaftung des ›Doppelwesens‹ Frau änderten sich ihre sozialen Erscheinungsformen: Die einstige Hexe verwandelte sich zur Prostituierten, die entsexualisierte Heilige wurde zur Hausfrau und Mutter, aber die strukturelle Funktion der männlichen, polar ausgerichteten Projektionsbilder Heilige und Hure blieb erhalten. Einerseits als Hure denunziert, andererseits als überirdische Schönheit idealisiert, fand die Lebensrealität von Frauen in der sozialen Wirklichkeit keinen Platz mehr.

Von der Idealisierung des weiblichen Wesens war es kein weiter Schritt zur Inszenierung der Ballerina als ein vollkommenes Naturwesen. Mit ihrer Stilisierung ästhetisierte die Tanzwelt das, was in der gesellschaftlichen Realität Herrschaft und Unterwerfung bedeutete: Über Idealisierung und soziale Ausgrenzung die Aneignung weiblicher Produktivität und, als individuelle Folge, den Verlust der geschlechtlichen Identität. Die Ballerina selbst mußte ihre Wirklichkeit als Frau opfern, um dem überzeitlichen Ideal zu entsprechen: als sylphidenhafte Erscheinung tanzte sie die Aufhebung ihres Geschlechts, als Hexenwesen den sozialen Ausschluß aus der Gesellschaft, in beiden die Negierung ihrer menschlichen Existenz.

Der Verlust der geschlechtlichen Identität, der Verzicht auf das Frau-Sein war schon eine Forderung führender zeitgenössischer Tanzkritiker gewesen,[25] wie den Schriften Gautiers, Lemaitres und Mallarmés zu entnehmen ist. So sah beispielsweise Gautier Marie

Taglioni nicht als geschlechtliches Wesen. Vielmehr begriff er gerade das Fehlen ihrer Sinnlichkeit als Bedingung für ihre Feenhaftigkeit. Stephane Mallarmé (1848–1898) formulierte in Weiterführung dieser Gedanken das Axiom: »*Es geht darum, daß die Tänzerin keine Frau ist, die tanzt.*«[26]

Unschuld und Scham, Keuschheit und Reinheit waren hingegen die der Ballerina zugewiesenen Charakteristika. Hier fand sie ihre Weiblichkeit, die ihre Körperlichkeit zurücktreten ließ zugunsten eines zum Ideal transformierten, ›sauberen‹ Körpers. In diesem idealisierten Körper verknüpften sich Anschauungen des Christentums mit einem bürgerlich-rationalen Körperverständnis. In dem Wunsch nach einem vollkommenen Körper tauchte das Körperideal der griechischen Antike wieder auf. Das christliche Fundament äußerte sich in dem ästhetischen Erscheinungsbild der Ballerina, während das stilisierte Bewegungsvokabular rationalistische und das harte Körpertraining bürgerlich-asketische Züge aufwies.

Die bürgerliche Vorstellung von idealer Schönheit erinnert »*...an den besonderen Körper-Typ, der sich zwischen 480 und 440 v. u. Z. in Griechenland entwickelte.*«[27] Dieser tauchte in der Renaissance wieder auf und gehört bis zum gegenwärtigen Zeitpunkt wesentlich zur Ideologiegeschichte menschlicher Körper. Auch Tanztheoretiker orientierten sich an dem griechischen Schönheitsideal, so beispielsweise Carlo Blasis, als er im Übergang zur romantischen Ära die Regeln des Balletts zu Bewegungssystemen kodifizierte. In Anlehnung an eine Renaissancestatue[28] formte er die Ballettposition der ›attitude‹, die heute noch zentrale Pose zur Darstellung der tänzerischen Brillanz und des artifiziellen Gestus der Ballerina. Auch Gautiers Kunstverständnis orientierte sich an der Schönheit des antiken plastischen Ideals: »*... die Griechen, die göttlichen Meister, deren Spur man kniend anbeten sollte.*«[29] Frauenkörper erlangten für ihn dann Vollkommenheit, wenn sie einem solchen Vergleich standhielten. Die Körperlichkeit der Frauen blieb dabei allerdings unberücksichtigt zugunsten »*... einer asexuellen Schönheit als Schönheit schlechthin.*«[30]

Die auf dem Hintergrund dieser Idealbilder mit den Attributen einer ›sauberen‹ Weiblichkeit‹ ausgestattete Ballerina erschien als entsexualisierte Jungfrau Maria, wobei ihr schmaler, gerader, kindlich erscheinender, aber doch zäher, durchtrainierter Körper gleichzeitig an den androgynen fragilen Narziß erinnerte, jenen griechischen Jüngling, der sich in Abwehr des Begehrens der Nymphe Echo in sein eigenes Spiegelbild verliebte.

Das Idealbild der romantischen Ballerina intendierte aber keineswegs die Androgynität eines Narziß, dies war eher die unvermeidliche Folge eines harten Körpertrainings. Es war vielmehr nach dem Muster des christlichen Frauenbildes der entsexualisierten, entkörperlichten Maria geformt. Im Christentum galt Tanz seit der christlichen Frühzeit in Erinnerung an ›ketzerische‹, vorchristliche Zeiten als verwerflich, später als ein sinnlicher Widerstand gegen die zur Herrschaftsideologie avancierten Religion. Die ekstatische Tänzerin erschien dabei als Verkörperung dessen, was von der christlichen Kirche seit jeher verbannt worden war. Im romantischen Ballett vereinigten sich nun in dem Bild der ätherischen Fee die christliche Ideologie mit dem Tanz. Die Sylphide sollte ein erstes Beispiel geben, ihre Interpretin die erste christliche Tänzerin werden: »*Mademoiselle Taglioni ist eine christliche Tänzerin, wenn es statthaft ist, diesen Ausdruck auf eine Kunst anzuwenden, die von der katholischen Kirche nicht anerkannt wird, sie schwebt wie ein Geist inmitten der Durchsichtigkeit ihres weißen Musselins, mit dem sie sich zu umgeben liebt. Sie ist mit einem seligen Schatten zu vergleichen, unter dessen rosigen Fingerspitzen sich die Gewinde der himmlischen Blumen kaum neigen,*«[31] so charakterisierte Gautier Marie Taglioni. Attribute wie Geist, Durchsichtigkeit, Seligkeit, Anmut und Schwerelosigkeit verbanden hier das Bild von der unbefleckten Maria mit dem der Tänzerin, beide waren entkörperlicht, entsexualisiert. Bei Marie Taglioni fand dies seinen Ausdruck in ihrem fast unfehlbaren erdentbundenen Tanzen, in der ›unbefleckten‹, schleierähnlichen Verhüllung ihres Körpers und ihrem schamhaften und keuschen Schweben über der irdischen Wirklichkeit.

Fanny Elssler hingegen, die ›erdverbundene Charaktertänzerin‹, verkörperte für Gautier eher das vom Christentum verdrängte Heidnische: »*Sie entfernt sich in allen Stücken von den akademischen Forderungen; sie ist ausgezeichnet durch die Eigenart ihres*

23 Fanny Elssler, zeitgen. Stich Ende 19. Jh.

Charakters, die sie von allen anderen Tänzerinnen unterscheidet: es ist nicht die luftige und mädchenhafte Grazie der Taglioni, vielmehr ist es ein unendlich Menschlicheres (…). Fanny Elssler ist eine heidnische Tänzerin.«[32]

Finden sich auch in der Übertragung der christlichen Ethik auf die Ballerinen die polaren Frauenbilder wieder, so hatten deren Trägerinnen doch eins gemeinsam: Nicht nur stundenlanges Training, sondern auch die Einhaltung des bürgerlichen Arbeitsethos mit den Tugenden Selbstzucht, Entsagung und Aufopferung waren erforderlich, um dem tänzerischen Ideal gerecht zu werden. Die Ballerina lernte allmählich, das Leiden am Körper, einen zur ›Tugend‹ der modernen Industriegesellschaft säkularisierten christlich-ethischen Wert, zu verinnerlichen. Dies war die Bedingung, um auf der Bühne die Zartheit ihres Körpers demonstrieren zu können: Zartheit und Unschuld über körperliche Dressur und Disziplin, Inkarnation männlicher Werte von Weiblichkeit auf Kosten von Persönlichkeit und eigener geschlechtlicher Identität. Als Naturwesen verehrt, zur ätherischen Fee oder zum überirdischen Fabelwesen stilisiert, als geschlechtsloses Geschlecht körperlich androgyn modelliert, erschien die Ballerina auf der Bühne; eine ideale Trägerin bürgerlich-patriarchaler Imaginationen von Weiblichkeit und Natur.

Mechanisierte Körper- und Sinneserfahrung: Die Bewegungsmuster des Balletts

Im Laufe eines mühevollen Trainings lernten die Ballerinen allmählich, die männlichen Ideale als ihr eigenes Streben umzuinterpretieren. Sie projizierten diese Wünsche auf ihren Körper und machten ihn zum Symbol, dies umsomehr, desto virtuoser sie ihn zu beherrschen lernten. Das Bewegungsvokabular des Balletts gerann dabei zu ihrer ›zweiten Natur‹: *»Angefeuert durch die Geschichte der Taglioni, jener unvergleichlichen italienischen Künstlerin, deren Lebensbeschreibung ich immer und immer wieder lese, bemühte ich mich unablässig, die ganze große und schöne Welt, die den kleinen Füßen jener reizvollen Persönlichkeit gehuldigt hatte,* *gleichfalls zu erobern«*,[33] erinnerte sich die wegen ihres technischen Vermögens weltberühmt gewordene Anna Pawlowa. Sie versuchte, sich ihrem Ziel mit größter Arbeits- und Körperdisziplin, die der des Frühkapitalismus vergleichbar war, zu nähern: *»...man mußte strengste Disziplin halten; wir hatten die bestehenden Vorschriften zu beachten und mußten mit Kopf und Körper bis an die Grenze unserer Kraft jeden Tag sechzehn Stunden üben.«*[34]

Das Dasein als schwebendes Wesen verlangte von der Ballerina, die Berührung des Körpers mit dem Boden als Hauch zu inszenieren. Eine Loslösung von der Erdverbundenheit ihres Körpers zu höchster Vollkommenheit zu gestalten, setzte hartes Training

24 Anna Pawlowa in »Schwanensee«

tanztechnischer Fertigkeiten voraus.[35] Entrückt ihrem eigenen materiellen Fundament wie dem Boden erhob sie sich schwebend und fliegend in ›luftige‹ Sphären. Damit erfüllte sie einen Traum, der schon länger Naturwissenschaftler und Techniker beherrschte: den Körper nicht mehr an die Anziehungskraft der Erde gebunden zu sehen, fliegen zu können. Diesen Wunsch nahm das romantische Ballett auf und projizierte ihn auf die Frauen. Sie demonstrierten die Überwindung der Schwerkraft auf der Tanzbühne, ermöglicht durch den Spitzenschuh, der ihre Bewegungsmöglichkeiten eingrenzte und ihre Füße einband. War zunächst diese ›Revolutionierung‹ der körperlichen Fortbewegung etwas Ungewöhnliches, das mit Taglioni, Elssler, Grisi nur die überdurchschnittlich Talentierten präsentieren konnten, so ließ der Spitzentanz bald keine Tänzerin mehr aus: durchgedrückte Knie und gestreckte Füße wurden bald zu den wichtigsten Arbeitsinstrumenten auch der Tänzerinnen des ›corps de ballet‹. Die eigentliche Revolutionierung in den neuen Bewegungsformen für die Tänzerinnen bestand allerdings in dem Spitzenschuh, erlaubte er doch nur einen geringen Bodenkontakt und ein trippelndes Bewegen. Ihre Bewegungseinschränkung ermöglichte dem männlichen Tänzer ein schnelles Einholen, wenn dieser die räumlichen Distanzen kraftstrotzend mit wenigen Sprüngen überwand, um ihr stützend bei der Demonstration ihrer Erdentbundenheit unter die Arme zu greifen. Noch als schwebendes Ideal stand die Tänzerin in Abhängigkeit von dem Mann; er half auf der Bühne, sie als Bild zu inszenieren.

Nicht nur der Spitzenschuh, sondern auch das Sylphidenkostüm gehörte seit der Einführung durch Marie Taglioni zur Tanzmode des Balletts. Ursprünglich erdacht zur Unterstützung des optischen Eindrucks bei den Rotationen der Pirouetten, erfüllte es noch einen weiteren Zweck: Es betonte Keuschheit und Reinheit und schaffte einen künstlichen Radius, der Nähe verhinderte, sie aber durchscheinen ließ. Das Sylphidenkostüm verletzte das gesellschaftliche Tabu der Nacktheit nicht, überwand es aber, indem es die Verlockung des weiblichen Körpers zeigte. Es spiegelte den gesellschaftlichen Prozeß der ›Hysterisierung des weiblichen Körpers‹ im neunzehnten Jahrhundert wider, denn es enthüllte den Körper, ohne ihn zu entblößen. Das Sylphidenkostüm machte in den folgenden sechzig Jahren mehrere Wandlungen durch: Der Rocksaum rutschte allmählich nach oben, das Dekolleté des Mieders wurde noch weiter ausgeschnitten. In ›Schwanensee‹, 1895 in St. Petersburg uraufgeführt, trugen die weiße Odette und die schwarze Odile einen Rock, der lediglich den Schambereich bedeckte und mit einer Drahtkonstruktion unterlegt war. Dieser hieß ›tutu‹. Hatten zuvor noch Rocklänge und Ausschnitt der Tänzerin ihre Tugendhaftigkeit gewährt, gab das verkleinerte Kostüm nun den weiblichen Körper fast vollständig preis. Die Tänzerin war scheinbar nackt, dies zu einer Zeit, in der sich jede Frau in der Öffentlichkeit möglichst hochgeschlossen zu zeigen hatte. Gleichzeitig leugnete das ›tutu‹ noch konsequenter das für die ›sauberen‹ Frauen und die Ballettechnik nicht existierende Körperteil, das Becken.

Das ›tutu‹ wurde der klassischen Tänzerin zur ›zweiten Haut‹, zu einem Medium, mit dem sie sich ihre Keuschheit und Unnahbarkeit, aber auch ihre tänzerische Vollkommenheit quasi anzog.

»*Ich muß immer vollkommener werden*«,[36] dieser innere Drang einer ›klassischen‹ Tänzerin, fand sein Korrelat in einem bis zur Perfektion technisierten und mechanisierten Körper. Ein unentwegtes, hartes Körpertraining grenzte sie dabei aus anderen, weniger disziplinierenden Lebensbezügen aus. Gerade die Beherrschung des strengen Bewegungsvokabulars des Balletts und damit der eigenen Körperlichkeit und Sinnlichkeit bildete die psychophysische Voraussetzung, das erwartete Bild adäquat füllen zu können. Hinter dem Idealbild des schwebenden Wesens steckte eine geometrisch-mathematische Körpertechnik, die den Prinzipien bürgerlicher Rationalität und abstrakter Vernunft folgte. Vietta kennzeichnete das Ballett: »*Es ist Mathematik. Es sind Lehrsätze (…). Es ist die Sprache der Vernunft.*«[37]

Schon in den Hofballetten des sechzehnten Jahrhunderts wurden die geometrischen, auf ein Zentrum ausgerichteten Choreographien mit mathematischen Prinzipien verglichen. Geometrisierte Ballettfigurationen dienten dabei nicht nur der Präsentation monarchischer Herrschergewalt, sondern waren ebensosehr der Produzent, das Instrument wie auch das Resultat zunehmender

Trieb-, Affekt- und Körperkontrolle des einzelnen. Mit der Professionalisierung des Balletts im siebzehnten Jahrhundert wurde die ›académie de danse‹ zu einer weiteren Disziplinierungsinstanz der ›modernen Machttechnologie‹. Und auch der in dieser gesellschaftlichen Institution verankerte Fremdzwang entwickelte sich im Laufe des ›individuellen Zivilisationsprozesses‹ zu einer verinnerlichten, quasi automatisch funktionierenden Selbstzwangapparatur, die sich einerseits als modellierte Körperlichkeit und Sinnlichkeit äußerte, andererseits in psychischer Selbststeuerung und Affektkontrolle manifestierte. Mit dem Übergang zum romantischen Ballett verlagerte sich das symmetrische Raumprinzip des Balletts in den einzelnen tanzenden Körper; der Körper wurde zum Zentrum. Gleichzeitig veränderte sich das Verhältnis des Körpers zum Raum und mit ihm die Koordinierung und der Sinngehalt der Bewegungen. Sie bestanden, im Gegensatz zu Noverres Forderungen beispielsweise, weder aus einer rhythmisch-musikalischen Schrittanordnung noch intendierten sie eine affektvolle Ausdeutung. Vielmehr erschien der Körper nun als ein ganzheitlicher Bewegungsmechanismus, dessen Einzelteile sich in unendlichen Variationen zueinander bewegen konnten, und zwar so, daß sie den Bedeutungsgehalten der alltäglichen menschlichen Bewegung immer mehr entrückten. Das romantische Ballett verlangte eine Körperbeherrschung, die nur durch jahrelanges Training in besonderen Ballettschulen erlernbar war und jede Form von Dilettantismus ausschloß. Es schrieb eine Körperhaltung vor, die eine Verschiebung des Körperschwerpunktes von dem Bauchraum in den Brustraum vorsah. Diese ›Erhöhung‹ ermöglichte den Schein der Leichtigkeit und Erdenthobenheit des Körpers wie auch einen variablen Umgang mit dessen Extremitäten. Dabei spiegelte das Bemühen um Leichtigkeit im Tanz nicht nur den Wunsch nach Überwindung der Schwerkraft wider, sondern diente gleichzeitig der Demonstration gesellschaftlicher und politischer Machtverhältnisse. Der im oberen Teil des Torsos gehaltene Atem bei gleichzeitiger Kontraktion der Bauchmuskulatur läßt sich als der körperliche Ausdruck verinnerlichter absolutistischer Herrschaft interpretieren. Es war eine Körperhaltung, die durch die Ignoranz gegenüber dem eigenen Körperzentrum den Verlust der eigenen

›Gewichtigkeit‹ zum Ausdruck brachte und sich als solche noch heute bei offiziellen gesellschaftlichen, staatlichen und militärischen Anlässen findet. Rudolf zur Lippe interpretiert diese Körperhaltung als gegen die ›natürliche‹ Anatomie des Körpers gerichtete: »*Der feste Punkt wurde im Tänzer selbst dadurch hergestellt, daß der Schwerpunkt willkürlich über seine naturwüchsige Lage angehoben und festgehalten wurde, und zwar gegen das Geschehen an den Gliedern. So wurde ein Zentrum der Beherrschung eines Körpers materialisiert, der ohne es nur den Impulsen von Lust und Unlust gefolgt wäre.*«[38]

Die Systematisierung der Bewegungsprinzipien des Balletts und die damit verbundene Disziplinierung unmittelbarer körperlich-affektiver Bedürfnisse läßt sich nicht nur als notwendiges Resultat des langfristigen Zivilisationsprozesses abendländischer Gesellschaften im Übergang zur bürgerlich-industriellen Gesellschaft beschreiben, sondern ist gleichermaßen als vorläufiges Ergebnis der Geschichte patriarchaler Gesellschaften interpretierbar. Dies konkretisiert sich im Kunsttanz an dem Aufstieg von Frauen innerhalb der Ballettensembles bei gleichzeitiger Durchsetzung einer männlichen Ästhetik, die die Tänzerinnen auf der Basis eigener Körper- und Selbstkontrolle zu vermitteln hatten. Nicht die Frauen waren es, die sich ihre Technik schufen. Vielmehr wurde die vorhandene Technik zur Präsentation des weiblichen Körpers und das zum Bild geronnene Weibliche benutzt. Choreographen, Autoren, Komponisten und Tanzkritiker waren an dieser Umfunktionierung und einseitigen Entwicklung wesentlich beteiligt, Tänzerinnen hingegen waren das ›aktive Objekt ihrer Unterdrückung‹. Obwohl die berühmtesten ihrer Vertreterinnen auch selbst Ballette choreographierten,[39] wies ihre Rolle grundsätzlich deutliche Affinitäten zu den Automatenkonstruktionen jener Zeit auf. Auch hier wurden bei der Darstellung des zunehmend technisierten Menschen im Bereich der bildenden und darstellenden Kunst mit Vorliebe Frauen als Motiv gewählt.

Die realen Automatenkonstruktionen[40] des achtzehnten Jahrhunderts[41] wie auch die ein halbes Jahrhundert später folgenden literarischen Werke zu Androiden[42] stellten sowohl ein Ergebnis der im siebzehnten Jahrhundert von Descartes eröffneten Debatte über die Affinitäten von Mensch und Maschine dar, wie sie auch die durch Industrialisierung sich ausweitende abstrakte Maschinenwelt in den Bereich der Kunst spiegelten. Auf die triebstrukturellen Gründe weiblicher Automatenkonstruktionen weist Christine Woesler de Panafieu hin: *»Sie dienen dazu, männliche Identität zu untermauern und sie repräsentieren männliche Projektionen von Weiblichkeit. Es handelt sich um ein geschlossenes männliches System, um eine ›Junggesellenmaschine‹, aus der Frauen als Subjekte ausgeschlossen sind, sie gehen nur als Objekte oder Imaginationen in diese Welt ein. Insofern drücken weibliche Androide die männliche Idee von Weiblichkeit aus, und das in einem mechanistischen Stil.«* [43]

Im Ballett nun ließ man(n) ›die Puppen tanzen‹ und so war es kein weiter Schritt mehr von der entlebendigten Ballerina, bewegt von dem Choreographen, zu der verlebendigten Marionette, vermenschlicht durch Automaten-Konstrukteure. Allerdings bedeutete dieser Schritt die Überwindung des lebendigen Körpers, der eigenen Körperlichkeit und Sinnlichkeit. Dieser Prozeß der Enthebung vom eigenen Seinsgefühl vollzog sich im klassisch-romantischen Ballett. Hier trennten sich die Einzelbewegungen und Bewegungsabläufe von den Sinngehalten und entwickelten sich nach den Gesetzen ihrer eigenen formalen Logik weiter. Die Trennung der Körperbewegung von ihrem Inhalt ermöglichte die Abstraktion von den eigenen Empfindungen und das Ausführen von ›luftigen‹, dem eigenen materiellen Fundament entschwebenden Rollen. Darüber hinaus gestattete das Entrücken des Bewegungs- vom Gefühlsausdruck auch die Rationalisierung der Einzelleistung zur Bewegungsmechanik des identisch aussehenden und sich bewegenden ›corps de ballet‹. Ziel war hier die schöpferische Gesamtleistung des Ensembles, choreographiert von einem Außenstehenden, in Hinblick auf Körperdisziplinierung, Entsinnlichung und Vermassung vergleichbar mit den Disziplinierungstechniken der Fabrikhallen. Insofern gab das romantische Ballett die Vorstellung von einer Herrschaft, die körperlichen Bedürfnissen und Begierden, Autonomie und Subjektivität Triebverzicht und Körperdisziplinierung, Masseninszenierungen und Technikwelten entgegensetzte. Ohne sich gleichzeitig von der Illusion der Naturverbundenheit zu lösen, schrieb der Bühnentanz von nun an die Kunstgeschichte der menschlichen Körper, während sich die Entwicklung des Gesellschaftstanzes nach wie vor als eine kulturelle Körpergeschichte äußerte.

25 Titelphoto der Schweizer Zeitschrift »Die neue Zeit«, 1931

5

Gesellschafts- und Bühnentanz von 1900 bis 1936

Mit Neuromantik und Lebensreform, Rhythmus- und Gymnastikbewegung wurde um die Jahrhundertwende eine Zivilisationskritik laut, die auch die Bewegungskonfiguration des Gesellschaftstanzes und die ästhetischen und technischen Grundlagen des Bühnentanzes nicht unberührt ließ. Aber erst im Zuge der gesellschaftlichen Demokratisierung in der Weimarer Republik konnten diese neuen Ideale Fuß fassen. Nun waren es vor allem Frauen, die den Bühnentanz ›revolutionierten‹, während sich die ›Demokratisierung‹ des Gesellschaftstanzes in einer gleichberechtigteren Paarkonfiguration äußerte. Der Ausdruckstanz als die neue Kunstform knüpfte zum Teil an die Naturkonzeption der Romantik an; die neuen Gesellschaftstänze hingegen orientierten sich vor allem an der afro-amerikanischen Tanztradition. Im Gegensatz zum Ausdruckstanz, der das kulturkritische Gedankengut tanzästhetisch aufbereitete, bildeten die Gesellschaftstänze eher eine unmittelbare, unreflektierte Antwort der Menschen auf ihre Lebenserfahrungen in einer sich technisierenden Gesellschaft. Gemeinsam war beiden Richtungen, daß sie ein Jahrhundert gesellschaftlicher Normierung über die tanzenden Körper selbst in Frage stellten.

Die neuen Entwicklungen im Bühnen- und Gesellschaftstanz konkretisierten den mit den reformerisch-revolutionären gesellschaftlichen Ereignissen der Nachkriegsjahre einhergehenden Wunsch nach geringerer Körperkontrolle und nach größeren Bewegungsmöglichkeiten für Frauen. Die Lockerung der Körperkontrolle auf der einen wie auch die Stärkung der sozialen Machtposition von Frauen auf der anderen Seite sollten aber im Zuge restaurativer Tendenzen wieder zurückgenommen werden.

Diese Begrenzung vollzog sich aber nicht nur auf gesellschafts-politischer Ebene, sondern in den neuen Bewegungen selbst. Auch hier verdeutlichte sich in den ersten drei Jahrzehnten des zwanzigsten Jahrhunderts ein wesentliches Charakteristikum ge-sellschaftlichen Wandels: der Wechsel von Revolution und Re-stauration.

Eine rückwärtsgewandte Utopie: Die Körperkulturbewegung

»Die moderne ›Emanzipation‹ der Frauen, so viele Wandlungen sie auch bereits durchgemacht hat, irrt immer noch tastend umher, kämpft um gleiche (!) Rechte, um die Zulassung zu männlichen Lebensberufen, um intellektuelle Geltung, statt sich durchzuringen zu der Erkenntnis, daß Mann und Weib verloren sind, wenn das Weib seinen Schwerpunkt in den Intellekt, in den Willen verlegt, statt eingebettet zu bleiben in der Lebensgewalt seelischen Strömens und stillen Wirkens (…). Es entstehen jene Typen, wie sie gleichfalls nur die zivilisierte Großstadt hervorbringt, weibliche Gestalten, die ohne Muttersehnsucht dem Männlichen nachstreben (…), Zwitter-gebilde und Zeichen einer sinkenden Art.« [1]

Diese Zeilen sind weder den Schriften der Agrarromantiker, noch den Propagandablättern der NS-Zeit entnommen. Vielmehr entstammen sie der Feder Rudolf Bodes, einem führenden Vertre-ter der ›Ausdrucksgymnastik‹ in den zwanziger Jahren. Schon zu diesem Zeitpunkt sah Bode die Aufgabe der Körpererziehung in der *»Erhaltung der Volkskraft«*, das Ziel der Gymnastikbewegung in der Formulierung einer *»deutsche(n) Lehre der Körpererzie-hung, die den wesentlichen Seiten des Deutschen entspricht, seinem seelischen Rhythmus und der wirkenden Kraft in ihm.«* [2]

Diese Einstellung Bodes war bei den Protagonisten der Körper-kulturbewegung in der Weimarer Republik weit verbreitet. Sie entsprang einem zivilisationskritischen Gedankengut, das seine Wurzeln in der Lebensreformbewegung des neunzehnten Jahrhun-derts hatte.

Großstadtfeindliche Äußerungen, mystisch-deutsches Denken und traditionelle Auffassungen über das ›Wesen der Frau‹ bildeten die wesentlichen ideologischen Säulen der Körperkulturbewegung, die als Ableger der Lebensreformbewegung in der wilhelminischen Zeit ihren Anfang genommen hatte.

Hinter dem Begriff der Lebensreformbewegung verbargen sich umfassende Neuerungsbestrebungen am Ende des neunzehnten und zu Beginn des zwanzigsten Jahrhunderts. Sie vollzogen sich seit dem ersten Drittel des neunzehnten Jahrhunderts in mehreren ›Schüben‹ und richteten sich, entsprechend der Kultur- und Gesellschaftskritik der Zeit, gegen Entfremdung durch Industrialisierung, gegen die Spaltung des Individuums in Körper, Geist und Seele, gegen die Massenhaftigkeit der Großstadt und die Vereinzelung des Menschen. ›Kultur statt Zivilisation‹ lautete das Motto, das die Überwindung der zivilisationsbedingten Spaltung von Körper, Geist, Seele auf der einen und Individuum, Natur, Kosmos auf der anderen Seite zugunsten der Vereinigung von Mensch und Natur in der ›Ganzheit‹ Kultur zum Ausdruck brachte. Die Betonung des Gegensatzes zwischen Kultur und Zivilisation war aber keineswegs neu, sondern stand in einem langfristigen geschichtlichen Kontext, der in der höfischen Gesellschaft seinen Ausgang genommen hatte. Weitgehend vom gehobenen Bürgertum getragen, erstreckten sich die Ideen der Lebensreformer allmählich auf weitere Bevölkerungsschichten und zeigen gerade auch in der jüngsten Zeit in der ›New-Age-Bewegung‹ eine nachhaltige, wieder aktualisierte Wirkung.

Den inhaltlichen und historischen Ausgangspunkt der Lebensreformbewegung bildete die Entwicklung der Naturheilkunde als Antwort auf die Anfänge der modernen naturwissenschaftlich orientierten Medizin. Wie noch heute sah sie den Kranken in der Ganzheit von Körper, Seele und Geist. Auf dieser Folie diagnostizierte sie Krankeit und Leiden als zwangsläufige Folgen einer unnatürlichen Lebensweise in einer sich differenzierenden und technisierenden Gesellschaft. In den seit Mitte des neunzehnten Jahrhunderts existierenden Naturheilstätten praktizierte man alternativ zur Schulmedizin die ›natürliche Heilmethode‹ der Licht-Luft-Therapie, eine Vorform der späteren Freikörperkultur. Getragen von der Idee, daß kaltes Wasser, frische Luft und Sonnenlicht den Körper reinige, zelebrierte man diese Therapieform wie ein naturreligiöses Ritual: Indem der Mensch die Annehmlichkeiten der Zivilisation abwerfe, vermähle er sich neu mit der Natur und gewinne in diesem Prozeß seine eigene Natürlichkeit zurück, besagte die entsprechende ganzheitliche Ideologie.

Die zweite Phase der Lebensreformbewegung war durch die Probleme der Hochindustrialisierung geprägt. Die daraus resultierenden ökologischen Probleme der Luft-, Wasser- und Bodenverschmutzung und der Lärmbelästigung in den Großstädten führten am Ende des neunzehnten Jahrhunderts zu dem Konzept der Siedlungsgenossenschaft. Als der dritte Weg zwischen Sozialismus und Kapitalismus zur Reform der Gesellschaft gepriesen, sollten hier wirtschaftliche Autarkie und genossenschaftliches Arbeiten die Unabhängigkeit von der Stadt garantieren. Auf der Grundlage dieses ökonomischen Organisationsprinzips wollten die Siedlungen *»... den Menschen wieder mit der Natur verbinden, der einzigen wahren Kraft- und Glücksquelle, seinem Leben damit einen sittlichen Inhalt geben und ihn gesund machen.«*[3]

Den ersten großangelegten Siedlungsversuch führte eine Gruppe von Vegetariern und Bodenreformern mit der Obstbauansiedlung Eden bei Oranienburg durch. Von demselben Grundgedanken getragen war auch die später errichtete Gartenstadt Hellerau, in der Emile-Jaques Dalcroze 1910 die ›Rhythmische Bildungsanstalt‹ gründete. Hier begann Mary Wigman, in den zwanziger Jahren die entscheidende Vertreterin des Ausdruckstanzes, im Schuljahr 1910/11 ihre Ausbildung in ›Rhythmischer Gymnastik‹. Nicht zuletzt war auch die Künstleransiedlung am Monte Verità in Ascona – *»ein Fischerdorf, wo ziemlich viele Deutsche in Form von Naturmenschen sich aufhalten«*[4] – aufgrund lebensreformerischer Bestrebungen gegründet worden. In der dazugehörenden ›Schule für Bewegungskunst‹ entwickelte sich im ersten Jahrzehnt dieses Jahrhunderts durch die Arbeit Rudolf von Labans und seiner Assistentin Mary Wigman das erste Zentrum des neuen deutschen Tanzes.

Alle in Mitteleuropa und Übersee gegründeten Siedlungen existierten aber nur für kurze Zeit, maximal bis in die zwanziger Jahre. Ein Hauptgrund dafür lag in der geringen ökonomischen Erfahrung der ›bildungsbürgerlichen Idealisten‹, die das Prinzip wirtschaftlicher Autarkie scheitern ließ.

Eine dritte Periode in der Geschichte der Lebensreformbewegung setzte um die Jahrhundertwende mit der Formulierung einer neuen Ästhetik des menschlichen Körpers ein. Der kranke Maler Karl Wilhelm Diefenbach und sein Schüler Hugo Höppener, der später unter dem Künstlernamen Fidus berühmt wurde, entdeckten bei einer ›Licht-und Luft-Therapie‹ in der Wildnis des Isartals die ästhetische Dimension der Nacktheit. Ihre Erfahrung soll, so erzählt die Geschichte, der Auslöser für eine ›Umwertung der Werte‹ gewesen sein. ›Die Natur kennt keine Kleider‹, war von nun an die Parole der Freikörperkulturanhänger, die in der Abhärtungstherapie des ›Licht- und Luftbades‹ eine hygienische Funktion entdeckten: Der unmittelbare Hautkontakt zur frischen Luft fördere den Blutkreislauf, die Durchblutung der Organe, den Stoffwechsel, während die Kleidung eine Verweichlichung provoziere, die der ›zivilisierte Mensch‹ durch Ausschweifungen in Essen, Trinken, Sexualität und geistiger Arbeit kompensiere. Nicht mehr nur Gesundheit, sondern auch die Schönheit des ›natürlichen‹ Kör-

26 Richard Ungewitter, der eifrigste Apostel der Nacktkulturbewegung, während einer Skitour

pers war von nun an das erklärte Ziel von Lebensreform und Körperkultur. Ihr Motto »*Wir sind nackt und nennen uns Du*«[5] fand insbesondere in Teilen der Jugendbewegung eine fanatische Anhängerschaft, deren Natürlichkeitstaumel sich bis zum Erlebnis des nackten Skilaufens und -wanderns steigerte.

Die Freikörperkultur erfreute sich angesichts der generationenlang wirkenden Prüderie großer Beliebtheit, fand schon 1901 in dem ›Verein für Körperkultur‹ ihre erste Organisation und bestimmte in den folgenden Jahren weitgehend die Inhalte der Jugendbewegung des Wandervogels sowie der neuen Gymnastik- und Tanzbewegung. Allerdings war das ›Licht- und Luftkleid‹ in dem sittenstrengen Kaiserreich zunächst keineswegs gesellschaftsfähig und von den entsprechenden Sittlichkeitsvereinen streng bekämpft. Aus ihrem Schattendasein konnten die ›Lichtfreunde‹ erst in den zwanziger Jahren heraustreten, als der tonangebende Moral- und Sittenkodex des Juste milieu auch in anderen Lebensbereichen ins Wanken geriet. Die Institutionalisierung der Freikörperkulturbewegung vollzog sich nun rasch. Zahlreiche FKK-Vereine und Dachverbände gründeten sich, die am Ende der Republik ca. 20.000 Mitglieder aufwiesen,[6] ganz zu schweigen von der Masse derer, die sich in ›freier Natur‹ unorganisiert an der Schönheit ihres Körpers erfreuten.

Nicht zufällig stieß die Freikörperkultur in der Zeit auf eine große Resonanz, in der auch Sexualität, Liebe und Geschlechterbeziehungen entgegen der wilhelminischen Prüderie neu gelebt und diskutiert wurden. Hier wie dort dokumentierte sich eine neue Einstellung der Menschen zu ihrem Körper, die sich gegen die Selbstzwänge der ›Zivilisierten‹ richtete. Mit dem Sturz des Tabus der Nacktheit war aber keineswegs die Entfesselung des Trieblebens, im Sinne einer Art sexueller Revolution beabsichtigt. Vielmehr stand der Weg ›durch Nacktheit zum Heil‹, obwohl eine Pionierarbeit auf sexualpädagogischen Gebiet, ganz bewußt im Zeichen einer erneuten Erziehung und Disziplinierung des Körpers, diesmal auf dem Hintergrund der Norm ›Schönheit‹ und ›Natürlichkeit‹.

Die Körper- und Nacktkulturbewegung hatte sich in Abgrenzung zu dem erotomanischen Kult des fin de siècle entwickelt. Ihr

Ziel war es, den übersteigerten Reizzustand der Sinne auf ein ›natürliches‹ Maß zu reduzieren, ohne dabei allerdings das Triebleben der Menschen zu entfesseln. Die Nacktgymnastik diente dabei als ein vorzügliches Medium zur Abhärtung der Haut, Kräftigung der Nerven und Stählung der Muskeln. Sie war das zeitgemäße Programm, das den gesamten Körper ummodellieren sollte, indem es die Funktion der bisher vor Entblößung schützenden Kleidung auf die Haut verlagerte und gleichzeitig das Nackte entsexualisierte. In der Logik lag die Begrenzung: Wer etwas anhat, der hat etwas zu verbergen, wer sich nackt zeigt, muß sich schützen. Wer die beengenden Hüllen nun öffentlich fallenließ, unterwarf sich zudem einer öffentlichen Kontrolle der geschlechtlichen Selbstbeherrschung; die Begrenzung war in der Entgrenzung auf mehreren Ebenen mitenthalten, zumal die Demonstration der Nacktheit eine neue Körpernorm in sich barg. Das einstige Körperideal der ›fleischigen Fülle‹ und ›weichen Weiße‹ wich nun dem Ideal der gebräunten und durch Gymnastik gestählten Haut. ›Körperstählung‹ war nicht umsonst ein zentraler Begriff der Körperkulturbe-

27 Lichtgebet von Surén-Schülern

wegung: Der steife Hemdkragen und das enge Mieder wurden hier auf das Muskelkorsett selbst übertragen, die gegerbte Haut bildete den neuen Panzer zwischen ›Innen‹ und ›Außen‹.

Die Körperkulturbewegung war zweifelsohne eine ›Subkultur‹ fortschrittlicher (Bildungs-)Bürger, die die puritanische Moral durch die ›Erneuerung des Menschen an Leib und Seele‹ beseitigen wollten. Doch Konturen gewannen diese diffusen Leitziele erst auf dem Hintergrund der biologistischen Behauptung, daß die Rückkehr zur Natur des Menschen erst über die Beschäftigung mit dem physischen Körper zu erreichen sei, was sich im Vokabular der Zeit in einem einzigen Begriff manifestierte: Leibeszucht. Sie nahm der neuen Freiheit das Aufreizende und provozierte langfristig einen Umbau des Körpers, der sich in dessen Entsexualisierung wie auch in einer erotischen Distanzierung der Menschen voneinander niederschlug. Die erstrebte Übereinstimmung von Körper, Seele, Geist und Natur gefror dabei zu einem Schönheitsideal der Entsinnlichung. Erst die Tanzbewegung sollte den hier gestählten Körper wieder auflockern und die erotische »Körper-Seele«[7] bejahen.

Körperkultur und Weiblichkeit

Besonders den Bedürfnissen der Frauen schien die neue Körperkulturbewegung entgegenzukommen, hatten doch Bess Mensendieck mit der Entwicklung einer speziellen Gymnastik für die Frau und die amerikanische Tänzerin Isadora Duncan mit ihren barfüssigen Tänzen auf die enge Verbindung von Körper, Kultur und Weiblichkeit hingewiesen. Zahlreiche deutsche Körperkulturtheoretiker wie Rudolf Bode, Hedwig Hagemann und Dora Menzler unterstützten dies durch den Hinweis, daß Rhythmik, Bewegung und Musik dem Wesen des Weiblichen entsprächen. Paul Schultze-Naumburg modifizierte diese Zuschreibungen, indem er in seinem 1910 erschienenen Buch »Die Kultur des weiblichen Körpers als Grundlage der Frauenkleidung«[8] die Forderung nach dem Ablegen der beengenden Frauenkleidung ebenfalls mit der ›wahren Natur‹ des Weiblichen begründete. Auf dem Boden lebensreformerischen

Gedankengutes prägten sie aus unterschiedlichen Betrachtungsweisen einen neuen Begriff von Weiblichkeit, der dem traditionellen, aber auch dem modernen großstädtischen bewußt entgegengesetzt war.

Die Begeisterung, die Isadora Duncan bei ihren ersten Auftritten in Deutschland 1902/3 erfuhr, war nicht zuletzt auf den Natürlichkeitstaumel zurückzuführen, in dem sich aufgeschlossene Bildungsbürger in Zeiten von Jugendstil, Lebensreform und Körperkulturbewegung befanden. Barfüssig, von wehenden Kleidern umhüllt, tanzte sie in ihrem »*dionysischen Enthusiasmus*«[9] das Ideal des allgemeinen Freiheitswunsches, die romantische Sehnsucht nach geistiger, seelischer und körperlicher Ungebundenheit. Mit ihrer Absicht, in Anlehnung an die griechische Antike die erotische Dimension dionysischer Tänze wiederzubeleben, schien sie sich mit der Lebensphilosophie der Körperkulturbewegung in Einklang zu befinden. In diesen Kreisen entfachte sie denn auch heftige Begeisterungsstürme, zumal sie ähnliche Auffassungen über das Wesen der Frau vertrat: »*Die Tänzerin der Zukunft*«, erklärte Duncan 1903, »*wird ein Weib sein müssen, deren Körper und Seele so harmonisch entwickelt sind, daß die Bewegung des Körpers die natürliche Sprache der Seele sein wird (...). Sie wird keine Feentänze zu tanzen suchen, noch Nixen darstellen oder kokette Frauen, sondern sie wird als das Weib in seiner größten und reinsten Erscheinung tanzen. Sie wird die Mission des weiblichen Körpers und der Heiligkeit all seiner Teile versinnlichen (...). Ja, sie wird kommen, die Tänzerin der Zukunft, sie wird kommen als der freie Geist, der in dem Leibe des freien Weibes der Zukunft wohnen wird.*«[10]

Isadora Duncan sah ihre Aufgabe vor allem darin, ihren Zeitgenössinnen durch ihren neuen Tanz die Freiheit, Harmonie und Beseeltheit des weiblichen Körpers wieder ins Bewußtsein zu rükken. Körperliche Schönheit, als Mittlerin zwischen Göttlichem und Menschlichen verstanden, erhielt dabei einen zentralen Stellenwert. Der Tanz war für sie das Medium, mit dem sich eine Verschmelzung des Körpers mit der Seele, dem Göttlichen und dem Kosmos erreichen ließ. Als erste große Tänzerin des neuen Tanzes verlegte sie das Bewegungszentrum in den Solarplexus, der nicht nur den körperlichen Ausgangspunkt für eine Rückkehr in den natürlichen Ur-Zustand bildete, sondern sich auch über die Kunst vermitteln ließ. Dementsprechend lag die Aufgabe der Tanzkunst darin, die Menschen zum bewußten Wahrnehmen des Schönen und Heilsamen, aber auch des Sittsamen anzuregen. Daß die Fähigkeit der Vermittlung dieser Inhalte über den tänzerischen Ausdruck grundsätzlich den Frauen eigen war, daran ließ Isadora Duncan keinen Zweifel. Allerdings sei dieses Vermögen verschüttet; es wieder lebendig werden zu lassen, setzte für sie die ›Befreiung‹ der Frau voraus, ein Thema, das sie schon von Kindheit an interessierte. Aus der Erfahrung der Trennung ihrer Eltern schrieb sie in ihren Memoiren: »*Diese Benachteiligung der Frauen machte tiefen Eindruck auf mich und, das Schicksal meiner Mutter vor Augen, beschloß ich damals schon, mein ganzes Leben im Kampfe gegen die Ehe zu verbringen: ich wollte für die Frauenemanzipation, für das Recht jeder Frau eintreten, Kinder zu gebären, wann es ihr beliebte; jede Frau müsse dieses Recht ebenso heilig halten wie ihre Tugend.*«[11]

Die Forderung nach Frauenemanzipation und nach Ausbildung der ›natürlichen‹ Harmonie und Schönheit des weiblichen Körpers schloß die Konservierung alter Werte wie weibliche Sittsamkeit und Tugendhaftigkeit aber keineswegs aus. Vielmehr bildeten diese die Grundlage des Duncanschen Weiblichkeitsideals. Auch in dieser Hinsicht entsprach Isadora Duncan den Vorstellungen anderer Reformtheoretiker, die ebenfalls die Befreiung der Frau bei gleichzeitigem Beharren auf die traditionelle Funktion und die soziale Bestimmung des weiblichen Körpers propagierten. In diesem Sinne begründete beispielsweise Schultze-Naumburg die Notwendigkeit der Reformierung der Frauenkleidung: »*Der Grundgedanke, der das Korsett geschaffen hat, geht immer auf weit bedeutendere Verbreitung, Erhöhung, Vorschiebung und dadurch Sichtbarmachung der Brüste aus, als je die Natur es annähernd erstrebte (…). Es handelt sich gar nicht darum, die wahre Bestimmung des Organs auszudrücken; vielmehr geht die Korsetttracht von dem Gedanken aus, daß der Busen ein Reizmittel für den Mann ist und dazu möglichst groß erscheinen soll (…). Aber nun frage ich: ist dieses öffentliche Aufdrängen der Geschlechtsfunktionen, hundert-*

28 Isadora Duncan

fach stärker als die Natur es will, nicht der Ausdruck von Dirnen-
haftigkeit? (…). Gewiß ist der Busen des Weibes nichts, was von der
Kleidung verleugnet und versteckt werden soll. Ihr Körper ist be-
stimmt, durch seine Schönheit das Begehren des Mannes zu reizen;

das Fortbestehen des Menschengeschlechts hängt davon ab, daß er es tut.«[12]

In dem neuen Weiblichkeitsbild der Körperkulturbewegung trafen alte und neue Ideale und Normen von Weiblichkeit aufeinander. Die neuen Zauberformeln der ›natürlichen Lebensweise‹ und Bewegung, der Reformkleidung und -kost zielten auf die Gesundheit der Frau, hier aber im wesentlichen auf den Erhalt ihrer Gebärfunktion. Gleichzeitig blieben probate Werte wie Sittlichkeit und Tugendhaftigkeit die entscheidenden Begrenzer der neuen Lebensweise. Auch das lebensreformerische Programm der Körperschönheit brach alte Muster nicht, mußte sie doch wieder mit Normierungen erkauft werden. Die Art der Modellierung des weiblichen Körpers hatte sich in der neuen Körperkulturbewegung aber radikal geändert.

In den drei Jahrzehnten zwischen 1900 und 1930 vollzog sich in der Ideologie über Kultur, Körper und Weiblichkeit ein entscheidender Wandel. Dieser hatte in der Lebensreform- und Frauenbewegung seinen Ausgang genommen und mit der Errichtung der Republik und der damit verbundenen veränderten gesellschaftlichen Stellung der Frau einen weiteren ›Schub‹ erfahren. Benutzte man um die Jahrhundertwende Weiblichkeit, Gebärfähigkeit und Mütterlichkeit nahezu noch als Synonyme, kam nun der Gedanke auf, daß Weiblichkeit zwar durch die biologische Disposition vorhanden, aber nicht voll ausgeprägt sei. Dieser Gedanke führte in der Lebensreformbewegung zu einer Ästhetisierung der Schönheit des weiblichen Körpers, die sich in Zusammenhang mit einer generellen Naturverehrung in einer veränderten Bedeutungzuweisung weiblicher Körperkultur äußerte. Der weibliche Körper, durch das Korsett ›verstümmelt‹ und ›sexualisiert‹, sollte nun durch das Tragen von Reformkleidern, Bewegung und ›natürlicher‹ Nacktheit gesunden und seine ›wahre‹ Schönheit wiedergewinnen.

In Hinblick auf den fortschrittlich-emanzipatorischen wie auch den traditionell-konservativen Gehalt dieser Ideen trafen sich Körperkulturbewegung und Kleidungsreform mit den Vorstellungen der Frauenbewegung. Beide Richtungen strebten die Freisetzung der Frau aus alten Bindungen an, verblieben aber in dem Konzept der ›natürlichen‹ Bestimmung der Frau. Dies schloß ein Beharren auf ›Sittenreinheit‹ und ein entsexualisiertes Verhältnis zwischen den Geschlechtern mit ein.

»*Wir streben nach Reinheit, nach einem gesunden natürlichen Verhältnis beider Geschlechter, dessen Unbefangenheit nicht durch sinnliche Erregung gestört wird*«, war die Zielformulierung des Deutschen Mädchenwanderbundes.[13] Ein ›natürliches‹ geschlechtliches Empfinden ohne sexuelle Lust hatte die Zeitschrift »Der Landfahrer« schon vier Jahre zuvor formuliert. Hier hieß es: »*Selbstzucht ist die starke Waffe. Die gewaltigste Kraft, die die Natur in ihre Geschöpfe gelegt hat, ist die Geschlechtskraft (...), eine Schöpferkraft, die Leben schaffen will in Liebe. Sinnlichkeit – ein Wort, vor dem wir uns alle fürchten.*«[14]

Daß Frauen die ›natürliche‹ Sittsamkeit am ehesten verkörpern konnten, war eine althergebrachte Weisheit. Sittsamkeit war schon immer als eine spezifisch weibliche Tugend verehrt worden, und was war bei der neuen ›Enthemmung der Körper‹ sittsamer als die Erhaltung einer ›tugendhaften Weiblichkeit‹?

Einige konservative Frauenvereinigungen, wie beispielsweise die katholischen Frauenverbände Münchens bewiesen dann auch, daß sie sich trotz der neuen Freiheiten weiterhin als die Bewahrerinnen von Anstand, Sitte und Tugend fühlten. In einem Aufruf von 1924 ließen sie ihre Vorstellungen von Volksgesundheit anklingen: »*Das Freibaden hat in der Umgebung Münchens Auswüchse angenommen, die jeden gesund und anständig denkenden Menschen anwidern müssen. Das Benehmen der Badenden, die sich nackt oder in ganz ungenügender Badekleidung an den Ufern herumtreiben, überall herumliegen und sogar in Gastwirtschaften einkehren, ruft geradezu Ekel hervor (...). Bei aller Würdigung der gesundheitlichen Vorzüge des Badens müssen wir Einspruch dagegen erheben, daß hier, angeblich im Interesse der körperlichen Gesundheit des Volkes, ein Treiben geduldet wird, das seiner seelischen und sittlichen Gesundheit schweren Schaden zufügt. Gerade wir Frauen können das nicht länger schweigend mitansehen.*«[15]

Ganzheit, Rhythmik und weibliche Natur:
Die Gymnastikbewegung

»Schön zu sein, schön zu werden ist eine Pflicht, und zwar eine sittliche! Von allen Lebensbewegungen der Gegenwart hat diese Pflicht und Aufgabe am klarsten die Körperkultur erkannt (...). Die Körperkultur richtet sich bewußt darauf, die körperliche Individualität des Einzelnen zu entfesseln und allen Bewegungen zugrunde zu legen. Erst der Mensch, der seinen Körper bis in die Fingerspitzen mit seinem Ichgefühl – das immer zuerst Körpergefühl ist – beherrscht und fühlt, von dessen Bewegungen wird jener Zauber des Fließenden, organisch Verbundenen, wird jener Rhythmus von Kraft und Geschmeidigkeit ausströmen, der ihn zum schönen Menschen macht.« [16]

Ganzheit, Rhythmus und Körperschönheit waren die Begriffe, die der neuen Vorstellung von Gesundheit Gestalt verliehen. Mit dem neuen ›Gesundheitsbewußtsein‹ änderte sich auch das Ziel der Körperschulung. Sie stand nun funktional zu der Erziehung der Seele, die als Urquell von ›wahren Werten‹, als das ›Natürliche‹ schlechthin begriffen wurde, war sie doch erst kurz zuvor von Freud entdeckt worden. Jener Wiener Nervenarzt hatte schon um die Jahrhundertwende mit seinen Abhandlungen »Traumdeutung« (1900) und »Psychopathologie des Alltagslebens« (1901) auf die Existenz des Unbewußten hingewiesen und dessen Triebkraft als eine der bewußten Selbstbestimmung entgegengesetzte interpretiert. Im Gegensatz zur ›Naturhaftigkeit‹ der Seele blieb der Körper weiterhin ein Instrument, das nun die Funktion erhielt, den Zugang zum seelischen Erleben zu öffnen.

Daß vor allem Frauen den Weg zu ihrer Seele über den Körper finden können, darüber waren sich die Protagonisten der neuen Körperkultur einig.

»Das Weib hat Rhythmus, d.h. Instinkt, Bindung an das Leben, Mütterlichkeit in dem Maße, als es nicht unter dem Zwang steht, logische Akte auszuüben« [17] schrieb Bode, die zentrale Gestalt der deutschen Rhythmusbewegung in den zwanziger Jahren. Er hielt den Rhythmus für das klopfende Herz des Menschen, der Natur, des Kosmos, des Lebens schlechthin: *»Die Totalität des Lebens ist*

ein Irrationales, und alle Formen, soweit sie durch diese Totalität bedingt sind, sind irrational. Aller Rhythmus ist gebunden an den Strom des Lebens, und da alles, was dem Leben entquillt, Form hat, so schließen wir, daß auch die Totalität des Lebens eine Form hat; wir nennen sie Kosmos und sein ›Gesetz‹ ist der Rhythmus.« [18]

In Anlehnung an die Schriften Karl Büchers »Arbeit und Rhythmus«[19] und Ludwig Klages »Vom kosmogonischen Eros«[20], die wiederum an die individualistisch-irrationalistische Kulturkritik eines Nietzsche und Schopenhauer anknüpften, setzte Bode den ›echten‹ Rhythmus dem ›unechten‹ gegenüber. Letzteren hielt er für die Ausgeburt der industriellen Produktion, der Technik, der Großstadt, des Geistes, der Zivilisation. Die Entwicklungen der Moderne hätten das qualitative Lebensprinzip durch ein quantitatives ersetzt und damit ein rhythmisches Zeitgefühl und Raumbewußtsein zerstört. ›Echter‹ Rhythmus hingegen war für ihn an die Natur gebunden, seine Schwingungen stimmten mit denen des Alls überein. Als Ziel der Körpererziehung gab er an, den ›echten‹ Rhythmus im Körper, im Wesen aller Dinge wiederzufinden. Ten-

29 Unterrichtsstunde in der Bildungsanstalt von Emile Jaques-Dalcroze in Dresden-Hellerau 1912

denzen mit ähnlichen Zielsetzungen glaubte er auch in anderen gesellschaftlichen Bereichen zu entdecken, so beispielsweise in dem Eindringen des Irrationalen in die Wissenschaft, in dem Bedürfnis nach qualitativ wertvoller Arbeit, in dem wiedererwachten Interesse an der Schönheit der Natur und nicht zuletzt in der weiten Verbreitung der Gymnastik. Die Entwicklungen in der Gymnastik selbst hielt Bode aber für widersprüchlich, da einige Gymnastikformen an dem ›unechten‹ Rhythmus der Zivilisation orientiert seien. Dazu zählte er insbesondere die rhythmische Gymnastik von Jaques-Dalcroze, seinem Lehrer.

Emile Jaques-Dalcroze, ehemals Professor an einem Genfer Konservatorium, verfolgte in der »Rhythmischen Bildungsanstalt« der »Dresdener Werkstätten für Handwerkskunst« in Hellerau vor allem das Ziel, »*künstlerisch erzogene Menschen, die in künstlerisch gestalteten Verhältnissen im innigsten Zusammenhange mit der Natur und edlen sozialen Lebensbedingungen aufgewachsen sind*«[21], musikalisch auszubilden. Sein Unterrichtsschwerpunkt lag in der Schulung des Rhythmusempfindens, das über musikalische Schulung und Gymnastik erreicht werden und damit eine Reduktion auf die lediglich handwerkliche Beherrschung eines Instruments verhindern sollte. Rhythmus und Musikalität erkannte er als ein im Körper des Menschen beherbergtes Phänomen: »*Der Körper*«, schrieb er, »*mußte erst im gleichen Geiste, aus der gleichen Urwelt heraus geschult werden, die in der musikalischen Bewegung tätig war. Diese Urkraft war der Rhythmus. Es galt also die rhythmische Schulung des Körpers.*«[22]

Auf dem Hintergrund dieser Körperphilosophie entwarf Dalcroze ein komplexes gymnastisches Übungssystem, das er aus den metronomischen Werten musikalischer Noten entwickelte. Jedem Notenwert entsprach eine Körperbewegung, der Zeitwert der Note sollte sich im körperlichen Empfinden verankern.

Im Laufe seiner langjährigen Arbeit entwickelte sich diese Verbindung von Körperbewegung und Musik zu einem System der Rhythmuserziehung, das zunehmend auch künstlerischen Anspruch erhob. Dalcroze inszenierte Gruppentänze, bei denen die Bewegungen der Tanzenden auf bestimmte Instrumente oder Instrumentengruppen bezogen waren und sich von daher quasi automatisch gegen virtuos-technische, unharmonische und ›unnatürliche‹ Bewegungen richteten.

»*Nein, diese morsche, hinfällig gewordene Kunst soll man von Grund auf zerstören und dann auf den Grundmauern der Schönheit, Reinheit, Wahrheit und Harmonie einen neuen Bau aufrichten,*«[23] lautete seine Empfehlung an eine neue Kunst. Er plädierte für eine organisch-rhythmische Tanzkunst, wie sie von Isadora Duncan erstmalig präsentiert worden war. Mit ihr teilte er auch seine, an die griechische Antike angelehnten Ästhetikvorstellungen wie auch die Auffassung einer eurhythmischen Menschenbildung, die er als Voraussetzung für eine freiheitlichere Gesellschaftsordnung begriff. Wie viele Lebensreformer träumte auch Dalcroze von einer sozialen Gemeinschaft harmonisch ausgeglichener Menschen, die im rhythmischen Erleben die Verbindung von Körper, Seele und Geist, die Nähe zur Natur und die Harmonie mit dem Kosmos wiederentdeckt hatten.

Nach Aussagen von Beteiligten nahmen am Unterricht in Hellerau fast ausschließlich junge Frauen teil: »*In einem der großen, lichten Probesäle von Hellerau: vier, fünf Dutzend wunderschöner Mädchen. Deutsche, Amerikanerinnen, Französinnen, Russinnen. Blonde, schwarze, brünette Mädchen (…). Sie sind nur mit einem schwarzen Rumpftrikot bekleidet, nackt ihre Beine, Arme, ihr Nacken. Man erinnert sich dieser Nacktheit gar nicht, so selbstverständlich ist sie hier, so dezent gibt sie sich (…). Ein Feenreigen hat begonnen, begeisternd durch seine feurige Grazie, durch seine musikalische Reinheit. In der leichtesten Mühelosigkeit dreht er sich. Die physikalischen Gesetze scheinen aufgehoben, es gibt keine Schwerkraft mehr, sondern nur ein Spiel der Glieder, ein schwebendes Spiel. Bis zur furiosen Entfesselung. Und die Mädchen singen dann auch, heben und schwingen die Hände, daß man an Kulttänze denken muß, an Mysterien, von auserlesenen Jungfrauen an einem Altar dargebracht.*«[24]

Die europäischen Kulturkritiker feierten den Genfer Musikpädagogen als Befreier, als Erzieher des Zukunftsmenschen, als Wegbereiter einer neuen Menschheitsepoche. Aus dieser, von den Ideen des Jugendstils getragenen Schicht des Bildungsbürgertums, rekrutierten sich die Schülerinnen von Dalcroze: Reiche Töchter aus diversen europäischen Ländern und von Übersee, die die nötige Freiheit und das erforderliche Kleingeld hatten, um sich als der Schwerkraft enthobene, sittsame Wesen, als ›auserlesene Jungfrauen‹ zu fühlen. Sie glaubten, hier fern der Zivilisation einen Freiraum zu finden, in dem sie ›beseelte natürliche Anmut‹ leben konnten. Dieser aber war trotz der revolutionären Erneuerungen Dalcrozes einer Norm unterworfen: Die Freiheit der Körperbewegung wurde im Dalcrozeschen System durch die Metrik des Taktes begrenzt, so lautete jedenfalls die Kritik des ›echten‹ Rhythmikers Rudolf Bode. Er hielt den Takt für ein geistiges Prinzip, der unabhängig von Raum und Zeit eine isolierte Existenz führt. Rhythmus hingegen bezeichnete er als ein vitales Prinzip, gebunden an das Kontinuum des Lebens und damit keineswegs vom Takt ableitbar. Dalcroze hielt er vor, das wesentlich Rhythmische verkannt und mit dem rational-metrischen vertauscht zu haben: »*Die ›Methode‹ Jaques-Dalcroze hat den prinzipiellen Fehler, daß sie in erster Linie eine mechanische Technik ist, deren Voraussetzung ein ›gegliederter‹ Körper ist. Aller Rhythmus aber ist eine Funktion der Totalität, zum mindesten der Totalität des menschlichen Körpers.*«[25]

Mechanische Technik und Intellekt gehörten für Bode zusammen. Beide seien gegen das Leben gerichtet und führten zu einer Zerstörung des Naturzusammenhanges. Eine wesentliche Aufgabe der Körpererziehung sah er in der Befreiung des Körpers von der Macht des Intellekts und in der Herstellung einer Einheitlichkeit des Menschen durch den Rhythmus. Die Wiederentdeckung des Seelischen im Körper bildete für ihn zugleich die notwendige Bedingung für die Erhaltung der »Deutschen Volkskraft«. Seine Forderung: »*...so brauchen wir eine deutsche Lehre der Körpererziehung, die den wesentlichen Seiten des Deutschen entspricht, seinem seelischen Rhythmus und der wirkenden Kraft in ihm*«,[26] barg eine mystisch-deutsche Auffassung von Leibeserziehung in sich, die nicht nur gegen den ›Internationalismus‹ Dalcrozes gerichtet war, sondern auch das Nationalbewußtsein der ›Deutschen Gymnastik‹ in den zwanziger Jahren durchscheinen ließ. Und so gelang es Bode, eine nationalbewußte Anhängerschaft hinter sich zu scharen, die zudem im wesentlichen aus Frauen bestand. In

ihnen glaubte Bode die Verkörperung der ›deutschen Seele‹ zu entdecken: »*Die Befreiung der deutschen Seele von den aufgezwun-
genen Fesseln intellektualer Vergewaltigung ist das Entscheidende,
was wir von einer wahrhaft deutschen Körpererziehung erwarten.
Hier mitzuarbeiten rufen wir auch das Weib auf. Das Weib kann
sein ewiges Recht auf Intellektualität dem Manne gegenüber nur
dadurch wahren, daß es wieder beginnt, sich als Priesterin des
rhythmisch lodernden Feuers der Vesta zu fühlen, das der schwei-
fenden Seele des Mannes die Heimat gibt im stillen Wirken und
Ausstrahlen eingeborener Gewalten, die in ruhigem Rhythmus
schwingend dem schicksalschweren Ansturm des Mannes das Woge
und Wind vermählende Bett geben.*«[27]

Rhythmus, Nation, Kosmos:
Die Einteilung der Welt

Die Rhythmusbewegung erlebte am Ende des neunzehnten Jahrhunderts, parallel zu der Lebensreform-, Freikörperkultur- und
Jugendbewegung, dem Jazz und dem modernen Tanz ihre Geburtsstunde in Deutschland und Amerika. Das gleichzeitige Auftreten
dieser Phänomene in beiden Ländern hatte diverse soziale und
ideologische Gründe: Sie waren eine Antwort auf die moderne
technische Zivilisation und symbolisierten gleichzeitig eine Alternative zu deren seelen- und leibfeindlichen Tendenzen. Insbesondere die Amerikanerinnen Isadora Duncan und Bess Mensendieck
nahmen nachhaltigen Einfluß auf die deutsche Rhythmusbewegung. Während erstere den Deutschen erstmalig sichtbar machte,
was sie bisher nur erahnten oder ersehnten, nämlich den Körper als
›Offenbarer‹ der Seele zu nutzen, verbreitete Bess Mensendieck ein
speziell auf die Frau zugeschnittenes, funktionales Gymnastiksy-
stem. Zwar auch gegen die körpereingrenzenden Entwicklungen
der Zivilisation gerichtet und für Gesundheit und Hygiene plädie-
rend, zeichnete sich das Konzept der Ärztin Mensendieck primär
durch statische, physiologisch und anatomisch begründete, rationale und zweckhafte Bewegungen aus. Ihr Ziel war es, den Frauen,
insbesondere den ›Gebildeten‹, ihre nationale Pflicht, gesunde

Mütter einer gesunden Nation zu sein, wieder am eigenen Körper zu vergegenwärtigen.

Die Unterschiedlichkeit dieser beiden Ansätze schlug sich in der deutschen Gymnastikbewegung grundsätzlich in zwei Richtungen, der funktionellen und der Ausdrucksgymnastik nieder, die noch heute mit diversen Nebenströmungen existieren und in ihrer polaren Ausrichtung in den siebziger Jahren dieses Jahrhunderts eine Wiedergeburt erlebt haben. So zitiert Jane Fonda, die Priesterin des neuen Fitness-Kults die alte Lehrmeisterin Mensendieck, während der kreative, authentische Tanz sich häufig auf die Ganzheitstheoretiker und -praktiker der Reformpädagogik beruft.

Die deutsche Rhythmusbewegung zeichnete sich seit Beginn dieses Jahrhunderts vor allem durch die Ausrichtung auf das Prinzip der Ganzheitlichkeit aus. In Abgrenzung zur Technik und Mechanik des modernen Sports wollten die deutschen Rhythmiker zurück zu den Urkräften und Urquellen des Seins. Sie hielten, getragen von einer antiintellektuellen und irrationalistischen Lebensphilosophie, das All, ja, den ganzen Kosmos für einen schwingenden Rhythmus. Diese radikale Reaktion einer jugendstilgeprägten Rhythmusphilosophie fand ihre sozialen Wurzeln in dem plötzlichen Zusammenprall von agrarisch-strukturierter Gesellschaft und technischer Zivilisation. Die rasche Industrialisierung stellte die noch in alten Traditionen verhafteten Menschen vor grundlegende Probleme und weckte zugleich die Sehnsucht nach ihrer Lösung: Der Wunsch nach einem ›Einschwingen ins All‹, die Sehnsucht nach einer Einheit von Körper und Seele, Kosmos und Mensch, der Traum eines ganzheitlichen Lebens als kontinuierliche organische Bewegung waren das träumerische Lebensidyll jenseits zweckrationaler Prinzipien: *»Raum und Rhythmus, Schwung und Bewegung, Körperkultur und Leibesgefühl, Rhythmus und Welle sind Schlüsselworte der Zeit, ihrer Philosophie, ihrer Kunst, ihrer Dichtung, ihres Tanzes.«*[28]

Die Körperkulturbewegung war keineswegs eine Randerscheinung des Jugendstils, sondern ihr zentraler Kern.

Erst im zweiten Jahrzehnt dieses Jahrhunderts aber lieferten mit Emile Jaques-Dalcroze auf der einen und den Münchener ›Rhythmusrebellen‹ auf der anderen Seite zwei unterschiedliche Generationen den Rhythmussehnsüchten der Deutschen die entscheidenden Konzepte. Zu der Münchener Gruppe zählten Klages, Bode und Laban, die in Auseinandersetzung mit Dalcroze das ganze menschliche Leben als einen einzigen Rhythmus verstanden. Ihnen ging es nicht mehr um Gesundheit, Form, Anmut und Schönheit, sondern um Ganzheit, Leben, Ausdruck und Kraft. Sie setzten dem ästhetischen Formalismus des Jugendstils eine aktiv-revolutionäre Veränderung der bürgerlichen Gesellschaft durch den ›ursprünglichen Rhythmus‹ entgegen. Im Gegensatz zu Dalcroze begriffen sie den Rhythmus nicht mehr als ein geistiges Prinzip, in dessen Sinne Menschen erzogen werden können, sondern als die elementare Substanz menschlichen Seins. Waren ihre Kerngedanken noch vom Jugendstil geprägt, vertraten sie seit 1912 damit die Gedanken des aufbegehrenden Expressionismus, der sich zur selben Zeit auch in der Malerei und in der Literatur durchzusetzen begann.

Die zwanziger Jahre waren die ›Goldenen Jahre‹ der deutschen Rhythmusbewegung. Rhythmus, das war das Zauberwort derjenigen, die sich in der Tradition der Lebensphilosophie und Körperkultur der Vorkriegszeit wähnten. Diese trachteten nun danach, die aufgewühlte Republik durch das Prinzip einer rhythmischen Verbindung von Mensch und Kosmos neu zu gestalten. Wolfgang Graeser sprach mit der Stimme der jungen Generation der Expressionisten, als er verkündete: »*Ein irrationales neues Etwas, aus dem fließenden Lebensstrom heraufgekommen, ist die neue Körperlichkeit (…). Körperkultur, Gymnastik, Tanz, Kulttanz, Raumtanz, Neue Körperlichkeit, Neues Körpergefühl, Körper-Seele, Neues Turnen, Bewegungsbildung, Rhythmik mit ihren unzähligen Beiworten (…). Das sind Bezeichnungen für das eine neue Etwas.*«[29]

Rhythmus wurde das Schlagwort der neuen romantischen Bewegung, die ihr Ziel darin sah, Technik und Maschinensystem über eine Anpassung des Menschen an seinen rhythmischen Lebenslauf zu beherrschen. »*Hier*«, so prophezeite das 1923 erschienene Buch ›Künstlerische Körperschulung‹, »*stehen dem Gymnastiker große Aufgaben bevor.*«[30]

Zunächst noch zivilisationskritisch untermauert, wurde dieser

rückwärtsgewandte Irrationalismus in dem Moment politisch pro-
blematisch, als er sich mit der neudeutschen nationalistischen
Bewegung zu verbinden begann. Deutschland, dieses Wort ge-
brauchten große Teile der Rhythmusbewegung schon zu Beginn
der zwanziger Jahre synonym mit Seele, Rhythmus, Kultur und
Gemeinschaft. Die ›Siegermächte‹ hingegen bezichtigte man der
Ratio, Aufklärung und Mechanisierung. Zivilisation und Nicht-
Deutsches, das war nun eins und zwar für Bode »...*solange wir
noch Deutsche sind, solange noch das Blut unserer Vorfahren in
unseren Adern fließt, eines Menschenschlages, dessen rhythmischer
Pulsschlag sich noch heute in tausenden Gebilden widerspiegelt und
der das tiefe Geheimnis bildet jenes unfaßbaren Wortes: Deutschland.*«[31]

Für Bode sollte der deutsche Faschismus auch die Kultgemeinschaft werden, die er schon lange gesucht hatte; hier avancierte er
zu einem der Führer der nationalsozialistischen Leibeserziehung.
Mit seiner Biographie stand er aber auch hier nicht allein. Vielmehr
verlor die Rhythmusbewegung insgesamt durch die Verbindung
von individualistisch-irrationalistischem Gedankengut mit nationalistischen Zügen ihren ehemals gesellschaftskritischen Gehalt
und sollte sich problemlos in die Ideologie der nationalsozialistischen ›Kultgemeinschaft‹ einreihen. Diese Entwicklung war nicht
unwesentlich durch die eigene Weltanschauung bedingt, in der die
Kritik am Rationalismus ausschließlich mit dem entgegengesetzten
Pol des Irrationalismus beantwortet worden war. Die einseitige
Betonung der ›natürlichen‹ Kraft des Menschen, die die sozialen
Bedingungen eines zivilisierten Körpers unberücksichtigt ließ,
hatte zudem einen schrankenlosen Subjektivismus hervorgebracht,
der sich langfristig als eine rückwärtsgewandte Utopie entpuppte.
Zugleich hatte die Ausrichtung der Versöhnung von Mensch und
Natur auf die deutsche Nation einen völkischen Naturbegriff pro-
duziert, der auf den Gleichklang der Seelen aller Deutschen abzielte. Das neue Nationalbewußtsein, gepaart mit einem ›kosmischen‹
Kollektivbewußtsein bei gleichzeitig zunehmenden Individualis-
mus ergab eine Lebensphilosophie, mit der sich ein Rückzug aus
der konkreten gesellschaftspolitischen Realität der Weimarer Republik rechtfertigen ließ. Auf diese Weise hatte der mystisch

überhöhte Natürlichkeitskult sich selbst in eine Richtung gedrängt, in der die ehemals kultur- und gesellschaftskritischen Forderungen zu machtpolitisch ausnutzbaren Scheininhalten degenerierten. Diese Gefahr scheint auch angesichts der derzeitig anzutreffenden und sich historisch wiederholenden ›Flucht in die Innerlichkeit‹ noch nicht beseitigt zu sein.

Mit der einseitigen Ausrichtung auf Irrationalität, Ganzheit, Organismus, Natur, Seele und Intuition hatte sich die Rhythmusbewegung Bereichen zugewandt, die in der patriarchal-bürgerlichen Geschichte traditionell dem Weiblichen zugeschrieben wurden. Generationenlang hatten Frauen gelernt, diese als die ihrem ›natürlichen Wesen‹ entsprechende anzuerkennen. Die Rhythmusbewegung machte das gesellschaftsfähig, was Frauen bisher nur hinter verschlossenen Türen ausleben konnten: Ihre ›Natur‹, im Prozeß der Zivilisation zunehmend unterdrückt, galt, wie schon in der romantischen Bewegung des neunzehnten Jahrhunderts, als Erlöserin des zivilisationsgeschädigten Menschengeschlechts. Dieser Idee lag das traditionelle dichotomische Denken zugrunde, das lediglich eine ›Umwertung der Werte‹ erfuhr. Nunmehr versprach (wieder) die bislang unterdrückte weibliche Produktivkraft einen Ausweg aus dem Dilemma der Zivilisation. So ist es auch nicht verwunderlich, daß die ›Ausdrucksgymnastik‹ gerade bei den Frauen den großen Teil ihrer Anhängerschaft fand, schienen doch ihre Inhalte die weiblichen Lebenswelten im Kern zu treffen. Darüber hinaus taucht die auf die Frauen projizierte Erlöserrolle ebenfalls in Teilen der derzeitigen Körpertherapie-Bewegung wie auch in der jüngsten feministischen Ökologie-Diskussion wieder auf.

Den neuen Bewegungsmöglichkeiten der Frauen, allerdings hauptsächlich denen des ›gehobenen‹ Bürgertums, haftete nicht nur ein Zug männlicher Hilflosigkeit gegenüber bedrohlichen, selbstinitiierten gesellschaftlichen Entwicklungen an; vielmehr konkretisierten sich hier auch Züge eines männlichen Voyeurismus. Die in den Körperkultbüchern jener Zeit vorzufindenden Fotos zeigten nahezu ausschließlich weibliche Personen, die nackt oder nur leicht bekleidet das Lebensgefühl der Zeit verkörperten. Das massenhafte Erscheinen dieser Werke in hohen Auflagen legt den Verdacht nahe, daß das Interesse an ihnen keineswegs nur inhaltlicher oder kunstästhetischer Art war, sondern eher dem ökonomischen Interesse der Verleger entsprang, die mit der Augenlust der Betrachter spekulierten. Hier manifestierte sich das widersprüchliche Verhältnis zwischen Nacktbewegung und dem neu entstehenden Medienmarkt: Einerseits waren Bilder, vor allem weiblicher Körper, ein wirksames Werbemittel, andererseits stellte allein die Kamera als technisches Gerät schon an sich eine Korrumpierung der ›nackten Ideologie‹ dar.

In der Rhythmusbewegung trafen männliche Phantasien und Projektionen mit weiblichen Gefühlswelten aufeinander. In dieser Phase der sozialen und politischen Verunsicherung galt (wieder) das Weibliche als die zukunftsweisende Alternative zu dem Bestehenden. Diese, zumeist von Männern entworfenen gesellschaftskritischen Ideen trafen sich mit den Empfindungen und Erfahrungswelten von Frauen, die sich nun angesichts zunehmender ›Körperfreiheiten‹ unmittelbar und hautnah, aber diszipliniert und öffentlich kontrolliert, mit Körper, Natur, Schönheit und Ganzheitlichkeit beschäftigten konnten. Die gesellschaftliche Bestimmung der Naturbestimmung des Weiblichen hingegen wurde sowohl in den Konzepten der Rhythmusbewegung wie auch von dem Großteil der Frauen nicht in Frage gestellt. Zugleich stabilisierte sich ein Verhältnis zwischen den Geschlechtern, das trotz der neuen ›Freiheiten‹ das Ausleben körperlicher Bedürfnisse unmöglich machte und in seiner Fixierung auf tradierte Geschlechterpolaritäten Frauen wie Männer an der Integration abgespaltener Anteile in die eigene Persönlichkeit hinderte. In dem traditionellen binären Denken verhaftet, setzte die Rhythmusbewegung die Geschichte der Zweiteilung der Welt in Kultur-Natur, Mann-Frau, Männlichkeit-Weiblichkeit, Verstand-Gefühl und Geist-Körper fort.

Zwischen Tradition und Fortschritt:
Die ›neuen‹ Frauen

Die ›Jazz-Tänze‹ erlebten zeitgleich mit der Rhythmus- und Gymnastikbewegung ihre Geburtsstunde in Deutschland. Auch in ihnen formulierte sich eine Kritik an der modernen technischen
Zivilisation und deren seelen- und körperfeindlichen Tendenzen.
Während aber die Gymnastik- und Rhythmusbewegung ihre Ziele
aus einem zivilisationskritischen Gedankengut ableitete, äußerten
sich die Erfahrungen mit dem Industriekapitalismus in den neuen
Gesellschaftstänzen eher spontan und eruptiv. Sie waren schlichtweg das Medium, mit dem sich die Lust auf körperliche Ekstase
ausleben ließ. In der neuen Tanzlust fanden die gesellschaftlichen
Umbruchstendenzen der Weimarer Republik ihren körperlichen
Ausdruck. Insbesondere die ›neuen Frauen‹ sahen hier einen
Raum, um ihr neues Lebensgefühl zu realisieren: *»Und wer sind
diese neuen Frauen? Es sind nicht die reinen, lieben Mädchen, deren
Roman sein Ende in einer wohlgelungenen Verheiratung fand, es
sind nicht die Ehefrauen, die unter der Untreue ihres Mannes leiden, oder die sich selbst des Ehebruchs schuldig gemacht haben, es
sind auch nicht die alten Mädchen, die die unglückliche Liebe ihrer
Jugend beweinen, es sind ebensowenig die ›Priesterinnen der Liebe‹, die Opfer der traurigen Lebensbedingungen oder ihrer eigenen lasterhaften Natur. Nein, es ist ein ganz neuer ›fünfter‹,
bisher unbekannter Typ der Heldinnen, Heldinnen mit selbständigen Anforderungen an das Leben, Heldinnen, die ihre Persönlichkeit behaupten, Heldinnen, die gegen die einseitige Ver-
sklavung der Frauen im Staat, der Familie, der Gesellschaft
protestieren, die um ihre Rechte kämpfen als Vertreterinnen ihres
Geschlechts«* [32]
    Das neue Frauenbild, das Alexandra Kollontai 1918 skizzierte,
brachte die Hoffnungen einer ganzen Generation junger Frauen
zum Ausdruck, die in dem Ende des ersten Weltkrieges und dem
Zerfall des preußischen Obrigkeitsstaates die Erweiterung ihrer
bisher eng begrenzten Lebenswelten sahen.. Die Errichtung der
Republik und die formal garantierten Rechte auf Gleichberechtigung versprachen eine Veränderung und Verbesserung ihrer Le-

benssituation, die sich bisher in bürgerlichen Kreisen auf das Dasein als Ehefrau und Mutter mit ehrenamtlichen, caritativ-pflegerischen Tätigkeiten außer Haus beschränkt hatte, während proletarische Frauen neben ihrer Hausarbeit aus finanziellen Gründen einer Erwerbsarbeit unter häufig menschenunwürdigen Bedingungen nachgehen mußten.

Die weitgespannten Hoffnungen wichen aber schnell den Enttäuschungen über den politischen und ökonomischen Alltag, der sich kaum von dem unterschied, den man vom Krieg her gewohnt war. Parlamentarisierung und Demokratisierung kumulierten zu einer Dauerkrise, Wechsel von Regierungskoalitionen, Kanzlern und Ministern, Putschversuche, Aufstände von rechts und links und Bestechungsskandale standen auf der politischen Tagesordnung. Von den Versprechungen der Revolution war wenig übriggeblieben. Auch im ökonomischen Bereich ließ der versprochene Neuanfang auf sich warten; sein Ausbleiben machte schließlich den in Aussicht gestellten kontinuierlichen Aufschwung unglaubwürdig. Die soziale Errungenschaft des Achtstundentags wurde bald wieder aufgehoben und die Inflation von 1923 fraß das Barvermögen des Bürgertums: Sparkonten und Reichsanleihen wurden wertlos. Während Unternehmer, Agrarier und Spekulanten mit Grundbesitz, Aktien und immobilem Kapital enorme Gewinne erzielten, verlor der bürgerliche ›Mittelstand‹ seine Rücklagen. Arbeiterfrauen wußten in den schwierigen Jahren der Republik nicht mehr, wie sie angesichts galoppierender Preise und nachhinkender Löhne ihre Familien ernähren sollten. Produktionskrisen und Rationalisierung führten phasenweise zu hoher Arbeitslosigkeit: 1926 waren 10 % der abhängig beschäftigen Erwerbspersonen ohne Arbeit, und 1932 erreichte die Arbeitslosigkeit mit sechs Millionen ihren offiziell erfaßten Höchststand.

Scheinbar in Gegensatz zu den Dauerkatastrophen, dem sozialen Elend, der steigenden Kriminalitäts- und Selbstmordrate, blühte die Kultur der ›Goldenen zwanziger Jahre‹. Reichtum, Intellektualität und Kunst entfalteten sich; überschäumender Lebensgenuß stieß auf eine sich ausbreitende Vergnügungsindustrie. Kinos, Tanzpaläste, Theater, Restaurants und Cafés schossen aus dem großstädtischen Boden und litten keineswegs unter mangelnder

Besucherzahl. Die Großstädte wurden zum Inbegriff modernen Lebens; hier zeigten sich auch die Widersprüche der Republik am deutlichsten.

Modernität und Tradition, Schein und Sein verkörperte vor allem der Typ der ›neuen Frau‹, den die Weimarer Republik zwar nicht kreiert, aber nach Kräften gefördert hatte. Selbstbewußt, materiell unabhängig, gepflegt, sportlich und sexuell ›befreit‹ erschien der Prototyp der weiblichen Emanzipierten nun in den Illustrierten und Kinofilmen. Die ›neue Frau‹ galt als Verkörperung der ›Neuen Sachlichkeit‹, als eine, die Prüderie und Borniertheit des preußischen Obrigkeitsstaates ablehnende, burschikose Kreation von Frau. Die heißdiskutiertesten Prototypen der ›Frauenemanzipation‹ waren die weiblichen Angestellten, deren Anzahl sich Mitte der zwanziger Jahre auf eineinhalb Millionen erhöht hatte und damit dreimal so hoch war wie 1907. Im Unterschied zu Industriearbeiterinnen und der kleinen Schar studierter Frauen standen sie als die ›Neuen‹ im Rampenlicht von Medien, Sozialpolitik und Emanzipationsdebatten.[33] Die soziale und ökonomische Situation der weiblichen Angestellten entsprach aber keineswegs der Euphorie, die mit ihrem neuen sozialen Status assoziiert wurde.

»*Ein halbseidener Beruf, halbseiden wie die Strümpfe und Hemdchen der Ladenfräulein, halbseiden wie ihr Gemüt und ihre Gedankenwelt. Ihrer wirtschaftlichen Situation gemäß Proletarierin, ihrer Ideologie nach bürgerlich, ihrem Arbeitsfeld zufolge männlich, ihrer Arbeitsgesinnung nach weiblich. Schillernde Gestalten, von schillerndem Reiz oft, ebenso oft von schillernder Fragwürdigkeit, auf alle Fälle von schillernder Sicherheit ihres sozialen und seelischen Daseins«,*[34] so schilderte die Psychologin Alice Rühle-Gerstel 1932 realitätsgerecht die Lebenssituation der ›Ladenfräuleins‹.

Trotz dieser ambivalenten Realität richteten sich die Berufswünsche junger Mädchen aus Arbeiter- und Bürgerschichten auf einen kaufmännischen Beruf, denn dieser symbolisierte trotz aller Widersprüche Glanz, Glamour und Modernität der ›Goldenen Jahre‹, einen Wunschtraum, dessen Ambivalenz Irmgard Keun anschaulich in den zeitgenössischen Romanen »Das kunstseidene Mädchen« und »Gilga – eine von uns« beschrieben hat.[35] Anderweitige

›höhere Tätigkeiten‹ hingegen blieben auch in den zwanziger Jahren generell ein Monopol der Männer, während Frauen sich mit ›kleineren Verrichtungen‹ und entsprechend geringeren Löhnen zu begnügen hatten. Selbst innerhalb derselben Berufsgruppe erhielten Männer mehr Lohn.

Hatte der Zusammenbruch des Kaiserreichs zwar gewaltige politische Veränderungen provoziert, blieben doch die geschlechtsspezifischen Zuweisungen und Rollenmuster erstaunlich stabil. Trotz steigender Ausbildungs- und Berufsmöglichkeiten von Frauen bereiteten Familie und Schule die Mädchen in erster Linie auf ihren zukünftigen Lebensinhalt als Ehefrau und Mutter vor. Dementsprechend konzentrierte sich auch der schulische Fächerkanon auf hauswirtschaftlich-pflegerische Fächer, Handarbeit und Pädagogik.

Der einer ›weiblichen Natur‹ angemessene Unterricht entsprach nicht nur alten Rollenmustern, sondern auch dem Grundsatz der bürgerlichen Frauenbewegung, die die Mädchen- und Jungenbildung zwar als gleichwertig, aber nicht als gleichartig ansah. Nach ihren Konzepten hatten Frauen und Männer prinzipiell andere Interessen und Bedürfnisse. Daraus folgerten sie, daß die weibliche Persönlichkeitsentfaltung anderen Gesetzen folge als denen der ›männlichen Kultur‹. Da diese sich in einer durch Technisierung, Vermassung, Versachlichung und Naturentfremdung gekennzeichneten Krise befände, sah die bürgerliche Frauenbewegung ihr Ziel darin, Gesellschaft, Wirtschaft und Politik durch ›geistige Mütterlichkeit‹ zu humanisieren. Der Einfluß ›weiblicher Kultur‹ hatte zum Ziel, »*daß die Frau aus der Welt des Mannes eine Welt schafft, die das Gepräge beider Geschlechter trägt*«.[36] Diese weitreichende, auch von Sozialdemokratinnen vertretene Auffassung, wurde innerhalb der bürgerlichen Frauenbewegung zu keiner Zeit präzisiert und auf den konkreten Lebensalltag übertragen und versandete somit schnell in der parlamentarischen Tagesarbeit der jungen Republik. Die in den etwa siebzig Jahre zurückliegenden Anfängen formulierten fortschrittlichen Ideen hatten nicht zuletzt auch wegen der nationalen Kriegsbegeisterung der bürgerlichen Frauenbewegung im ersten Weltkrieg und der politischen Orientierung an konservativen Parteien in der Weimarer Republik ihre innovative

Kraft verloren. Für konservative Politiker längst zu einem kalkulierbaren Faktor des Systems geworden, traf die bürgerliche Frauenbewegung in ihrem Beharren auf der traditionellen ›Natur des Weibes‹ auch die Perspektiven der modernen Frauen nicht mehr. Ihr Konzept entsprach aber nach wie vor dem Alltagsbewußtsein vieler Menschen und traf sich gleichermaßen mit den Vorstellungen der Körperkulturbewegung über die weibliche Natur.

Die von politischen Gruppierungen unterschiedlicher Couleur vertretende Auffassung einer natürlichen Geschlechterdifferenz, nach der die Frau ihrem Wesen nach in die Familie gehöre, begriff die Erwerbstätigkeit der Frau lediglich als »Zwischenstadium der persönlichen Unabhängigkeit« (Bäumer). Als solches war sie in allen sozialen Schichten zu einer akzeptierten Selbstverständlichkeit geworden, ohne allerdings traditionelle Geschlechtsrollenstereotype grundsätzlich in Frage zu stellen. Ganz im Gegenteil: Die ›natürlichen Anlagen‹ der Frau drangen mit der Ausweitung der Frauenerwerbstätigkeit in Form extrafunktionaler Fähigkeiten in den Produktionsbereich ein, in dem Frauenarbeit vor allem in Zeiten von Produktionskrisen zudem als Konkurrenz der Männer angesehen werden sollte. Dies nicht ohne Grund, denn Unternehmer und Staat griffen gern auf Frauen als willige und billige Arbeitskräfte zurück, zumal sich der massenhafte Arbeitseinsatz von Frauen im ersten Weltkrieg als äußerst profitabel erwiesen hatte. In angesehenen traditionellen ›Männerberufen‹ hingegen, hier vor allem im akademischen Bereich, führten Frauen trotz formal garantierter Gleichberechtigung und Habilitationsrecht ein einsames und stark umkämpftes Dasein.

In der Ambivalenz von Tradition und Fortschritt bewies sich die Modernität der Weimarer Republik, die keineswegs den traditionellen Diskurs über die ›Natur des Weiblichen‹ brüchig werden ließ. Vielmehr erhielt dieser im Zuge von Technisierung und Standardisierung eine, vom Charakter der ›Neuen Sachlichkeit‹ geprägte, neue Qualität. War das neue Frauenbild auf der einen Seite lediglich eine ideologische Folie der sozio-ökonomischen Erfordernisse des sich ausbreitenden Industriesystems, ermöglichte es auf der anderen Seite einen Ausbruch aus den traditionellen weiblichen Lebensmustern. An dem weiblichen Körper manifestierten sich die neuen Aufbrüche in besonderer Weise; seine Präsentation in Mode und Sport und in den neuen Gesellschaftstänzen ist dafür der prägnanteste Ausdruck.

Körper, Mode und Sport

Im Gegensatz zum Alltag, der nur den wenigsten Frauen die ›Befreiung‹ von althergebrachter Moral und Lebensgestaltung beschert hatte, fanden im Bereich der Frauenmode in den zwanziger Jahren große Umwälzungen statt, die in die Richtung gingen, die Charlotte von Mendelssohn-Bartholdy schon 1916 den Frauen des gehobenen Bürgertums nahegebracht hatte: »*Sollen wir eine Mode tragen? Natürlich sollen wir! Die Kurzsichtigen, die Sparsamen werden schreien: das ist Ausländertum, französisch ist das. Es verträgt sich nicht mit der alten preußischen Sparsamkeit, nicht mit dem deutschen Geist. Oh, Ihr Kleingläubigen. Es ist nicht einmal unchristlich. Wenn die reichen Frauen nicht eine Mode tragen, werden die Armen darben. Viele Fabriken müßten stillstehen. Es ist gar nicht auszudenken, wie langweilig es auf der Welt sein würde (...). Wir wurden geschaffen: Körper und Geist. Und es ist keine Schande, den Geist anzustrengen, darüber nachzudenken, wie wir unsere körperliche Blöße bedecken sollen, nicht ein für allemal, um ihn dann den trockenen und exakten Naturwissenschaften zuzuwenden, nein, immer, immer weiter, immer von neuem. Wir wollen doch auch immer von neuem geliebt sein, jeden Tag. So müssen wir auch immer neu und begehrenswert erscheinen. Wenn wir die deutsche Staatstracht anlegen, braucht ›Er‹ uns ja nicht mehr anzuschauen. Ich finde bei Leibe nicht, daß wir diesen Dingen einen allzu großen, überwichtigen Platz einräumen sollen. Behüte! Ich wünschte, den deutschen Frauen säße es in den Fingerspitzen. Denn darauf will die Mode hinaus. Schnell sehen, schnell umlernen, worauf es ankommt. Das ist's.*«[37]

Der Anfang der ›Kleiderrevolution‹ war schon um die Jahrhundertwende mit dem Reformkleid vollzogen worden. Getragen von der Idee, daß alles, was den Körper deformiere und begrenze, unnatürlich sei, hatte die Reformmode das beengende Korsett und die

162

körper- und bewegungsfeindlichen Drahtgestelle verdrängt. Mit der gesundheitsschädlichen Kleidermode verschwand auch die einst den Inbegriff der Weiblichkeit symbolisierende Sanduhrform des. weiblichen Körpers. Der Busen wurde kleiner, die Taille rutschte förmlich nach unten und die Frauen schienen plötzlich Beine bekommen zu haben. Auch an der üppigen Haartracht ging die Versachlichung des weiblichen Körpers nicht vorbei: Mit Bubikopf, Pagenfrisur und Herrenschnitt raubten die ›neuen Frauen‹ den Männern ihr bisheriges Privileg auf eine Kurzhaarfrisur. Weichfallende Stoffe wie Kunstseide bildeten, falls erschwinglich, das Material für die schlicht gehaltenen, gerade geschnittenen Kleider, deren Saum sich teilweise bis über das Knie hob und den Blick auf kunstseidenbestrumpfte Beine freigab. Das Kostüm, schon Ende des neunzehnten Jahrhunderts zum Inbegriff weiblicher Tagesmode gekürt, erhielt einen, am Vorbild des Männeranzugs orientierten strengen Schnitt. Protzige Kopfbedeckungen verschwanden zugunsten tief ins Gesicht gezogener schmuckloser Topfhüte. Wegen der Betonung der schmalen Silhouette schrumpfte die Unterwäsche auf Hemd und Höschen aus dünnen Materialien zusammen, Gummiwaren und Abbindungen beseitigten die letzten fraulichen Körperkonturen, und der eben erfundene Büstenhalter setzte der neuen Freiheit der Brüste wieder ihre Grenzen. Unterstützt wurde die neue Modeform von Kosmetik und diversen Accessoires: Knallroter Lippenstift, lackierte Fingernägel, kess wippende Federboas und lang schwingende Ketten schufen eine maskenhaft unnahbare Frauengestalt mit einer ebenso lasziven wie provokanten Erotik, die in der kühlen Schönheit Greta Garbos ihre filmische Verkörperung gefunden hatte.

Die neue Frauenkleidung der jungen Republik galt als Inbegriff der ›Frauenbefreiung‹, als eine ›Revolution‹, die den weiblichen Körper aus den traditionellen Verpanzerungen und Verformungen gelöst hatte. Tatsächlich erlaubte die neue Mode den Frauen mehr körperliche Bewegungsfreiheiten und symbolisierte damit sichtbar ihren Wunsch nach (gesellschaftlichem) Fortkommen. Gleichzeitig setzte sie aber auch Grenzen, indem sie die Norm eines neuen weiblichen Schönheitsideals entwarf, das versachlicht und an männliche Normen angenähert, den Körper der Frau nun auf subtilere Weise präsentierte. Wie ehedem übernahm die modische Umhüllung dabei die Funktion, den gesellschaftlichen Wert oder den Status des Mannes am Körper der Frau zu präsentieren. Dies blieb in den zwanziger Jahren allerdings nicht mehr nur dem gehobenen Bürgertum vorbehalten, sondern weitete sich durch Konfektionsmode, die preiswert in den neu entstandenen Kaufhäusern zu erschwingen war, auch auf den ›neuen Mittelstand‹ aus: *»Konfektion wird zur ernstzunehmenden Konkurrenz. Ein neuer Markt öffnet sich; allen voran die breite Schicht geldverdienender Frauen, die nicht mehr einsehen, daß Mode nur für die Haute Volée dasein soll«.*[38]

Nicht nur in der Kleidermode, sondern auch im Sport machten sich Demokratisierungstendenzen und formal garantierte Gleichberechtigung bemerkbar. Trotz massiver traditioneller Vorurteile erfreuten sich immer mehr Frauen an der sportlichen Betätigung. Ihrer Schichtzugehörigkeit entsprechend, eroberten sie sich einige, zuvor den Männern vorbehaltene Sportarten von Turnen, Wandern und Schwimmen, über Radfahren, Tennis, Golf und Reiten bis zu Fliegen und Fallschirmspringen. Vor allem im Sport maß sich weibliche Schönheit nunmehr an männlicher Sachlichkeit und Zweckgebundenheit. In der Sportmode konkretisierte sich dies in praktischer, bewegungsadäquater Kleidung. So rutschte etwa der lange Rock, der beim Tennis, Wandern und Bergsteigen bisher äußerst hinderlich gewesen war und beim Reiten nur den Damensitz gestattete, in sportangemessene Höhen und machte vereinzelt auch schon Hosenrock und Hose Platz. Beim Schwimmen trug man nun Badetrikots, die den Blick auf Arme und Beine freigaben und in ihrer Ähnlichkeit zur männlichen Badebekleidung die Tendenz zur Überwindung geschlechtsspezifischer Kleiderunterschiede demonstrierten.

Mit der Ausweitung von Sport und Wandern zur Massenbewegung verschwand auch das traditionelle Schönheitsideal der noblen Blässe. Das Ideal der sonnengegerbten Haut auf einem durchtrainierten, elastischen Körper setzte sich durch und konnte von den vielbeschäftigten Städtern schon damals mit künstlichen Mitteln wie ›Braunolin‹ erzeugt werden: *»Um die Mitte des Jahrzehnts erkennt die Männerwelt staunend ein neues Wesen neben sich: Die*

Frau, die gestern noch in großer Toilette unnahbar und blasiert,
geschminkt, gepudert und gemalt die ›Dame von Welt‹ war, sie ist
nun im Wasser ein jauchzendes Kind.«[39]

Unterstützt von Mode und Sport, gefördert von Textilindustrie und Medien, war der moderne Typ der Kindfrau geboren. Sie trainierte üppige Kurven und ausladende Hüften weg und unterstützte die neue Gradlinigkeit ihres Körpers durch eine entsprechende Kleidung. Auf diese Weise formte sie die ehemals offensive Sexualisierung des weiblichen Körpers um in eine versteckte, subtile Erotisierung. Diese Wandlung entsprach den weiblichen Aufbruchsphantasien, in dem sie den Frauen auch breiterer Bevölkerungsschichten subjektiv ein neues Erleben ihres eigenen Körpers ermöglichte. Strukturell verblieb das Idealbild der ›neuen Frau‹ aber dem Präsentations- und Warencharakter des weiblichen Körpers verhaftet. Mit Männermode, sportlichem Körper und Uni-Sex war ihr ein männliches Körperideal auf den Leib geformt worden; die Produktionsweise des Verformens war dabei die gleiche geblieben. Auch die Verfechter einer traditionellen Weiblichkeit, die durch die Ausweitung des Frauensports entweder die ›Frau mit der straffen Faser‹ oder die Deformierung der Gebärmutter befürchteten, erkannten nicht, daß gerade die Vermännlichung des Frauenbildes die Ursache für die vielfältigen sportlichen Aktivitäten von Frauen waren. Während das Weibliche noch im neunzehnten Jahrhundert ein Gegenentwurf zum Männlichen war, erschien nun im Schub zunehmender Rationalisierung und Versachlichung die ›neue Frau‹ als homo-erotisches Spiegelbild des Mannes, Frauenmode und Frauensport als Angleichung des Weiblichen an die männliche Norm.

Tanzkultur: Die ›Wilden Zwanziger‹[40]

»Fräulein, bitte woll'n Sie Shimmy tanzen?
Shimmy, Shimmy, ist der Clou vom Ganzen!
Früher einmal machten es die Wilden.
Jetzt gehört's dazu, um sich zu bilden.

Früher war es shocking, jetzt gehört's zum guten Ton.
Shimmy, Shimmy ist die große Mode, Shimmy ist die Sensa-
tion!«[41]
Als Silvester 1918 das totale Tanzverbot offiziell aufgehoben

30 Otto Dix, Das moderne Tanzpaar

wurde, schien es, als wollten sich die Menschen den Druck der Kriegsjahre förmlich vom Leib tanzen.

»*Wie ein Rudel hungriger Wölfe stürzt sich das Volk auf die langentbehrte Lust. Noch nie ist in Berlin so viel, so rasend getanzt worden*«, schrieb das Berliner Tageblatt am Tag nach der heißen Silvesternacht.[42] Die ungestüme Vergnügungslust war aber keineswegs erst in dieser Nacht ausgebrochen; vielmehr hatte das strikte

31 Foxtrott, Karikatur 1920

Tanzverbot schon in den ersten Kriegsjahren die Erinnerung an durchtanzte Tangonächte nicht verlöschen können. Die Nimmermüden hatten die wegen einer befürchteten Zersetzung der Kriegsmoral verordnete Tanzpause häufig ignoriert. Nach Kriegsende schien die Doppelmoral ein Ende gefunden zu haben. Die Hoffnung auf eine Verbesserung der Lebensbedingungen äußerte sich in einem wahren Tanztaumel, der genauso fesselnd war wie die Tanzepidemie des ausgehenden Mittelalters. Zukunftsträume auf der einen, Enttäuschung und soziales Elend auf der anderen Seite sollten in den folgenden Jahren die Gründe dafür sein, daß die Tanzwut anhielt und eine wahre Parkettrevolte auslöste. War der Umsturz der Gesellschaft mißglückt, so fand doch zumindest eine »Revolution des Gesellschaftstanzes«[43] statt, die aber selbst die konservative Bayernpartei nicht weiter tragisch fand. Einer ihrer Abgeordneten bemerkte lapidar: »*Es ist besser, wenn sich die Leute mit Musik und Tanz unterhalten, als daß sie Demonstrationen veranstalten*«.[44]

Die Parkettrevolte brach vor allem in zweierlei Hinsicht mit alter Tradition. Auf der einen Seite veränderten sich die Tänze radikal. Die neuen Modetänze knüpften an amerikanische und afrikanische Tänze an und nahmen damit Abschied von der langen europäischen Tradition des Gesellschaftstanzes. Auf der anderen Seite ging mit der Tanzrevolte auch eine klare Absage an traditionelle geschlechtsspezifische Rollenmuster einher. Hatte einst beim Walzer und dem im Kaiserreich modernen Schieber und Tango die Frau das Parkett nur nach Aufforderung durch den Mann zu betreten, um dann dort seinen Schritten zu folgen, geriet nun die männliche Vorherrschaft ins Wanken. Damenwahl stand auf der Tagesordnung und damit tat die moderne Frau, keineswegs mehr so schüchtern wie ihre Mutter, öffentlich kund, wen sie als Partner wollte. Eine neue Situation auch für die Männer, die ein salonversierter Autor 1927 folgendermaßen beschrieb: »*Wenn eine Frau einen Tanzsaal betritt, beginnt sie nach einer Weile, sich auch um uns arme Männer zu kümmern. Mit einem Blick hat sie festgestellt, wer für sie in Frage kommt und wer nicht.*«[45]

Gleichermaßen wie die Frau nun auch im Tanz das Recht zu wählen hatte, ließ sie sich auf dem Parkett nicht mehr auf eine untergeordnete Rolle ein. Wer die Führungsrolle übernahm, erwies sich erst auf der Tanzfläche, zumal die traditionelle Armhaltung der Partner sich schon allein durch die neuen wilden und rasanten Tänze auflöste.

Die neuen ›Jazz-Tänze‹ waren ›demokratisch‹ und egalitär, eine hierarchische Rollenanordnung war ihnen wegen ihrer geschlechtsneutralen Bewegungsmuster fremd. Der erste von ihnen war der Foxtrott, der 1918 zusammen mit den amerikanischen Truppen den deutschen Tanz-Boden erreichte. Dessen zivilisationskritischen Hintergrund konnte man in einer »Philosophie des Foxtrotts« nachlesen: *»Eine böse Gottheit hat den ursprünglichen, androgynen Menschen geteilt. Die beiden Hälften – Mann und Weib – erinnern sich ihrer ursprünglichen Einheit und sind trostlos. Die Liebe, sagt Platon – wir können sagen der Foxtrott – macht aus den beiden Wesen eines, stellt so die menschliche Wesenheit in ihrer alten Vollendung wieder her. Danken wir dem Foxtrott, der uns erlaubt, jeden Abend das Einssein beider Hälften zu erleben.«*[46]

Foxtrott wurde zu Ragtime getanzt und hatte weder Gemeinsamkeiten mit dem uns heute bekannten ›Tanzstundenschleicher‹ noch mit den fließenden Bewegungen der neuen Gymnastik- und Tanzbewegung. Vielmehr bestand er im wesentlichen aus Hampeln, Zappeln und Hopsen und war in dieser Hinsicht eher der (unbewußte) europäische Abklatsch des schwarzen Steptanzes. Gemessen an den traditionellen, normierten Gesellschaftstänzen war er der Inbegriff der ›Barbarei‹. Die enthemmte Körperlichkeit schien nicht nur die ›Befreiung‹ des zivilisationsgeschädigten Leibes, sondern auch die Aufbrechung der altbewährten Geschlechterhierarchie zu bewirken: Die ungezügelten Bewegungen machten eine eindeutige Führung des Mannes unmöglich.

Spätestens 1920 trat der aus Amerika importierte Shimmy die Nachfolge des Foxtrotts an. Zum Shimmy gehörte Jazzmusik, ehemals schwarze Unterschichtsmusik, die nun auch das Klangbild der Tanzkapellen, mit Streichern, Harmonium und Klavier bisher noch ›französisch besetzt‹, zu amerikanisieren begann. Pollack brachte seine Empörung über die ›Unmusikalität‹ der Schwarzen-Musik stellvertretend für viele verunsicherte Bildungsbürger zum Aus-

32 Shimmy

druck: »*Die Wahl der Mittel zum Taktschlagen sind grotesk: Trom-
meln, Klingeln, Trompeten, Schreckschußpistolen, Posaunen,
Blechbüchsen, Pauken, Holzklötze, Gitarren, Kinderquarren,*

kurz, jeder Gegenstand, der beim Draufschlagen oder sonstiger Bearbeitung ein recht durchdringendes Geräusch erklingen läßt, ist ein willkommenes Instrument der Yazz-Band.«[47]

Shimmy und Jazzmusik sind beide afrikanischen Ursprungs und symbolisieren in unterschiedlicher Weise Körperlichkeit, Sexualität und Geschlechtsverkehr. Hatte das Bürgertum generationenlang Tanz mit virtuoser Beinarbeit, geometrischen Figuren und raumgreifenden Schrittabfolgen assoziiert und die rhythmischen Beckenbewegungen der afrikanischen Tänze bisher einzig als sexuelle Animation abgestempelt, änderte sich diese Einstellung nun, zumindest in der jungen Generation. Sich nonkonformistisch geben, den ›preußischen Muff‹ beiseiteräumen einerseits, sich zivilisationskritisch der Natur und damit auch den Tänzen der Naturvölker zuwendend andererseits, schüttelte die aufbegehrende Jugend beim Tanzen nun auch Po, Hüften und Bauch. Sichtlich erfreut über den Verlust des Anstandes gab sich die Weltbühne: »*Er* (der Jazz, G. K.) *schlägt jeden Ansatz von Würde. Er schlägt jeden Ansatz von korrekter Haltung, von Schneidigkeit, von Stehkragen in Grund und Boden. Wer Angst davor hat, sich lächerlich zu machen, kann ihn nicht tanzen«.*[48]

Tatsächlich trafen sich im Shimmy moderne Frivolität und erotische Symbolik mit den ›natürlichen‹ Bewegungen des Körpers. In dieser Hinsicht ähnelte der neue Modetanz den Prinzipien der neuen Gymnastik- und Tanzbewegung, die die Körpermitte als Zentrum des menschliches Leibes längst (wieder) entdeckt hatte. Um sie drehte sich alles, auch beim Shimmy. Während hier aber die Schüttelbewegungen des Beckens in erster Linie körperliche Vibrationen bis zur Ekstase bewirken sollten, war das Becken in der neuen Tanzkunst das entscheidende Bewegungszentrum, von dem Impulse für weiche, fließende Formen ausgingen. Diese zielten in erster Linie auf die organische Integrität des Körpers. War der Shimmy schon als eine ›Unkultur‹ verschrien, so trauten die Traditionalisten ihren Augen nicht, als kurz nach der Inflation Charleston Mode wurde.

> *»Laß ohne Unterlaß*
> *uns im Tanz auf's Ganze geh'n*
> *Essen, Trinken was kann das nützen?*

Aber Charleston,
mein Kind, Charleston,
kann Dich vor'm Altwerden schützen«,

hieß es in dem Original-Charleston-Text von 1925. Durchhalten war in diesen Zeiten sowieso das Motto, und so bewies man sich im Charleston, wer es am längsten schaffte. Tagelange Dauertanzwettbewerbe fanden statt, an denen sich vor allem junge Frauen beteiligten. Mit Stirnband und Reiherfeder bewaffnet, kämpften sie oft bis zur physischen und psychischen Erschöpfung, um als Charleston-Königin erwählt zu werden.

Mode, Jazz und Charleston ließen vielen jungen Frauen die große Welt spüren, die in ihrem Alltagsleben keinen Platz hatte. In seiner Studie »Die Angestellten« nannte Siegfried Kracauer 1930 diesen Typ Frau das *»Heimchen«*: *»Bezeichnend für sie ist, daß sie im Tanzsaal oder im Vorstadtcafe kein Musikstück anhören kann, ohne sofort den ihm zubestimmten Schlager mitzuzirpen. Aber nicht sie ist es, die jeden Schlager kennt, sondern die Schlager kennen sie, holen sie ein und erschlagen sie sanft.«*[49]

Tatsächlich aber verwischten in der neuen Tanzbesessenheit die Grenzen zwischen echt- und halbseidenen Damen. In den Tanzlokalen trafen sich Künstler, Halb- und Lebewelt mit dem ›neuen Mittelstand‹. Eine der bekanntesten dieser verruchten Halbweltdamen war die Berliner Tänzerin Anita Berber, die in den zwanziger Jahren in ihren ›expressionistischen Nacktänzen‹ die Prüderie des Wilhelminismus mit ihrem entblößten Körper anklagte. Sie rief nicht nur mit ihren Tänzen, beispielsweise der Syphilis, des Wahnsinns und des Selbstmordes Empörung hervor, sondern galt als der Inbegriff der rauschsüchtigen, männermordenden Verderbtheit schlechthin. Als tanzender Vamp diente sie sowohl als Projektionsfläche für die Sensationsgier derjenigen, die ihre eigenen hemmungslosen Wünsche mühsam im Zaum hielten, wie auch als ein heimlicher Genuß der indirekten Teilhabe an dem Verbotenen. Aber nicht nur exaltierte Schauspielerinnen und Tänzerinnen der Bohème, sondern auch einfache Verkäuferinnen praktizierten in den Nachtlokalen Sinneslust und Verruchtheit. Gerade bei ihnen avancierte der Charleston zum Inbegriff femininer Verlockung. Die erotische Symbolik der Körperzuckungen untermalten die

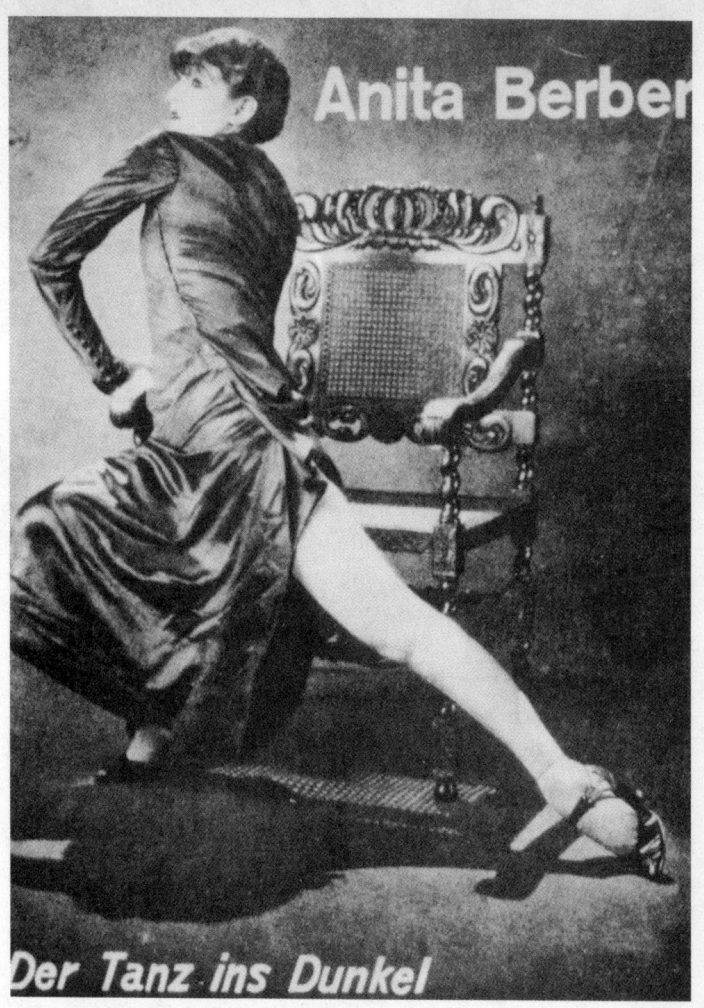

33 Anita Berber

›Halbseidenen‹ durch weich fallende Kleiderstoffe und darüber-
hängende Fransen, die gleichermaßen den Blick auf die rasanten
Beinschwünge und die Schenkel freigaben. Mit der ›Entdeckung‹
der Frauenbeine durch die neue Kleidermode waren diese zugleich
sexuell besetzt und einer Schönheitsnorm unterworfen worden.

»Ich habe eine Schwäche für Beine«, bekannte ein Kenner 1927 in ›Die Dame‹. *»Ich bin meiner Zeit dankbar, daß sie mich Beine sehen läßt. Frauenbeine (…). Ein gefährliches Wagnis. Denn nur wenige Beine genügen der Forderung, die gebildeter Schönheitssinn an sie erhebt. Aber immerhin, der Drang nach Schlankheit kommt dem Mangel entgegen.*

Wenn nicht geradezu fleischige Plumpheit sich unwillkommen dem Auge aufnötigt, läßt es sich nachsichtig gefallen, was im allgemeinen nicht besser vorhanden scheint, und entschädigt sich an dem doch immer wieder auftauchenden Hübschen.«[50]

Eine Schwäche hatten die meisten Männer allerdings nach wie vor für einen fleischigen Po. Das zeigte sich in der Bekanntheit der ›Schwarzen Venus‹ Josephine Baker, die mit ihrer aufreizenden Charlestonversion die Männerwelt verzückte. Ihr praller, dunkler Körper weckte Assoziationen mit der verloren geglaubten Natur und ihr gewagtes Bananenkostüm wühlte mit seiner exotisch verblümten Phalluserotik in den ungestillten Bedürfnissen der zivilisierten Bürger: *»Ihr Tanz«*, verkündete eine Zeitschrift, *»das ist Instinkt gegen die Zivilisation, ist Aufruhr der Sinne. Sie enthüllt uns jenes Unterbewußte, das unsere ganze Weltanschauung über den Haufen wirft.«*[51]

Tatsächlich zielt der ›schwarze Tanz‹ auf das ekstatische Erleben des eigenen Leibes, und so wundert es nicht, daß die neuen Jazz-Tänze die körperfeindliche Moral provozierten. In ihnen wurden die unterdrückten, aber nicht gebannten Triebe offensichtlich. Die verunsicherten Bürger befürchteten einen Rückfall zur tierischen Natur und sahen die Tanzbesessenen schon auf einer Entdeckungsreise zu den Urstadien der Menschheit. Für sie war der neue Tanz nicht mehr als ein Affront gegen die so mühsam errungene moderne Zivilisation, deren Körperdisziplin und Selbstkontrolle mittlerweile so stark verinnerlicht war, daß die Bewegungen des Tanzes nur noch als barbarisch und fremd erscheinen konnten. Einige Frauen hingegen bemühten sich, es den schwarzen Vorbildern gleichzutun. Mit dunkler Farbe im Gesicht und schwarz-weißer Kleidung wollten auch sie die schwarze Seele, zumindest in der Nacht, am eigenen Leib spüren. Ihr exzessiver Bewegungsdrang rief, wie ehemals im ausgehenden Mittelalter, Empörung hervor.

34 Josephine Baker in »Black Revue«, 1925

Wie seit jeher in der Geschichte der weiblichen Körperkultur waren es vor allem Frauenärzte, die in dem weiblichen Bewegungsdrang unheilvolle Gefahren kommen sahen: *»Namentlich«*, war
der warnende Kommentar in der Zeitung der evangelischen Leh-

rerinnen-Warte, »*haben sich neuerdings die Frauenärzte gegen die-*
sen Tanz gewendet (...). Die harten Stöße werden nach oben hin
übertragen und schädigen die empfindlichen Unterleibsorgane, die
bald erkranken und in ihren Funktionen gestört werden.«[52]

Letztendlich waren die Provokationen und Gefahren des ursprünglichen Charleston für die Hüter von Anstand und Moral
nicht tragbar. In den Vorgaben der deutschen Tanzmeister unterlag
auch er dem Prozeß der Zivilisation. Die Beckenbewegungen wurden ausgeklammert; der in das Korsett des europäischen Gesellschaftstanzes gepreßte Charleston zeichnete sich am Ende der
Republik nur noch durch die Kunst einer flotten Beinarbeit aus:
»*Richtig getanzt*«, so schrieb ein Lehrbuch vor, »*beginnt der Char-*
leston erst von den Knien ab nach unten. Der ganze andere Körper
muß ruhig bleiben.«[53]

Der Charleston hatte das Ursprüngliche des Originals verloren;
seine Normierungen schlossen Körpergefühl, Rausch und Ekstase
zugunsten einer Umgestaltung nach den Prinzipien der modernen
Leistungsgesellschaft aus. Diese hatten nun auch in den neuen
›Jazz-Tänzen‹ Eingang gefunden, nachdem schon zuvor der Tango
nach den Prinzipien des modernen Sports systematisiert worden
war und seine exotische, hautnahe Erotik verloren hatte: »*Der*
moderne Gesellschaftstanz ist anscheinend nach den Gesetzen der
modernen Arbeitswissenschaft ›*taylorisiert*‹,« schrieb ein Tanzalma-
nach 1924. »*Er versucht, das Höchstmaß mit dem Mindestmaß von*
Anstrengungen zu erreichen.«[54]

Taylorisierung, Vermassung und Standardisierung fanden sich
vor allem in den Revuetheatern. Sie offenbarten das neue weibliche
Schönheitsideal und die erlaubten Bewegungsmuster. Massenbal-
lette beinschwingender Revuegirls kreierten makellose, austausch-
bare ›Luxusleiber‹. Fleischfarbene Seidenstrümpfe, Enthaarungs-
cremes und knapp sitzende Kostüme taten ein Übriges, um diese
auch (über)sinnlich erscheinen zu lassen. Vorbild waren auch hier,
wie Mensendieck und Duncan in der Gymnastik- und Tanzbewegung, die Amerikanerinnen: Die Tiller-Girls, 1923 erstmals in
Deutschland, bildeten den Inbegriff des modernen Großstadt-
rhythmus, verkörperten sie doch die Prinzipien des ›freien Amerika‹ nur allzu gut. An ihnen zeigten sich die gesellschaftlichen

Tendenzen, wie Bindungslosigkeit und Vereinsamung, Entindividualisierung und Vermassung, die das neue Vorbild Amerika nun auch den Europäern bescheren sollte.

In Deutschland fand der Aufruhr der Sinne in den Depressionsjahren ein jähes Ende. Von dem Zusammenbruch des Währungssytems blieb auch die Vergnügungsindustrie nicht verschont. Cafés und Tanzlokale schlossen ihre Pforten, Musikkapellen wurden entlassen, der Jazz wurde zur brotlosen Kunst. Das Schlagergeschäft nahm schon prophylaktisch den NS-Kitsch vorweg, indem sie auf ›weiche Welle‹ und ›Altheidelberg-Nostalgie‹ umsattelte. Im wieder aktualisierten Walzer und Tango fand der Gesellschaftstanz seine Beherrschung und die Frau ihren Beherrscher wieder. Eine Liste von ›Standardtänzen‹, 1929 auf einer internationalen Tanzlehrertagung rechtzeitig beschlossen, demonstrierte, daß ›Schwung und Pepp‹ nun durch ›Marsch und Schmiß‹ abgelöst werden sollten. Ein Erlaß vom 12. Oktober 1935 verkündete schließlich das unwiderrufliche Ende der ›Jazz-Tänze‹: »*Verbot des Nigger-Jazz für den gesamten deutschen Rundfunk! Der Niggertanz ist von heute ab im deutschen Rundfunk endgültig ausgeschaltet, gleichgültig, in welcher Verkleidung er uns dargeboten wird. Für den Jazz gibt es daher nur noch eine Parole: links raus – Abrücken nach Afrika!*«[55]

In dem modern life der zwanziger Jahre waren die Frauen männlichen Normen angepasst worden. Das Modell Weiblichkeit

35 Die Tiller-Girls in der Haller-Revue »An und Aus«, 1926

wurde standardisiert und breiteren sozialen Schichten von Frauen zugänglich gemacht. Der ›neue Mittelstand‹, mittlerweile ökonomisch bedeutsamer geworden, hatte sich seine Kreation von Weiblichkeit geschaffen. In dem neuen weiblichen Idealbild trafen die Entwicklungen von Industrialisierung, Technisierung und Zivilisierung mit der Nachkriegsmoral, die durch den ersten Weltkrieg und die nachfolgenden wirtschaftlichen und politischen Wirren das gesamte traditionelle Wertsystem bloßzustellen begann, und den Aufbruchsphantasien von Frauen aufeinander: »*Eine Gegenwart, die keine Illusionen kennt, nimmt auch den Frauenkörper ohne Verschleierung als öffentliches Schaustück an.*«[56]

Die sich wandelnde Einstellung zum weiblichen Körper bildete ein geeignetes Ventil für die psychischen Depressionen des Krieges. Gleichzeitig riefen die neuen körperlichen Möglichkeiten der Frauen schlummernde männliche Voyeurlüste wach, die durch die distanzierende Ersatzerotik des Auges angesprochen wurden. Hier lag die Ambivalenz der neuen Weiblichkeit, die keineswegs den gesellschaftlichen Diskurs über die ›Natur des Weiblichen‹ strukturell verändert, sondern ihn nur inhaltlich den neuen Bedingungen angepaßt hatte.

Darüber hinaus konkretisierte sich hier ein Charakteristikum des Zivilisationsprozesses: Wie in dem Tanz›schub‹ nach 1770 war die ›Revolte des Körpers‹ auch zu Beginn des zwanzigsten Jahrhunderts wieder ein Bestandteil eines langfristigen Zivilisationsprozesses, dessen latente Präsenz in dem Moment zum Ausbruch kam, in dem das Ausmaß an gesellschaftlicher Kontrolle sich verringerte. Dennoch kann die Tanzwelle zu Beginn des zwanzigsten Jahrhunderts nicht als einfache Wiederholung der vorangehenden verstanden werden. Vielmehr zeigt der Wandel der tänzerischen Konfigurationen, daß die Geschichte des Gesellschaftstanzes in eine Richtung verläuft, in der die tanzenden Körper nicht nur die Dialektik von Restauration und Revolution, sondern auch zugleich die wechselhafte Geschichte des ›Fortschritts‹ aussprechen. Die Körperrevolte der unteren Sozialschichten äußerte sich zunehmend ekstatischer, weil mittlerweile auch hier die Distanzierung zum eigenen Körper größer war. Insbesondere nach den Disziplinierungszwängen des preußischen Obrigkeitsstaates und den Einschränkungen des Krieges lag es im Sinne der Macht, Orte bereitzustellen, wo Körperlichkeit unmittelbar ausgelebt werden konnte, um danach wieder eingedämmt zu werden. Tanzräume boten sich dazu an, bestand hier doch die geringste Gefahr, daß die aufgestaute Lust in revolutionäres politisches Potential umschlagen konnte. Als ›Stauraum‹ erfüllte der Gesellschaftstanz seine politische Funktion. Die Revolution fand nunmehr im Saale statt.

Trotz des Gegentrends zu einer gelockerten Körperkontrolle schlug sich der langfristige Trend zur Selbstdisziplinierung zugleich in einer zunehmenden Distanz der Tanzpartner zueinander nieder: Die Lockerung der Körperdisziplin bewirkte nicht zwangsläufig eine Öffnung der Selbstkontrolle; vielmehr spiegelte sich in diesem Verhältnis von Körper und Selbst das Ineinanderwirken von langfristigen Trends und kurzfristigen Gegentrends der Zivilisationsgeschichte wider.

Zurück zur Natur: Körper- und Bewegungssprache des Ausdruckstanzes

»...diese Blutlosigkeit und marionettenhafte Naturärmlichkeit charakterisiert unser Zeitalter so scharf, daß man sagen muß: in dem modernen Gesellschaftstanz ist schon ein gutes Stück des Wesens unserer Menschen kristallisiert. Es ist die schwächlichste Geste, die nach einer neuen Ekstatisierung des Lebens der Menschen untereinander langt, aber nicht mehr oder noch nicht fähig ist, eine Gebärde zu erschaffen, die unseren erwarteten Empfindungen von Gemeinsamkeit entspricht.

Lediglich in diesem Wunsch nach einer neuen Lebendigkeit aus dem Körperlichen, einer neuen Ekstase, an der auch der Leib teil hat und nicht nur das Gehirn, ist der Verbindungskanal zu sehen, der vom Gesellschaftstanz zu der großen und breiten und vielströmigen Bewegung hinleitet, zu der in unseren Tagen das leibliche Leben zu erwachen beginnt. Denn mögen wir auch Mund und Nase aufsperren, wenn da so eine Jazzband sich als tanzendes Orchester geriert oder wenn die Tiller-Girls im Varieté mit den Beinchen winken und den Köpfchen nicken und ihren getanzten Parademarsch absolvie-

ren oder wenn die Revue, dieser Ausdruck hysterisch gewonnenen
Verlangens nach dem Nackten, den Körper nur mehr mit einer
kleinen Straußenfeder bekleidet, d. h. enthüllt –, das alles hat wenig
mit dem neuen Menschen zu tun.«[57]

In den Gesellschaftstänzen der Nachkriegsjahre äußerte sich der Wunsch, die Erfahrungen der preußischen Prüderie und des Krieges zu überwinden und Protest gegen die mit Zivilisation und Industrialisierung einhergehende funktionale Körperbeherrschung zu bekunden. Nach den Interpretationen der Kulturkritiker aber blieb die darin enthaltene Widerstandsform an der Oberfläche. Für sie existierte hier nicht der »neue Mensch«, der das »erwachende leibliche Leben« körperlich auszudrücken vermochte. Ganz im Gegensatz zu der neuen Tanzkunst, die die gesellschaftlichen Utopien künstlerisch zu antizipieren schien.

Die neue Tanzkunst, das war die Ausdruckstanzbewegung[58], die ihren historischen Ursprung sowohl in der Rhythmik- und Gymnastikbewegung wie auch in der expressionistischen Kunst hatte. Die ästhetischen Prinzipien des Expressionismus, in der bildenden Kunst schon um die Jahrhundertwende durchgesetzt, fanden, ähnlich wie schon knapp hundert Jahre zuvor bei der Herausbildung des romantischen Balletts, erst verspätet auch in der Tanzkunst ihren Niederschlag.

Die Anfänge des Ausdruckstanzes lagen in dem ersten Jahrzehnt des zwanzigsten Jahrhunderts; der Durchbruch gelang ihm aber erst nach dem ersten Weltkrieg. Als expressionistischer Tanz ließ er sich einreihen in die Aufbruchsbewegung der jungen Generation, die die Spannung zwischen einem, in dem System von Institutionalisierung, Verwaltung und Technisierung eingefangenen und dagegen revoltierenden Menschen durch die Formulierung ›absoluter‹ Werte und eines neuen Menschenbildes zu lösen versuchte. Diese zivilisationskritischen Ideen sollten in einer neuen Tanzästhetik über den körperlichen Ausdruck der Innerlichkeit des Kunstschaffenden realisiert werden. In der expressionistischen Bewegung galten ›Ausdruck‹ oder ›Expression‹ als begriffliche Symbole für die der schnelllebigen Scheinwelt der Industriegesellschaft entgegengesetzte Vision einer weltumspannenden und zeitunabhängigen Wahrheit des ›Inneren‹ und ›Subjektiven‹. Die expressionistische Kunst machte sich zum Auftrag, das permanente Spannungsverhältnis zwischen Innen- und Außenwelt offenzulegen. Das Gegenständliche sollte nicht mehr nur abgebildet, sondern sichtbar gemacht, nicht mehr Natur reproduziert, sondern durch Kunst repräsentiert werden.

Die weltanschaulichen und kunstästhetischen Prinzipien des Expressionismus konkretisierten sich im Ausdruckstanz in einer völligen Abkehr von den formalen und inhaltlichen Gestaltungsmitteln des Balletts. Dessen technisiertem Bewegungsvokabular setzte man die formfreie, ›natürliche‹ Bewegung des menschlichen Organismus entgegen; die naturalistischen, subjektenthobenen Inhalte des Balletts wichen zugleich individuell bedeutsamen und künstlerisch eigenständig entwickelten Themen. Diese beiden Aspekte bildeten die grundlegenden Charakteristika des Ausdruckstanzes, während die einzelnen Choreographien durch ihre Orientierung an der Individualität der Choreographierenden starke inhaltliche und formale Variationen aufwiesen. Wesensverwandt mit zeitgenössischen gymnastischen Schulen, sah der Ausdruckstanz seine Aufgabe darin, den zivilisationsgeschädigten Körper aus ›Verkrampfung und Überspannung‹ zu befreien. Die »*natürliche, selbstverständliche Losgelöstheit und Ungebundenheit*«[59] des Körpers bildete gleichzeitig seine Voraussetzung wie Grundlage. In der ›natürlichen‹ Körperbewegung sah auch Mary Wigman, die Protagonistin des Ausdruckstanzes, die Verbindung zwischen körperlicher Bewegung und Tanz: »*Gewiß, die körperliche Bewegung an sich ist noch nicht Tanz. Aber sie ist seine elementare und unumstößliche Grundlage, ohne die es den Tanz gar nicht gäbe (…). Denn verständlich wird der Tanz nur dort, wo er die Sinnbeziehung zum natürlichen Bewegungsausdruck des Menschen respektiert und bewahrt.*«[60]

In diffuser Erinnerung an die rituellen Tänze der Naturvölker erkannte man diese Form des ›authentischen‹ Tanzens wieder als eine innere Notwendigkeit des Menschen, als ›natürliche‹ Ausdrucksform seiner seelischen Empfindungen.

»*Es gibt eine innere Notwendigkeit zu tanzen, woher sie kommt, wissen wir nicht. Ist sie vorhanden, so bleibt uns nichts anderes übrig, als dem Zwang zu folgen*«,[61] schrieb Gret Palucca, erste

Meisterschülerin der Wigman. Diese formulierte hingegen die Ursache der neuen Tanzsucht: die Seele, in der sie die tiefen, unbearbeiteten Schichten des Unbewußten beheimatet glaubte: *»Nicht ›Gefühle‹ tanzen wir! Sie sind schon viel zu fest umrissen, zu deutlich. Den Wandel und Wechsel seelischer Zustände tanzen wir, wie sie als rhythmisch bewegtes Auf und Ab im Menschen lebendig sind.«*[62]

In der Sprache der Seele, im *»Unterbewußtsein des Sinnlich-Triebhaften«*,[63] erkannte man die verdrängte Natur wieder. Über den tänzerischen Ausdruck der ›inneren‹ Natur sollte demnach die scheinbar verlorene Verbindung mit der äußeren Natur wiederhergestellt werden. Ziel war die ›Ganzheit‹ sowohl im einzelnen Menschen selbst wie auch in dessen Verbindung mit dem kosmischen Ganzen der Natur: *»Wir sind bewußte Einzelpersönlichkeiten, welche ihren Halt im All, im kosmischen Ganzen der Natur suchen, anstatt im engbegrenzten Herdentum der schablonisierenden Zivilisation.«*[64]

Der Trend zur Individualisierung bezog sich zweifelsohne auf das schon immer individuelle Autonomie proklamierende Bürgertum. Ihre Körper suchten nicht nur Distanz zu den Errungenschaften der Zivilisation, sondern auch zur Masse des ›gemeinen Volkes‹, dessen individuelle Körper in der Geschichte der abendländischen Gesellschaft niemals von gesellschaftlicher Bedeutung waren. Vor allem der Körper schien eine Vereinigung des individualisierten Menschen mit Natur und Kosmos zu ermöglichen; man begriff ihn als leiblichem Ausdruck ›innerer‹ Wahrheit: *»Unser Lebensstil ruht auf der Körperwahrheit: Im Tanz findet diese Körperwahrheit ihren bewußten und freudig-schönen Ausdruck, ganz so, wie die Blume blüht, wie der Schnee leuchtet, wie die Sonne glänzt, wie die Welle schäumt.«*[65]

Mit dem Begriff Körper war zunächst dessen Physiologie gemeint, wobei aber davon ausgegangen wurde, daß der ›natürliche‹ Umgang mit dem Körper das Sprechen ›innerer Wahrheiten‹ und seelischer Empfindungen ermöglichte. Das gestaltende Grundgesetz bildete der dem Körper innewohnende Rhythmus. Gerade über dessen Wiederentdeckung im Tanz sollte der zivilisationsgeschädigte Mensch in die Lage versetzt werden, *»dem tiefinnersten*

Triebe der Natur zu folgen und seinen Willensimpulsen (…) befrei-
enden Ausdruck zu geben.«[66]

In Anlehnung an die rhythmische Gymnastik wurde im modernen Tanz der Körperrhythmus dem *»militärischen Beindrill des
Balletts«* entgegengesetzt.[67] Die Entdeckung des Körperrhythmus
bildete die Voraussetzung für die Wiederentdeckung des ursprünglichen Gefühls für den lebendigen Körper wie der verlorengegan-
genen Sensibilität für die organische Verbundenheit einzelner
Körperteile, denn *»…dieser lebendige Körper hat als irdische Eigenart den Rhythmus aufzuweisen, der alle Manifestationen seines
Seins bestimmt und letzten Endes wohl auf die periodische Funktion
des Atems zurückzuführen ist.«*[68]

Körperrhythmus und Atemrhythmus sah man als untrennbar
verbunden an. Letzterer wiederum richtete sich nicht nach einer
bewußten Atemmethode, sondern entsprang einer unbewußten,
organischen Atemführung, die wiederum in einer engen Beziehung
zu den Bewegungen des Körpers stand: *»Die tänzerische Atemführung«*, schrieb Mary Wigman, *»ist von dem Wesen der Geste
nicht zu trennen. Sie ist abhängig von der jeweiligen Spannung, in
der die Bewegung verläuft, ist gleicherweise gebunden an Inhalt
und Form; an den seelischen Zustand, aus dem heraus sich die Geste
entlädt, sowohl als auch an ihren räumlich-sichtbaren Verlauf.«*[69]

Dynamische Atemführung und die Ausdrucks- und Bewegungs-
fähigkeiten des menschlichen Körpers bildeten die entscheidende
Grundlage des modernen Tanzes, während ›innere Bewegtheit‹ und
›seelisches Erleben‹ sein Material darstellten. Der Körper blieb weiterhin Instrument, nun nicht mehr, wie im klassischen Ballett, zur
Demonstration vollendeter Technik und märchenhafter Inhalte,
sondern zur Sichtbarmachung des Unbewußten. Der formal den-
kende Intellekt, der körperfeindliche Techniken geschaffen hatte,
war nun durch die Seele, die die ›echte‹ Wahrheit des Menschen
beherbergte, ersetzt worden. Sie galt als Gegengewicht zu dem
zivilisationsgeschädigten Geist; ihr eine Sprache zu verleihen,
wurde als Weg zur Vollendung des Menschen, als die ›Befreiung‹
der ganzen Menschheit verstanden.

Der Fortschritt dieser Philosophie bestand darin, den seelischen
Empfindungen, dem Irrational-Triebhaften wieder eine öffentliche

Sprache verleihen zu wollen und es damit als einen wesentlichen Bestandteil des menschlichen Individuums anzuerkennen. Dies ermöglichte eine Form der Körper- und Selbsterfahrung, die sich nicht nur grundsätzlich von den herrschenden Techniken körperlicher Disziplinierung abgrenzte, sondern auch Unterschiede zu der Körperkulturbewegung aufwies. Während dort der wiederentdeckte Körper auf dem Hintergrund einer diffusen Naturverehrung diszipliniert und ›gestählt‹ wurde, eröffnete der Ausdruckstanz dem Einzelnen zunächst Möglichkeiten lustvoller Körper- und Selbsterfahrung.

Mary Wigman bezeichnete das »*Sichbesinnen auf das Wesentliche*«, das »*Wiederzurückfinden zu den ureigentlichen Kraftquellen*« als den Anfang des Ausdruckstanzes, »*und das meint nichts anderes, als daß im Tanz von nun an der ganze, der ungeteilte Mensch wieder in Erscheinung trat.*«[70]

Dem neuen Tanz lag aber keineswegs ein ganzheitliches, ungeteiltes Menschenbild zugrunde. Vielmehr blieben auch hier Körper, Seele und Geist getrennt mit dem Unterschied, daß sie nun in einem veränderten hierarchischen Verhältnis zueinander standen: Der Primat des Verstandes wurde ersetzt durch den der Seele. Als ›Naturreservoir‹ wurde sie zum Subjekt erhoben, während der Körper als deren Ausdrucksmedium weiterhin in seinem Objektcharakter verblieb. Und ebensowenig wie das Unbewußte als Produzent, Instrument und Produkt gesellschaftlicher Verhältnisse und individuellen Verhaltens begriffen wurde, blieb auch die kulturelle und soziale Geprägtheit des Körpers unbeachtet. Vielmehr wurde in der Philosophie des Ausdruckstanzes der Körper stets als ›Naturreservoir‹ gedacht, eine Auffassung, die zugleich von der Offenheit des individuellen Körpers gegenüber den sozialen Techniken der Körperkontrolle abstrahierte. Die Nichtbeachtung verinnerlichter und körperlich wirkender sozialer Kontollinstanzen erklärt letztendlich auch die Offenheit von weiten Teilen der Ausdruckstanzbewegung gegenüber dem am Ende der zwanziger Jahre sich anbahnenden Nationalsozialismus.

Sozialgeschichtlich wie biographisch von den Vorstellungen der Rhythmik- und Gymnastikbewegung geprägt, setzte der Ausdruckstanz mit den Begriffen Körpergefühl, Rhythmus und Seele den herrschenden gesellschaftlichen Strukturprinzipien ein Konzept entgegen, welches dem geschichtlich Verdrängten ideell wie materiell einen Raum eroberte. Dieser aber war keineswegs ein ›Freiraum‹, denn er war schnell wieder mit neuen Normen und Werten versehen, die all das ausgrenzten, was scheinbar nicht-authentisch, wesensfremd, unnatürlich-technisch war: Der ›Freiraum‹ des modernen Tanzes war schnell wieder besetzt mit neuen Körperbildern, Verhaltensmustern und Bewegungsidealen. Als Alternative zu den herrschenden formuliert, ermöglichten diese eine unmittelbarere Körper- und Bewegungserfahrung, legten aber auch gleichzeitig fest, was als natürlicher Körper- und Bewegungsausdruck im Tanz gelten sollte und was nicht. Mary Wigman definierte Tanz folgendermaßen:

> »Was ist Tanz? Raum, Symbol: Endliches mit Unendlichem
> geformt, durchdrungen, gebaut.
> Tanz ist eine Sprache, die im Menschen ureingeboren
> schlummert.
> Tanz ist Sprache des bewegten Körpers.
> Tanz ist Ausdruck gesteigerten Lebensgefühls.
> Tanz ist ein einziges rhythmisches Schwingen oder Fluten,
> in dem noch die kleinste Geste von dem großen, unendlichen
> Bewegungsstrom mit getragen wird.
> Tanz ist Einheit von Ausdruck und Funktion,
> durchleuchtete Körperlichkeit, beseelte Form.
> Ohne Ekstase kein Tanz!
> Ohne Form kein Tanz!«[71]

Ausdruck zu tanzen bedeutete, die innere Bewegtheit zu einer körperlich-tänzerischen Gestalt zu formen. Die individuell gestalteten Inhalte wiederum variierten durch ihre Gebundenheit an die Persönlichkeit der TänzerInnen und die jeweilige situative Befindlichkeit des Tanzenden. Ausdruckstanz wurde damit, im Gegensatz zum Ballett, zu einer prozessualen Kunst, in der das Seelische zur treibenden Kraft avancierte: »Die Tänzerin ergreift nicht den seelischen Inhalt, sondern der seelische Inhalt ergreift sie. Sie wird Seele. Das Seelische wird ihr Erlebnis und formt als solches den Tanz bis in die kleinsten rhythmischen Verästelungen und die geringste seiner Linien hinein.«[72]

Wie viele seiner Zeitgenossen sah Frank Thiess gerade in der Tänzerin das Ausdrucksmedium kulturell übergreifender seelischer Empfindungen. Dahinter verbarg sich eine Auffassung von Entpersönlichung und Selbstaufgabe im Tanz, die auch Mary Wigman teilte: *»Ich fühle, daß ich nur Tanz bin, wo ich tanze. Und das ist das größte und stärkste Erlebnis, welches ich beim Tanzen habe. Ich fühle so stark in meinem Blut, und allen Gliedern und Atem den Tanz, dem ich mich opferte (…). Er wirkt wie ein wilder Rausch, der die Sinne betäubt und mich von der Außenwelt befreit (…). Und wenn ich gegen etwas machtlos bin, so ist es nur g e g e n meinen Tanz. Tänzerin in mir ist stärker als der Mensch, und sie beherrscht mich vollkommen.«*[73]

Im Ausdruckstanz gab es keine festen Bewegungsvorschriften, keinen einheitlichen Stil. Das tänzerische Gesamtwerk ergab sich aus einer organischen Zusammenfügung von Körperausdruck, Seele, Rhythmus und Linie. Der Zweck der rhythmischen Gebundenheit bestand im wesentlichen darin, die ›natürlichen‹ Bewegungen des Körpers zu einer *»rhythmisch-linearen Bewegtheit«*[74] organisch zusammenzufügen. Im Unterschied zur alltäglichen Bewegung entsprang der Sinn- und Symbolcharakter des Tanzes einer zwecklosen Bewegtheit: *»Die zwecklose Bewegtheit gebiert einen Sinn (…). Sie ist nicht Inhalt, sondern Symbol.«*[75]

In der Lebendigkeit dieser Bewegtheit bestand die Faszination des modernen Tanzes, denn sie bildete die Form für den Transport seelischer Inhalte: *»Die Verschmelzung von Inhalt und Form zu einer unlöslichen Wesenseinheit aber ist es, die der tänzerischen Geste jene überzeugende Bildkraft gibt, die jedes echte Kunstwerk durchleuchtet und seine tiefere Wirkung auf andere Menschen erklärt.«*[76]

Die Ebene der Verschmelzung von Bewegungsausdruck und seelischem Erleben war durch die Aussagekraft des Menschen und seine körperliche Bewegungsfähigkeit bestimmt, die wiederum in Abhängigkeit von Zeit, Kraft und Raum standen. Zeit war in zweierlei Hinsicht bedeutsam: Einerseits dadurch, daß der Tanz, gebunden an die lebendige Aussagekraft des einzelnen Tänzers, von der Wirkung des Augenblicks lebte und in dessen spezifischer Erscheinungsform unwiederholbar war, zum anderen, insofern, als

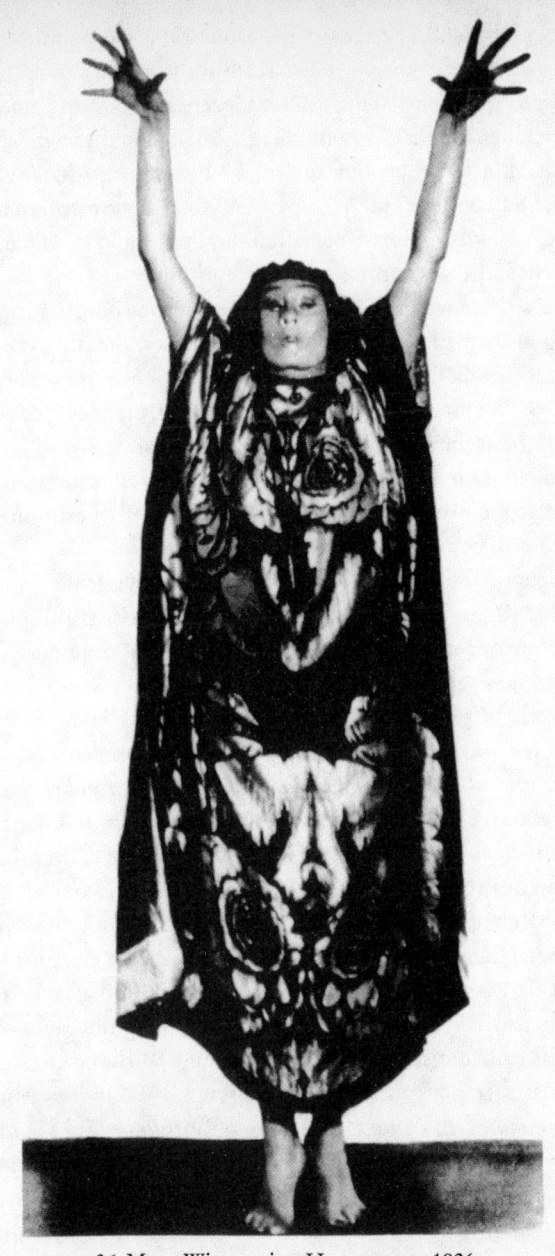

36 Mary Wigman in »Hexentanz«, 1926

Zeit ein Zählmaß bezeichnet. Als solches war es, ähnlich wie im Ballett oder der musikalischen Komposition, bei der choreographischen Arbeit entscheidend. Im Gegensatz zu Musik und Ballett stand aber auch hier das Zeitmaß in Abhängigkeit von dem Rhythmus der körperlichen Bewegung. Er bestimmte Akzente, Übergänge, Haltepunkte und Atempausen. Zeit wurde insofern nicht als lineare, objektiv meßbare begriffen, sondern stand in Abhängigkeit von dem individuellen Bewegungsrhythmus.

Eine weitere wesentliche Bestimmungsgröße des Ausdruckstanzes lag in dem Element der Kraft. Sie war es, die die dynamische Qualität des Tanzes bestimmte. Wie ein »*geheimnisvoller großer Meister*« (Wigman) wirkte sie auf den Ausdruck des Körpers und den rhythmischen Bewegungsverlauf ein. Während dies im Ballett von außen dem Tänzer vorgeschrieben wurde, sah man im Ausdruckstanz die eigene Kraft des Tanzenden als bestimmend für Inhalt und Form des Tanzes an.

Gleichermaßen entscheidend wie Zeit und Kraft bestimmte der Raum den Tanz. Dabei verstand man unter dem Begriff Raum nicht nur den materiellen, sondern auch den imaginären Raum.

»*Nicht der greifbare, der begrenzte und begrenzende Raum der konkreten Wirklichkeiten, sondern der imaginäre, der irrationale Raum der tänzerischen Expansion, der die Grenzen der Körperlichkeit aufzuheben vermag und der ins Fließen gebrachten Gebärde eine scheinbare Unendlichkeit verleiht, in der sie sich zu verstrahlen, zu verströmen, zu verhauchen scheint,*«[77] war für Mary Wigman der Raum, in dem sich Tanz entwickeln konnte. Ebenso wie Laban begriff sie den tänzerischen Raum als mit dem Kosmos verbunden. Die kosmische Totalität des Menschen erfuhr in dessen Verhältnis zum tänzerischen Raum eine symbolhafte Verkörperung ebenso wie die energetische Ausstrahlung des Raumes entscheidend für die schöpferische Kraft und Wirkung der tänzerischen Aussage war: »*Erst in der räumlichen Strahlung empfängt der Tanz seine letzte und entscheidende Wirkung. Denn in ihr verdichten sich seine flüchtigen Zeichen zur lesbaren und einprägsamen Spiegelschrift, in der die tänzerische Aussage zu dem wird, was sie sein soll und werden muß: Sprache – die lebendige, künstlerische Sprache des Tanzes.*«[78]

37 Oskar Schlemmer, Figur und Raumlineatur, 1924

Der Raum als imaginärer und als historisch besetzter barg tänzerische Gestaltungen in sich, die über ein meditatives Einfühlen in dessen Atmosphäre erschlossen werden konnten. Das Bewußtsein war auf dieser Stufe tänzerischer Improvisation ausgeklammert; der Tänzer wurde zum Instrument seiner Bilder, sein Körper zum Ausdrucksmedium der erfühlten Schwingungen. Auf der nächsten Stufe der choreographischen Bearbeitung der über Improvisation gewonnenen Themen erhielten das Bewußtsein und der materielle Raum mehr Gewicht. Im Gegensatz zu der Suche nach einem Tanzthema, das dem *»archaischen Unbewußten«* (C. G. Jung) und gleichzeitig dem imaginierten Raum entsprang, entwickelte sich die choreographische Gestaltung über geistige Reflexion im materiell begrenzten Raum. Die hier festgelegten Körperbewegungen unterlagen dabei einzig und allein der Vorschrift, dem Betrachter die individuelle Aussage zugänglich zu machen. Die Aussagen und Bewegungsweisen waren dementsprechend vielfältiger und unterschiedlicher Art. Margarete Wallmann schrieb über die Tänze Mary Wigmans: »*Sie kennt keine Auskristallisation zu einem festen konventionellen tänzerischen Typus. Im Feuer des Erlebens wachsen stets neue Visionen, die durch strengsten Formwillen immer wieder neu bezwungen werden. Nur so erklärt es sich, daß Mary Wigman Tänze größter Verschiedenartigkeit, die befreienden Schwung, dü-*

38 Mary Wigman in »Hexentanz«, 1914

stere Harmonie, kultische Versenkung zum Grundton haben, in gleich hoher Vollendung hervorzuheben vermag.«[79]

Während die erste Stufe des tänzerischen Gestaltungsprozesses das Irrationale, Körperliche, Intuitive, Seelische, Mystische und Unsichtbare bezeichnete, also Eigenschaften, die traditionell dem Weiblichen und Natürlichen zugeordnet werden, erforderte die zweite Stufe der »nüchternen Arbeit« (Wigman) mit Rationalität, Geistigkeit und Formgebung Qualitäten, die in der Geschichte der bürgerlichen Gesellschaft eher dem Männlichen zugeschrieben wurden. Der Prozeß der tänzerischen Gestaltung verlangte die Verbindung der scheinbaren Gegensätze männlich-weiblich zu einer Ganzheit.

Die Synthese gesellschaftlicher Geschlechterzuschreibungen im Prozeß des künstlerischen Schaffens entsprach der Auffassung einer ›wahren‹ Natur des Menschen, die sich in der tänzerischen Bewegung wiederum in dem Zurücksinken des Körperschwerpunktes auf seinen ›natürlichen‹ Bereich, die Körpermitte, konkretisierte: »Die Mitte, der Tanzkörper ist Mittelpunkt geworden, kreisende Sonne, lodernde Glut der Bewegung. Das sind Tänze, die nicht aus vorgefaßten Ideen entstanden sind, sondern – wie ein Gedicht – einer Stimmung entsprungen kommen sie, sie sind nicht gerufen, sondern erscheinen als Gesichte – nachher kann man sie auslegen und benennen.«[80]

Die Stufen der Improvisation und Gestaltung bezeichneten vor allem den Entwicklungsprozeß bei Solo-Tanzstücken. Gruppenchoreographien hingegen entsprangen nach wie vor den Ideen und Konzeptionen der ChoreographInnen, die Subjektivität der TänzerInnen spielte hier eine untergeordnete Rolle. Diese, sich auch in der gruppenchoreographischen Arbeit Wigmans wiederfindenden Prioritäten, begründete Brandenburg folgendermaßen: »...die Gruppe der Wigman ist völlig das Instrument der Meisterin, eine andere Meisterin kann nicht in der Gruppe sein (...). Es ist ihr Werk, um das es geht. Jede fremde Psyche, die sich tänzerisch selbst schöpferisch bemerkbar macht, stört ihre eigene künstlerische Gestaltung, bringt eine gewisse Verwirrung herein (...). Die Wigman braucht für ihre Gruppe Material, nicht Persönlichkeiten.«[81]

Starke Persönlichkeiten mit ausgeprägtem individuellen Bewegungsausdruck, wie etwa die Wigman Schülerin Vera Skoronel, waren nicht geeignet für Gruppenwerke; Mary Wigman trennte sich nach einer kurzen Zusammenarbeit von ihr. Auch im Ausdruckstanz blieb im Gruppentanz die einzelne Tänzerin Instrument und Glied unter Führung einer Choreographin. Das Gesamt der Gruppe bildete eine Art Gemeinschaftskörper: *»Die Gruppe Mary Wigmans ist tatsächlich eine organische Gemeinschaft tanzender Körper, die sich wie ein einziger Menschenkörper bewegen.«*[82]

Wegen der Nähe zu dem völkischen Volkskörper-Denken blieb gerade diese Einheit zum Zeitpunkt des sich anbahnenden Faschismus nicht kritiklos: *»…dieser so betriebene neue Tanz ist eine egozentrische Angelegenheit (…). Denn der Sinn der Gruppe liegt nicht in ihr selbst, sondern in ihrer ›Führerin‹ (…). Das Thema aller dieser Gruppentänze heißt: ›Ich und Masse‹, ist die Sublimierung eines Wunsches, König und Priester zu sein, ein Wunsch, der pathologisch interessant sein mag, menschlich aber und als künstlerischer Stoff höchst inaktuell ist.«*[83]

Diese psychoanalytisch orientierte Kritik zielte auf die politischen Tendenzen der Zeit. Denn die völkischen Ideen selbst waren es, die seit dem Ende der zwanziger Jahre neben Wigman auch zunehmend in den choreographischen Werken anderer AusdruckstänzerInnen, wie beispielsweise in der Labanschen Arbeit mit Bewegungschören ihren Niederschlag fanden. Die hier sich anbahnende tänzerische Umsetzung des Volkskörper-Gedankens sollte auch den Weg für die letzte öffentliche Selbstinszenierung des Ausdruckstanzes bei den Olympischen Spielen 1936 bereiten.

Der Ausdruckstanz:
Gesellschaftsutopie in Bewegung

»Diese Neuschöpfung, die ›moderner Tanz‹ genannt wird, obwohl sie mit dem, was man früher unter Tanz verstand, kaum etwas gemein hat, ist mit elementarer, konsequenter Zielsicherheit aus dem Geist unserer Zeit erwachsen (…). Der Drang nach Verinnerlichung und Vertiefung, der das ganze Kunstleben der Zeit be-

herrscht, die Sehnsucht nach sittlicher Erneuerung, die namentlich in unserer Jugend lebendig ist, und die Erkenntnis, daß der Vollmensch der Zukunft das Produkt nicht nur einer seelischen, sondern auch einer körperlichen Wiedergeburt sein muß, daß ein gesunder Geist nur in einem gesunden Leibe sich entwickeln kann – diese Grundlagen der heute im Werden begriffenen Kultur bilden auch die Grundlagen der neuen rhythmischen Bewegungskunst, und diese Tatsache spricht dafür, daß der moderne Tanz nicht nur ein modisches Zufallsgebilde, sondern eine historische Notwendigkeit ist.«[84]

Mit dieser Meinung reihte sich Schikowski in den Kreis derjenigen ein, die im Ausdruckstanz das aus Kritik an Industrialisierung und Technisierung entwickelte neue Weltverständnis zur Synthese gebracht sahen. Für sie verdeutlichte der moderne Tanz den Lebenssinn der »neuen bewußteren Menschheitsepoche«,[85] das »Gegengewicht gegen die fortschreitende Mechanisierung des Lebens«.[86] Im neuen Tanz sah man gemeinhin die Alternative zum »akrobatischen Drill« und der »unhygienischen Lebensweise und Arbeitsweise des kapitalistischen Zeitalters.«[87] Er galt als eine »Revolution«,[88] als ungeplantes, direktivenloses, instinktives Aufbegehren einer jungen Generation, die die Kritik an der Wortkultur über den tanzenden Körper realisierte.

Obgleich planlos begonnen, herrschte zu Beginn der zwanziger Jahre dennoch ein grundlegender Konsens über die sozialen Funktionen und Ziele der neuen Tanzkunst. Auch die Kulturkritiker sahen die Aufgaben des Ausdruckstanzes darin, »nicht nur den Körper, sondern auch die Seele aus lähmender Unfreiheit«[89] zu lösen und den Tanz zu seinem Ursprung zurückzuführen, zu der Fähigkeit, »seelischem Erleben durch rhythmische Körperbewegung Ausdruck zu verleihen.«[90] Auf der Körperphilosophie der Rhythmusbewegung basierend, nahm die neue Tanzkunst endgültig Abstand von den mechanisch-funktionalen Körpertechniken des Balletts. Die neuen Techniken des Gleitens, Fallens, Schwingens beruhten auf den ›natürlichen‹ anatomischen und physiologischen Möglichkeiten des Körpers. Hier sollte »der ganze Körper sprechen,«[91] der Mensch »seine Totalität gespiegelt im ganzen Körper haben.«[92]

In einer Zeit, in der in Anlehnung an die Arbeiten Sigmund Freuds und Wilhelm Reichs das Seelische, Unbewußte und Triebhafte als individuelle und kollektive Triebkraft gesellschaftlicher Entwicklung diskutiert, in Erinnerung an Friederich Nietzsche das Dionysische gefeiert und durch C. G. Jungs Interpretation orientalischer Philosophie und Religion die ›unterirdische Geschichte‹ des zivilisierten Abendlandes wiederentdeckt wurde, suchte auch der Ausdruckstanz in der Seele, dem Verdrängten, dem Unbewußten die heilversprechende Instanz für eine bessere Tanzkunst. Wie der Expressionismus insgesamt stellte er die individuelle Persönlichkeit des Künstlers in den Mittelpunkt und machte dessen subjektive Empfindungen und Gefühlswelten zum Thema des Kunstwerkes. Die mystisch verklärte Darstellung innerer, dämonischer Mächte erfüllte dabei eine politische Funktion: »*Der Tanz ist nämlich seinem Wesen nach eine körperliche Aufschließung von weitreichender Wirkung. Die Art, wie er in Erscheinung tritt, kann als Lösung letzter menschlicher Sehnsüchte bezeichnet, die Wirkung, die er erzeugt, kann geradezu als Erlösung betrachtet werden.*«[93]

Lämmel verstand Erlösung dabei nicht im mystischen Sinne eines subjektivistischen Expressionismus, sondern im konkret politischen: »*Erst wenn einmal eine Generation herangewachsen sein wird, die tänzerisch erzogen wurde, besteht Aussicht auf eine unverkrampfte europäische Politik,*«[94] war seine politische Vision, die allerdings nicht weniger illusionär ist als die mystische Variante.

Der Ausdruckstanz war, wie die Lebensreform- und Körperkulturbewegung auch, als Gegenbewegung zu den herrschenden gesellschaftlichen Strukturprinzipien entstanden. Seine Entwicklung war von einzelnen nicht geplant, verlief aber in den zwanziger Jahren dennoch gerichtet und strukturiert. Er verstand sich zunächst als prinzipielle Kritik an den Errungenschaften der Zivilisation, an Industrialisierung, Entindividualisierung, Vergeistigung und Entkörperlichung. Der traditionellen Tanzkunst des Balletts setzte er einen Begriff von Kunst gegenüber, bei dem die Betonung auf Körperlichkeit, Subjektivität, Intuition, Irrationalität und Mystik lag. Ideell wie sozial stellte er damit zunächst eine kritische, zukunftsweisende Alternative zu der zunehmend technisierten und entfremdeten Welt dar. Die Hoffnungen, Wünsche und Ideen, die mit der jungen Republik verbunden waren, schien er am deutlichsten zu realisieren. Im Tanz ließ sich nun das verwirklichen, was im Alltag des Industriekapitalismus vorerst unerreichbar bleiben sollte: Das Ausleben der eigenen Ängste, Sehnsüchte, Widersprüche, Hoffnungen und Träume. Dies war dem expressionistischen Tanz zu Beginn der zwanziger Jahre eigen.

Die weitere Entwicklung des Ausdruckstanzes bestimmte sich im wesentlichen durch seine eigenen Wertsysteme, seine Grenzen lagen in seinen expressionistischen Grundzügen selbst. Diese zeigten sich beispielsweise in den Wigmannschen Tänzen »Die Feier« und »Die sieben Tänze des Lebens« von 1921, in denen sie Bilder tiefer menschlicher Gefühls- und Empfindungswelten tänzerisch choreographierte. Thema war hier der Mensch in seinem Kampf gegen die dunkle Masse, sein Bestreben sich zu finden und sich aufzurichten gegen die Anonymität seiner Existenz.

Die thematische Beschränkung auf die ›unterirdische Geschichte‹ des menschlichen Daseins raubte dem expressionistischen Tanz aber zunehmend sein ursprünglich kritisches Potential. Die Betonung des Subjektiven, Unmittelbaren verhinderte auf ideologischer Ebene die Aufhebung des dualistischen Denkens, einem wesentlichen Produzenten bürgerlicher Machtverhältnisse. Die ideelle Einsicht zog auf gesellschaftspolitischer Ebene die Flucht aus dem konkreten sozialen und politischen Alltag nach sich; das eine rechtfertigte sich durch das andere, entsprach doch die ›Neue Innerlichkeit‹ der ›wahren Natur‹ des Menschen und hatten gerade die ›Dämonen‹ Industrie und Technik die Natürlichkeit und Harmonie des ›wahren Mensch-Seins‹ zerstört. Die kosmische Gebundenheit dieser Philosophie war ein circulus vitiosus, der langfristig die Vereinnahmung weiter Teile der Ausdruckstanzbewegung durch die völkisch-nationale Bewegung nach sich ziehen sollte. Angesichts der sich abzeichnenden ›Machtergreifung‹ der Nationalsozialisten war 1933 in der Zeitschrift »Der Tanz« rückblickend zu lesen: » Von all der Vielfalt der Richtungen und Möglichkeiten, in die die alte Kunsttradition zerfiel, wählte der deutsche Künstler als typischer Vertreter seiner Schicht – den Expressionismus. Warum? Das Ausschlaggebende ist: daß der Expressionismus der Willkür der indivi-

195

duellen künstlerischen Persönlichkeit alle Schranken weggeräumt;
das die subjektive Gefühlssubstanz des Künstlers zur Substanz des
Werkes wird. Die gräßlichen Erlebnisse des Krieges haben bei den
deutschen Intellektuellen zu keinerlei ernstlichen Auseinanderset-
zungen geführt, sondern nur hysterische Krämpfe ausgelöst, die die
Künstler mit mehr oder weniger Begabung in künstlerischen For-
men (ohne Rücksicht auf die Form!) festhielten.

In diese Stunde – fatales Horoskop! – fällt die Geburt der spe-
zifisch deutschen Tanzkunst (...). Der expressionistische – und mit
ihm jeder ›ichbetonte‹ subjektivistische – Tanz hatte eine Zeit, als er
den weltverflüchtigen, insichselberbefangenem Menschen im Par-
kett richtig Rechnung trug. Von einem Bankrott des Tanzes kann
man aber heute mit vollem Recht sprechen, weil die Menschen im
Parkett nicht mehr dieselben sind, während der Tänzer auf dem
Tanzboden sich wenig wandelte. Die Massen sind aufgewühlt, die
Intellektuellen sind gezwungen worden, die Kulturparagraphen zu
revidieren, eine riesige Welle der politischen Aktivierung geht durch
das Land. Dagegen sind die meisten Tänzer im subjektiven, abge-
kehrten Weltgefühl steckengeblieben.«[95]

Den ›expressionistischen, ichbetonten Tanz‹ hatte es in Reinform
jedoch nur bis 1923/4 gegeben. Danach verfiel der Ausdruckstanz
in viele unterschiedliche Richtungen. Einige der Ausdruckstänzer-
Innen ästhetisierten zunehmend die Prinzipien der ›Neuen Sachlichkeit‹, die sich in der Kunst im Zuge der wirtschaftlichen
Stabilisierung seit 1924 durchzusetzen begann. Gret Palucca beispielsweise wurde wegen ihrer technischen Fähigkeiten und der
Klarheit in den formalen Gestaltungselementen ihrer Tänze ge-
lobt.

»Ihr Körper, sie selbst ist Gestaltungsmittel des reinsten Aus-
drucks einer neuen tänzerischen Kultur: elementare Artikulation
des Körperlichen in engster Beziehung zum Raumdynamischen.
Nichts mehr von kultischen, sexuellen Sensimentsmotiven oder il-
lustriertem ›Wunder‹«, schrieb László Moholy-Nagy, ein führender Vertreter des Bauhauses Dessau zu ihren Tänzen.[96]

Andere TänzerInnen hingegen arbeiteten seit 1924 nicht mehr
›frei‹, sondern versuchten, die neue Tanzkunst an städtischen Theatern zu integrieren: Vera Skoronel beispielsweise baute schon 1924

an den Vereinigten Bühnen von Oberhausen, Gladbach und Hamborn ein erstes Ausdruckstanzensemble auf. Yvonne Georgi, ebenfalls eine Schülerin Wigmans, bemühte sich seit ihrer Anstellung als Ballettmeisterin in Gera 1925 und später in Hannover um die Verbindung von Ausdruckstanz und Ballett, ein Versuch, den auch Max Terpis als ihr Vorgänger und später als Ballett-Chef der Berliner Staatsoper unternahm. Kurt Jooss, ein Schüler Labans, präsentierte in einer Zusammenfügung von Ballett und Ausdruckstanz an der Folkwangschule Essen erste Formen des deutschen Tanztheaters und Jean Weidt entfernte sich mit dem KPD-orientierten proletarischen Ensemble der »Roten Tänzer« auf eine andere Weise weit von ideologischen Konzeptionen seines Lehrers Laban. Trotz dieser Umorientierung entsprach der Ausdruckstanz den gesellschaftlichen Entwicklungen am Ende der Republik nicht mehr. Ab 1929 mehrten sich Stimmen, die den ›neuen Tanz‹ für überholt hielten. Schlee warf den AusdruckstänzerInnen vor, *»den Kontakt mit der allgemeinen künstlerischen Entwicklung der Gegenwart verloren und sich von allen Einflüssen zu absorbieren versucht«*[97] zu haben. Sie hätten keine neue Technik geschaffen und hätten in dem Moment an Faszinationskraft verloren, als der Expressionismus nicht mehr Ausdruck des Zeitgefühls gewesen sei. Andere behaupteten, daß der Kunsttanz noch zu keinem Zeitpunkt so wenig Resonanz gefunden habe wie um 1930,[98] und daß in überraschend schneller Weise die Anteilnahme des Publikums an Aufführungen des ›neuen deutschen Tanzes‹ nachgelassen habe.

»Die berauschte Zustimmung der ersten Nachkriegszeit hat einem sehr kühlen Abwarten Platz gemacht«,[99] schrieb »Der Scheinwerfer« um die Jahreswende 1930/31.

Worauf die Tanzkritiker – und ihrer Meinung nach auch das Publikum – warteten, das war etwas anderes: Sie forderten eine *»reine und absolute Stilform der echten tänzerischen Formensprache«*[100] sowie eine Annäherung von Ballett und Ausdruckstanz. Diese allerdings hatten weite Teile der Ausdruckstanzbewegung bereits 1924 vollzogen, eine Entwicklung, die auf dem Tänzerkongreß 1928 in Essen zu scheinbar unüberbrückbaren Auseinandersetzungen zwischen den Befürwortern und Gegnern der klassi-

39 Gret Palucca

schen Technik geführt hatte. Während Laban und Jooss forderten, auf der Basis der klassischen Tradition im Geist und mit den Mitteln der Gegenwart den neuen deutschen Tanzstil zu schaffen[101], begriff Mary Wigman die Aufnahme der klassischen Technik als eine »*Vermasselung des Stils.*«[102] Aber gerade ihr Stil wurde am Ende der zwanziger Jahre von der Presse zunehmend verurteilt.

»*Verkörpert Mary Wigman nun den Stil unserer Zeit? Nein. Sie ist – soziologisch gesehen – die tänzerische Verkörperung der individualistischen Epoche, die in der Malerei ihren Niederschlag im Expressionismus fand,*«[103] schrieb »Der Tanz« 1930, und ein Jahr

40 Wassily Kandinsky, Gret Palucca

später konnte man in derselben Zeitschrift lesen: »*Ihr ›Sein‹ ist aber von gestern; für heute ist es, wenn man sich darauf besinnt, bereits zu primitiv.*«[104]

Gerade an Mary Wigman, die sich selbst als ›Priesterin des absoluten Tanzes‹ verstand, machte sich die Kritik fest, die eine Abkehr von der Tendenz, »*ihr Ich auszubreiten und das zum Selbstzweck zu erheben*«[105] zugunsten einer Orientierung an Volk und Nation forderte.

Aber auch der Forderung nach einer ›Deutschen Tanzkunst‹ waren zu Beginn der dreissiger Jahre schon weite Teile der Ausdruckstanzbewegung gerecht geworden. Das Labansche Konzept der Bewegungschöre, das die Ausdrucksschulung der Massen zum Inhalt hatte, wies zunehmend Parallelen zur völkischen Vorstellung der Volksgemeinschaft auf, und auch Mary Wigman ordnete Individualität und Subjektivität immer mehr den Bedürfnissen der Masse unter. Das ›Innere‹ des Menschen, seine Irrationalität waren für sie am Ende der zwanziger Jahre nicht mehr kosmischer, sondern ›deutscher Natur‹: »*Deutschland*«, schrieb sie 1929, »*ist die Wiege des modernen Tanzes, und so wurde auch seine lebendige Äußerung wesensbestimmt durch den deutschen Menschen.*«[106]

Die nationalsozialistische Kulturpolitik konnte nahtlos an die veränderten Inhalte der Ausdruckstanzbewegung anknüpfen. Deren ideologische Hinwendung zu einem deutschen Wesen, das eine spezifisch deutsche Tanzkunst hervorgebracht habe, die entgegen dem ›französischen Ballett‹ die Ausdrucksformen des Körpers als Basis einer neuen Kultur propagierte, hatte sich selbst in diese Richtung gedrängt.

Schon zu seinen Anfängen, als der Ausdruckstanz die geschichtlich notwendig gewordene Unterdrückung der Körperlichkeit problematisiert hatte, war dieser Weg vorgezeichnet gewesen. Die Vorstellung, eine Einheit von Mensch, Natur und Kosmos, über den Körper zu erreichen, war eine politische Utopie, die die gesellschaftliche Bestimmung der Natur verkannte und die soziale und kulturelle Gebundenheit des physiologischen Körpers unterschätzte. Nicht zuletzt hatte auch die Vorstellung eines ›autonomen Individuums‹, das abgeschlossen von der Umwelt existiert, zu einer Überbetonung des Individuellen geführt, ohne jedoch dessen geschichtlicher Eingebundenheit Rechnung zu tragen.

Nachdem sich Teile der Ausdruckstanzbewegung schon am Ende der zwanziger Jahre selbst in die völkisch-nationale Richtung gedrängt hatten, zeigten diese auch nach 1933 keinen Widerstand, das Hitlersche Axiom, die rassisch-weltanschauliche Tendenz der Zeit bestimme auch die Tendenz und Psyche der Kunst, zu verwirklichen, denn, so schrieb »Der Rhythmus«: »*Die Wende ist nur dann gegeben, wenn man sich grundsätzlich zu der Auffassung bekennt, daß keine echte Kultur denkbar ist ohne die Unversehrtheit der körperlichen Ausdruckskraft und der Tanz als eine der edelsten Äußerungen deutscher Kulturgesinnung zu gelten hat.*«[107]

Maßgeblich verantwortlich für die ›Umwertung der Werte‹ war Rudolf Bode, der bereits 1929 in den »Kampfbund für Deutsche Kultur« eingetreten war. Aber auch Rudolf von Laban scheute sich nicht, 1934 die ihm von Goebbels angebotene Leitung der »Deutschen Tanzbühne« zu übernehmen. Noch im selben Jahr organisiert er die vom Reichspropagandaminsterium und der Reichskulturkammer veranstalteten Deutschen Tanzfestspiele. Neben ihm traten hier u.a. Yvonne Georgi, Gret Palucca, Harald Kreutzberg, Dorothee Günther, Jutta Klamt und Mary Wigman[108] auf. Der Kommunist Jean Weidt hingegen und auch Kurt Jooss, der noch 1932 das Anti-Kriegsballett »Der grüne Tisch« inszeniert hatte, waren schon ein Jahr zuvor aus politischen Gründen emigriert.

Noch im Jahr der Tanzfestspiele bezeichnete Rudolf von Laban die Ziele der ›Deutschen Tanzbühne‹ folgendermaßen: »*Wir wollen unsere Ausdrucksmittel und die Sprache unserer gespannten Kraft in den Dienst der Aufgaben stellen, die unser Volk erfüllen, und zu denen unser Führer in unverrückbarer Klarheit die Wege weist.*«[109]

Auch Mary Wigman, von den neuen Machthabern als »*die große Unzeitgemäße*«[110] bezeichnet, begiff kurz nach der ›Machtergreifung‹ die neuen Maximen als ihre eigenen: »*Es ist nur natürlich und folgerichtig, wenn das zutiefst aufgerüttelte Deutschland die Frage nach dem wahrhaften Deutschtum auch an die Kunst richtet. Die große Umwälzung und Umstellung – einer Sturmflut gleich, die mit elementarer Kraft über Stadt und Land brauste – mußte die Gebiete der Kunst genauso ergreifen, wie sie jede andere Lebensgestaltung beeindruckte und beeinflußte.*

Daß manches Lebens- und Liebenswerte im ersten Ansturm des gewaltigen Geschehens zu Boden gedrückt, vielleicht zermalmt wurde, ist hart für den einzelnen. Im Zusammenhang mit dem ganz großen Geschehen aber tritt das Einzelschicksal zurück. Und geht es um Kunst, um wahrhafte und echte, so werden die großen und kleinen Tragödien nicht umsonst gelebt sein.«[111]

Ende Oktober 1935, zum gleichen Zeitpunkt, als die ›Nigger-Tänze‹ offiziell verboten waren, liefen die Vorbereitungen des deutschen Tanzes für die olympischen Spiele auf Hochtouren. Am 1. August 1936 wurden die Propagandaspiele dann durch das Festspiel »Olympische Jugend« von Carl Diem eingeleitet. Wigman, Kreutzberg und Palucca gaben hier solistische Einlagen, Dorothee Günther und Maja Lex hatten das erste Bild »Kindliches Spiel« choreographiert, Carl Orff die Musik komponiert. Mit einem Massenaufgebot an Mitwirkenden inszeniert, zeigte dieses Festspiel, daß Labans urspüngliche Idee der Laientanzbewegung, die auf die freie Entfaltung menschlichen Bewegungspotentials abzielte, zu einem massenmanipulierenden Element der Nationalsozialisten ummodelliert worden war.

Die gewaltige Präsentation ›neugermanischer‹ Ästhetik, von den Vertretern des expressionistischen Tanzes selbst inszeniert, bedeutete gleichzeitig das unwiderrufliche Ende der modernen Tanzbewegung. Deren führende Kräfte wurden ins Abseits gedrängt, erhielten Aufrittsverbote an staatlichen oder städtischen Häusern oder emigrierten. Der Ausdruckstanz hatte sich durch seine Mitwirkung an den olympischen Spielen selbst das endgültige Todesurteil ausgesprochen. Die ehemals kulturkritischen Ideen hatten sich in die nationalsozialistischen Strategien der Massenaufmärsche eingereiht.

Weibliche Natur – weibliche Tanzkunst?

Bis zu dem Durchbruch des Ausdruckstanzes in den zwanziger Jahren hatte Deutschland nur wenige Frauen gesehen, die als selbstbestimmte Tänzerinnen, Choreographinnen und Autorinnen auf der Bühne standen. Erst zwei Amerikanerinnen, Isadora Duncan und Ruth St. Denis[112], hatten zu Beginn des zwanzigsten Jahrhunderts diesen Weg geebnet, indem sie durch ihre Tanzaufführungen in Deutschland die traditionellen Tänzerinnenbilder der kunstbeflissenen Bildungsbürger auf den Kopf stellten. Sie hatten demonstriert, daß Kunsttanz mehr bieten konnte als reine Unterhaltung, ätherisch verklärte weibliche Körper und voyeuristisches

Vergnügen. Für Isadora Duncan hatte die zukünftige Tänzerin nichts mehr gemein mit der Ballerina: »*Denen aber, die trotz alledem noch immer an den Bewegungen unserer Ballettänzerinnen Freude empfinden, denen, die glauben, daß sie das moderne Ballett aus historischen oder choreographischen oder irgend welchen andern Gründen rechtfertigen können, denen antworte ich, daß sie nicht weiter zu schauen vermögen, als bis zu den Röckchen und Trikots. Wenn ihr Auge weiter dringen könnte, dann würden sie sehen, daß unter den Röckchen und Trikots sich unnatürlich entstellte Muskeln bewegen, und wenn wir noch weiter schauen, unter den Muskeln unnatürlich entstellte Knochen: ein verunstalteter Leib tanzt vor ihnen! (...) Das moderne Ballett richtet sich selbst dadurch, daß es den natürlich schönen Körper des Weibes unvermeidlich entstellt.*«[113]

Aber nicht nur die Amerikanerinnen, sondern auch die österreichische Tänzerin Grete Wiesenthal hatte mit ihren Walzertänzen schon um die Jahrhundertwende eine neue Entwicklungsrichtung in der Tanzkunst augenscheinlich werden lassen.[114]

Von diesen Tänzerinnen über Jaques Dalcroze bis Rudolf von Laban reichte die Kette der künstlerischen Anregungen, die bei Mary Wigman eine bahnbrechende Ausformung fanden. Sie erklärte den Tanz zu einer Sprache des Leibes und der Seele. Dies war für sie gleichbedeutend mit weiblicher Kunst: »*Ich glaube, daß in all den jungen weiblichen Menschen heute eine starke, gesunde Freude am Sich-Bewegen lebendig ist. Ich glaube auch, daß ein großer berechtigter Egoismus in all den jungen Frauen ist, der erst einmal sich selbst sucht, ehe er sich mit Welt und Umwelt auseinandersetzt. Sich selber suchen, sich selber fühlen sich selbst erleben! Ganz einfacher Ausdrucksdrang also, der zum Tanz führt, weil er die unmittelbare, direkteste Äußerung seelischer Vorgänge ist, seinen Weg über den Körper nimmt. Diese Körper sprechen in der Sprache des Tanzes, weil er ihre eingeborene Sprache ist, ihr natürliches Ausdrucksmittel (...). Der Tanz ist im besten Sinne Frauenberuf geworden, denn er entspricht dem Wesen der Frau.*«[115]

Wie Mary Wigman entstammten die Ausdruckstänzerinnen der zwanziger Jahre fast ausschließlich dem ›gehobenen‹ Bürgertum, einer Schicht, die im Wilhelminismus der Hauptträger des utopischen, vom Rhythmus der Natur bestimmten Gegenentwurfs zum Industriekapitalismus gewesen war. Mit diesem Gedankengut waren die jungen Mädchen aufgewachsen und entwickelten dies auf dem Boden der Republik, die ihnen auch als Künstlerinnen mehr öffentliche Bewegungsfreiheiten erlaubte, weiter, trotz vielfachen Widerstandes ihres Elternhauses. Denn das ›gehobene‹ Bürgertum war gleichzeitig eine konservative Schicht, in der der Wilhelminismus seine treuesten Repräsentanten gefunden hatte; die Tochter als Tänzerin zu sehen, war auch hier nicht gerade der Wunsch der Eltern. Dennoch konnte diese Schicht es sich, im Gegensatz zum Kleinbürgertum oder Arbeiterkreisen, leisten, ihren Töchtern eine Tanzausbildung zu finanzieren. Das ›gebildete‹ Bürgertum konservativer und gemäßigt liberaler Couleur stellte dann auch in den zwanziger Jahren den Großteil des Publikums der meisten Ausdruckstänzerinnen.

Aber nicht nur die Vertreter bildungsbürgerlicher und kulturkritischer Kreise waren es, die den neuen Tanz als ausgesprochen weiblich erklärten, verwirklichte er doch ein tief im Menschen verwurzeltes Bedürfnis nach unmittelbarem körperlichen Ausdruck.

Der moderne Tanz materialisierte etwas, das in der gesellschaftlichen Wirklichkeit nicht mehr ausdrückbar war, hier aber seine Wurzeln fand. Von daher sah man seine künstlerische Aufgabe nicht mehr, wie ehemals die des Balletts darin, eine Illusion zu erzeugen, sondern eine ›Idee‹ von Wirklichkeit zu schaffen, die über die ›natürlichen‹ Mittel des Körpers zum Ausdruck gebracht werden sollte. Hierin bestand die Wirkung der neuen Tanzkunst, zumal ihre Aussage, im Gegensatz zur bildenden Kunst, nicht über den abstrakten Sinn des Sehens, sondern über den sechsten Sinn, das Körpergefühl mitgeteilt wurde. Dieses sei »*in der Zeit der schlimmsten Entkörperlichung, der ganz einseitigen Bildung*«[116] verlorengegangen und auch nur durch die Frauen wiederzufinden: »*Mit dem Tanz gibt die Frau der Menschheit ihr drittes und letztes Erlösungsgeschenk, und die Tänzerin tritt neben die Liebende und Mutter. Ja, der Weg der übervermännlichten, der verintellektualisierten Menschheit zur Tanzkunst ist recht eigentlich Fausts Weg zu den Müttern.*«[117]

In den tanzkünstlerischen Werken der Ausdruckstänzerinnen entdeckten die Tanzkritiker die ihnen selbst entschwundene Sinnlichkeit und Körperlichkeit wieder. Ihrer Meinung nach war Tanz die weiblichste aller Künste, weil er im »*Unterbewußtsein des Sinnlich-Triebhaften*«[118] ansetzte, in dem Bereich, den man seit jeher den Frauen zugewiesen hatte, und weil sein ›naturhafter‹ Körperausdruck für eine weibliche Eigenschaft gehalten wurde: »*Das Sich-Ausdrücken, ruhend auf einem naturhaften In-Sich-Hineinfühlen, bleibt eine vorwiegend weibliche Eigenschaft (...). So ist der Tanz dem vollwertigen, körperlich und seelisch gesunden Mädchen oder Weibe stets natürlich, und tritt gar nicht selten als eine zur Kunst gesteigerte Mitgabe seines Wesens auf.*«[119]

Aber nicht nur die Rückbesinnung der Tänzerinnen auf ihre ›wahre‹ Natur wurde euphorisch gefeiert, sondern gleichzeitig auch ihr Rückzug aus Politik und Emanzipationskämpfen. Gerade durch das Bekennen zu ihrer ›wahren weiblichen Natur‹ hätten sich die Tänzerinnen den Vermännlichungstendenzen der ›neuen Frauen‹ entzogen und sich über ihren Verzicht auf soziale Gleichberechtigung mit den Männern Wege zu einer körperlichen Befreiung und Selbstbestimmung gebahnt: »*Die Frau aber, die sich heute nicht mehr mit dem Manne vergleicht und nicht um den Wettbewerb mit ihm kämpft, sondern sich auf sich selbst besinnt und ihre Freiheit verdient hat – diese Frau ist auf eine geradezu revolutionäre Weise erotisch befreit worden. Und zwar an einer Stelle, die nichts mehr mit Emanzipation, dafür umsomehr mit eigener Schöpfung zu tun hat. Ich meine den Tanz (...). Das Recht auf den Körper, das hier aufgeblüht ist, trägt nicht das Merkmal der Befreiung vom Mann und seiner sexuellen Beutelust, sondern das Zeichen einer tänzerischen Reinigung, Veredelung, Verinnerlichung, die aus sich selbst geboren ist (...) und ihr innerstes Ziel kennt, die Verherrlichung des eigenen Körpers freier, melodischer, schöpferischer, räumlicher, tänzerischer Bewegung.*«[120]

Seit der Durchsetzung des romantischen Balletts knapp ein Jahrhundert zuvor galt die Tanzkunst als eine weibliche Kunst, ihre Ästhetik als eine feminine. Wie hier erhielten auch im Ausdruckstanz die Frauen wieder eine herausragende Stellung, dies aber nicht nur aufgrund ihres zahlenmäßig hohen Anteils, sondern vor allem, weil sie selbst eine neue Tanzästhetik schufen: Das Bild von der weiblichen Tanzkunst als ein männliches Bild von der Tanzkunst begann sich in dem neuen Bild einer Frauen-Kunst zu verwässern. Die Loslösung von traditionellen technischen Formen, die Beachtung des Zusammenhangs von Körperausdruck und seelischem Empfinden ermöglichte den Ausdruckstänzerinnen, ihre Individualität im Tanz zum Ausdruck zu bringen und auf diesem Wege ihre Persönlichkeit zu formen. Sie tanzten nicht mehr von männlichen Choreographen vorgeschriebene Rollen, sondern waren selbst Erfinderinnen wie Darstellerinnen ihrer Tänze. Im Tanz machten die Frauen sich und ihr Leben zum Thema. Weniger bereit, entfremdete, sinnentleerte Rollen zu tanzen, führten sie gleichzeitig ein eigenständiges Leben, denn ebenso wie sie als Künstlerinnen selbstbestimmt arbeiteten, leisteten die meisten von ihnen selbstverantwortlich pädagogische Arbeit an den eigenen Tanzschulen. Damit gehörten die Tänzerinnen zu den wenigen Frauen, die die formalen Versprechen der Weimarer Republik auf Gleichberechtigung als Künstlerinnen zu realisieren vermochten. In der Verweigerung des Alten und der selbständigen Entwicklung des Neuen lag gerade für die Frauen die Fortschrittlichkeit der Ausdruckstanzbewegung, die sich gleichzeitig aber auch als ambivalent entpuppte.

Der Rückgriff auf die anthropologische Natur des Weiblichen, gestützt durch einen mystisch verklärten Naturbegriff der ›Kulturpessimisten‹, bildete die Voraussetzung für den neuen Entwurf einer von Frauen geprägten Tanzästhetik. Wie die Ballerinen hundert Jahre zuvor, verkörperten auch die Ausdruckstänzerinnnen das Bewegungsideal ihrer Epoche. Die neue romantische Bewegung wollte aber nicht mehr in schwebende Höhen, sondern zurück zur Natur, zur ›Mutter Erde‹: »*Der neue Tanz war nicht das leichte, flirrende, helle, das schwebende der Welt des Balletts, sondern eine Ausdrucksform, die aus der Tiefe, aus einer dunkleren Welt aufstieg und das tragische, dämonische, stille und schwere, das schmerzliche Weltleid der ringenden Menschenseele versinnbildlichte.*«[121]

Die Aufgabe, das Naturhafte zu verkörpern, war bei der Frau geblieben. Lediglich das Idealbild der Tänzerin hatte sich mit dem

41 Valeska Gert in: »Zirkus«, 1930

gewandelten Naturbild verändert: sie war nicht mehr anmutig, zierlich, ätherisch verklärt, sondern erdnah und dienend.[122] Als solche wurden nun die Ausdruckstänzerinnen verklärt, das Ausleben ihrer Lust blieb aber nach wie vor verpönt. Valeska Gert, Tänzerin, Schauspielerin und Kabarettistin[123] schrieb aus eigener

Erfahrung: »*Tanzen bedeutet: Triebe ausleben, und künstlerisches Tanzen bedeutet: Triebe sublimieren, mit Hilfe des überlegenen Geistes ordnen und in Tanzgestaltungen umsetzen (…). Wehe der Tänzerin, die in Deutschland eine erotische Wirkung hat, und wehe der Tänzerin, deren Geist es wagt, Kapriolen zu schlagen.*«[124]

Im Ausdruckstanz erschienen die Erotik und Sexualität der Tänzerinnen in gereinigter Form; die scheinbare ›Befreiung des Körpers‹ erwies sich als ein Übergang von alten Abhängigkeiten in neue. Die neuen Ideale des Ausdruckstanzes verblieben zudem innerhalb des bürgerlichen Diskurses über die ›natürliche‹ Sittlichkeit des Weiblichen, dies nicht nur seitens männlicher Kritiker. Berthe Trümphy, langjährige Mitarbeiterin Mary Wigmans schrieb: »*…der Tanz bedeutet die Gründung des Reiches der Frau in ihrem eigensten Bezirk, dem des lebendigen Leibes, dem Heiligsten, das ihr von der Natur als eigenes zuerteilt worden ist.*«[125]

In dem Beharren auf die Gleichsetzung von Weiblichkeit, Körper und Natur verblieben die Prinzipien des Ausdruckstanzes in dem lang existierenden Konzept, mit dem das Bürgertum einst den Weg zur Macht angetreten hatte. Als Transporteurinnen eines metaphysischen Gedankengutes, das nicht nur das Weibliche, sondern auch den Körper als letztes Reservoir der Natur gegen die technisierte Sachlichkeit der Moderne begriff, waren es vor allem die Tänzerinnen, die die ehemals kulturkritischen Ansätze der neuen Tanzkunst offen werden ließen für eine Vereinnahmung durch die ›Blut- und Bodenideologen‹. Hier lag die Ambivalenz des Fortschritts der neuen Tanzkunst.

42 »Walzer«, Ch.: Pina Bausch, 1982

6

Tanzkultur und Tanzkunst
von 1950 bis 1980

»Eine Gesellschaft im Aufbruch«, so lautet der Titel eines Essays von Hermann Korte über die Bundesrepublik Deutschland in den sechziger Jahren.[1] Es ist ein Titel, der die Tendenzen dieses Jahrzehnts im Kern trifft: Tatsächlich waren die Sechziger, nach den Zwanzigern, wieder eine Dekade, in der sich in allen Bereichen gesellschaftlichen Lebens eine Aufbruchsstimmung breitmachte. Das ›Unbehagen an der Kultur‹ herrschte vor allem bei der jungen Generation, deren Kritik von der Restauration des Kapitalismus, über Westintegration und Remilitarisierung bis zur Wiederherstellung eines traditionellen Normen- und Wertsystems wie auch einer frauendiskriminierenden Geschlechtsrollenverteilung in der Adenauer-Gesellschaft reichte. Der Angriff auf den »*affirmativen Charakter der Kultur*«[2] ließ auch die traditionellen ästhetischen Leitsätze der Kunst nicht unberührt. Auch in der Tanzkunst fand die Forderung nach einer Reformierung der verkrusteten gesellschaftlichen Strukturen in den siebziger Jahren ihren Niederschlag. Hier setzte das Tanztheater dem zuvor wiedererstarkten Ballett neue Inhalte und Formen entgegen. Als künstlerischer Gegenpol war es, wie schon fünfzig Jahre zuvor der Ausdruckstanz, vorwiegend von Frauen getragen, die im Zuge der allgemeinen gesellschaftlichen Aufbruchsstimmung auch in der Tanzkunst neue Gestaltungsmöglichkeiten für sich entdeckten. Wie die Ausdruckstänzerinnen ihre neuen ästhetischen Leitlinien der zivilisationsfeindlichen Lebensreform-, und Rhythmikbewegung entnahmen, wiesen die Ansätze des ›Deutschen Tanztheaters‹ Parallelen zu dem kulturkritischen Gedankengut der Studentenbewegung auf. Deren Forderungen nach einer Politisierung der Kunst und nach einer

›Befreiung‹ des Körpers fand in der neuen Tanzkunst eine ästhetisch aufbereitete Form.

Als Jahrzehnt des Aufbruchs hatten die Sechziger aber keineswegs erst mit der Studentenbewegung, sondern schon mit den ersten Ostermärschen, mit der kubanischen Revolution 1959 und mit dem Bau der Berliner Mauer 1961 begonnen. Neben diesen politischen Ereignissen machte sich seit dem Ende der fünfziger Jahre auch auf alltagskultureller Ebene, vor allem bei der jungen Generation, eine Aufbruchsstimmung breit. Wie um die Jahrhundertwende äußerte sich diese als ein Generationenkonflikt, als ein Aufbegehren Jugendlicher gegen die Prüderie der Elterngeneration. Als solche konkretisierte sie sich in einer Auflehnung gegen den strengen Sitten- und Moralkodex der Wiederaufbaujahre. Die wiederentdeckte Lust auf den eigenen Körper fand in den neuen Gesellschaftstänzen ihren Niederschlag, die, wie einst der Walzer und der Tango, als eine vorrevolutionäre Bewegung begriffen werden können.

Zwischen Krise und Reform: Die sechziger Jahre

Schon Mitte der sechziger Jahre begann die so mühevoll wiederaufgebaute Ideologie vom beständigen krisenfreien Wachstum des Kapitalismus brüchig zu werden. Das Wirtschaftswachstum verlangsamte sich, 1967 war nach den Wiederaufbaujahren ein erster Produktionsrückgang zu verzeichnen. Ende der sechziger Jahre hatte sich die Wirtschaftsdynamik der fünfziger Jahre endgültig auf den kapitalistischen Krisenzyklus mit seinen periodisch auftretenden Phasen Prosperität, Boom, Rezession und Depression reduziert. Im Gegensatz zu den zwanziger Jahren erschütterte die Krise den Lebensstandard kaum noch, aber die Erkenntnis der Notwendigkeit staatlicher Eingriffe zersetzte langsam die mühselig wiederaufgebauten infantilen Heile-Welt-Bilder, mit denen einst die nationalsozialistische Vergangenheit erfolgreich verdrängt worden war: Die politische Aufmerksamkeit wuchs.

Die negativen Folgen des Wirtschaftswunders wurden Ludwig Erhard zum Verhängnis. Sein Charisma erlosch nicht nur bei der

Mehrzahl der Bundesdeutschen, sondern auch bei den regierenden Koalitionsparteien CDU/CSU und FDP. Ludwig Erhard nahm einen stillen ruhmlosen Abschied und wurde 1967 durch Kurt Georg Kiesinger ersetzt. Dessen Tätigkeit in dem von Goebbels geleiteten nationalsozialistischen Rundfunk interessierte die wohlstandsorientierten und faschismusverdrängenden Bürger nur wenig und sollte erst durch die Ohrfeige einer Frau für einen Skandal sorgen. Kiesinger wurde Kanzler der ›Großen Koalition‹ von CDU/CSU und SPD, die es nicht nur schaffte, Sozialdemokraten mit Vertretern der Christlich-Sozialen Union an einen Kabinettstisch zu bringen, sondern auch 1968 die ›Notstandsgesetze‹ zu verabschieden, die Fälle des äußeren und inneren Notstandes und der Naturkatastrophen regelten: »*Es waren vor allen Dingen die Regelungen des inneren Notstandes, aber in gewisser Weise auch die Regelungen für den Spannungsfall, die ggf. den Einsatz der Bundeswehr zum Schutz ziviler Objekte vorsahen, die zu den massenweisen und massiven Demonstrationen bis zum Tage der Verabschiedung der Grundgesetzartikel führten,*«[3] begründet Hermann Korte die politische Brisanz der Notstandsverfassung.

Unter der Großen Koalition änderte sich auch die staatliche Bildungspolitik. Bereits 1964 prophezeite der konservative Georg Picht »Die deutsche Bildungskatastrophe«, der liberale Soziologe Ralf Dahrendorf reklamierte werbewirksam »Bildung als Bürgerrecht«, und auch der sozialdemokratische Schulsenator Evers aus Berlin versprach seinen WählerInnen »Aufstieg durch Bildung«. Die Forderung nach einer Reformierung des Bildungswesens, von Gruppierungen verschiedenster politischer Couleur erhoben, hatte unterschiedlich gewichtete ökonomische und politische Motive. Während die einen die Reformierung des traditionellen dreigliedrigen Schulsystems vor allem aus der Einsicht ableiteten, daß ein Defizit an Arbeitskräften mit akademischer Ausbildung die neuen Entwicklungen von Ökonomie und Technik blockierten, hofften politisch fortschrittliche Kräfte, zugleich die Untertanen- und Aussortierungsschule zu beseitigen und die alten Ordinarienuniversitäten abschaffen zu können.

Schon in der zweiten Hälfte der sechziger Jahre wurden an Schulen und Hochschulen qualitativ wie quantitativ umfassende Veränderungen durchgeführt: die Einführung des 10. Schuljahres, der obligatorische Fremdsprachenunterricht ab Klasse 5, die größere Durchlässigkeit zwischen den Schultypen, die Durchsetzung der Gesamtschulidee sowie die Gründung zahlreicher neuer Universitäten und Fachhochschulen waren staatlicherseits die Hauptpfeiler der Bildungsreform. Die hier vollzogenen Maßnahmen zur Reformierung des Bildungssystems bildeten einen wesentlichen Bestandteil der gesellschaftskritischen Positionen der Studentenbewegung, trugen aber gleichermaßen zu deren Radikalisierung bei.

Radikalisierung der Reformen: Die APO und die Neue Frauenbewegung

Die APO war anfangs primär eine Bewegung von Studierenden, blieb aber nicht auf diese soziale Gruppe und deren sozialen Ort beschränkt, sondern weitete sich auch auf andere Bevölkerungsschichten und Institutionen aus. Dennoch gehörten ihr vor allem Menschen der jungen Generation an, die das Schweigen der Elterngeneration zum Nazi-Deutschland nicht mehr hinnehmen wollten und auch die alltagskulturellen Folgen des Wiederaufbaus der ›Biedermann-Gesellschaft‹ zunehmend in Frage stellten. Ausgelöst durch die mangelnde Oppositionsfähigkeit der FDP im Rahmen der Großen Koalition, die Verabschiedung der Notstandsgesetze, die Forderung nach einer umfassenderen Bildungsreform und die aggressive amerikanische Vietnampolitik entwickelte sie innen-, außen- und kulturpolitische Konzepte, mit denen sie die konsumbesessenen Bundesbürger aus ihrem Aufstiegstraum rüttelte.

Den theoretischen Hintergrund der Studentenbewegung lieferte vor allem die ›Kritische Theorie‹ der Frankfurter Schule, die mit ihren kritischen Positionen zu den Begleiterscheinungen und Folgen bürgerlich-instrumenteller Vernunft und kapitalistischer Verwertungsprozesse wie auch zu dem Postulat der Wertfreiheit der Wissenschaften der Kulturkritik der Studenten das theoretische Fundament lieferte. Insbesondere der Ansatz Herbert Marcuses[4]

wurde von der studentischen Linken rezipiert. Seine gesellschafts-
theoretischen Analysen über den Zusammenhang von kapitalistischer Produktion und gesellschaftlich notwendig gewordener
Triebsublimierung, Entsinnlichung und Entseelung des Alltags trafen die Empfindungen der gegen die erstarrten und selbstgefälligen
Strukturen des Adenauer-Systems aufbegehrenden Jugend im
Kern. Nicht nur seine Charakteristierung der Wesensmerkmale der
bürgerlich-affirmativen Kultur und ihren kulturellen und sozial-
psychologischen Folgen einer dichotomen Teilung der Welt in
Zivilisation und Kultur, Kunst und Alltag, Sinne und Verstand,
Kopf und Körper, sondern auch das von ihm aufgezeigte revolutionäre Potential entsprach dem Selbstverständnis der Studenten-
bewegung. Eine Revolutionierung der bestehenden Macht- und
Herrschaftsverhältnisse gestand Marcuse den ›freischwebenden‹
Kräften und progressiven Subkulturen, vor allem der wissenschaftlichen und künstlerischen Intelligenz, zu.

Dementsprechend bedeutete der Begriff ›Revolutionierung‹ für
die aufbrechende junge Generation vor allem die Aufhebung des
zweckrationalen Alltags, der begrenzenden Familienstrukturen,
der traditionellen Geschlechterrollen wie auch der repressiven Sexualität. Hier zeigte sich aber, daß vor allem die herrschenden
Geschlechterbeziehungen am schwersten zu verändern waren. Aus
der Erfahrung der Hartnäckigkeit frauendiskriminierender Verhältnisse selbst in der fortschrittlichen Studentenszene entstand die
Neue Frauenbewegung, die die Restaurierung der traditionellen
Frauenrolle in der deutschen Nachkiegsgesellschaft fundamental in
Frage stellte.

Erste Ansätze der neuen deutschen Frauenbewegung zeigten
sich 1968/69, als sich innerhalb des Sozialistischen Deutschen Stu-
dentenbundes (SDS) ›Weiberräte‹ bildeten. Aus der Erfahrung des
Widerspruchs zwischen dem emanzipatorischen Anspruch und
dem tatsächlichen Verhalten der Männer in der politischen Arbeit
wie in privaten Beziehungen, hielt eine Vertreterin des neugegrün-
deten ›Aktionsrates zur Befreiung der Frau‹ auf der Delegiertenkonferenz des SDS 1968 eine Anklagerede gegen das patriarchale
Gehabe der Genossen und bewarf sie am Ende mit Tomaten. Bei
der nächsten Delegiertenkonferenz verteilten die Frankfurter SDS-

Frauen ein Flugblatt, das mit dem Kampfruf »Befreit die sozialistischen Eminenzen von ihren bürgerlichen Schwänzen« endete. *»Dies war die erste Ankündigung einer neuen deutschen Frauenbewegung«*, kommentierte das Frauenjahrbuch rückblickend.[5]

Bis zu diesem Zeitpunkt herrschte das wiederaufgebaute Leitbild der Hausfrau und Mutter unhinterfragt in nahezu allen Bevölkerungsschichten, obwohl das Grundgesetz der Bundesrepublik Deutschland, im Unterschied zur Weimarer Verfassung, in Art. 3 die Gleichberechtigung von Mann und Frau verbindlich für alle Bereiche gesellschaftlichen Lebens kodifiziert hatte. Nach einer Untersuchung von Elisabeth Pfeil zur »Berufstätigkeit von Müttern« aus dem Jahre 1961[6] begriffen auch die meisten Frauen die weibliche Berufstätigkeit als dem Wesen der Frau widersprechend. Ihre Haltung kommentierte Pfeil folgendermaßen: *»Der häusliche Kreis wird ganzen Herzens bejaht, auch wenn er klein ist: selbst in der Etagenwohnung mit einem Kind gewährt er Erfüllung. Sie (die Hausfrau) findet genug zu tun, aber sie mißt ihr Dasein auch nicht an der Leistung, sondern an deren Werten. In unreflektierter Weise glaubt die Frau dieses Typus, daß im Grunde keine Frau etwas anderes will, als sich im häuslichen Kreis bewegen.«*[7]

Waren die traditionellen Normvorstellungen für eine strikte geschlechtsspezifische Arbeitsteilung zu diesem Zeitpunkt im Bewußtsein weiter Bevölkerungskreise fest verankert, zeichneten sich zugleich schon Ausbruchstendenzen aus dem Nur-Hausfrauen-Daseins ab. 1961 waren ›schon‹ 36,5 % der verheirateten Frauen erwerbstätig, drei von zehn Frauen gaben trotz gegenteiligen Wunsches aus ökonomischen Gründen nach der Geburt des ersten Kindes ihren Beruf nicht auf. Aufgrund der Konjunkturlage und des Arbeitskräftemangels zu Beginn der sechziger Jahre stieg nicht nur die Zahl der ›Gastarbeiter‹, sondern auch der erwerbstätigen Frauen wieder rapide an. Damit änderten sich auch langsam die Motive der Frauen für eine Berufstätigkeit: obwohl noch immer wirtschaftliche Gründe maßgebend waren, traten doch zunehmend Motive des Berufsprestiges und der beruflichen Identität in den Vordergrund. So konnte Helge Pross in einer repräsentativen Untersuchung über die »Wirklichkeit der Hausfrau« Anfang der siebziger Jahre feststellen, daß mittlerweile vor allem Mittelschichtsfrauen das ›Dasein für Andere‹ ablehnten und für die Berufstätigkeit von Frauen optierten.[8]

Die Zunahme weiblicher Berufstätigkeit stand in engem Zusammenhang mit den steigenden Bildungschancen für Frauen, mit denen diese wachsendes Selbstbewußtsein und höhere Erwartungen an die persönliche Zukunft verbanden. Im Zuge der Bildungsexpansion verdoppelte sich innerhalb von zwei Jahrzehnten der Anteil der Mädchen an weiterführenden Schulen. Damit reduzierte sich zugleich die extreme geschlechtsrollenspezifische Bildungsbeteiligung von Jungen und Mädchen. Auch die krasse Unterrepräsentation von Frauen an den Universitäten relativierte sich im Zuge ihrer steigenden Bildungsbeteiligung: von 1960 bis 1980 stieg die Zahl der Studentinnen von 4,4 % auf 16 %; der Anteil der Frauen an der gesamten Studentenschaft erhöhte sich damit von 23,9 % auf 36,7 %. Trotz dieser zahlenmäßig ansteigenden Bildungsmöglichkeiten ließen sich Frauen auf allen Bildungsebenen weiterhin schwerpunktmäßig in ›typisch weiblichen Berufen‹ ausbilden, zumal nach wie vor in Richtlinien, Lehrplänen und Schulbüchern die ›wesensgerechte‹ Unterrichtung der Geschlechter und der Verweis auf die ›natürlichen‹ Eigenschaften der Frauen als Ehefrauen und Mütter omnipräsent waren.

Einen wesentlichen Anteil an der quantitativen und qualitativen Verbesserung der Bildungs- und Berufsmöglichkeiten von Frauen hatte die Neue Frauenbewegung. Diese stand keineswegs in der Tradition der ›alten‹ Frauenbewegung der Weimarer Republik und deren politisch nicht realisiertem Projekt einer ›weiblichen Kultur‹. Im Gegensatz zu letzterer, die die ›natürliche‹ Wesensdifferenz der Geschlechter betont und daraus Forderungen nach einer professionellen Aufwertung der Hausarbeit und Festigung der Familie als ›natürlichen‹ Ort der Frauen erhoben hatte, verfolgte die Neue Frauenbewegung das Ziel, Frauenarbeit innerhalb und außerhalb der häuslichen Sphäre zu verändern. Ihre Forderungen richteten sich nach ›Lohn für Hausarbeit‹ und nach der ›Hälfte aller qualifizierten Arbeitsplätze für Frauen‹, Parolen, mit denen sie zugleich die gesamtgesellschaftlichen Fundamente geschlechtsspezifischer Arbeitsteilung prinzipiell in Frage stellte.

Aber nicht nur in der radikalen Ablehnung von Hausarbeit und klassischer Familienrolle unterschied sich die Neue Frauenbewegung von ihrer Vorläuferin. Auch in Fragen selbstbestimmter Sexualität und Mutterschaft gingen die Positionen weit auseinander. Im Gegensatz zu der bürgerlichen Frauenbewegung der Weimarer Republik, die die Mutterschaft als eine wesensgemäße Aufgabe der Frau und die Sexualität nur innerhalb der Ehe und als Heterosexualität anerkannt hatte, nahm in der Neuen Frauenbewegung die Forderung nach einer ersatzlosen Streichung des § 218 einen zentralen Stellenwert ein. Mit den Parolen ›Mein Bauch gehört mir‹ und ›Ob wir Kinder wollen oder keine – entscheiden wir alleine‹ stellte sie die freie Verfügungsgewalt der einzelnen Frau über ihren Körper in den Mittelpunkt der Auseinandersetzung. Ebenso wurde weibliche Homosexualität und Bisexualität als offen gelebte Alternative zu der frauendiskriminierenden, mit monogamer Ehe und klassischer Weiblichkeit verbundenen Heterosexualität befürwortet. Die Gründung lokaler Frauenzentren und Beratungsstellen, die organisierten Notrufe für Frauen und die Einrichtung von Frauenhäusern für geschlagene und vergewaltigte Frauen sowie eine sich mit unterschiedlichsten Frauenthemen beschäftigende Frauenliteratur schufen zugleich eine ›Öffentlichkeit‹ für die Benachteiligung, Diskriminierung und Unterdrückung von Frauen in allen Bereichen gesellschaftlichen Lebens und vor allem für das bisher tabuisierte Thema alltäglicher körperlicher Gewalt gegen Frauen.

Die ›Revolutionierung‹ der Sexualität

»Ich kenne eine Menge Mädchen, die gerade 20 sind und schon mit zehn, fünfzehn verschiedenen Männern geschlafen haben. Ich glaube, daß in letzter Zeit die Mädchen immer hemmungsloser werden. Weil es ja auch kein Risiko mehr gibt. Dadurch, daß es Verhütungsmittel gibt, die absolut sicher sind, und man keine Angst mehr vor einem Kind hat. Darum ergreifen die Mädchen immer mehr selbst die Initiative und schlafen mit jedem, der ihnen gefällt.«[9]

War dieses Bekenntnis noch um die Jahrhundertwende undenkbar, brach der Mitte der sechziger Jahre einsetzende öffentliche Sexualitätsdiskurs endgültig mit der alten Moral des Schweigens und Geheimhaltens. Die ›Sexwelle‹ war nach der ›Freß- und Reisewelle‹ nicht nur die dritte und medienträchtigste Lustwelle der Bundesdeutschen, sondern zugleich der zweite ›Schub‹ einer Körperrevolte im zwanzigsten Jahrhundert, der die bestehende körper- und lustfeindliche Prüderie abzustreifen trachtete. Gerade der jungen Generation genügte Konsum allein nicht mehr. Vielmehr ging es ihr darum, die entlebendigte, lust- und glücklose Einstellung, die die Elterngeneration der fünfziger Jahre vermittelt hatte, zu vergessen. Schon die ›Halbstarken‹'-Revolten der Rock'n Roll Ära am Ende der fünfziger Jahre hatten gezeigt, daß die Jugendlichen keineswegs mehr bereit waren, ihre Lüste dem rigiden Sittenkodex der Adenauer-Gesellschaft zu opfern. Ein Ausleben ihrer neu entdeckten Bedürfnisse blieb zwar weitgehend auf Musik und Tanz beschränkt, stieß aber dennoch in anderen Bevölkerungsschichten auf vehementen Widerstand. Die strikte Moral der Adenauer-Ära fand selbst diese Äußerungsformen unsittlich: ein Ausleben der Körper-Lust in anderen Lebensformen als der Ehe war von daher undenkbar und wurde darüber hinaus schon allein durch die bestehende Gesetzgebung erschwert. Noch existierte der Kuppeleiparagraph, der Unverheirateten die Anmietung von Räumen unmöglich machte, in denen sie Unzucht treiben konnten, denn noch galt jegliche außereheliche Sexualität als Unzucht. Der § 218 erzwang eine Millionen verbotener Abtreibungen im Jahr, die in über 15.000 Fällen mit tödlichem Ausgang endeten.[10] Mit der Verbreitung der Anti-Baby-Pille in den sechziger Jahren schien zumindest das Abtreibungsproblem entschärft zu sein. Durch die Einführung der Anti-Baby-Pille sowie durch einige skandalöse Filme, die wie der schwedische Film Ingmar Bergmans »Das Schweigen« von 1963 nackte Körper und Geschlechtsverkehr zeigten, erhielt die Sexualitätsdiskussion eine breite Öffentlichkeit. Unterstützt durch die Werbung, die die verkaufsfördernde Wirkung von Sex schon früh entdeckt hatte, waren Nacktaufnahmen Ende der sechziger Jahre keineswegs mehr eine Seltenheit. Die größere ›Freizügigkeit‹ gestaltete sich allerdings für Frauen, wie schon in der Nacktkultur-Bewegung zu Beginn des Jahrhunderts, äußerst ambivalent: Nicht nur, daß die Medien vor allem Frauen-Körper hüllenlos präsentierten und damit den weiblichen Körper nun auch als Massenware darboten. Auch die Pille, die Frauen erstmals in die Lage versetzte, ihre Sexualität zuverlässig und selbstbestimmt von ihrer Gebärfunktion zu trennen, entpuppte sich zugleich als eine Erfindung männlicher Wissenschaft. Die neue Freiheit fand ihren Preis in langfristig nicht absehbaren körperlichen Folgeschädigungen.

Die Ambivalenz der neuen körperlichen Freiheiten der Frauen manifestierte sich auch in der neuen Kleidermode. War die Verkürzung des Rockes schon in den zwanziger Jahren ein wichtiger Indikator für die Lockerung der Moral und die gleichzeitige Sexualisierung des weiblichen Körpers gewesen, so ging mit der neuen sexuellen Freizügigkeit nun auch wieder die Teilerotisierung des weiblichen Körpers einher: Mary Quant und Twiggy machten den Mini zur Massenware und besetzten damit gleichzeitig den Oberschenkel mit sexuellen Attributen. Mit dem Minirock verschwand zudem der ›Strapsenapparat‹, noch um die Jahrhundertwende als Reformwäsche eingeführt, hinter den Türen der neu entstehenden Porno-Szene. Ersetzt wurde er durch die Strumpfhose, die einerseits den Frauen mehr Verhaltenssicherheit gab, auf der anderen Seite aber Reize vortäuschte und Illusionen durchscheinen ließ.

Mit dem öffentlichen Diskurs über Sexualität wurde auch die der jungen Generation aufgezwungene Körperdisziplin zunehmend sichtbarer. Beratungsstellen wurden eingerichtet, und eine wachsende Zahl von Psychologen und Sozialarbeitern beschäftigte sich auf dem neuen Gebiet der Sexualaufklärung, -beratung und -therapie. Aber auch diese Art der Thematisierung der bislang verdrängten körperlichen Bedürfnisse wurde allzu schnell wieder vermarktet: Oswald Kolle schwang sich zum medienstärksten ›Aufklärungspapst‹ empor, indem er mit einer Unzahl von Artikeln und mehreren Filmen, allesamt Kassenschlagern, das Rätsel der geheimen sexuellen Wünsche lüften wollte.

Während die Zurschaustellung nackter weiblicher Körper und deren Scheinerotisierung in der neuen Porno-Szene sich primär an Marktgesetzen orientierte und auf die Befriedigung männlichvoyeuristischer Augenlust abzielte, unternahmen Teile der Studentenbewegung ernsthaftere Versuche zur Überwindung sexueller Tabus. Reimut Reiche, ehemaliger SDS-Vorsitzender, wies schon 1968 auf den Unterschied zwischen sexueller Revolution und Befreiung auf der einen und Sexmarkt auf der anderen Seite hin.[11] Er interpretierte die ›Sexwelle‹ als eine kapitalistische Instrumentalisierung der geweckten sexuellen Bedürfnisse. Im Gegensatz dazu begriff er das Ausleben von Sexualität als ein Medium individueller wie gesellschaftlicher Befreiung.

In einigen Kommunen wurden praktische Versuche unternommen, das von Reiche formulierte Ziel einer sexuellen Befreiung als Teil der politischen Emanzipation zu realisieren. Der Kampf gegen bürgerliche Moral und Konvention manifestierte sich dabei in der Parole ›Wer zweimal mit derselben pennt, gehört schon zum Establishment‹, ein Leitsatz, der schon selbst zum Ausdruck brachte, daß die propagierte Freiheit auch hier zunächst die der Männer war. Gleichsam rief diese Parole Zweifel wach, ob mit dem eingeschlagenen Weg das von Marcuse formulierte Ziel tatsächlich erreicht werden könnte, denn »*...das erotische Ziel, den gesamten Körper als Subjekt – Objekt der Lust beizubehalten, verlangt nach fortgesetzter Verfeinerung des Organismus, nach Intensivierung seiner Empfänglichkeit, nach Zunahme seiner Sinnlichkeit,*«[12] und nicht einer erneuten Normierung und Instrumentalisierung von Sexualität unter anderem Vorzeichen.

Wie schon in der Sexualreformbewegung nach 1900 entsprang der öffentliche Diskurs über Sexualität dem Bedürfnis nach Enttabuisierung, Entmystifikation und Entzauberung des Alltagslebens, dort eine Revolutionierung auf dem Hintergrund der Prüderie des Kaiserreiches, hier auf dem Hintergrund der Tabus der Wiederaufbaujahre. In Rückbesinnung auf Freud und Reich wurde auch hier Sexualität als Teil der menschlichen Natur (wieder) anerkannt. Wie ehedem bedeutete die Forderung nach einer ›Naturalisierung‹ des Geschlechtslebens gleichzeitig Versachlichung und Rationalisierung. Allerdings wurde in der Bewegung der sechziger Jahre aber das Bedürfnis nach Enttabuisierung von vornherein vermarktet. Die neue Freiheit war einerseits zum Teil käuflich, zum Teil hinter den Türen der Porno-Szene tabuisiert; auf der anderen Seite mündete die ›Befreiung des Körpers‹ in einer von den Medien unterstützten gesellschaftlichen Ausgrenzung ihrer Propagandisten.

Ähnlich wie um die Jahrhundertwende ihre Großmütter fühlten sich auch in der zweiten ›sexuellen Revolution‹ viele Frauen von den neuen Maximen überfordert. In ihrer ›fünfziger Jahre-Sozialisation‹ hatten sie die gesellschaftlich konstruierte weibliche ›Natur‹ eines schamhaften, keuschen und sittsamen Wesens zu verinnerlichen gelernt und ihre Träume dabei auf die ewige Liebe und auf ein Geborgenheit und Sicherheit spendendes Heim ausgerichtet. Neben diesem Identitätskonflikt zielte die Freisetzung der Sexualität zudem keineswegs auf die sexuelle Autonomie von Frauen. Selbst in der Studentenbewegung richtete sie sich vor allem auf die ›Befreiung‹ des Individuums von kapitalistischer Vergesellschaftung, aber keineswegs gegen die patriarchalische Unterdrückung des weiblichen Geschlechts. Das Patriarchat als Haupt- oder Nebenwiderspruch? – diese Frage problematisierte erst die Neue Frauenbewegung, die dann auch begann, sich in ›autonomen‹ Frauengruppen auf die Suche nach der Sinnlichkeit des weiblichen Körpers zu machen. Aber schon Mitte der siebziger Jahre kristallisierte sich eine Richtung heraus, die die ›neue Weiblichkeit‹ zum Thema und Schwangerschaft und Mutterschaft zum Inhalt weiblicher Identität machte. Wie in der Rhythmus- und Gymnastikbewegung zu Beginn des Jahrhunderts hieß Weiblichkeit hier in erster Linie wieder Körperlichkeit, Naturnähe und Gefühlsbestimmtheit. Die hierin enthaltene Kritik an männlicher Rationalität und Vernunft wie auch die gleichzeitige Abwehr konkreter gesellschaftpolitischer Forderungen für Frauen bewegte sich zudem in der Tradition der alten Frauenbewegung, indem sie bewußt oder unbewußt, aber auf jeden Fall freiwillig, alte kulturelle Zuweisungen von Weiblichkeit übernahm. Die neokonservative Wende vollzog sich erneut über einen Rückzug auf den traditionellen Diskurs über die Natur des Weiblichen. Sie läßt sich über einen mittlerweile über zehn Jahre alten Satz bewerten: *»Es gibt (...) keine Bewegung, die so sehr gegen die eigenen Identifizierungen mit dem Unterdrücker ankämpfen muß wie gerade die Frauenbewegung.«*[13]

Tanzkultur: Befried(ig)ung der ›Wilden‹?

Die erste Revolte des Körpers auf bundesdeutschem Boden brach aber nicht erst mit der Studentenbewegung aus. Vielmehr hatte sie schon in den fünfziger Jahren begonnen und hier in neuen Tänzen[14] ein entscheidendes Ausdrucksmedium gefunden. Wie ihr Vorläufer in den zwanziger Jahren waren diese keineswegs auf dem Hintergrund gesellschaftskritischer Konzepte entstanden, sondern schlichtweg ein unbewußter Reflex der Jugend auf die repressiven Erfahrungen in den Wiederaufbaujahren.

Wie schon nach 1918, bot sich nach dem Zweiten Weltkrieg das von den Nationalsozialisten verunglimpfte und verbotene, ausgelassene Tanzen an, um in der Zeit strengster Disziplin und härtesten Verzichts die eigene Körperlust zu spüren. Boogie-Woogie und Jitterbug hießen die Tänze, die in den auf Trümmern behelfsmäßig instandgesetzten Tanzlokalen getanzt wurden. Wie Charleston und Shimmy waren auch sie die in die abendländische Körpertradition gepresste Form volkstümlicher Tänze afrikanischer Herkunft. Durch die Verbindung der ehemaligen schwarzen Blues-Musik der dreißiger Jahre mit dem voluminösen, maschinellen Swing-Orchester Sound konnten sie sich am Ende der vierziger Jahre durchsetzen.

Die neuen Tänze waren äußerst kraftanstrengend und akrobatisch. Die Paare hielten sich an den Händen, schubsten sich gegenseitig durch den Raum bei gleichzeitigen Drehungen um die eigene Achse. Bei den ganz Waghalsigen traten tollkühne Luftbewegungen, Salti und sonstige Phantasiesprünge hinzu, Bewegungen also, die die Tanzfläche zu einem nicht ganz ungefährlichen Ort werden ließen: »*Gemeineres und Dümmeres ward noch nicht gesehen. Jitterbug, Boogie-Woogie, das ist außer Rand und Band geratener Stumpfsinn mit einem ihm entsprechenden Gejaule, das die sozusagen tönende Begleitung macht. Solch amerikanische Bewegung erschüttert die westlichen Länder nicht als Tanz, sondern als Erbrechen.*«[15]

Dieses Zitat stammt keineswegs von einem konservativen Politiker, sondern dem marxistischen Geschichtsphilosophen Ernst Bloch, der in der neuen Beweglichkeit keinen Ansatz an politischer

Utopie zu entdecken vermochte. Auch Adorno stimmte Blochs Urteil zu, wenn er die ungezügelten Tanzbewegungen des Boogie-Woogie als »*Reflexbewegungen*«[16] kennzeichnete. Obwohl diese Tänze in der ›unterirdischen‹ Tradition anarchischer und ekstatischer Tanzformen standen, handelte es sich bei ihnen tatsächlich um einen körperlichen Reflex auf die unsichere Zeit der Nachkriegsjahre, um eine verzweifelte Lust an dem Sinnenaufruhr des Augenblicks. Im Gegensatz zu vielen Gesellschaftskritikern, die in der Körperlust kein emanzipatorisches Potential zu entdecken vermochten, sahen die Tanzlehrer in der Aufruhr der Sinne genügend Gründe, um die an sich schon zivilisierten Tänze noch mehr zu ›entwildern‹. Als ›Jive‹ wurde der Boogie-Woogie salonfähig und langfristig zum unwiderruflichen Bestandteil des Repertoires der Tanzschulen. Durch die Stilisierung der Tanzform war die Gefahr aber keineswegs gebannt, zumal in der rebellierenden Jugend der Boogie-Woogie längst abgedankt hatte. Hier rockte man mittlerweile ›around the clock‹.

> »*Zeig uns, wie Du tanzt, Kitty Cat!*
> *Zeig uns, was Du kannst, Kitty Cat!*
> *Schau genau auf mich, Kitty Cat.*
> *Mach es so wie ich, Kitty cat.*
> *Kit Cat, Kit Cat, Kitty Cat!*
> *Rock and Roll, yeah!*
> *Ouh, Aah! That's good,*«[17]

sang das sanft gebügelte Halbstarken-Idol der Deutschen, Peter Kraus, am Ende der fünfziger Jahre. Dieser Hit avancierte nicht gerade zur Marseillaise der jungen Generation, denn das war schon Bill Haley mit ›Rock around the clock‹ gelungen, ein Musikstück, das durch den 1956 erstmals in der Bundesrepublik gezeigten gleichnamigen Film wie eine neue wilde Lust die junge Generation ergriff. Die deutsche Version hieß ›Außer Rand und Band‹ und hielt, was ihr Titel versprach. Die biederen Musterkinder des Adenauer-Deutschland stürmten die Kinos, tauschten ihre steife Anstandskleidung und geschniegelte Haarfrisur gegen Tolle, Bluejeans und Lederjacke. Der Film allerdings war nur das Symbol; das Bedürfnis, das er vermittelte, ging weit über die Augen-Lust hinaus. Mit der Rock'n Roll-Bewegung weiteten sich die Halbstarken-

Krawalle, zu Beginn der Fünfziger noch auf eine kleine Gruppe Unterschichtsjugendlicher beschränkt, wie ein Flächenbrand aus. In dem Geburtsjahr des Rock'n Roll in der Bundesrepublik gab es allein hier über siebzig Großkrawalle: »*Wir sind ins Kino gegangen, haben uns Bill Haleys Film angesehen ›Rock around the clock‹, also das war ja die Spitze, die absolute Spitze. Und dann in Gelsenkirchen über die Bahnhofstraße. (...) Wir haben Schlagworte gehabt: ›Wir wollen Rock'n Roll‹.*«[18]

Im Unterschied zu früheren Jugendbewegungen stammte die Rock'n Roll-Generation nicht nur aus einer sozialen Schicht. Zu den ›Halbstarken‹ gesellten sich zunehmend Mittelschichtsjugendliche, für die die fleißige Geschäftigkeit der Wirtschaftswundergesellschaft ebenfalls zu einer bedrängenden Alltagserfahrung wurde. Gleichzeitig war Rock'n Roll erstmals eine Tanz- und Musikmode, die an der Erwachsenengeneration vollkommen vorbeilief, Grund genug, um sie als Erziehungsproblem zu thematisieren. Parallelen zu mittelalterlichen Tanzexzessen wurden gezogen; den Grund der ›körperlichen Raserei‹ führte man aber nicht mehr auf die Macht des Teufels, sondern auf psychische Anomalien zurück. Der Teufel war ja mittlerweile auch als verdrängtes Unbewußtes von den Menschen verinnerlicht.

»*Bei den tumultartigen Szenen haben wir es mit einem ungehemmten Ausbruch an Primitivschlacht zu tun*«, konstatierte ein ›sachkundiger‹ Psychologe.[19] Mit dieser Meinung konnte er sich der Zustimmung einer öffentlich schweigenden Elterngeneration sicher sein, bestand doch deren Ansinnen darin, Bürgerlichkeit nicht nur im alltäglichen Konsum und Komfort, sondern auch in Verhaltensregeln auszudrücken. Ordnungssinn forderten die Erben Knigges auch im Tanz. Eine führende ›Benimm-Bibel‹ der fünfziger Jahre schrieb vor: »*Jeder Tänzer muß nach größter Möglichkeit mit jeder der anwesenden Damen wenigstens einmal tanzen. Hat er diese Tänze erledigt, dann wird er sich nun nicht etwa von jeder Verpflichtung frei fühlen, um sich ausschließlich seiner Lieblingsdame widmen zu können. Es gehört sich, daß er diese Damen im Laufe des Abends nochmals auffordert, um ihnen den peinlichen Eindruck zu nehmen, daß der erste Tanz nur ein Pflichttanz war.*«[20]

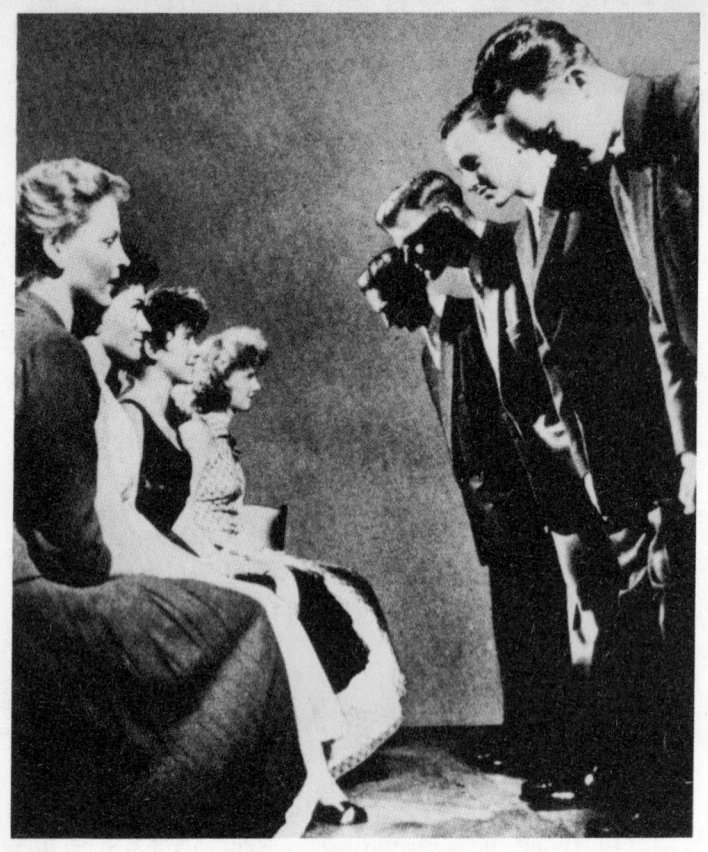

43 Tanzstunde, um 1950

Ähnliche Verhaltensvorschriften schrieb ein Etikette-Buch auch den Frauen vor. Hier richtete sich der Ratschlag allerdings direkt an die Mütter der sich mausernden Damen: »*Haltet Eure Töchter mit der starken Kraft des mütterlichen Herzens unter Kontrolle. (...) Wenn Ihr sie hinausgehen laßt zu Sport, Spiel und Tanz und vielleicht auch zu Flirt, dann tut es nicht, ohne ihnen eine Erkenntnis vermittelt zu haben: daß guter Ruf und die aus natürlicher Zurückhaltung geborene mangelnde Erfahrung mit Männern keines-*

wegs ein Manko, sondern heute wie einst, wertvollstes Kapital eines jungen Mädchens sind.«[21]

Derartig perfekte Kavaliere und sittsame Damen auf der einen existierten sicherlich genauso selten wie randalierende Halbstarke auf der anderen Seite.[22] Dennoch personifizierte sich in ihnen der Konflikt zwischen den Generationen: Selbstdisziplin, klassische Rollenverteilung, Beherrschung der eigenen Bedürfnisse auf der einen, anarchische Verweigerungshaltung, Wildheit, erotisch anmutende Bewegungslust auf der anderen Seite.

Der hämmernde Rhythmus des Rock'n Roll zerschlug den Antagonismus blitzschnell zugunsten der Lust des Augenblicks. Das verzweifelte Bemühen um Harmonie, Regeln und Anstand, Körper- und Selbstkontrolle verlor sich schon allein im tänzerischen Nachvollzug der musikalischen Vorgabe. Vorgeschriebene Tanzschritte gab es nicht, vielmehr reagierten die Partner instinktiv auf die Musik, deren wuchtigen Rhythmus sie durch kraftvolle Arm- und Beinbewegungen, die Impulsen aus den Schultern und den Hüftgelenken entstammten, unterstützten. Gerade die Beweglichkeit des Unterleibs, von Elvis ›the pelvis‹ unwiederholbar gezeigt, erinnerte die Jugendlichen daran, daß sie einen Körper hatten. Zudem erinnerten diese Bewegungen an afro-amerikanische Tänze, die seit einem Vierteljahrhundert aus dem Repertoire des Gesellschaftstanzes verschwunden waren. Die Elterngeneration hingegen sah in dieser Körperlust die Tendenz zur Rückkehr in die Barbarei, in eine Stufe der Vor-Zivilisation, in der die schwarzen Urheber sich ihrer Meinung nach selbst befanden.

Trotz dieser Befürchtungen war dem Rock'n Roll das unmittelbar Sexuelle seiner Vorgänger nicht mehr eigen. Die als vulgär und obszön gebrandmarkten, weil an den Geschlechtsakt erinnernden Hüftbewegungen signalisierten eigentlich eine Erotik der Distanz. Die Paarkonfiguration hatte mehr Trennendes als Verbindendes: die Tanzpartner berührten sich kaum noch, die lustvolle Körpererfahrung des Tanzes war keine gemeinschaftliche mehr. Vielmehr gerannen die Tanzbewegungen zu einem individuellen Genußinstrument des Augenblicks, zu einer im wesentlichen auf den eigenen Körper bezogene Erfahrung, die entsprechend dem einförmigen Rhythmus der Musik recht eintönig war. Als solche

44 Rock'n Roll

spiegelten sie die Monotonie der Arbeitswelt, allerdings in ekstatischer, dionysischer Form.

Der Rock'n Roll war der erste in der neuzeitlichen Geschichte
der ›Wilden-Tänze‹, der von der Industrie schnell und unerbittlich
vermarktet wurde. Von Anfang an stellte er gleichzeitig eine anarchische Bewegung und eine kommerzielle Welle dar. Er drückte
einen Widerspruch aus, der sich letztendlich zugunsten des Mas-

senkonsums und der Bändigung der ›wilden Lust‹ auflöste: 1957 empfahlen die Tanzlehrer, die traditionellen Hüter der Tanzsitten, den ChaChaCha als gezähmten Rock'n Roll. Er sollte dem Rock'n Roll tatsächlich bis zu dessen Renaissance zu Beginn der siebziger Jahre den Garaus machen.

Aber mit dem gleichen Tempo, mit dem der Rock'n Roll in das Korsett der Gesellschaftstänze geschnürt wurde, überflutete die nächste Welle die Tanzböden.

»*Was tanzt die Welt von Pol zu Pol?*

Was finden Boys und Girls so wundervoll?

Was macht auch alte Herzen wieder jung?

Was bringt in jede Party gleich 'n Schwung,

weil er voll guter Laune ist?

Das ist der Twist!«[23]

Twist, das war der Charleston der Erhardschen Wirtschaftswunderzeit, der Tanz, der keineswegs auf die junge Generation be-

45 Twist

schränkt blieb. Auch die Erwachsenen begannen, die obszönen und lasziven Beckenbewegungen der ›barbarischen Nigger‹ nachzuahmen. Das Verwringen des Körpers, das Verschieben des Beckens bei gleichzeitigem Versetzen der Füße, das waren Bewegungen, die originär den hüftbetonten Bewegungen der afroamerikanischen Tanztradition entstammten. Auf diese besannen sich auch die schwarz-amerikanischen Bürger, als sie sich in den fünfziger Jahren zunehmend wieder an ihre eigene historische Identität erinnerten. Der politische Hintergrund der Tänze aber interessierte die Bundesdeutschen kaum. Vielmehr symbolisierte der Twist für die Älteren verlorene Jugendlichkeit, während die Jugend der Sechziger in ihm die vergangenen, nicht miterlebten Sehnsüchte der Rock'n Roll-Ära auslebte: »*Der Twist versprach, was die Sechziger für mich nicht hielten*«, erinnert sich Anke Kuckuck, »*Er machte mich neugierig auf meine Körperteile. Vom Rock'n Roll relativ unbeleckt, fühlte ich beim Twist zum erstenmal den Rhythmus in Bauch und Bein. Da war was, bei dem ich nicht wie Mama an was Männlichen hängen mußte, um mich nach Musik bewegen zu dürfen. Es ging ganz allein zu Hause.*«[24]

Tatsächlich war Twist der Tanz, bei dem erstmalig völlig allein, ohne jeglichen Partnerbezug getanzt werden konnte. Das ›autonome Individuum‹ hatte sich auch im Tanz durchgesetzt. Der Twist realisierte, was seine Vorläufer schon andeuteten: Individualität zum Prinzip zu erheben, sich auszutoben und dabei direkte Berührungen mit dem andersgeschlechtlichen Tanzpartner möglichst zu vermeiden: »*Verbissene Selbstdisziplin und Verleugnung des Lebendigen (...) trennten seit jeher den kultivierten vom wilden Tanz.*«[25]

Nun aber hatten Körperdisziplin und die Distanz zum anderen auch den ungezügelten Tanz ergriffen. Die dem Tanz immanenten fehlenden Annäherungsmöglichkeiten machten den Twist auch in kultivierteren Kreisen gesellschaftsfähig. Selbst für die vorsichtigere Elterngeneration stellte der Twist keine Gefahr mehr da. Erstmals begannen die Erwachsenen, sich des Stils einer jugendlichen Subkultur zu bemächtigen, noch bevor dieser in der Jugend selbst richtig Fuß fassen konnte. Auf den einzelnen bezogen, förderte dieser Tanz auch in dieser Generation die narzißtische Selbstdarstellung des ›Aufsteigers‹ in einer Zeit von Vollbeschäftigung und zunehmender Erreichbarkeit von Konsumgütern.

Die junge Generation aber reagierte schnell auf die Vereinnahmung ihrer ›Subkultur‹. Und wieder einmal kam der neue Impuls von ›unten‹, aus Liverpool. Die ›Pilzköpfe‹, über Nacht im Hamburger ›Star-Club‹ weltberühmt geworden, eroberten in Windeseile die Herzen der Jugend. Zur ›Beat-Musik‹ gehörten die ›Beat-Tänze‹, die keineswegs mehr einen einheitlichen Bewegungsstil hatten, sondern, wie in den Anfängen des Rock'n Roll, intuitiv und frei getanzt wurden. Beat, das war auf jeden Fall eine Musik- und Tanzrichtung, bei der die Erwachsenen erstmal nicht mitmachen konnten. Ganz im Gegenteil: hier riefen sie ihre Zöglinge wieder zu Ordnung und Sitte. Denn Beat war mehr als wilde Musik und Geheimsprache des Körpers. Zu Beat gehörten gleichermaßen lange Haare, Rüschenhemden und die kürzesten Mini-Röcke. Die Anhänger der Beatles praktizierten nach Meinung der verständnislosen und besorgten Eltern-Generation prinzipiellen Anti-Konformismus, dies zu einer Zeit, in der sich die Bundesbürger noch kollektiv im Aufstiegstraum sahen. Dennoch waren auch die Beattänze letztendlich eine Neuauflage der Weimarer Sachlichkeit und zugleich eine konsequente Weiterführung des Twist in Richtung einer zunehmenden Körperdistanz zwischen den Partnern. Auch beim Beat berührten die Tanzpartner sich nicht; man tanzte selbstgefällig für sich. Für Frauen war dies ein Fortschritt, warteten sie nicht mehr, wie noch in der Rock'n Roll-Ära, auf die Aufforderung durch den Partner. Für die Paarkonfiguration hingegen bedeutete dies einen Rückschritt, drückte sich hier doch die Beziehungslosigkeit und die Unfähigkeit zur Nähe zwischen den Tanzenden aus: »Bewegungen degenerierten zum elegischen Selbstgespräch. Das Alleine-Tanzen und das ungebundene Reagieren auf die Musik, beides afrikanischen Ursprungs und Mittel der Körpererfahrung und der Kommunikation, verkehrte sich zur Unverbindlichkeit. In einer Gesellschaft, die ihre Riten dem falschen Wohlstand opferte und deren Konventionen nicht mehr stimmten, ergriff Entfremdung von den Körpern Besitz.«[26]

Entfremdung allerdings hatte von den Körpern schon seit längerem Besitz ergriffen. Neu an diesen Entfremdungstendenzen war hingegen ihr direkter Eingriff in die Kultur und das Innovationspotential der jungen Generation. Diese hatte sich schon in der Phase gesellschaftlichen Aufbruchs zu Beginn des zwanzigsten Jahrhunderts auf die verdrängte, unterirdische Geschichte des Körpers zurückbesonnen. Wie ehedem übten auch nun die afroamerikanischen Tänze, die wiederum ihre Wurzeln in der Tradition abendländischer Volkstänze fanden, eine große Anziehungskraft aus.

In einem akzelerierenden Prozeß vereinnahmte die Konsumgesellschaft den jugendlichen Protest gegen verkrustete gesellschaftliche Strukturen, der im Tanz ein wichtiges Ausdrucksmedium gefunden hatte. Für die aufbegehrende Jugend wurde deshalb der Ausbruch zunehmend schwieriger, die gesellschaftlichen Nischen immer kleiner. In der Protestbewegung Ende der sechziger Jahre sollte der Tanz keine initialzündende Kraft mehr haben. Die Musik eines Jimi Hendrix oder Frank Zappa war keine Tanzmusik mehr. Ihre asymmetrischen Rhythmen stimulierten nicht mehr direkt den Körper, sondern eher den Kopf. Ein ausgelassenes und ekstatisches Tanzen verschwand zugunsten eines in-sich-gekehrten, fast imaginären Bewegungsrausches. Die geselligen, kommunikativen Tänze waren ›out‹, das einsame, visionäre Sich-Bewegen hatte seinen Siegeszug angetreten. Für ein Jahrzehnt blieb Tanz in der protestierenden Jugend der individuelle Ausdruck einer gemeinsamen politischen Utopie. Nicht der Körper, sondern die gesellschaftlichen Verhältnisse sollten hier zum Tanzen gebracht werden.

Ein neues Tanzfieber entfachte erst wieder Ende der siebziger Jahre. In der Discowelle verwandelte sich das In-sich-Zurückgezogene des Tanzes in ein außengeleitetes Präsentieren des Körpers. Der ganz auf die junge Generation zugeschnittene Disco-Markt erhob die tanzenden Körper selbst zum Ort und Instrument gesellschaftlicher Normierung, indem die neue Körperlust sich zugleich mit der neuen Körpernorm von Makellosigkeit, Jugendlichkeit, Sportlichkeit und Fitness verband. In einem erstarkten, auf individualisierende Körperpflege angelegten Narzißmus fand die Tanzbegeisterung ihre Wurzeln. Zwar war die Sehnsucht, die Nüchternheit des Alltags austanzen zu können, keineswegs neu. Doch dies in beziehungsloser Selbstvergessenheit mit einem zuvor mühselig hergerichteten wavigen ›out-fit‹ zu erledigen, entsprach einem neuen Individualisierungsschub, mit dem sich das bürgerliche Prinzip der Ich-Bezogenheit nicht nur auf breitere Bevölkerungsschichten, sondern auch auf beide Geschlechter ausweiten sollte. Zugleich erwies sich die Tanzlust von vornherein als ein profitabler Absatzmarkt einer expandierenden Freizeitindustrie, die diese auch mit immer neuen, kaum noch nachvollziehbaren Modewellen in geregelten Bahnen hielt. Die gestylten High-Tech-Discos taten ein übriges, die Distanz zwischen den BesucherInnen nicht in Nähe umschlagen zu lassen. Und wieder bewirkte der neue Kult um Erotik, Sinnlichkeit und Körperlichkeit eine Neuauflage nicht-westlicher Tanzstile. Ob Salsa, Mambo oder Lambada, auch diese Tänze waren von Anfang gezügelt. Dem Gewand des europäischen Paartanzes angepasst, ermöglichten sie dem einzelnen zwar bislang unbekannte Körpererfahrungen. Aber auch hier blieb das Tanzen unverbindlich und distanziert. Wenn der neue Schub in Richtung einer Konzentration auf das eigene Selbst einerseits den Frauen mehr Unabhängigkeit gab, erschwerte er andererseits zunächst eine Nähe zwischen den Geschlechtern. In der Ambivalenz zwischen einem zunehmenden Abstand zum anderen und der Verantwortung für das eigene Ich bestand das Spezifikum der neuen Tanzwelle, deren Kernelemente schon in den ›wilden‹ Tänzen der zwanziger Jahre angelegt waren.

Emotion is motion: Das Tanztheater

Am Ende der sechziger Jahre, als sich im Gesellschaftstanz keine neuen Wellen mehr andeuteten, bahnte sich in der Tanzkunst eine neue Entwicklung an. Diese fand in den siebziger Jahren in der Etablierung des ›Deutschen Tanztheaters‹ ihre entscheidende Ausformung. Wie schon immer in der neuzeitlichen Geschichte der avantgardistischen Kunst, konkretisierten sich auch in dieser Aufbruchphase gesellschaftliche Reformbestrebungen im Tanz später als in anderen künstlerischen Bereichen. Im Schauspiel beispielsweise hatten sich schon in den frühen sechziger Jahren einige

Regisseure darum bemüht, das Theater wieder zu politisieren. ›Realismus‹ war das Stichwort, das die (Re-)Integration von Zeitkritik in das Theater forderte. Die Kritik an dem ahistorischen, wirklichkeitsfernen Theater der fünfziger Jahre schloß dabei zugleich eine Kritik an dessen Entkörperlichung und Entsinnlichung ein: »*Die große Masse der deutschen Schauspieler (...) sind Oratoren, die den elementaren Impuls des Theaters verloren haben, der von Mimus und Tanz kommt. Sie fühlen sich durch ihren Körper gestört; und sie stehen am liebsten hölzern auf einer sonst leeren Bühne, Gesicht zum Publikum und deklamieren. Insgesamt verstehen sich deutsche Schauspieler eher als Professoren und Propheten, denn als Clowns. Die Seele ist für sie ›das Wesentliche‹, nicht der Körper.*«[27]

Ein zeitkritisches Theater war gefordert, das die gesellschaftliche Realität und die körperliche Wirklichkeit der Schauspieler in sich aufzunehmen vermochte. Im Theater sollte das verwirklicht werden, was auch die Studentenbewegung für die »unter dem Muff von 1000 Jahren« verstaubten Universitäten verlangte: Demokratisierung des hierarchischen Theaterbetriebes, kollektive Arbeitsweisen, Inszenierung gesellschaftspolitisch relevanter Inhalte, Lustprinzip contra Leistungsprinzip.

Mit diesen Reformbemühungen bewegten sich die jungen Regisseure in der Tradition des epischen Theaters eines Bertolt Brecht, der schon in den zwanziger Jahren mit Montage und Verfremdung neue formale und inhaltliche Verfahren für den Entwurf eines desillusionierenden, körperlichen und zeitkritischen Theaters formuliert hatte.[28] Gerade die von ihm genannten künstlerischen Mittel der Montage und Verfremdung sollten zu charakteristischen Merkmalen des deutschen Tanztheaters werden.

Bis zu den Neuerungsbestrebungen junger Choreographen Ende der sechziger Jahre hatte auch der Bühnentanz im Nachkriegs- und Wiederaufbau-Deutschland eine Restauration erlebt. Der Ausdruckstanz hatte zudem durch seine ästhetische Ziellosigkeit und die politische Polarisierung der Tänzerschaft am Ende der zwanziger Jahre sowie durch die zweifelhafte Zusammenarbeit einiger TänzerInnen mit den Nationalsozialisten und seiner späteren Diffamierung als ›entartete Kunst‹ seine innovative Kraft verloren.

Darüber hinaus gingen seine schwermütigen Themen des Leides, des Todes und der Klage an den Bedürfnissen der Nachkriegsdeutschen vorbei. Die mit der ›Unfähigkeit zu trauern‹ einhergehenden verzweifelten Versuche, die eigene Geschichte, auch die des Körpers, zu verdrängen, provozierte vielmehr den Wunsch nach einer Tanzkunst, die weder etwas mit dem Nationalsozialismus, noch mit dem harten Alltag der Nachkriegsjahre zu tun hatte. Die Rückbesinnung auf die bürgerlich-aufklärerischen Tugenden der Freiheit und Gleichheit und auf eine längst antiquierte Ästhetik schienen der geeignete Weg zu sein. In Abgrenzung zu den ›schmissigen‹ und kulturlosen Unterhaltungsmusicals des Faschismus wie auch zu der erdverbundenen Dramatik des Ausdruckstanzes besannen sich die deutschen Theater auf das Ballett, eine Tanzkunst, die schon mehrere hundert Jahre alt war und nicht nur den alten bürgerlichen Moralkodex, sondern auch die für den ›Wiederaufbau‹ erforderlichen Tugenden wie Disziplin, Selbstzucht und hierarchische Ordnung als schönen Schein inszenierte. Der Drang zur Wiedererrichtung der zerstörten Nation und zur Rückbesinnung auf die traditionellen moralischen Werte »...*war der Augenblick, in dem jung, strahlend und zuversichtlich und vor allem unschuldig das Ballett aus der Kulisse trat. Das war eine Kunst, der man ohne Zerknirschung ins Auge sehen konnte (...) ein Zeichen von Hoffnung.*«[29]

Während die ersten Nachkriegsjahre nahezu vollständig durch die Neuinszenierung klassischer Ballettwerke gekennzeichnet waren, orientierten sich die Theater im Zuge der ökonomischen, militärischen und politischen Westintegration in den fünfziger Jahren zunehmend an der amerikanischen Ballettkunst. Die Choreographien des New-York-City Ballet unter Leitung von George Balanchine bildeten mit ihren halbstündigen handlungslosen Balletten und ihrem neoklassizistischen, formalen Tanzstil für die nächsten zehn Jahre das Vorbild für deutsche Choreographen. Auf eine eigene Balletttradition allerdings konnten die Deutschen sich auch nicht berufen: das deutsche Ballett war bislang nichts anderes als ein mittelmäßiger Abklatsch des französischen und des russischen gewesen.

›Keine Experimente‹, die politische Parole Adenauers, war darüber hinaus das Stichwort der Tanzkunstszene, die es in der Mehrzahl auch nicht vermochte, sich an die eigene Tradition des gesellschaftskritischen Tanztheaters z.B. eines aus dem Exil zurückgekehrten Kurt Jooss zu erinnern. Erst John Cranko, der 1961 das Stuttgarter Ballett übernahm, leitete eine neue Epoche ein, die mit der Außenorientierung wie auch mit den klassischen Strukturen des Balletts brach und dem deutschen Ballett zu internationaler Anerkennung verhelfen sollte. Im Gegensatz zu Balanchine inszenierte er auf der Grundlage der klassisch-akademischen Technik abendfüllende Ballette, bei denen nicht mehr nur die rein ästheti-

46 »Der Widerspenstigen Zähmung«, Ch.: John Cranko, 1970

sche Bewegung im Vordergrund stand, sondern die Komplexität der menschlichen Existenz in einer konkreten Realität. Wie einst Diaghilew zu Beginn des zwanzigsten Jahrhunderts gelang es Cranko, das verkünstelte Ballett wieder auf den Menschen zurückzuführen. Damit vollzog er nicht nur eine Öffnung des Balletts hin zu den ehemaligen Idealen des Ausdruckstanzes, sondern legte auch den Grundstein für eine Modernisierung der klassischen Tanzkunst und zugleich für die Herausbildung des Tanztheaters.

Die herangewachsene Nachkriegsgeneration junger TänzerInnen und ChoreographenInnen mochte sich aber nicht mit der Neuorientierung in der klassischen Tradition zufrieden geben. Zwar sahen viele von ihnen auch ihre Anknüpfungspunkte in der amerikanischen Tanzentwicklung, aber nicht der des Balletts. Vielmehr richtete sich ihr Interesse auf den amerikanischen modern dance, der schon mit Martha Graham, einer Schülerin von Ruth St. Denis, zeitgleich mit dem deutschen Ausdruckstanz seinen Durchbruch gefeiert hatte. Ebenso wie dessen Vertreterin Mary Wigman ging es Martha Graham um die Gefühlswelt des Individuums und die Beziehung der Menschen zueinander. Grundlage ihrer Tänze bildete ihre Lebenserfahrung als Frau in der amerikanischen Gesellschaft.

Wie Mary Wigman wandte sich Martha Graham gegen das Ballett. Aber im Gegensatz zu der Ausdruckstänzerin entwickelte sie tanztechnische Prinzipien, die wiederum von ihren SchülerInnen verfeinert und modifiziert wurden. Insbesondere Merce Cunningham entwickelte in den fünfziger Jahren in Abgrenzung zu seiner, die amerikanische Tanzszene dominierenden Lehrerin den modern dance weiter. Er wandte sich gegen die Theatralität ihrer Tänze und brach mit dem Begriff von Tanz als Bedeutungsträger und Gefühlsvermittler. Sein Augenmerk richtete sich auf die Emanzipation des Tanzes von den Nachbarkünsten, auf die Betonung seiner Autonomie und der dem Tanz eigenen Gesetzmäßigkeit: *»Für mich ist der Inhalt eines Tanzes das Tanzen selbst. Er stellt nichts anderes dar, weder im psychologischen noch im literarischen oder ästhetischen Sinne.«*[30]

Die Propagierung der künstlerischen Unabhängigkeit des Tanzes und der immanenten Ausdruckskraft der tänzerischen Bewegung bedeutete gleichzeitig die Überwindung der Subjektivität des Tanzenden zugunsten objektivierender Gestaltungskriterien. Damit manifestierte sich auch im amerikanischen modern dance eine Tendenz zur Formalisierung, die die gesamte avantgardistische Kunst Amerikas prägte. Dennoch schien Cunninghams Ideal eines objektiven Tanzes mit klaren, formstrengen Bewegungen von der Ästhetik Balanchines nicht weit entfernt zu sein, hatte doch dieser geäußert: *»Es tut mir immer leid, wenn eine ausgezeichnete Ballerina mit ihren Bewegungen nur irgendein literarisches Thema ausdrückt. Der menschliche Körper, und ganz gewiß der weibliche Körper, besitzt in sich selbst eine wahre Schönheit. Und man will wirklich nicht wissen, wen diese oder jene Ballerina darstellt, sondern nur die reine Schönheit ihres Körpers, ihrer Bewegungen sehen.«*[31]

Cunninghams Schönheitsideal lag weniger in der Vergötterung der klassisch-akademischen Tänzerin, sondern resultierte aus einer klaren und nüchternen Beschäftigung mit den Bewegungsmöglichkeiten des tanzenden Körpers. Ausgangspunkt bildete das alltägliche Gehen: *»Ich nehme das Gehen zur Grundlage menschlicher Bewegung. Wir alle gehen nach den gleichen Mechanismen, aber jeder geht anders.«*[32]

Cunningham nutzte alltägliche Körperbewegungen, um deren Vielfalt zu demonstrieren, Körperbewegungen, die er gleichsam sachlich und natürlich darstellte. Der Körper des Tänzers blieb bei ihm Material, die Subjektivität des Tanzenden galt es zu transzendieren.

»Die Elimination subjektiver Bezüge im Tanz steht bei der dritten Generation des Modern Dance als Ausdruck eines breit in der Gesellschaft empfundenen Mangels an eindeutig erfaßbaren Sinnzusammenhängen der gesellschaftlichen und individuellen Realität,«[33] schreibt Werner Jakob Stüber und charakterisiert die entindividualisierende Form dieses Tanzens als ein *»systemkonformes Ausdrucksmittel spätkapitalistischer Strategien der Identitätssicherung«.*[34]

Zum Gegenstand der Betrachtung sollte der Körper und die Innenperspektive der Identitätsbildung erst (wieder) durch das Tanztheater werden.

Die neuen definitorischen und ästhetischen Leitmotive Cunninghams bestätigten die jungen deutschen TänzerInnen und ChoreographInnen in ihrer Kritik an der bisherigen Struktur des Theatertanzes: »*Der Einbruch des Modern Dance initiierte den Beginn eines neuen Tanzdenkens in der BRD, den Bruch mit dem Allgemeingültigkeitsanspruch Balanchines.*«[35]

Der nüchterne, aus Alltagsbewegungen resultierende Bewegungskanon galt auch hier als Ausdruck modernen Zeitempfin-

47 Merce Cunningham in »Changeling«, 1957

dens. Darüber hinaus offenbaren diese Neuerungen die Möglichkeit, zeitgemäße Fragen tänzerisch zum Ausdruck zu bringen. In dieser ästhetischen Umorientierung lag zugleich das politische Moment der neuen Tanzkunst, die den vergesellschafteten Körper des

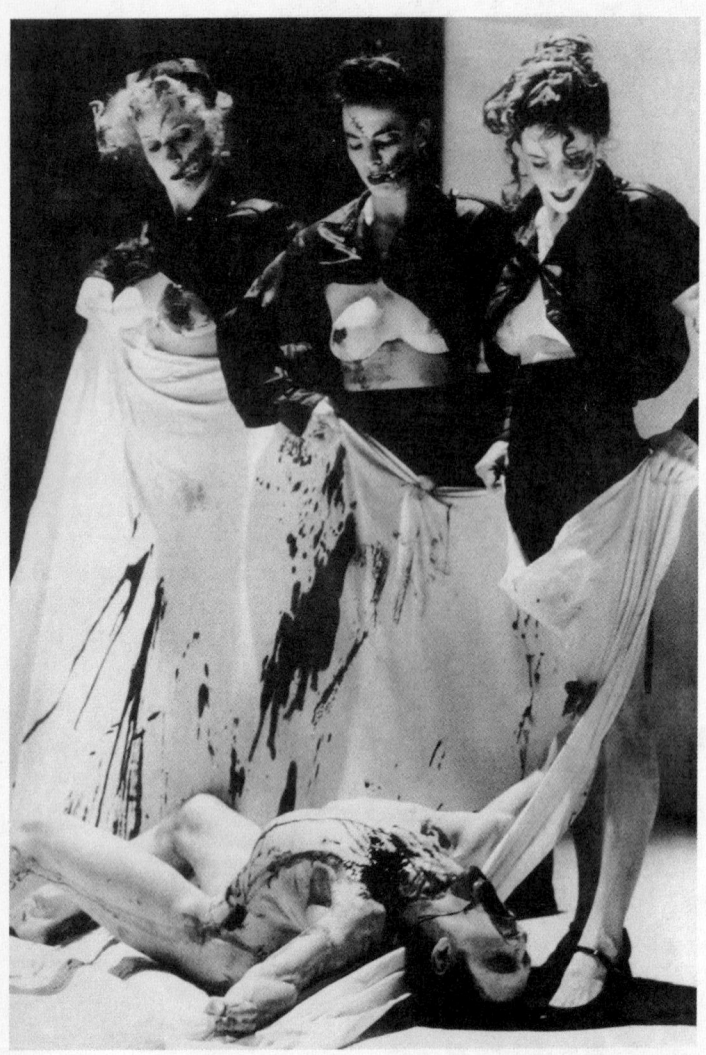

48 »Macbeth«, Ch.: Johann Kresnik, 1988

einzelnen in den Mittelpunkt des tänzerischen Werkes stellen sollte. Ende der sechziger Jahre spitzte sich zudem die Diskussion um die Autonomie der Ballettkompanien in dem klassischen Dreispartenbetrieb des Theaters, um die Eigenständigkeit des Ballettmeisters und um kollektivere Arbeitsweisen in dem Ensemble zu. Trotz seines internen ›Aufschwungs‹ galt Ballett als konservierend, als eine bloße Spiegelung der wirtschaftlich-kulturellen Restauration in der Bundesrepublik. Der Vorwurf des Konservatismus und der künstlerischen Stagnation richtete sich aber nicht nur gegen die Entwicklung der gesamten Kunstgattung, sondern auch gegen die Tänzer selbst, die als Kinder des ›Wirtschaftswunders‹ »...schon zufrieden sind, wenn sie ein paar mehr Vorstellungen als in der letzten Spielzeit gehabt haben und ihre Corps-Gage wieder um ein oder zwei Prozent näher an die Traumgrenze der Gleichstellung mit der Chorgage herangebracht haben.«[36]

1968 als Ballettmeister ans Bremer Theater geholt, versuchte Hans Kresnik als erster, die auf die Tanzkunst übergreifende politische Kritik in die Realität umzusetzen. »Ich habe es nicht mehr ausgehalten: Draußen auf den Straßen wurde demonstriert, in den Universitäten gegen den ›Muff von tausend Jahren‹ gekämpft. Und wir im Ballettsaal waren mit Geschichtchen beschäftigt, die, von ganz wenigen Ausnahmen abgesehen, wahnsinnig banal waren. Da wurden Märchen erzählt, da wurde eine schöne Welt hingestellt, da wurde neoklassisch getanzt. Frauen in Ganztrikots, Männer in Ganztrikots, ich dabei, und wir tanzten ohne Sinn und Verstand.«[37]

Sein Versuch eines choreographischen Theaters, das mit Jazzdance und Revueformationen, mit szenischer Collage und unkonventionellen Bewegungsformen ›Realismus‹ auf die Bühne brachte und den Tanz zu anderen künstlerischen Bereichen hin öffnete, erschien dem Großteil des Publikums zunächst als ein böser Alptraum im Märchenland der Spitzentanzromantik: »›Paradies?‹ konnte damals in Köln (1968, G.K.) nur ein einziges Mal aufgeführt werden, die APO-Bewegung saß mit riesigen Fahnen im Zuschauerraum. Das war der Theaterleitung und dem Publikum zu viel. Diese ›langhaarigen Affen‹ sollten nicht im Theater sein. Nach der

Uraufführung nahmen wir am Sternmarsch gegen die Notstands-
gesetze teil.«[38]

Seine Stücke handelten von der Verdrängung des Faschismus, von Notstandsgesetzen, vom Vietnam-Krieg, vom amerikanischen Rassenhaß, von der Ausbeutung der Dritten Welt, Themen, mit denen er sich in unmittelbarer Nähe der Studentenbewegung befand. Deren geistige Urheberschaft wurde noch dadurch verstärkt, daß Rudi Dutschke selbst auf die Bühne trat.

Anders als Hans Kresnik stellte Gerhard Bohner die Begrenzung des Balletts in seiner eigenen Tradition in Frage. Er strebte einen völligen Ausbruch aus dem traditionellen Ballettsystem an. Eine ästhetische Neuorientierung des Tanzes verband sich bei ihm mit der radikalen Forderung nach einer organisatorischen Reform, die er 1972 mit dem Angebot, in Darmstadt ein eigenes Ensemble aufzubauen, zu realisieren trachtete. Seine Stücke behandelten die Frage der Autonomie der Kunst wie auch die Demokratisierung speziell der Tanzkunst. Gleichzeitig machte er seine Arbeitsweisen transparent und stellte sie nicht nur dem Tänzerkollektiv, sondern

49 »Das Triadische Ballett«, Ch.: Oskar Schlemmer, 1922

242

auch dem Publikum zur Diskussion. Aber schon nach drei Jahren scheiterte dieses hochfliegende Projekt vollends: die Intendanz, erfolgs- und produktorientiert wie auch die auf leichten Konsum ausgerichteten Rezipienten stellten sich gegen ihn. Daneben erwies sich, daß die TänzerInnen nicht unmittelbar in der Lage waren, den neuen Anforderungen Genüge zu tun. In ihrer tänzerischen Sozialisation hatten sie zu sehr ihre Rolle als Ausführende choreographischer Anleitungen verinnerlicht. Gerhard Bohner verließ Darmstadt, arbeitete später nochmals kurzfristig als Ballettmeister zusammen mit Reinhild Hoffmann am Bremer Theater, bevor er sich endgültig der ›freien‹ Tanzszene zuwandte. Hier widmete er sich nun als Solist der Rekonstruktion des ›Triadischen Balletts‹ Oskar Schlemmers. Über diese Arbeit verfeinerte er seine Form eines abstrakt-intellektuellen Tanztheaters, mit der er schon in Darmstadt begonnen hatte und das in den achtziger Jahren wegweisend für den zeitgenössischen Tanz in Deutschland werden sollte.

1969 war das Jahr, in dem die Tanzwut der jungen Generation abebbte. Es war auch das Jahr, das die ›heiße Phase‹ der Studentenbewegung beendete, die sich nun in K-Gruppen auf der einen und der »*hedonistischen Linken*«[39] auf der anderen Seite spaltete.[40] 1969 war auch das Jahr, in dem die ersten Ansätze eines politischen Tanztheaters aufkeimten, die wiederum, wie schon das gesellschaftskritische Tanztheater der zwanziger Jahre, vorwiegend von Männern erprobt wurden:

»Die ›jeunes‹ hommes, die bald von den ›jeunes femmes‹ eingeholt und überholt wurden, begannen sich zu artikulieren.«[41]

Die Aufbruchsversuche der jungen Choreographen verebbten zur gleichen Zeit, als auch die plakativen politischen Agitationen zunehmend ins Abseits gedrängt wurden. Wie die ›hedonistische‹ Linke und ein Teil der Frauenbewegung lenkte auch die Tanzkunst seit Mitte der siebziger Jahre ihren Blick zunehmend auf das ›Innere‹, auf die psychischen Motivstrukturen der Menschen, auf die Repressionen gegen den Körper in einer entfremdeten Gesellschaft. Mit der Umkehr zur ›Innenschau‹ traten gleichzeitig Frauen als Choreographinnen hervor, die bis in die heutige Zeit wesentlich die Entwicklung des deutschen Tanztheaters bestimmten. Wie schon bei ihren Vorgängerinnen im Ausdruckstanz äußerte sich ihre Zivilisationskritik als Rückkehr zu der Betrachtung des ›ganzen‹ Menschen, seiner subjektiven Empfindungen und seiner Körperlichkeit, dies allerdings nicht mehr in Rückbesinnung auf die ›kosmische Verbundenheit‹ des Menschen, sondern in der Darstellung der Realität seiner alltäglichen Existenz.

Eine neue Tanzästhetik: Die Körpersprache

Nachdem die Schauspieldramaturgin Renate Klett 1977 erstmalig das Wuppertaler Tanztheater Pina Bauschs gesehen hatte, schrieb sie: »*Die beiden Abende haben mein Leben verändert. Da war etwas in der Aggressivität und Wucht dieser Aufführungen, in der Direktheit und Unerbittlichkeit, das mich nicht mehr losließ.*«[42]

Vom Tanz kannte sie bisher nur Cranko, Béjart- und Neumeierballette. Pina Bauschs Choreographien erinnerten sie an die Inszenierungen von Zadek und Stein, gingen aber auch darüber hinaus. Hier wurde für Renate Klett ästhetisches Neuland sichtbar: »*Was mich so beeindruckte, war die geballte Emotionalität, die wüste Sinnlichkeit dieser Abende, ihr Chaos, Schweiß und Dreck, ihre Verzweiflung und Lust (...). Durch den Verzicht (...) auf Sprache wurde die Körperlichkeit zum Maß aller Dinge, gewann eine Kraft und Intensität, auch: Brutalität, die für jemanden, die wie ich vom Schauspiel kam, nahezu unvorstellbar war.*«[43]

Was seit Mitte der siebziger Jahre unter dem Begriff ›Deutsches Tanztheater‹ an internationaler Anerkennung gewann und zunehmend auch die Nachbarkünste, insbesondere das Sprechtheater, in seinen Bann zog, setzte nicht nur eine Zäsur in dem tradierten Tanzverständnis des klassischen Balletts, sondern entfernte sich auch von der Tanzästhetik des modern dance, dessen grundlegende Formel in der Nachkriegsgeschichte ›Dance is motion – not emotion‹ blieb. Pina Bausch war in der Bundesrepublik eine der Protagonistinnen, die unter dem Brechtschen Stichwort ›Theater der Erfahrung‹ die gesamte Kunstgattung revolutionierte. Auf der Grundlage der in der amerikanischen Theaterszene geprägten Begriffe ›work in progress‹ und ›Theater des Unfertigen‹, die schon

50 »Blaubart«, Ch.: Pina Bausch, 1977

Gerhard Bohner in seiner Darmstädter Zeit praktiziert hatte, sowie in Anlehnung an die Brechtschen Stilmittel der Montage, Verfremdung[44] und Collagetechnik entwickelte sie neue tanzkünstlerische Gestaltungsprinzipien[45]. Diese Neuorientierung der Form spiegelte den gleichzeitigen Aufbruch zu einer inhaltlichen Innovation. Das von ihr thematisierte alltägliche Chaos an Gefühlen und Erfahrungen ließ ebenfalls die Notwendigkeit eines neuen Tanzverständnisses offensichtlich werden: »*Wieso redet man allein vom Tanz? Ich verstehe nicht, warum die Welt überhaupt nicht dazu gehört. Es geschehen unendlich viele Dinge im Leben, und es ist interessant, wieso das alles geschieht. So ist auch beim Tanz das wirklich Wichtige der Grund, warum man tanzt (...). Der Tanz muß etwas ganz Erwachsenes werden, darf nicht nur ein kleiner Blitzableiter am Rand des Lebens sein. Es gehört alles dazu – die anderen Künste, das gesamte Leben, sogar die Politik.*«[46]

Ein politisches Tanztheater im Sinne der Vermittlung konkreter gesellschaftskritischer Inhalte wie bei Jooss, Weidt, Kresnik oder Bohner war das Bauschsche Tanztheater, ähnlich wie das anderer zeitgenössischer Choreographinnen,[47] von Anfang an nicht: »*Pina Bauschs Ansatz ist im weitesten Sinn phänomenologisch bestimmt. Die Motivverarbeitung zeigt Phänomene, ohne ihre Ursachen zu nennen. Damit bleibt Geschichte als konkreter Maßstab der ästhetischen Prozesse reduziert.*«[48]

Wie bei Pina Bausch spielen auch die Tanztheaterstücke anderer Choreographinnen in einer nicht konkret bezeichneten modernen Gesellschaft. Das Hauptaugenmerk liegt hierbei auf den alltäglichen Erfahrungen der Menschen, insbesondere auf den Erfahrungen der Zurichtung menschlicher Körper. Mit diesem ›Realismus‹ verwirklichte das Tanztheater nicht nur die Aufhebung der Trennung von Alltag und Kunst, sondern auch die zwischen Zuschauern und Akteuren. Im Gegensatz zum klassischen Ballett, das auf der Grundlage eines Technikfetischismus das Ideal einer märchenhaften Welt anpries wie auch im Unterschied zum Ausdruckstanz, der in Ablehnung des ›Molochs‹ Technik das Ideal des ganzheitlichen Körpers in kosmischer Verbundenheit propagierte, liegt seit Mitte der siebziger Jahre der Sinngehalt der Tanztheaterstücke in dem Sichtbarmachen der konkreten körperlichen Erfahrungswelt der Menschen, der Tänzer wie der Rezipienten. Über die Präsentation der körperlichen Grenzen und Affektkontrollen wie auch über die Thematisierung des Körpers als Ware will das Tanztheater in erster Linie Betroffenheit erzeugen. Assoziationen zu den subjektiven Alltagserfahrungen der Zuschauer werden dadurch geweckt, daß die sozialen Normen ihrer Alltagsrealität selbst die Grundlage des Bühnengeschehens liefern. Ein Appell an die politische Moral der Zuschauenden ist von den Choreographinnen nicht intendiert.

Mit dem Sichtbarmachen der konkreten psychischen wie physischen Alltagswelt richtet sich das Tanztheater gleichzeitig gegen die der bürgerlichen Gesellschaft eigene Trennung von Öffentlichkeit und Privatheit. ›Das Private öffentlich machen‹, eine der wesentlichen Forderungen der ›hedonistischen Linken‹, wird in dem von Frauen bestimmten Tanztheater realisiert. Hierin lag und liegt der politische Gehalt des Tanztheaters. Gesellschaftliche Macht zeigt sich hier vor allem als alltägliche körperliche Begrenzung, während die Subjektwerdung des Körpers als entscheidende Grundlage zur Selbstverwirklichung begriffen wird: »*Nicht nur das Bedürfnis nach Mitteilung, nach Demonstration oder Agitation gab für Pina Bausch den Ausschlag zum Handeln, sondern der Wunsch nach Selbstverwirklichung, nach subjektiver Erfahrung (…). Mit Pina Bausch zog das Private in das Tanztheater ein.*«[49]

Im Tanztheater wird der Körper als Produzent, Instrument und Resultat gesellschaftlicher Machtverhältnisse zum Gegenstand des Interesses. Seine Instrumentalisierung im Alltag wie im Tanz, die Deformierung seiner sprachlichen Zeichen, die körperliche (Selbst-)Dressur bilden die Grundlage der Geschichten über die eigenen Selbstbeschränkungen, über das gestörte Verhältnis des einzelnen zur Gruppe, über die entfremdete Beziehung der Geschlechter zueinander: »*Bilder und Szenenfolgen des Tanztheaters von Reinhild Hoffmann führen gesellschaftliche Rollenzuweisung, Mechanismen der Begrenzung und die Einpassung in Konventionen vor. Der Körper erzählt in Haltungen und Verhalten vom Beschneiden der Wünsche, dem Zugriff von außen (…). Zusammenhänge werden sichtbar, Handlungen des Alltags treten als Rituale hervor.*«[50]

Selbst die Kostüme, wie Stöckelschuhe, enge Kleider, Korsetts und Anzüge, entstammten der Alltagswelt und erweisen sich als Instrumente der körperlichen Zurichtung. Im Gegensatz zu ›tutu‹ und Spitzenschuh, die unbewußt die Disziplinierung und gleichzeitige Idealisierung des tanzenden Körpers unterstrichen, dient die Kleidung hier als ein bewußt gesetztes Zeichen für die begrenzenden Möglichkeiten körperlicher Bewegungserfahrung. Gerade die bunte Vielfalt der genutzten Frauenkleider dient als Metapher für die Ambivalenz des Körperwerts der Frau.

Ein derartiges Tanztheater macht deutlich, daß die Geschichte des Tanzes und speziell der Tanzkunst sich als eine gesellschaftliche wie auch individuelle Zivilisationsgeschichte der Körper schreiben läßt. Im Gegensatz zum Ausdruckstanz wird hier nicht ein ursprünglicher, natürlicher Körper idealisiert, sondern körperliche Selbstdisziplinierung und Affektkontrolle ebenso wie die Kontrollen und Beschränkungen durch andere realitätsnah thematisiert. Ein neues tänzerisches Körperideal, das die zivilisationsgeschichtliche Geprägtheit der Körper ignoriert, ist dabei nicht intendiert. Vielmehr werden die Widersprüche zwischen dem technisch perfektionierten Körper, dem gleichzeitig zum Ideal erhobenen autonomen Individuum und den alltäglichen Erfahrungen eines ›zerstückelten‹ Körpers bewußt gemacht. Zugleich entpuppt sich über die Thematisierung der gesellschaftlichen Verformungen individueller Körper das Konzept einer geschichts- und gesellschaftsunabhängigen, scheinbar geschlechtsneutralen Natur des Menschen als äußerst fragwürdig. Vielmehr wird hier menschliche Natur als die soziale Natur des Menschen vorgestellt. Raimund Hoghe, Dramaturg beim Wuppertaler Tanztheater, notierte bei den Proben zu dem Stück ›Keuschheitslegende‹ 1979: »*Angriffsfläche Mensch.* ›*Wir zeichnen verletzbare Stellen auf den Körper und zeigen, warum sie verletzbar sind‹. Augen, Herz, Hals, Haare, Bauch, Hoden, Penis, Brust: gezeichnet, geboxt, getreten, herausgerissen, abgeschnitten, verletzt.*«[51]

Pina Bauschs Tanztheaterstücke beschränken sich aber nicht nur auf die Zurschaustellung der zugerichteten Körper, sondern lassen gleichzeitig auch Wünsche, Träume und das Aufbegehren gegen die Verdrängung der körperlichen Realität sichtbar werden: »*Wenn der Vorhang aufgeht, fangen die Körper an zu reden. Sie erzählen bewegt von ihren Freuden und Leiden. Sie drehen sich an der langen Leine ihrer Geschichte. Die Tanzenden reden eine neue Sprache. Es ist eine mimetische Sprache. Sie spricht nicht in Rätseln, nicht von*

Werten, vom ›ganz anderen‹ oder einer Utopie. Sie ahmt nach. Sie spielt den Verhältnissen ihre ›eigene Melodie‹ vor, ›um sie zum Tanzen zu bringen‹.«[52]

Die Darstellung der körperlichen Begrenzungen, dargestellt in ihrem Geflecht von Selbst- und Fremddisziplinierungen, zielt auf eine andere Ästhetik der Sinne, auf eine veränderte Wahrnehmung menschlichen Verhaltens. Der spielerische Umgang mit einem verinnerlichten Normen- und Wertsystem offenbart sich als eine Suche nach einer neuen sinnlichen Erfahrung jenseits des selbstbeschränkenden körperfeindlichen Alltags. Ziel dieser Ausbruchsutopien bildet nicht in erster Linie der Wunsch, die Verhältnisse zum Tanzen zu bringen; vielmehr ist primär intendiert, über eine veränderte Wahrnehmung Assoziationen zu wecken und eine neue Sinnenordnung zu konstruieren.

Für die Tanzkunst bedeutet dies, sich auf das unmittelbarste Mittel des Tanzes, den Körper zurückzubesinnen und das Tanzen selbst wieder zu erlernen. Der Weg zu einer (Wieder-)Entdeckung der körperlichen Potentiale beinhaltet gleichzeitig, die neuzeitliche Geschichte der Tanzkunst ihres verkünstelten und idealisierten Charakters zu entheben, ohne allerdings, wie im Ausdruckstanz, einer rückwärtsgewandten Utopie zu verfallen.

Vielmehr gilt es, neue tanzästhetische Elemente ausfindig zu machen, deren Bewegungssprache den gesellschaftlichen wie körperlichen Erfahrungen der einzelnen TänzerInnen erwachsen. Die Grenzen der tradierten Tanzästhetik werden dabei in gleichem Maße überschritten wie sich diese Bewegungssprache auf die Rationalität und Subjekthaftigkeit des Körpers besinnt: »*Ich glaube, man muß erst wieder tanzen lernen oder man muß erst wieder was anderes lernen – dann kann man vielleicht wieder tanzen.*«[53]

Für Pina Bausch setzt Tanz bei dem Menschen an, seiner Persönlichkeit, der subjektiven Wahrnehmung und Verarbeitung seiner eigenen Geschichte. Wie andere KünstlerInnen sieht sie in der Subjektivität des Menschen die Ansatzpunkte der choreographischen Arbeit. Über Improvisationen, in denen die Tänzer die von den Choreographinnen genannten Bewegungsaufgaben – Assoziationen, Bilder zu einem bestimmten Thema – in einen körperlich-individuellen Ausdruck bringen, fließt die Persönlichkeit der Tanzenden in die Choreographie mit ein.

»*Ich denke, es ist ehrlicher, was wir tun (…). Ich denke, der Zuschauer weiß auch nicht, wie privat es ist (…). Doch alle Sachen, die Du auf der Bühne machst, haben etwas mit Dir zu tun – its really something from my life,*«[54] so charakterisiert Meryl Tankard, Tänzerin am Wuppertaler Tanztheater, ihre Arbeit.

Formen und Inhalte der Choreographien sind im Tanztheater, im Gegensatz zum klassischen Ballett und auch im Unterschied zum Ausdruckstanz, nicht ausschließlich von den Choreographinnen erdacht, während die Tänzer als Ausführende deren ›Kopfgeburten‹ lediglich materialisieren. Vielmehr haben die Stücke neben der Beachtung der Subjektivität der einzelnen Tänzer kollektive Arbeitsweisen zur Grundlage, die sich auf die kommunikative Bedeutung und Funktion des Tanzes besinnen. Aber trotz dieses individuell wie sozial emanzipatorischen Ansatzes sind diese tanzkünstlerischen Ansätze mit einer neuen Problematik konfrontiert: Indem die Stücke von der Subjektivität der Tänzer leben, entscheiden die Choreographinnen nicht nur über die Rolle, die der einzelne Tänzer erhält, sondern gleichzeitig darüber, wann und wie er »*…sich öffnet und zugibt – mit seinen Widersprüchen und Sehnsüchten, Lust, Trauer, Komplexen, Schwächen, seinen Träumen und seiner Realität.*«[55] Denn das Tanztheater schöpft nicht nur von der technischen Perfektion der TänzerInnen, die allesamt klassisch ausgebildet sind und nach wie vor ein tägliches Balletttraining absolvieren. Vielmehr basiert die neue, das klassische Ideal transzendierende Tanzästhetik noch auf dem Postulat der Offenheit gegenüber den intimsten, privatesten Empfindungen. Wenn auf der einen Seite die ehemaligen BallettänzerInnen selbst die totale Auseinandersetzung mit ihrem Körper als ein weniger entfremdetes Dasein empfinden,[56] präsentieren sie auf der Bühne nunmehr anstatt eines technisierten, zum Ideal geronnenen Körpers ihre ›innersten‹ Gefühlswelten mithilfe eines technisch perfekten Körpers. Die Tänzer sind auf den totalen Ausverkauf ihres Körpers verpflichtet und dies z. T. innerhalb von städtischen Theatern, den traditionellen Hochburgen der affirmativen bürgerlichen Kultur. Die künstlerische Radikalität des Tanztheaters findet hier ihre

Kehrseite. Die Zuschauer wiederum können dem zusehen, wozu sie selbst nicht mehr in der Lage sind, was aber dennoch die Zivilisationskritischen unter ihnen ersehnen: die Auseinandersetzung mit dem eigenen, längst zum Schweigen gebrachten Körper wie auch die Rückbesinnung auf die eigene Körperlichkeit, die den vernunftgeleiteten und leistungsorientierten Individuen wieder als ein brennendes Problem erscheint.

Mit dem ›Realismus‹ des Tanztheaters, dem unerbittlichen Aufzeigen körperlicher Grenzen und verinnerlichter Konventionen, scheint ein Endpunkt der Zivilisationsgeschichte des Körpers und des Tanzes erreicht zu sein: der Tanz wird auf sein unmittelbarstes Medium zurückgeführt. Der Körper, in einem langfristigen Zivilisationsprozeß zum Schweigen gebracht, erhält wieder eine Sprache. Aber das Tanztheater zeichnet ebensowenig den zivilisationsgeschichtlichen Endpunkt wie es eine Modeerscheinung ist. Vielmehr bildet es einen Teil eines gesamtgesellschaftlichen ›Zivilisationsschubes‹. Als dessen künstlerischer Beitrag knüpfte das Tanztheater an den letzten ›Schub‹ des Ausdruckstanzes an, wiederholte ihn aber nicht, sondern modifizierte dessen ästhetische Prinzipien entsprechend des veränderten gesellschaftlichen Entwicklungsstandes. Die siebziger Jahre waren das Jahrzehnt der ›Abklärung‹, der nüchternen, realistischen Betrachtungsweise und Analyse der gesellschaftlichen Wirklichkeit, selbst innerhalb der zivilisationskritischen Bewegung. Die auf diesem Hintergrund neu entwickelte Tanzästhetik war eine ›Revolution‹ im Rahmen der evolutiven Entwicklung der neuzeitlichen Geschichte der Tanzkunst. Indem das Tanztheater der gesellschaftlichen und kulturellen Geprägtheit des Körpers Beachtung schenkt, entfernt es sich gleichzeitig von den ästhetischen Idealen der ›zivilisierten‹, sprich: bürgerlichen Tanzkunst. An der Geschichte des Tanztheaters erweist sich, daß Tanzgeschichte, wie die allgemeine Zivilisationsgeschichte auch, nicht nur als Progression zu verstehen ist, sondern gleichzeitig auch als Verlust: wie auch schon im Ausdruckstanz als Verlust traditioneller tanzästhetischer Formen. Auch im Tanztheater schließt die Rückbesinnung auf den eigenen Körper die Reproduktion zivilisierter Tanzformen aus.

Gleichzeitig kommt »die Emanzipation des Tanzes zu seinen

eigenen Mitteln«[57] dem Versuch gleich, den Körper wieder als Subjekt des geschichtlichen Prozesses lebendig werden zu lassen. Den Körper zum Subjekt erheben zu wollen, bedeutet gleichzeitig, von seiner konkreten soziogenetischen Abhängigkeit abstrahieren zu wollen. Angesichts der aufgezeigten Trends der langfristigen Zivilisationsgeschichte wie auch hinsichtlich der derzeitigen Entwicklung zu einer zunehmend differenzierten und technisierten Gesellschaft interpretieren Horkheimer/Adorno dies als ein mühevolles, wenn nicht aussichtsloses Unternehmen, denn: *»Der Körper ist nicht wieder zurückzuverwandeln in den Leib. Er bleibt die Leiche, auch wenn er noch so sehr ertüchtigt wird.«*[58]

Auf dem Weg zur Emanzipation der Tänzerin?

»Zum erstem Mal gab es in der Bundesrepublik wichtiges Theater, das von Frauen gemacht wurde. Daß dies im Ballett geschah, statt im Schauspiel, ist nicht verwunderlich, hatte es doch in der ›Körperkunst‹ Tanz für Frauen seit jeher mehr Freiheiten gegeben als in der ›Kopfkunst‹ Theater,«[59] resümierte Renate Klett die künstlerische Arbeit Pina Bauschs und Reinhild Hoffmanns begeistert. Tatsächlich ist auffällig, daß das Tanztheater, obwohl zunächst von männlichen Choreographen initiiert, seine ästhetischen Leitlinien durch Frauen gewann. Neben den genannten, noch heute führenden Choreographinnen weitete sich die Dominanz von Frauen nicht nur an städtischen Theatern, sondern auch auf den sich seit Anfang der achtziger Jahre rapide ausbreitenden Bereich der ›freien‹ Tanzszene aus. Auch dort beherrschen Choreographinnen zunehmend das Tanzgeschehen.

Das Phänomen der weiblichen Dominanz in der Tanzkunst ist aber keineswegs neu. Neu ist vielmehr der Versuch seitens der Künstlerinnen, das Schauspiel in den Tanz zu integrieren[60], wie auch die Tatsache, daß zunehmend Frauen als künstlerische Leiterinnen von Ballettensembles an den städtischen Theatern engagiert wurden. Im Gegensatz zum Ausdruckstanz, dessen innovative Kraft für die Tänzerinnen gerade darin bestanden hatte, jenseits des etablierten Theaterbetriebes und seiner Balletttradition neue tanzästhetische Prinzipien wie auch ein neues Bewußtsein als Tänzerinnen zu entwickeln, eröffnete das Tanztheater hier Wege zu einer ›Gleichberechtigung‹ der Frau und ›ihrer‹ Kunst innerhalb des etablierten Kulturbetriebes.

Aber nicht zufälligerweise standen die neuen tanzkünstlerischen Ansätze von Pina Bausch, Reinhild Hoffmann und Susanne Linke in der Tradition des Ausdrucksstanzes. Die Pionierinnen und noch heute führenden Choreographinnen des Tanztheaters waren an der in den fünfziger Jahren ins künstlerische Abseits gedrängten Folkwangschule Essen im Sinne der tanzästhetischen Leitlinien des Joossschen Tanztheaters ausgebildet. Diese Tanzsozialisation vollzog sich nicht nur jenseits des herrschenden Ballettbetriebes, sondern vermittelte auch eine modifizierte Philosophie des Ausdruckstanzes, hatte doch Jooss schon am Ende der zwanziger Jahre diesen für überholt erklärt und für eine Annäherung von Schauspiel und Tanz plädiert. Diese Ausbildungserfahrungen bildeten die Voraussetzung für eine Weiterführung der ehemals revolutionären Tanzkunst. Eine Parallele zu den Arbeitsbedingungen der Ausdruckstänzerinnen der zwanziger Jahre lag in dem zivilisationskritischen ›Geist der Zeit‹. Wie diese konnten auch die jungen Choreographinnen im Zuge einer gesellschaftlichen Aufbruchsstimmung neue Ansätze zu einer Tanzkunst entwickeln. Wie schon fünfzig Jahre zuvor, spielte auch hier das in Zusammmmenhang mit der Neuen Frauenbewegung sich entwickelnde neue (Selbst-)Bewußtsein der Frauen eine nicht unwesentliche Rolle. Gerade die Frauen der ›68er-Generation‹, in der Zeit frauenfeindlichster Politik unter den Nationalsozialisten geboren und unter der frauendiskriminierenden Familienpolitik der Adenauer-Ära groß geworden, begannen, sich ihrer eigenen historischen, sozialen und politischen Situation bewußt zu werden. Die daraus resultierende Forderung nach Gleichberechtigung und Autonomie im öffentlichen wie im privaten Bereich schloß gleichzeitig das Bestreben nach Selbstfindung und Selbstverwirklichung mit ein, ein Begehren, das auch schon bei den Ausdruckstänzerinnen ein wesentliches Motiv ihres tanzkünstlerischen Schaffens gewesen war. Hier wie dort stand es in enger Verbindung mit dem Wunsch nach einer Beschäftigung mit dem eigenen Körper, ein Wunsch, der innerhalb der Neuen Frauenbewegung mit der Forderung nach Selbstbestimmung über die eigene Körperlichkeit und Sexualität verknüpft war.

Die Thematisierung der eigenen Subjektivität innerhalb der Frauenbewegung reihte sich ein in eine Veränderung des allgemeinen gesellschaftlichen und politischen Klimas zu Beginn der siebziger Jahre, in der sich auch eine Verschiebung der gesellschaftskritischen Forderungen der 68er-Generation zugunsten einer ›Neuen Innerlichkeit‹ abzeichnete. Die zuvor gegen bestehende gesellschaftliche Machtstrukturen gerichtete politische Agitation verlor zunehmend an gesellschaftlicher Kraft. Eine Folge wie auch eine Bedingung dieser Entwicklung war die Rückbesinnung auf das dabei Vergessene, auf die eigenen Bedürfnisse. Selbstverwirklichung, als Begriff bürgerlicher Scheinautonomie einst verpönt, wurde zum Stichwort derjenigen, die die Emanzipation des Individuums als Voraussetzung für eine gesamtgesellschaftliche Umwälzung anerkannten. Unter theoretischer Anleitung der Schriften Herbert Marcuses begaben sie sich auf die Suche nach ihren ›wahren‹ Bedürfnissen, die sie hinter den ›unechten‹ verschüttet glaubten. Von diesem politischen Klima ebenso beeinflußt wie von den Pionierinnen des deutschen Ausdruckstanzes und des amerikanischen modern dance, begannen die jungen Choreographinnen zunächst als Solistinnen. In den Soli thematisierten sie das Selbstbestimmungsrecht auch der Tänzerin über ihren eigenen Körper. Die eigene ›innere Bewegtheit‹ wurde zum Angelpunkt der künstlerischen Arbeit.

Aber nicht nur die Soloproduktionen, sondern auch die späteren gruppenchoreographischen Werke zeichneten sich durch die Thematisierung individueller und kollektiver Gefühlswelten aus. Pina Bausch beispielsweise erklärte, sie interessiere sich nicht dafür, wie die Menschen sich bewegen, sondern was sie bewegt.[61] Ihre Fragen richten sich auf den Zusammenhang zwischen subjektiver Empfindung und Körperausdruck im Tanz: »*Warum machen wir das denn? Warum tanzen wir überhaupt? Es ist ganz gefährlich, wohin sich das im Moment oder in den letzten Jahren entwickelt hat. Alles ist Routine, und niemand weiß mehr, warum macht man denn die Bewegungen?*«[62]

Ebenso wie sie, hält auch Susanne Linke die ›innere Bewegtheit‹ für das entscheidende Moment der tänzerischen Ausdrucks: »*Der Tanz soll immer einen Sinn haben. Es wird stets nach der Bedeutung oder dem Inhalt einer Bewegung gefragt. Dieser Inhalt (...) soll aber fast automatisch auf die Psyche, auf das Innere des Menschen eingehen (...). Es hat mich immer mehr interessiert, was sich im Inneren eines Menschen bewegt und das zu tanzen.*«[63]

Obwohl die Choreographinnen damit implizit eine Einheit von Körper-Seele-Geist unterstellen, orientieren sie sich nicht an einem traditionellen Natürlichkeitsideal, sondern an der am eigenen Leibe erfahrenen körperlichen Zurichtung: »*Die Sprache des Körpers erzählt von den Wunden der Zivilisation. Seine größte Verwundung erlitt der Körper am Geschlecht, dort, wo er sich selbst am nächsten ist.*«[64]

Gerade in den autobiographischen Werken Susanne Linkes wie auch in den Soloproduktionen Reinhild Hoffmanns dominieren die systematische Beschränkung weiblichen Lebensraums sowie die (Selbst-) Ausgrenzung weiblicher Produktivität durch gesellschaftliche Konventionen. Aber auch die Gruppenchoreographien Hoffmanns und Bauschs thematisieren die sexuelle Ausbeutung der Frau durch den Mann sowie den Warenwert und Objektcharakter ihres Körpers. In diese Thematik einzuordnen ist beispielsweise das Bauschsche Stück »Die sieben Todsünden«, eine Brechtsche Adaption von 1976, das Müller/Servos folgendermaßen beschreiben: »*Bei ihr steht das Schicksal der Frau im Zentrum, die ihre Haut zu Markte tragen muß. Ware ist Anna II in erster Linie für die Männer (...). Ausbeutung bedeutet hier Ausbeutung durch den Mann.*«[65]

Trotz dieser Parteinahme für die Frau erzählen die Stücke nicht nur von den unterdrückten, entwürdigten Frauen, sondern auch von den Frauen/Tänzerinnen, die gegen die Widerstände ankämpfen und von den Frauen, die die herrschenden Weiblichkeitsbilder akzeptieren und bewußt in bezug auf die Männer einsetzen. Gleichzeitig werden auch Ängste, die der Männer und der Frauen, als verinnerlichte Fremdzwänge sichtbar. Während der Proben zu dem Stück ›Keuschheitslegende‹ notierte Raimund Hoghe: »*Menschen stellen sich vor und wollen unerkannt bleiben. Legen Klei-*

dungsstücke ab – behalten die Scheu, erkannt zu werden. Entblö-
ßen sich und verschwinden unerkannt. Zeigen und verstecken sich.
Äußern Gefühle, um sich gleich darauf erneut zu verbergen – als
habe man sich zu weit vorgewagt, zuviel preisgegeben, zu viele
verletzbare Stellen offenbart.«[66]

Während Reinhild Hoffmann bei der Darstellung der Geschlechterbeziehungen ihre Priorität auf die Beschreibung der
Unterdrückung der Frau durch den Mann legt, zeigt Pina Bausch
das Verhältnis zwischen Männern und Frauen eher als eine beider-
seitige Erfahrung der Unmöglichkeit des Sich-Näherns, der Kommunikation, der Liebe. Der Wunsch, geliebt zu werden, wie auch
die Angst vor Entblößung ist dabei immer wieder als Motiv der
Annäherung und des Entfernens erkennbar: *»Annäherungen rufen*
Abwehrreaktionen hervor, Zärtlichkeiten werden als Gewalt emp-
funden, Berührungen werden zu Schlägen. In Pina Bauschs Stük-
ken erfahren Menschen, daß ihre Handlungen, Wünsche, Bezie-
hungen häufig zu etwas ganz anderem werden.«[67]

Dargestellt wird die Verinnerlichung von Selbst- und Körperkontrollen, die Frauen und Männer gleichermaßen betreffen, beide

51 Reinhild Hoffmann

fremdbestimmt sein lassen. Die Angst, den Selbstzwängen nicht gerecht zu werden, peinlich zu wirken, ist beiden Geschlechtern eigen.

Die Themen der Choreographinnen des Tanztheaters behandeln mit Liebe, Einsamkeit, Sehnsucht, Angst, Aggression, Selbstbegrenzung und Tod, gesellschaftlich und kulturell übergreifende Fragen menschlicher Existenz, die auch schon die Ausdruckstänzerinnen tänzerisch umsetzten. Während der Ausdruckstanz diese Thematiken aber in der Verbindung des ›autonomen‹ Menschen zum Kosmos behandelte, werden sie im Tanztheater in ihren konkreten Auswirkungen auf den Alltag dargestellt. Expressionismus dort, Realismus hier: die Thematisierung der dem Menschen ureigensten Gefühle scheint ›Sache der Frau‹ zu bleiben: *»Und so gesehen ist der Tanz eben doch eine Domäne des Weiblichen, also des Fühlens, des Schmerz-Aushaltens (...). Und so ist es auch nicht weiter verwunderlich, daß die Frauen im Ballettbereich auf dem Vormarsch sind wie in keinem anderen Bereich des Theaters,«*[68] schreibt Edmund Gleede, ehemaliger Dramaturg bei Pina Bausch, bei dem Versuch, die feministischen Gedanken der französischen Verhaltensforscherin Evelyne Sullerot[69] über die Andersartigkeit der Frau auf den Tanz zu übertragen.

Schon seit Beginn der bürgerlichen Gesellschaft galt die Thematisierung des Privaten, der Gefühle wie der Körperlichkeit, der Geschlechterbeziehungen wie der Liebe als eine weibliche Domäne, mit der gleichzeitig die gesellschaftliche Ausgrenzung von Frauen gerechtfertigt wurde. Im Lichte der ›neuen Innerlichkeit‹ in den Siebzigern erfuhr diese soziale Bestimmung des Weiblichen, ähnlich wie in der romantischen Bewegung des neunzehnten Jahrhunderts und der Rhythmus- und Gymnastikbewegung der zwanziger Jahre, eine Aufwertung. Gleichzeitig wurde die Entdeckung der eigenen Gefühlswelten als die einzige Möglichkeit angesehen, der körper- und lustfeindlichen Zivilisation zu entfliehen. Die gesellschaftliche Bestimmung der weiblichen Natur, die die ›Andersartigkeit‹ und ideelle wie soziale Ausgrenzung der Frauen bewirkt hatte, wurde in dieser Phase gesellschaftlichen Aufbruchs wieder als ein Weg zu einer weiblichen Emanzipation, und diese als ›Befreiung‹ der zivilisierten Menschheit schlechthin begriffen. Ansatzpunkte dafür schien das ›private‹ Erfahrungstheater zu verwirklichen.

Dessen Choreographinnen aber stehen einer feministischen Interpretation ihrer Stücke eher mißtrauisch gegenüber: »*Feminismus – vielleicht weil das so ein Modewort geworden ist –, da ziehe ich mich immer in ein Schneckenhaus zurück. Vielleicht auch, weil man da so oft eine komische Trennung zieht, die ich eigentlich nicht schön finde. Das hört sich manchmal an wie Gegeneinander statt Miteinander,*«[70] sagt Pina Bausch, und Reinhild Hoffmann antwortet auf die Frage nach einer Nähe ihres Tanztheaters zur Frauenbewegung: »*Ich sehe das nicht so. Das wird mir oft angetragen.*«[71]

Dennoch versteht sie den Tanz als eine weibliche Domäne, dies nicht nur aufgrund der quantitativen Dominanz von Frauen in der tänzerischen Ausbildung, sondern auch weil sie Tanz als eine ›Körperkunst‹ begreift: »*Richtig ist: Tanz ist die Kunstform, die sicher am persönlichsten ist, weil der Körper das Instrument ist. Ein männlicher Choreograph und ein weiblicher Choreograph, die werden eben verschiedene Bewegungen entwickeln. Tanztheater wird halt ganz stark durch die Person bestimmt, die dahinter steht.*«[72]

Auch Pina Bausch weist auf die Verbindung zwischen Tanz, Frauen und Körper hin, wenn sie sagt: »*Wahrscheinlich kann sich die Frau im Tanz mehr aus gesellschaftlichen Zwängen befreien, als sie es in anderen Künsten könnte. Das würde bedeuten, daß es sich hier um eine Frage nach der weiblichen Körperlichkeit handelt: vielleicht empfindet die Frau ihren Körper wie auch ihr Ge- und Befangensein in der Gesellschaft gerade durch den Tanz sehr stark.*«[73]

Wie Reinhild Hoffmann bestimmt auch sie das Geschlecht als eine wesentliche Größe für die Art des Tanzens und Choreographierens. Männlichkeit und Weiblichkeit sieht sie aber nicht ausschließlich durch Männer auf der einen und Frauen auf der anderen Seite repräsentiert. Vielmehr betont die Wuppertaler Choreographin die unterschiedliche Verteilung männlicher und weiblicher Anteile bei den einzelnen Menschen: »*Sicher gibt es unterschiedliche Qualitäten bei Männern und Frauen, ist das sehr verschieden bei jedem Menschen. Sicherlich sind viele Skalen von Frausein und*

Mannsein möglich und Bereiche, wo das ineinandergehen kann.«[74]

Pina Bausch richtet ihr Augenmerk in erster Linie auf die dem Menschen innewohnende Polarität des Geschlechtlichen. Dementsprechend ist auch der innere Kampf des Auslebens und Verdrängens weiblicher und männlicher Anteile das Hauptthema vieler ihrer Stücke. Indem die Tänzerinnen männliche Haltungen und die Männer Frauenpositionen ausprobieren, lassen ihre Stücke gleichzeitig die traditionelle geschlechtsspezifische Rollenverteilung brüchig werden. Ähnliche Versuche einer Grenzüberschreitung geschlechtsspezifischer Erfahrung finden sich auch in den Stücken Reinhild Hoffmanns.

Das Bestreben nach einem Ausgleich männlicher und weiblicher Prinzipien ist auch für Susanne Linke ein entscheidendes Motiv tanzkünstlerischen Schaffens. Auf die Frage, ob Tanz eine spezifisch weibliche Kunst sei, antwortet sie: »*Nein – die Tanzkunst ist keine spezifisch weibliche Kunst. Wie alle Kunst, müßte sie die beiden Pole, das sogenannt Weibliche und das sogenannt Männliche, im richtigen Gleichgewicht zum Ausdruck bringen.*«[75]

Der Wunsch nach einer innerpsychischen Integration männlicher und weiblicher Anteile beinhaltet gleichzeitig das Bestreben nach einer Aufhebung der historischen Spaltung, nach ›Ganzheit‹, ein Wunsch, der schon allein in der wenig entfremdeten Arbeit des eigenständigen künstlerischen Schaffens Möglichkeiten zur Realisierung findet. Gleichzeitig läßt dieser Wunsch auch zivilisationskritische Elemente sichtbar werden: Die Trennung von Männlichkeit und Weiblichkeit, ein wesentliches Strukturprinzip patriarchaler Gesellschaften, erhielt im Übergang zur bürgerlichen Gesellschaft durch die einseitige Repräsentation durch Männer auf der einen und Frauen auf der anderen Seite eine neue Qualität. Diese qualitativ neue Spaltung bestimmte von nun an die Alltagsrealität der Menschen, der Männer und Frauen, der Künstler und Künstlerinnen. Zunehmend verinnerlicht, führte die Polarisierung der Geschlechtscharaktere grundsätzlich zu einer Begrenzung der gesellschaftlichen wie individuellen Entfaltungsmöglichkeiten. Durch sie wurde das Geschlechtliche sozial reduziert, Männern wie Frauen eng begrenzte soziale Räume zugesprochen, die in erster Linie zu Projektionen des Nicht-Lebbaren auf das andere Geschlecht führten, die ›Menschwerdung‹ von Mann und Frau aber gleichermaßen verhinderten. Über die Verinnerlichung der Trennungen wurden Frauen und Männer gleichermaßen sich selbst wie auch dem anderen fremd. Die Aneignung der sozialen Geschlechterzuweisungen bedeutete zudem die Akzeptanz einer hierarchischen Anordnung des Geschlechtlichen, dies sowohl hinsichtlich des Herrschaftsverhältnisses zwischen den Geschlechtern wie auch in Hinblick auf die innerpsychische Anordnung des Geschlechterdualismus.

Indem das Tanztheater die Spaltung, Polarisierung und Hierarchisierung des Männlichen und Weiblichen sowie die soziale Ausgrenzung und Unterdrückung des Weiblichen als alltägliches Problem moderner, nicht konkret gefaßter Gesellschaften thematisiert, zeigt es gleichzeitig die Kehrseite: Wege zu individueller Emanzipation, zu Selbstverwirklichung werden sichtbar, die beide Geschlechter gleichermaßen betreffen. In dem Aufzeigen geschlechtsspezifischer Normierungen, der öffentlichen Präsentation innerpsychischer Verdrängungen wie auch der Konfrontation mit der deformierten Körperlichkeit beider Geschlechter bei gleichzeitiger Demonstration männlicher Macht liegt der emanzipatorische Gehalt des Tanztheaters. Eine ausschließliche Emanzipation der Frauen, die das Abhängigkeitsgeflecht der Geschlechter ignoriert, ist hier ebensowenig beabsichtigt wie die noch im Ausdruckstanz vollzogene Unterstellung einer Natürlichkeit des Weiblichen. Insofern werden in dem tanzkünstlerischen Schaffen dieser Choreographinnen Ausbrüche aus dem traditionellen Diskurs über die Natur des Weiblichen sichtbar.

Auf der anderen Seite verbleibt das »emanzipierteste Tanztheater der Gegenwart und Ballettgeschichte«[76] mit der Betonung des Persönlichen und Individuellen innerhalb der Domäne des Weiblichen, während die männlichen Choreographen, wie auch einst im Ausdruckstanz, eher ein gesellschaftskritisches, intellektuelles Tanztheater präsentieren. In Hinblick auf diese Form geschlechtsspezifischer Differenzierung erweist sich, auch auf dem Hintergrund der Zivilisationsgeschichte der Tanzkunst, die von Jochen Schmidt unterstellte »Befreiung der tanzenden Frau«[77] im Tanztheater als Teil des Mythos von der Emanzipation. Das, was als ›emanzipiert‹ erscheint, läßt sich gleichzeitig auch als ein Übergang von alten in neue Abhängigkeiten beschreiben: Zum einen erscheint die Ästhetik der Tanzkünstlerinnen nach wie vor als eine ›weibliche‹, weil individualisierende Form der Kritik an der Gesellschaft, zum anderen findet die zunehmend selbstsicherere Suche der Künstlerinnen nach Selbstverwirklichung ihre Grenze in dem männlichen Kunstverständnis eines nach wie vor von Männern dominierten etablierten Theaterbetriebes. Dessen Zwänge überwinden wollend, haben sich seit Anfang der achtziger Jahre einige Choreographinnen der ›alternativen‹ Tanzszene zugewandt. Hier zogen sie nicht nur praktische Konsequenzen aus der im etablierten Tanztheater zwangsläufig begrenzt bleibenden Kritik, sondern schufen sich auch einen ›Frei‹raum, der von ›unten‹ oder von ›außen‹ erneut Impulse für einen neuen ›Schub‹ in der Tanzkunst liefern kann. Eines sei hier schon angedeutet: »*Die sensiblen Seismographen der Szene haben es längst registriert: Eine neue Tanz-Lust greift Raum und behauptet ihr Recht auf der Bühne (…). Wo das Tanztheater, vom Übermaß erkannter Probleme gebannt, den freien Tanzlauf nur noch in wenigen, utopisch-schönen Momenten zelebrierte wie ein verlorenes Stück Heimat, gibt sich der neue Tanzwirbel ungebrochen stark. in rasendem Tempo oft macht sich die Lust am Leben wieder Luft. Vorbei scheint die Zeit der Verknappung und Ausnüchterung der Form; eine neue Lust der Fülle macht sich breit,*«[78] so beschrieb Norbert Servos Ende der achtziger Jahre die neuen Entwicklungen in der Tanzkunst. Und wieder stellen sich Fragen nach dem Charakter dieser Bewegung: »*Schreibt sie schon wieder die Geschichte der Sieger? Welche Kräfte treiben das Schwungrad dieser Bewegung? Der ›élan vital‹ einer tänzerischen Freiheitssehnsucht? Oder hektische Scheinaktivität am Rande der Katastrophe?*«[79]

52 Ina Barfuss, Heimliche Herrschaft IV, Dispersion auf Leinwand, 1983

7

Ausblick: Tanz um das eigene Selbst

Die sich im Tanztheater offenbarende Dialektik des Geschlechtlichen ist in den achtziger Jahren kein einsamer sozialutopischer Entwurf moderner Tanzkunst geblieben. Obwohl dieses Jahrzehnt keineswegs als eine Dekade des Aufbruchs zu beschreiben ist, ist es zumindest auf alltagskultureller Ebene durch eine weitverbreitete Suche und Erprobung von Neuem jenseits bislang festgeschriebener und verbindlicher Verhaltensformen gekennzeichnet. Während sich mit der ›Wende‹ Anfang der achtziger Jahre der politische Konservatismus wieder breitmachte, erfolgte eine Legalisierung ehemals ›sittenloser‹ Lebensformen: Diese kann als Abbild und zugleich als Motor eines veränderten und sich verändernden Geschlechterverhältnisses begriffen werden.[1] Ebenso wie einst die Bauern aus ihrer Schollenbindung freigesetzt, der Adel seine qua Geburt zugewiesenen Privilegien verlor, ergreift die Forderung nach Freiheit und Gleichheit immer mehr die Fundamente des hierarchischen Geschlechterverhältnisses. Nicht nur in einigen subkulturellen Milieus, sondern schichtübergreifend sind heute immer mehr Frauen und Männer auf der Suche, gegen die Dominanz irreal werdender Geschlechtsrollenvorgaben neue Formen des Sozialen zu leben. Während noch in den sechziger Jahren Ehe, Familie und Beruf die Lebenszusammenhänge des weitaus größten Teils der Bevölkerung unwiderruflich bestimmten, gibt es mittlerweile eine Vielzahl an Wahlmöglichkeiten und -zwängen. Wohngemeinschaften, Ein-Personen-Haushalte, Ehen ohne Trauschein, ›neue‹ Mutterschaft und Vaterschaft symbolisieren die breite Angebotspalette an möglichen Lebensformen. Mit ihrer sozialen Verankerung gerät die bislang stabilste Stütze der bürgerlichen

Gesellschaft, der Geschlechterdualismus, mehr und mehr ins Wanken, symbolisieren die neuen Wahlmöglichkeiten doch zugleich die Brüchigkeit der bisherigen sozialen Zuweisungen geschlechtlicher Identitäten.

Zwischen Innen und Außen: Die Geschlechterfrage

Mit der Öffnung sozialer Identitätsvorgaben wird die individuelle Biographie zunehmend aus fremden Kontrollen, traditionellen Vorgaben, Sicherheiten und überlieferten Sittengesetzen herausgelöst und der Selbstverantwortung des einzelnen zugewiesen. Entscheidungsoffenheit, Eigenverantwortung und Selbstbestimmung auf der einen, Selbstdisziplin, Kommunikationsunfähigkeit und Beziehungslosigkeit auf der anderen Seite sind die Stichworte, die das Leben von Frauen und Männern in dieser zivilisationsgeschichtlichen Phase prägen. Nach Beck/Beck-Gernsheim sind sie Metaphern eines neuen Individualisierungsschubs, der, im 18./19. Jahrhundert nur für den Mann gedacht, nunmehr in modifizierten Formen mit noch nicht absehbaren Konsequenzen auch die Frauen ergreift. In rasantem Tempo wächst die Zahl der Frauen, die aus den gesellschaftlichen Zuweisungen ihres Geschlechts auszubrechen versuchen. Sie beanspruchen für sich jene Freiheit und Gleichheit, die einst vor den Toren des ihnen zugewiesenen Lebenszusammenhangs haltmachte. Auch für sie verwandelt sich die ›weibliche Normalbiographie‹ zur Wahlbiographie; in zunehmendem Maße sind Frauen aufgefordert, eine eigene Bildungs- und Berufsexistenz aufzubauen und diese z.T. gegen tradierte Familien-, und Partnerschaftspflichten zu leben. Zunehmend verinnerlicht, kollidiert die neu gewonnene Freiheit zwangsläufig mit der traditionellen geschlechtsspezifischen Arbeitsteilung, da diese ihrem Modell nach die Trennung von Erwerbs- und Familienarbeit voraussetzt. Was heute zumeist als ein individuelles Scheitern der Frauen an der ihnen auferlegten Doppelbelastung erscheint, erweist sich als Problematik eines antiquierten Geschlechterdualismus, der Frauen und Männer auf sich ausschließende soziale Räume verweist. Zwei Erwerbsarbeitsbiographien zusammenzubinden, ist ein bislang noch nicht in dem Ausmaß bekannter Drahtseilakt, der nicht nur die Freiheit und Selbstverantwortung des einzelnen, insbesondere der Frauen, fördert, sondern auch neuartige Anforderungen schafft: Eine neue, für beide Geschlechter gültige Form der Selbstverantwortung und individuellen Mobilität bricht sich Bahn, die ihre gesellschaftliche Verankerung in der Arbeitsmarkt- und Bildungsabhängigkeit findet. Die Folge ist nicht nur eine allmähliche Freisetzung von Frauen und Männern aus den verinnerlichten Geschlechtsrollenvorgaben. Vielmehr erscheint der antiquierte Geschlechterdualismus zugleich als ein Synonym für das ungleiche Ineinanderwirken der sozial konstruierten Gegensätzlichkeiten von Arbeit und Leben, Beruf und Familie. Denn mit dem neuen Individualisierungsschub zerbricht allmählich auch der auf dem Geschlechterdualismus aufgebaute ständische Charakter der Industriegesellschaft. Wo einst die Trennung von Erwerbs- und Hausarbeit, Beruf und Familie, Mann und Frau, Männlichkeit und Weiblichkeit wesentliche Säulen der sich herausbildenden Industriegesellschaft darstellten, geht es heute um neue Formen ihrer Wiedervereinigung.

Mit dem Anstieg der Sensibilität für die offen und subtil wirkenden geschlechtsspezifischen Machtstrukturen wird gleichermaßen sichtbar, daß trotz vieler Aufbrüche nach wie vor Ungleichheiten zwischen den Geschlechtern bestehen. So haben sich einerseits in den letzten zwanzig Jahren einschneidende Veränderungen in den Lebensbedingungen von Frauen vollzogen. Bildungs- und Berufsbeteiligung, die Forderung nach Aufwertung der Hausarbeit, Empfängnisverhütung und Scheidungsrecht bezeichnen schlagwortartig die Freisetzung der Frauen aus den diskursiven Vorgaben ihres Geschlechts, die ohne weiteres nicht mehr revidierbar sind. Auf der anderen Seite stößt die durch die Angleichung weiblicher Lebensbedingungen in Bildung und Beruf geschürte Erwartung von Frauen auf eine Gleichbehandlung im beruflichen Werdegang und eine gleichberechtigte Partnerschaft nach wie vor auf die hartnäckigen Strukturen des geschlechtsspezifischen Arbeitsmarktes wie auch auf die in traditionellen Rollenklischees verhafteten Verhaltensmuster. Die Folge des Hin- und Hergerissenseins zwischen Freiheitssehnsucht, gesellschaftlichen Standards und Selbstbegrenzung sind eine Vielzahl von Widersprüchen zwischen Gleichheitserwartungen und alltäglichen Erfahrungen von Ungleichheit einerseits, Gemeinsamkeitsparolen und Festhalten an den traditionellen Geschlechterzuweisungen andererseits. Und obwohl sich die Widersprüche zuspitzen, hat der Geschlechterkonflikt bislang keineswegs seinen Höhepunkt erreicht; ein Ende ist noch nicht absehbar. Vielmehr scheint die ›Neue Unübersichtlichkeit‹ in der Geschlechterfrage erst den Anfang einer umfassenden Freisetzung der Menschen aus den gesellschaftlichen Zuschreibungen ihres Geschlechts zu markieren. Hohe Scheidungsziffern vor allem bei Langzeitehen, eine insgesamt stagnierende Heiratsquote, die sprunghaft gestiegene Zahl nichtehelicher Lebensgemeinschaften und die enorme Zunahme nichtehelicher Kinder und alleinerziehender Elternteile verdeutlichen nicht nur die allmähliche Freisetzung der Menschen aus dem System von Ehe und Familie, sondern zugleich die kurzfristige Etappe einer Geschlechterdistanz. Dieser Trend muß aber keineswegs langfristig und geradlinig in Richtung eines bindungslosen Lebens verlaufen, sondern ist zunächst ein markanter Ausdruck einer komplexen Suche jenseits generationenlang verinnerlichter Lebensvorgaben.

Die sich in dieser Such- und Erprobungsphase zwangsläufig ergebenden Konflikte zwischen den Geschlechtern lassen nicht nur die Gegensätze zwischen Männern und Frauen deutlich hervortreten, sondern offenbaren auch die Begrenztheit der eigenen geschlechtlichen Identitätskonstruktion. Der Individualisierungsschub forciert eine neue Ethik, die nunmehr für beide Geschlechter auf dem Prinzip der ›Pflicht gegenüber dem eigenen Selbst‹ beruht. Selbstverantwortung auf der einen, die Entkoppelung und Ausdifferenzierung der tradierten Lebensformen Ehe und Familie auf der anderen Seite erfordern Planungen und Absprachen, die legitimationsabhängig und damit auch prinzipiell jederzeit aufkündbar sind. Da die äußeren Vorgaben zunehmend entfallen, wird die Verständigung zwischen den Partnern wichtiger und auch schwieriger denn je, dient sie doch zugleich als Kompensator für die zunehmende Distanz und Anonymität gesellschaftlicher Kommunikationstrukturen. Mit dieser Doppelfunktion ist nicht nur die ›Beziehung‹ zumeist hoffnungslos überlastet; vielmehr entpuppt sich das in Auseinandersetzungen mit dem Partner entdeckte Andere, Fremde zugleich als Außenspiegel der eigenen Begrenzungen. An dem Anderen konkretisiert sich der Traum der eigenen Lebensgeschichte; er materialisiert die Hoffnung auf eine Aussöhnung mit den erlebten Enttäuschungen und Verletzungen. Er wird zum Angelpunkt einer Suche nach dem Fremden im eigenen Selbst, zum Spiegel des Wunschbildes vom Ich und zugleich zu seinem Zerrbild. An ihm werden die eigenen Ungereimtheiten, Widersprüche, Sehnsüchte und Ängste in gleichem Maße wie die Begrenzungen des eigenen Lebensentwurfs spürbar.

Wenn der Individualisierungsschub einerseits über die Verstärkung der Illusion eines scheinbar gesellschaftsunabhängig existierenden ›autonomen‹ Individuums den ›Tanz um das eigene Selbst‹ fördert, ermöglicht er doch Erfahrungen, die das Leben der Menschen und der Gesellschaft von ›innen‹ her tiefgreifend verändern können. Sowohl in der Kommunikation mit dem anderen wie auch bei der eigenen Selbsterkundung geht es darum, ›Räume‹ für ein eigenes Leben zu erobern. Nicht mehr die Übermacht der anonymen gesellschaftlichen Strukturen, sondern die eigenen Selbstzwänge werden zum Ausgangspunkt, von dem aus die Verhältnisse zum Tanzen gebracht werden können. »Jeder ist eine kleine Gesellschaft«, dieser Titel eines Tanztheaterstücks von Brigitta Trommler bezeichnet prägnant eine neue Sichtweise, bei der Individuelles und Soziales eine Wiedervereinigung jenseits der konstruierten Vorgaben finden. In diesem Prozeß werden zugleich die festgefügten Menschenbilder, die Frauen- wie die Männerbilder, als verinnerlichte Selbstzwänge und eigene Begrenzungen sichtbar. Über das Suchen und Ausprobieren des Neuen, Fremden kann ein offenes, auch in Abhängigkeit von der Selbstveränderung des Menschen veränderbares Menschenbild treten. Dies findet seinen Inhalt wie seine Dynamik in einem zentralen Problem: Die Begrenztheit des eigenen geschlechtlichen Identitätsentwurfs im Sozialen zu finden und ein Soziales zu definieren, das wechselseitige Selbstfindung möglich macht.

Tanz: Dialog im Ich

In dieser Frauen wie Männern historisch verordneten Such- und Erprobungsphase erlangt der Tanz seine lang entbehrte Rolle im Kanon gesellschaftlich anerkannter körperlicher Ausdrucksformen zurück. Seine ›Rehabilitierung‹ ist einerseits Symbol für die Lust auf eine spielerische Erfahrung des eigenen Körpers jenseits technisierter Sportformen, andererseits Ausdruck des neuen Individualisierungsschubs. Denn mit diesem steigt die Sehnsucht, das Leben im hier und jetzt zu genießen und nicht in Erwartung allzu ferner Gratifikationen die eigenen Wünsche zu unterdrücken. Die Verteidigung der eigenen Bedürfnisse gegen soziale Vorgaben und Verpflichtungen, die Ästhetisierung des Augenblicks in einer doch recht zweifelhaften Zukunft ist der historische Moment, in dem der Tanz (wieder) seine Wirksamkeit entfalten kann. Und wieder erfreuen sich Tänze außereuropäischer Kulturen größter Anziehungskraft, bieten diese doch die Möglichkeit, über die Erfahrung des Fremden die Normierungen des eigenen kulturellen Körpers aufzubrechen. Ob Bauchtanz, indischer Tanz, balinesischer Tanz oder afro dance, über das Erlernen dieser Tanzformen werden nicht nur fremde Körperweisheiten und Ritualisierungen, sondern zugleich die eigenen Disziplinierungen und Blockierungen am eigenen Leib spürbar. Über die Erfahrung des Ausmaßes der Körperverdrängung einerseits und des im Körper abgespeicherten Erinnerungsvermögens andererseits können sich hier neue Wahrnehmungswelten erschließen. Dennoch ist die Selbsterprobung über den Tanz keineswegs nur als Vorschein einer Freiheitssehnsucht bewertbar: auch in den neuen Tanzräumen ist die Tendenz, die körpersprachliche Kommunikation zu einem ›Tanz um das eigene Selbst‹, zum Vehikel eines falsch verstandenen Narzißmus degenerieren zu lassen, unübersehbar. Ebenso lassen die allzu rasche Institutionalisierung und Kommerzialisierung eines an Marktinteressen orientierten Tanzangebots Zweifel daran aufkommen, daß die Lust auf das Tanzen einem ›wahren‹ Bedürfnis entspringt oder doch eher aus dem medienträchtig geförderten Kult um Körperlichkeit, Schönheit und Erotik resultiert. Von dem Tanzverständnis und den methodischen und didaktischen Zugangsweisen im Unterricht abhängig, findet die Chance einer tiefgreifenden Körpererfahrung nicht zuletzt auch in einer bundesweit unterentwickelten Ausbildungssituation der TanzpädagogInnen ihre Grenzen. Gerade in dieser Hinsicht zeigen die im zivilisationsgeschichtlichen Prozeß immer wieder auftretenden Versuche einer Unterdrückung und Kontrollierung neuer ›unzivilisierter‹ Tanzformen und die gleichzeitige Formalisierung und Technisierung europäisierter Tanzstile eine nachhaltige Wirkung. Auf der anderen Seite ermöglicht aber gerade die Breite des Tanzangebots eine vielfältige Erkundung des eigenen Körpers. Die umfassende Suche nach der Entwicklung des eigenen Körperausdrucks erfüllt dabei insbesondere für Frauen eine eminent wichtige Funktion. Die Ästhetik des eigenen Körpers im Dschungel verinnerlichter Frauen-Körperbilder ausfindig zu machen, kann einen Selbsterfahrungsprozeß einleiten, bei dem nicht nur die enge Verknüpfung zwischen sozialer Geschlechterzuweisung und der Begrenztheit der eigenen Körpererfahrung offenbar wird, sondern auch die Widersprüchlichkeiten des eigenen Identitätsentwurfs körperlich erfahrbar werden. Als erlebnis- und konfliktzentrierte Therapieform erhält hier die, mittlerweile auch auf dem bundesdeutschen Therapiemarkt Fuß fassende Tanztherapie eine entscheidende Bedeutung. Mithilfe des Mediums Tanz wird hier ein Selbstfindungsprozeß eingeleitet, in dessen Verlauf sich die im Körper eingeschriebene Lebensgeschichte zugleich als das psychogenetische Abbild einer langfristigen Zivilisationsgeschichte äußert.

In einer Phase der Suche und der Erprobung befindet sich auch die zeitgenössische Tanzkunst, die mittlerweile eine differenzierte Vielfalt von Ansätzen aufweist. Diese lassen sich weder unter einer einheitlichen Richtung zusammenfassen, noch streben sie eine solche an. Obwohl sich derzeit auch hier keineswegs eine Aufbruchsbewegung anbahnt, lassen sich die jüngsten Entwicklungen insofern als innovativ bezeichnen, als sie den Blick auf bisher wenig beachtete Ausschnitte des schon Dagewesenen lenken und das Ausgewählte neu kombinieren. So gibt es einerseits eine Richtung, die sich in die Tradition des Tanztheaters einreihen läßt. Hier bilden nach wie vor Alltagsbewegungen das Material, der Tanzende gilt als

Mittler von Seelenbewegungen. Dagegen drängt der ›neue Tanz‹ nach einer ›Denaturalisierung‹ und ›Entideologisierung‹ von Bewegung. In einem z. T. rasanten Tempo äußert sich hier die Lust auf die Bewegung des Körpers; der Tänzer erscheint in erster Linie als Träger und Autor von Tanzzeichen. Die Stücke überzeugen durch die Kraft und Schönheit der körperlich-tänzerischen Bewegung; die Thematisierung der Subjektivität des Tanzenden oder eine narrative Struktur des Stückes wird zugunsten der reinen Ausdruckskraft körperlicher Bewegung abgelehnt: »*Ich bin ein wenig traurig in Anbetracht der Unfähigkeit von Tänzern, allein von der einfachen Existenz einer Bewegung berührt zu werden, von ihrer Intensität oder Poesie. Sie brauchen eine Rechtfertigung für jede Geste. Eine solche ›Modernität‹ des Ausdrucks riskiert, Konventionen im umgekehrten Sinn wiederherzustellen, vor allem aber begrenzt sie die Freiheiten und Abenteuer, die der Tanz dem individuellen Tänzer erschließt. (...) Ich meine die wirkliche Lust des Körpers an der Bewegung, an der reinen Kommunikation. Es wäre verrückt, dieses Vergnügen zu beschneiden, vor allem, weil es mit anderen zu teilen ist. Und ich glaube, daß das Publikum das braucht, die Freiheit des Körpers zu spüren.*«[2]

Die Suche nach einem breiten Angebot an Zeichen teilt diese Richtung mit den Erkundungsreisen, die das moderne Ballett unternimmt. Auch hier geht es darum, die bestehende Ballettrethorik zu zerlegen und wieder neu zusammenzusetzen mit dem Ziel, ein hohes Maß an Interpretations- und Rezeptionsmöglichkeiten zu gewähren: »*Ich will eine Vielzahl von Zeichen anbieten. Interessant ist, was zwischen den Zeichen ist: Freiheit. (...) Die Tatsache, daß es diese Möglichkeit der Wahl gibt, gibt vielleicht Hoffnung auf eine weniger repressive Form der Unterhaltung.*«[3]

Nicht nur angesichts dieser unterschiedlichen Richtungen und ihrer Verflechtungen, sondern auch wegen des heterogenen Charakters einzelner Arbeiten fällt es schwer, eine einheitliche Ästhetik des zeitgenössischen Tanzes auszumachen. Ebenso wie vielfältige Kombinationen tänzerischer und theatraler Techniken die einzelnen Produktionen prägen, wehren sich ChoreographInnen und TänzerInnen gegen eine Zuordnung zu einzelnen Stilrichtungen: »*Wir gehören nicht in die Schublade, in die wir uns selber ge-*

53 »Anna aber«, Konzept/Tanz: Annette Klar, Tanzfabrik Berlin, 1990

steckt haben. Das ist Tanztheater. Unsere Entwicklung ist offen-
sichtlich eine Entwicklung zur eigenen Sprache. Aber, wenn wir zu
etwas gehören, dann ist es Tanztheater. Nur langsam ist es auch
nicht so wichtig, daß wir das Tanztheater am Leben erhalten. das
kann in dieser Form nicht weiterleben, weil es so individuell
ist.«[4]

Für Rosamund Gilmore geht es heute nach mehr als zehnjähriger choreographischer Arbeit um die Entwicklung einer zeitgemäßen Tanzsprache, die über die Ästhetisierung des Privaten hinausgeht. Mit dieser Suche läßt sie sich in eine, zumindest ›unterirdisch‹ ver-laufende Tendenz im zeitgenössischen Tanz einreihen. Sie läßt sich beschreiben als eine Suche und Erprobung der bislang unentdeck-ten Ausdrucksmöglichkeiten des Körpers, als eine Rückkehr zur elementaren Aussagekraft der körperlichen Bewegung mit dem Ziel, den Vorschein körperlicher Freiheit sichtbar und erlebbar zu machen. In diesem Prozeß werden festgelegte Techniken, Stile und Begrifflichkeiten transzendiert; eine allmähliche Auflösung der Grenzen zwischen modernem Tanz, Tanztheater und Ballett ist die zwangsläufige Folge. Zugleich läßt diese Erprobungsphase auch eine Abgrenzung zwischen männlicher und weiblicher Kunst zu-nehmend schwierig werden, zumal Tänzer und Tänzerinnen selbst nach einem Weg suchen, der aus den festgefügten kategorialen Fremdbestimmungen herausführt. Hatte einst der Ausdruckstanz das klassische Tänzerinnenideal mit der Utopie eines ganzheitli-chen Körpers zu zerstören versucht, das Tanztheater dies wie-derum mit dem Sichtbarmachen des ›gemarterten‹ Körpers beant-wortet, geht es heute um ein offenes Wertsystem, in dem männliche wie weibliche Inhalte Platz finden können. Auf diese Weise ästhe-tisiert der Kunsttanz eine Dialektik der Geschlechter und des Geschlechtlichen direkt an der Erfahrung des eigenen Körpers. Wegweisend scheint hier vor allem der Solotanz zu sein: *»Der Solotanz ist die konzentrierteste Form der tänzerischen Aussage. Ob sein Thema einen dramatischen Charakter hat, ob es sich in Heiterkeit oder Gelächter verspielt, ob abstrakt formuliert oder pantomimisch bestimmt, ob betrachtend oder resignierend, ob him-melhoch jauchzend oder zu Tode betrübt – stets scheint sich vor den Augen des Zuschauers so etwas wie ein Dialog abzuspielen, in dem* *der Tänzer Zwiegespräche mit sich selbst und mit einem unsichtbaren Partner hält.«*[5]

Schon für Mary Wigman besaß der Solotanz eine Einzigartigkeit, die sie in einer Art *»völlig irrationalen Partnerschaft«*, hergestellt durch die Vorstellung eines idealen Geliebten, *»der an die Stelle des realen Geliebten gesetzt war«*,[6] vermutete. Zugleich symbolisiert die Imagination des idealisierten Partners das Andere im Ich. Der imaginäre Dialog mit dem Partner ist eine Metapher für den inneren Dialog mit den eigenen und fremden, weiblichen und männlichen Anteilen. Der Solotanz ist eine Ethnologie am eigenen Leib. Durch die im Ich hergestellte Spannung erscheint der Tanzende nach außen als vollkommen, als eine Einheit, als ein androgyner Menschentyp: *»Der Solist stellt, so Bohner, beide Pole des Männlichen und des Weiblichen in sich her, und zwar als einen Aspekt der Spannung.«*[7]

Interessant ist, daß sich neben Gerhard Bohner mit Susanne Linke und Arila Siegert auch die führenden Solistinnen in Deutschland der Rekonstruktion von Tänzen anderer ChoreographInnen widmen. Ob, wie Bohner dem triadischen Ballett Oskar Schlemmers oder wie Linke und Siegert den Choreographien der Ausdruckstänzerin Dore Hoyer, gemeinsam ist dieser Rekonstruktionsarbeit, daß sie über die reine Wiederherstellung des fremden Produkts weit hinausgeht. In der Überführung des Fremden in das Eigene verdoppelt sich der an sich schon dialogische Solotanz um den Dialog mit den, von einem anderen in einer anderen historischen Zeit, konstruierten Formen und Inhalten. Der Choreograph des rekonstruierten Tanzes wird zum Partner, der Tanz selbst zum Material, mit dem das Eigene aus der Erfahrung des Fremden geschaffen wird. In der nach innen verlagerten Kommunikation mit dem anderen und dessen Entäußerung in dem eigenen Werk ist die Verbindung zwischen Innen und Außen als ein wechselseitiger, voneinander abhängiger Vorgang geschaffen. Individuelles und Soziales, Eigenes und Fremdes, Weibliches und Männliches, Vergangenes und Zukünftiges finden hier eine Einheit. In dieser Hinsicht realisiert die SolotänzerIn schon immer die in den siebziger Jahren von Julia Kristeva formulierte politische Vision des Feminismus: *»Wenn wir die Gesellschaft ändern wollen, müssen wir als erstes die*

54 Susanne Linke

Inhalte unserer Projektionen von männlich und weiblich verän-
dern. (…) Das Ziel des Feminismus ist es, die Gegensätze männ-
lich/weiblich aus der Gesellschaft heraus in das Ich des einzelnen zu
verlegen und im Ich des einzelnen zur Balance und zur Versöhnung
zu bringen: wir müssen zu einem androgynen Menschentyp

kommen, zu einer Symmetrie der Geschlechter anstelle der komplementären Lebensformen.«[8]

Eine, die inneren Begrenzungen transzendierende ästhetische Praxis beinhaltet die Chance, die scheinbar unversöhnlichen Gegensätze über die Erfahrung des eigenen geschlechtlichen Körpers in ein gleichgewichtiges Spannungsverhältnis zurückzuführen. Gerade der über den Körper geführte Dialog ermöglicht, die sozial konstruierten Gegensätzlichkeiten als komplementäre Anteile des eigenen Selbst auf eine andere Art zu verstehen, als der Verstand es ermöglicht. Denn der Verstand ›versteht‹, indem er eine Erfahrung unter einer Idee erfaßt und mit Hilfe fester Begrifflichkeiten strukturiert; der Körper hingegen ›versteht‹ über die Bewußtheit seiner Sinne und Affekte: *»Erlernt ist eine Bewegung, wenn der Leib sie verstanden hat, d. h. wenn er sie seiner ›Welt‹ einverleibt hat, und seinen Leib bewegen heißt immer, durch ihn hindurch auf die Dinge abzielen, ihn einer Aufforderung entsprechen lassen, die an ihn ohne den Umweg über irgendeine Vorstellung ergeht.«*[9]

Indem die Erfahrung des Körpers Einblick gibt in eine Sinnstiftung, die derart nicht über das Bewußtsein konstituiert werden kann, eröffnet sie konkret die Zugänge zu einer Utopie jenseits sozialer Zuweisungen des Geschlechtlichen.

Die ästhetische Praxis des zeitgenössischen Tanzes trachtet ganz offensichtlich danach, die sozialen Konstruktionen des Geschlechtlichen zu überwinden. Über die spielerische Suche nach den Bewegungsmöglichkeiten des Körpers zielt der Tanz nicht nur auf eine andere Logik und auf eine Praxis ohne objektivierbare Ziele, sondern kann zugleich als Ausdruck des Anderen, des Fremden, des Unterdrückten oder des Neuen seine Wirksamkeit entfalten. Gerade dort, wo antiklassische, grenzüberschreitende Techniken bevorzugt werden, dient die unorthodoxe Suche nach der ›Freiheit‹ des Körpers dazu, den Körper zum Handeln zu bringen, die Geschichte seiner Unterdrückung und Verdrängung selbst aufzuzeichnen und zu gestalten. Die Sprache des Körpers ist sozial kodiert. Die Bestellung des Körpers zu einem linguistischen Instrument bedeutet daher implizit eine Auseinandersetzung mit der Gesellschaft. Bei der Einebnung von Innen- und Außenwelt, dem Herausgehen aus sich selbst ins Unübersichtliche und Überpersönliche übernimmt der Körper eine Dolmetscherfunktion. Er ist die Schaltstelle zwischen dem »Unräumlich Innerlichen und dem räumlich Anschaulichen der Bewegung« (Simmel), zwischen weiblicher Innen- und männlicher Außenwelt, Subjekt und Objekt, Sein und Werden. Aber diese Suche nach einer neuen Spannung zwischen den Polen bewegt sich auf einem unsicheren und schwankenden Boden. Dem Körper eine Relevanz jenseits aller Einschränkungen, Definitionen, Klassifikationen und Identifikationen zuzuweisen, ist ein bislang vorbildloses Unternehmen. Durch die ›Regression‹ auf den Körper begibt sich die zeitgenössische Tanzkunst dennoch indirekt auf die Suche nach dem anthropologischen Rest, der, in einer Zeit, wo die Wissenschaft vom Lebendigen längst gewohnt ist, in submikroskopischen Einheiten zu denken, der sinnlichen Erfahrung nur noch bruchstückhaft zugänglich ist. Während der Mensch im Lichte der Gentechnologie als ein langgestrecktes Erbmolekül aus Phosphor, Zucker und Basen, DNS genannt, definiert ist, sein Wesen sich aus einem mehr oder weniger ausbalancierten Gleichgewicht an Molekülen erklärt, provoziert die unorthodoxe Suche der Tanzkunst das Gegenteil: Den Vorschein eines Menschentypus, der über den eigenen Körper die soziale Möglichkeit entdeckt, nicht mehr das eine gegen das andere aufgeben zu müssen, sich mit nichts Partikulärem zu identifizieren, niemals nur ›eins‹ zu sein. Auf diesem Weg erscheint der Tanz als eine rationale und zugleich körperlich-sinnliche Kritik am Verhältnis von Geschlecht und Geschichte.

Schlußbetrachtungen

Tanz im Wandel gesellschaftlicher Figurationen

Soziale Bedeutungen und Funktionen des Tanzes lassen sich an den ökonomischen Verhältnissen, dem Grad und der Qualität gesellschaftlicher Organisation, den Beziehungen der Menschen untereinander und zu sich selbst ablesen. In seinen jeweiligen Formen, Stilen und Rhythmen spiegelt der Tanz den spezifischen Umgang einer gesellschaftlichen Figuration mit der äußeren Natur. Diese wiederum weist Affinitäten zu dem Verhältnis der Menschen zu ihrer eigenen vergesellschafteten ›Natur‹ und zu ihrem Körper auf. Der Umgang mit äußerer und innerer Natur steht einerseits im engen Zusammenhang mit dem Normen- und Wertsystem und dem Sitten- und Moralkodex, andererseits bilden diese den Rahmen für Formen und Stile des Tanzes. Die Besonderheit der affektiv-körperlichen Gestaltungsmittel des Tanzes verleiht der Tanzgeschichte nicht nur eine spezifische Eigendynamik, sondern verweist auch auf die unmittelbare Verflechtung des Tanzes mit den körperlich-seelischen Bedürfnissen der Menschen. Veränderungen im Tanz sind wie in kaum einem anderen Bereich gesellschaftlichen Lebens nicht rational planbar, denn Tanzen entspringt immer der ›Lust des Augenblicks‹.

Da Tanz im Bereich wechselseitiger Beeinflussung von Individuum und Gesellschaft liegt, lassen sich an der Sprache der tanzenden Körper die gesellschaftlichen Verhältnisse ablesen, selbst dann, wenn sie im Bühnentanz künstlerisch aufbereitet sind. Veränderungen der Bedeutungsgehalte und Funktionen des Tanzes spiegeln demnach den jeweiligen Stand des zivilisationsgeschichtlichen Prozesses, den Grad gesellschaftlicher Differenzierung und Funktionsteilung, die Machtbalancen zwischen den Gesellschaftsmitgliedern, insbesondere zwischen Männern und Frauen, wie auch die geforderten Verhaltensstandards wider. Eine von der Gesellschaftsgeschichte wie auch von der Körpergeschichte unabhängige Tanzgeschichte hat auf keiner Stufe des Zivilisationsprozesses existiert. So verliert beispielsweise der Tanz in dem Moment seinen magisch-rituellen Charakter, als sich das gesellschaftliche Leben selbst säkularisiert, und erst im Zuge sozialer Differenzierung entwickeln sich neue unterschiedliche Tanzrichtungen heraus, die wiederum die Funktion haben, die Lebensstile der einzelnen sozialen Schichten oder Klassen voneinander abzugrenzen.

Die Ausprägungen des jeweiligen Zivilisationsstandes werden im Tanz aber nicht nur abgebildet oder gespiegelt. Vielmehr kündigen sich über das Medium des Körpers gleichzeitig gesellschaftliche Veränderungen an. Dies wird in Phasen gesellschaftlichen Aufbruchs besonders deutlich. In seiner Funktion als körperlich-affektives Ausdrucksmedium der Menschen wie auch als Ankündiger und Spiegelbild gesellschaftlicher Umwälzungen läßt sich Tanz gleichzeitig als Produzent, Instrument und Resultat gesellschaftlicher Veränderungen charakterisieren.

Als Teil der Gesellschaftsgeschichte analysierbar, erscheinen die Entwicklungen des Tanzes als ein Wechselspiel von Trends und Gegentrends mit beständigen Vor- und Rückschritten, deren Zusammenwirken in eine bestimmte Richtung verläuft. Gegentrends zeichnen sich zumeist in Phasen gesellschaftlichen Aufbruchs, wie beispielsweise im ausgehenden Mittelalter, zur Zeit der politischen und industriellen Revolution in Europa am Ende des achtzehnten Jahrhunderts, im Übergang zu demokratischen Ordnungen zu Beginn des zwanzigsten Jahrhunderts und in der Reformphase der sechziger Jahre ab. Hier äußert sich das Brüchigwerden traditioneller gesellschaftlicher Kontrollinstanzen durch eine gelockerte Körperkontrolle und lustvolle Tanzformen. Die in diesen Tänzen zum Ausdruck kommende tänzerische Ästhetik erweist sich dabei gleichzeitig als eine sozial und generationsspezifisch differenzierte: die ›revolutionären‹ Tänze werden zunächst immer von unteren oder aufsteigenden Sozialschichten oder marginalisierten Gruppen und im zwanzigsten Jahrhundert in erster Linie von der ›aufbegehrenden‹ Unterschichtsjugend getanzt. In ihnen kommen ekstatische, körper- und lustbetonte Elemente einer im Laufe des Zivilisationsprozesses verschütteten oder verdrängten Tanztradition zum Vorschein. Der ›Fortschritt‹ im Tanz zehrt von dem Rückgriff auf eine vergessene Tradition, während das Fortschreiten zugleich immer auch ein Zurückdrängen alter Tanzformen bewirkt. Aber auch diese auf eine ›unterirdische‹ Tanzgeschichte zurückgreifenden Tänze wirken nur als kurzfristige Gegentrends: sie fügen sich langfristig in den allgemeinen Trend des Zivilisationsprozesses ein, der im Tanz in die Richtung einer zunehmenden Distanz zum eigenen Körper wie auch zu dem Körper des Tanzpartners verläuft. Aus einer langfristigen Perspektive betrachtet, verschwindet selbst aus den zunächst ›wilden‹ Tänzen allmählich der unmittelbar-erotische Umgang der Partner miteinander: der Walzer beispielsweise trägt die grundlegenden Elemente der bürgerlichen Paarbeziehung in sich, während Charleston, Shimmy, Rock'n Roll und Twist die Individualisierungstendenzen in einer zunehmend unüberschaubareren, weil hochdifferenzierten Gesellschaft spiegeln.

Desweiteren schlägt sich der langfristige zivilisationsgeschichtliche Trend zur Rationalisierung und Affektkontrolle in einer Formalisierung und Standardisierung der ehemals anarchischen Tänze nieder. Als solche werden sie von den ›oberen‹ oder konservativen Schichten, später von den ›zivilisierten‹ Völkern adaptiert, um dann im Zuge sozialer Binnendifferenzierung allmählich in weiteren Bevölkerungskreisen Fuß zu fassen. Die von Elias allgemein festgestellte Durchsetzungsbewegung von Verhaltensstandards von ›oben‹ nach ›unten‹ vollzieht sich demnach im Tanz erst, nachdem die Tänze den Prozeß ihrer Zivilisierung durch die Eliminierung ihrer unmittelbar lustvollen Elemente durchlaufen haben. Während das innovative Potential der Gesellschaftstänze zumeist von ›unten‹ stammt, erhalten sie eine stärkere soziale Breitenwirkung erst nach ihrer Standardisierung. Erst als zivilisierte Tänze übernehmen die Gesellschaftstänze eine systemstabilisierende Funktion, indem sie als Medium zum Erlernen sozialer Verhaltensstandards dienen.

Im Zuge der Standardisierung und Formalisierung ehemals ungebundener Tanzformen verschwinden gleichzeitig deren lustvoll-bedrohliche tänzerische Elemente (wieder) in den Bereich der ›unterirdischen‹ Geschichte, um in der nächsten gesellschaftlichen Aufbruchphase in modifizierter, zunehmend distanzierter Form wieder ans Tageslicht zu kommen. Da die anarchischen und subversiven Elemente der verdrängten Tanzgeschichte aber in immer kürzeren ›Schüben‹ auftauchen, gewinnen im Verlauf des Zivilisationsprozesses die restaurativen Tendenzen und gesellschaftsstabilisierenden Funktionen des Tanzes zunehmend an Bedeutung. Diese Entwicklung vollzieht sich umsomehr, als die ›revolutionären‹ Tänze selbst zunehmend an körperlicher Unmittelbarkeit verlieren, ihr Ausleben nur auf kleine Gruppen und auf gesellschaftliche ›Freiräume‹, die des Tanzlokales und des Theaters, beschränkt bleibt.

Der Prozeß der Formalisierung und Standardisierung der Tänze ist von einzelnen nicht planbar, sondern Teil eines gerichteten und strukturierten Wandels gesellschaftlicher Figurationen. Demnach resultiert die Weiterexistenz unterschiedlicher Tanzstile und die immer differenzierter werdende Vielfalt von Tanzformen aus der geographischen Ausweitung des gesellschaftlichen Interdependenzgeflechts wie auch aus Prozessen der gesellschaftlichen Binnendifferenzierung. Im Zuge dieser gesamtgesellschaftlichen Entwicklung spaltet sich im Mittelalter zunächst der Gesellschaftstanz vom Volkstanz ab, aus dem sich dann zu Beginn der Neuzeit mit der Trennung von Kunst und Alltag der Kunsttanz entwickelt. Die zunehmende innergesellschaftliche Differenzierung läßt allmählich auch innerhalb dieser drei Tanzbereiche eine Vielfalt von Tanzrichtungen und -stilen entstehen, die wiederum, ermöglicht durch eine interkulturelle Verflechtung, zunehmend durch die außereuropäische Tanztradition beeinflußt werden. Auch hier setzt sich die Spaltung des Tanzes in eine anarchisch-ekstatische auf der einen und eine ›zivilisierte‹ Richtung auf der anderen Seite fort: während die ›wilden Tänze‹ des zwanzigsten Jahrhunderts ihre Impulse der afro-amerikanischen Tanztradition entnehmen, orientieren sich Revue, Musical, Ballett und modern dance an der Tradition nordamerikanischen Tanzes.

Wenn auch in dieser Arbeit nur ein Ausschnitt der europäischen Zivilisationsgeschichte des Tanzes analysiert wurde, so zeigt der Hinweis auf die interkulturelle Verflechtung des Tanzes, das sich die aufgezeigten Trends nicht nur in diesem Kulturraum abspielen: *»Prozesse in der gleichen Richtung (...) finden sich überall, wo unter einem Konkurrenzdruck die Funktionsteilung größere Menschenräume voneinander abhängig, wo eine Monopolisierung der körperlichen Gewalt eine leidenschaftsfreiere Kooperation möglich und notwendig macht, überall, wo sich Funktionen herstellen, die eine beständige Rück- und Voraussicht auf Aktionen und Absichten anderer über viele Glieder hinweg erfordern.«*[1]

Tanz als Sozialgeschichte menschlicher Körper

Wie Tanz auf der einen Seite als Teil der Gesellschaftsgeschichte analysierbar ist, läßt er sich auf der anderen Seite als ein Teil der Zivilisationsgeschichte der menschlichen Körper interpretieren: Der tanzende Körper ist, wie alle kulturellen Körper, historisch und sozial geprägt.

Die Körper der Menschen fungieren gleichzeitig als Abbild wie auch als Basis des gesellschaftlichen Figurationswandels: hochdifferenzierte Gesellschaften, die dem einzelnen ein hohes Maß an bewußter und unbewußter Selbstkontrolle aufnötigen, bewirken einen formalisierten Ausdrucksstil, eine Verleugnung unmittelbarer und unwillkürlicher körperlicher Bedürfnisse sowie ein Mißtrauen und eine Angst gegenüber Erlebnisweisen, bei denen die bewußte Selbstkontrolle aussetzt. Auf der anderen Seite korrespondiert eine gelockerte Kontrolle gesellschaftlicher Machtinstanzen mit einer Lockerung der Körperkontrollen. Während ersteres als der allgemeine langfristige Trend des abendländischen Zivilisationsprozesses bezeichnet werden kann, zeigt sich letzteres insbesondere als Gegentrend in Zeiten gesellschaftlichen Auf- und Umbruchs.

Ebenso wie der Körper in gesellschaftlichen Machtstrukturen lokalisiert ist, spiegeln sich die gesellschaftlichen Verhältnisse im Körper wider. Als mikroskopisches Abbild des Sozialkörpers steuert die Gesellschaftlichkeit der individuellen Körperlichkeit die Art und Weise, wie der Körper subjektiv wahrgenommen wird. Indem der Mensch selbst seinen Körper dessen sozialen Gebrauch anpasst, kann dieser nicht nur als das Ergebnis historischer Veränderungen im Individuum begriffen, sondern gleichzeitig auch als Produzent und Instrument gesellschaftlichen Wandels aufgefaßt werden.

Im Verlauf des abendländischen Rationalisierungs- und Abstraktionsprozesses wird der Körper, als das materielle Fundament der Affekt- und Verhaltensmodellierungen, der Normierungen und Disziplinierungen, zunehmend in das Abseits der gesellschaftlichen Öffentlichkeit gedrängt. Er wird zum Schweigen gebracht, zu einem vom Selbst distanzierten Objekt. Dabei gerät der Körper aber keineswegs aus dem Blickfeld der gesellschaftlichen Kontrollinstanzen. Vielmehr geht mit der zivilisationsgeschichtlichen Verdrängung des Körpers dessen Aneignung und Beherrschung einher, ein Prozeß, der mit der Notwendigkeit, sich des eigenen Körpers situationsadäquat zu bedienen, in Zusammenhang steht. Der gesellschaftliche Zwang zum Selbstzwang, die soziale Notwendigkeit zur Einhaltung von Verhaltensstandards bewirkt, daß die eigene Körperlichkeit subjektiv als von dem Selbst abgespalten und isoliert wahrgenommen und erlebt wird.

Die verstärkte Desintegration des Körperlichen bildet ein wesentliches Charakteristikum des Zivilisationsprozesses. Gegentrends, in denen der Subjektcharakter des Körpers zurückgefordert wird, zeichnen sich ausschließlich in Phasen gesellschaftlichen oder auch biographischen Auf- und Umbruchs ab und sind als solche selbst auf das Ausmaß der Körperdistanzierung rückführbar. Der Grad der Körper- und Selbstdistanzierung bewirkt langfristig einen Wandel der affektiv-körperlichen Gestaltungsmittel des Tanzes in Richtung zunehmend normierender Verhaltensstandards. Die ›Körperfreundlichkeit‹ hingegen steigt lediglich in Zeiten gesellschaftlicher Auf- und Umbrüche an. Mit ihr tauchen zugleich ›freiere‹ Tanzformen auf, in denen ein erweitertes Maß an unmittelbarer Körperlichkeit auslebbar wird. Aber auch diese anarchischen Tanzformen formalisieren sich durch die Hervorhebung traditioneller, disziplinierterer Tanzstile in Phasen gesellschaftlicher Stabilisierung und Restaurierung wieder. Damit begrenzen sich auch langfristig wieder die individuellen Möglichkeiten körperlich-sinnlicher Erfahrung.

Ebenso wie verschiedene Tanzstile einen unterschiedlichen Umgang mit dem Körper erfordern und fördern, korrespondiert mit ihnen eine veränderte subjektive Wahrnehmung der eigenen Körperlichkeit, die wiederum die Wahrnehmung der gesellschaftlichen Umwelt wie auch das Handeln in dieser prägt. Auf diesem Hintergrund erscheinen ›freiere‹ Tanzformen zunächst als Indikator für eine Rückforderung des Körpers gegen den körperfeindlichen Trend des Zivilisationsprozesses. Auf den zweiten Blick werden aber auch bei den ›revolutionären‹ Tänzen der bürgerlichen Gesellschaft eine verstärkte Desintegration, eine vertiefte Abspaltung und Isolierung des Körpergeschehens von dem Selbst und zwar in Richtung des Modernisierungsprozesses sichtbar: ebenso wie sich die ›freien‹ Tänze immer mehr ›entwildern‹, ihre ›Freiheit‹ zunehmend dem Zwang zur Zwanglosigkeit unterliegt, bringt die sich emanzipatorisch verstehende Tanzkunst den steigenden Grad der Diszipliniertheit des (Tanz-)Körpers implizit durch ihre ästhetischen Ideale zum Ausdruck. So zeigt sich selbst an den Tänzen gesellschaftlicher Aufbruchsphasen, daß eine Lockerung der Körperkontrolle nunmehr über eine immer stabiler funktionierende Selbstzwangapparatur möglich wird. Mit der zunehmenden Verdrängung unmittelbarer Körperlichkeit selbst aus den ›freieren‹ Tänzen beschleunigt sich eine schon im Verlauf des Mittelalters erkennbare langfristige Tendenz zur Körperdistanzierung, wobei diese aber nicht in erster Linie über äußeren Zwang, sondern immer mehr über die Selbstdisziplinierung der Menschen erfolgt: Hochdifferenzierte Gesellschaften erfordern Möglichkeiten körperlichen Ausdrucks und Ekzesses, wobei diese zunehmend bei gleichzeitig steigender Selbstkontrolle gelebt werden.

Geschlechterbeziehungen im Tanz

In der Paarkonfiguration des modernen Gesellschaftstanzes spiegelt sich die von Elias als Trend des Zivilisationsprozesses konstatierte zunehmende Distanz zwischen den Geschlechtern wider. Während die Paartänze der ›Naturvölker‹ noch auf die Gemeinschaft bezogen sind und auch später in den Volkstänzen immer mit Gruppentänzen in Verbindung stehen, koppelt sich die Paarfiguration erst in der höfischen Gesellschaft vom Gemeinschaftstanz ab. Es entsteht der Gesellschaftstanz, dessen Voraussetzung es ist, daß der höfische Tanz seine Funktion als Vermittler politischer Botschaften verliert.

Mit der Durchsetzung der Paarkonfiguration auf Kosten des Gruppentanzes wird gleichzeitig der noch in Volkstänzen anzutreffende unmittelbare körperlich-erotische Umgang zwischen den Geschlechtern aus dem Tanz ausgegrenzt. Im Gegensatz zu mittelalterlichen Tänzen, die weitgehend eine Trennung zwischen Frauen- und Männertänzen vorschreiben, vollzieht sich dieser Prozeß aber nicht mehr über äußeren Zwang. Vielmehr bewirkt der gesellschaftliche Zwang zur Affekt- und Körperkontrolle eine zunehmende Selbstdistanz zum eigenen Körper wie auch zu dem Körper des Partners bzw. der Partnerin: es ist die allmählich sich stabilisierende Selbstzwangapparatur, die immer mehr den lustvollen und körperbetonten Umgang der Geschlechter verhindert. Mit der Verdrängung unmittelbarer Körperlichkeit, Sinnlichkeit und Sexualität aus der Paarkonfiguration des Tanzes steigen gleichzeitig die symbolischen Andeutungen des Unterdrückten an. In den standardisierten Tänzen bilden schriftlich fixierte Körperhaltungen und Schrittmuster den Rahmen für den Kontakt zwischen den Tanzpartnern, die, im Gegensatz zum Volkstanz und den ›revolutionären‹ Tänzen, so ausgerichtet sind, daß sie eine Nähe zwischen den tanzenden Körpern verhindern.

Ebenso wie der Gesellschaftstanz seinen historischen Ausgangspunkt gerade in der Abspaltung lustvoll-erotischer Beziehungen zwischen den Tanzpartnern hat, enthält dessen Paarkonfiguration eine doppelte Funktion: sie symbolisiert die soziale Gleichstellung der Frauen bei gleichzeitiger Diskriminierung. Während sich die

Gleichstellung der Geschlechter auf der einen Seite in der Integration der Frauen in den Gesellschaftstanz wie auch in identischen Schrittmustern für beide Geschlechter manifestiert, schlagen sich auf der anderen Seite in allen standardisierten Gesellschaftstänzen, ob im Menuett oder dem formalisierten Walzer, ob in dem gebändigten Charleston oder dem gesellschaftsfähigen Jive, die unterschiedlichen hierarchischen Rollenzuweisungen für Männer und Frauen nieder. Die Diskriminierung der Frauen äußert sich dabei in den Verhaltensvorschriften der standardisierten Gesellschaftstänze. Sie schreiben die Aufforderung zum und die Führung beim Tanzen dem Mann zu, während die Frau der Aufforderung zu folgen und sich im Tanz führen zu lassen hat: auch im Tanz werden die Frauen erst über die ihnen zugeschriebene Passivität zum gesellschaftlichen Wesen.

Die ›wilden Tänze‹ des zwanzigsten Jahrhunderts brechen die mittlerweile etablierte Paarfiguration wieder auf. Auch hier zeichnet sich zunächst ein weiterer ›Schub‹ zu einer Gleichstellung der Frauen ab: die durch eine gesellschaftliche Aufbruchsstimmung gekennzeichneten Tänze lassen neue Bewegungsmöglichkeiten für Frauen auch im Tanz zu. Durch den Bedeutungsverlust der traditionellen Aufforderungs- und Führungsrolle des Mannes, erhalten Frauen nun die Möglichkeit, aktiv und selbstbestimmt ihrer Tanzlust zu folgen, zumal die Tänze individuell gestaltbar sind. Die ›freien‹ Tänze bieten das Potential für eine ›Emanzipation‹ des Tanzes zu seinem eigenen Mittel, dem Körper. Dies betrifft allerdings nicht nur die Frauen; vielmehr eröffnen sich im Tanz auch Wege zu einer veränderten Paarbeziehung.

Die Wahlmöglichkeit der Frauen wie auch die durch individuelle Bewegungsformen nahezu ausgeschlossene körperliche Nähe zwischen den Partnern schlägt aber vorerst nicht in neue Formen der direkten Paarbeziehung um. Vielmehr vergrößert sich zunächst die Distanz zwischen den Partnern. Erotik mündet in Autoerotik, Kommunikation verfällt in Unverbindlichkeit; eine narzißtische Selbsterkundung des eigenen Körpers setzt sich im zwanzigsten Jahrhundert zunächst auf Kosten direkter Beziehungen zwischen den Tanzpartnern durch. Beziehungslosigkeit und Vereinsamung auf der einen, vielfältige Möglichkeiten zur Selbsterkundung des eigenen Körpers durch das breite Angebot einer differenzierten Tanzszene auf der anderen Seite kennzeichnen die Ambivalenz des Fort-Schreitens der Tanzgeschichte. An ihrem derzeitigen vorläufigen Endpunkt tanzen ›autonome Individuen‹ aber ersteinmal gleichberechtigter nebeneinander.

Tanzkunst und Weiblichkeit

Nicht auf allen Stufen des Zivilisationsprozesses gilt der Tanz als eine weibliche Kunst. Vielmehr erlangen Frauen im Bühnentanz erst eine Vormachtstellung, nachdem der Tanz aus dem öffentlichen Leben in den Bereich des Nebensächlichen, Vergnüglichen gedrängt ist. Dies vollzieht sich in den Zeiträumen, in denen der Tanz seine Funktion als Medium der Auseinandersetzung mit der Natur oder als Vermittler politischer Botschaften verliert. Obgleich die Tanzkunst dadurch an gesellschaftspolitischer Relevanz einbüßt, fließen dennoch die gesellschaftlichen Ordnungsprinzipien in die inhaltliche und formale Ästhetik der Tanzkunst ein. In der Auseinandersetzung mit Natur und dem Körper drückt sich in der Tanzkunst eine spezifische Form des Umgangs mit den sozialen Machtstrukturen aus.

Schon in der Antike übernehmen die Bühnentänze von Frauen die Funktion, die Zuschauenden an das aus dem öffentlichen Leben verdrängte Naturhafte zu erinnern. Als solche bilden sie einen Gegenpol zur männlichen Alltagswelt der Ökonomie und Politik. Etikettiert als das Schöne, aber doch Unnütze fungieren die Tänzerinnen dabei als Objekt männlicher Schaulust. Der seiner gesellschaftspolitischen Funktion beraubte Tanz wird von nun an mit dem Weiblichen identifiziert und dabei de facto abgewertet. Frauengeschichte und Tanzgeschichte, beide ein Teil einer ausgegrenzten Gesellschaftsgeschichte, zeigen hier erste Parallelen.

Wenn sich auch schon in jenen Kulturen Zusammenhänge zwischen Rolle und Status der Tänzerinnen, den herrschenden Frauenbildern und den realen Lebensbedingungen von Frauen nachweisen lassen, so treibt die sich etablierende bürgerliche Gesellschaft im Ballett die Ästhetisierung des Tänzerinnenideals bei gleichzeitiger gesellschaftlicher Diskriminierung von Frauen auf die Spitze. In einer Gesellschaft, in der Kultur und Natur, Männlichkeit und Weiblichkeit, Kunst und Alltag so radikal getrennt werden, verkörpern die Tänzerinnen die idealisierte Schönheit, aber reale Unterwerfung von Natur. Sie personifizieren die Mystik des Unerklärbaren, Bedrohlichen und Verdrängten. Als solche fungieren die Tänzerinnen gleichzeitig als Produkte, Instrumente und Produzentinnen gesellschaftlicher Machtverhältnisse, insbesondere der Macht des Mannes über die Frau. Da sie in diesen Funktionen Affinitäten zu denen des Körpers und des Tanzes selbst aufweisen, lassen sich die Tänzerinnen als die Verkörperungen der Verflechtungen zwischen der Zivilisationsgeschichte der Frauen, des Körpers und des Tanzes beschreiben.

Die Etikettierung des Tanzes als eine weibliche Kunstform vollzieht sich endgültig mit der Herausbildung des Balletts und setzt sich noch heute im Alltagsbewußtsein fort, obwohl seit Beginn des zwanzigsten Jahrhunderts zunehmend auch Männer die Entwicklung des Balletts wie auch der modernen Tanzkunst prägen. Trotz des zahlenmäßigen Anstiegs von Tänzern bleibt die Assoziation von Tanzkunst und Weiblichkeit bestehen, zumal die Frauen nach wie vor in der Überzahl sind. Dennoch verändert sich seit Beginn des zwanzigsten Jahrhunderts, auf Initiative von Frauen, das Tänzerinnenbild. Die Ausdruckstänzerinnen passen die Tanzkunst einer veränderten gesellschaftlichen Realität und einem neuen Bewegungsideal an. Das mit der gesellschaftlichen Aufbruchsphase einhergehende neue Selbstbewußtsein der Frauen schlägt sich darüber hinaus in einer von Tänzerinnen selbst formulierten Tanzästhetik nieder, die über die traditionellen Kategorien ›männlich‹ und ›weiblich‹ ebenso hinweggeht wie sie mit dem klassischen Schönheitsideal der Tänzerinnen bricht. Mit der Abkehr von den märchenhaften Inhalten des Balletts und der selbständigen Entwicklung eigener Tanzstücke besinnen sich die Tänzerinnen gleichzeitig auf ihre eigene Realität. Sie sagen sich von dem abstrakten klassischen Wunschbild des keuschen, überirdischen Wesens wie auch von der Abhängigkeit von Choreographen los. Trotz dieser Aufbrüche aus traditionellen Rollenklischees und Hierarchien bleibt die Ästhetik der Ausdruckstänzerinnen eine weibliche, denn sie gestalten mit ihrem Körper das künstlerisch, was sie ›innerlich‹ bewegt. Und beides, sowohl die Wahrnehmung des eigenen Körpers und der Umgang mit ihm wie auch die eigene Bedürfnisstruktur sind nicht nur kulturell geprägt, sondern auch ein Ergebnis geschlechtsspezifischer Sozialisation: Tanz, der immer eine sensible Aufmerksamkeit für den eigenen Körper voraussetzt, kommt der weiblichen Sozialisation eher entgegen als der des Mannes, haben Frauen doch von klein auf gelernt, ihren Körper als einen wesentlichen Bestandteil ihres Selbst zu begreifen. Darüber hinaus arbeitet eine, die menschliche Subjektivät thematisierende Tanzkunst gerade auf jener ›unterirdischen‹ Ebene, die das gesellschaftlich verdrängte Weibliche und Körperliche repräsentiert. Indem sie eine Sprache jenseits der dem Männlichen zugeschriebenen Sprache von Rationalität und instrumenteller Vernunft ausfindig zu machen sucht, thematisiert eine solche Tanzkunst, selbst wenn sie von Männern präsentiert wird, das historisch verdrängte Weibliche.

Auf der Suche nach einer anderen Ästhetik werden auch die Ausdruckstänzerinnen mystifiziert, aber nicht als Elemente im System männlicher Machtentfaltung, sondern als Künderinnen der ›Freiheit‹ des Körpers, eine Funktion, die auch die Choreographinnen des zeitgenössischen Tanztheaters wieder übernehmen. Auch sie nehmen die Dressur des (Tanz-)Körpers zum Anlaß für die Entwicklung neuer ästhetischer Leitlinien, die sie mehr denn je jenseits der ›zivilisierten‹ Tanzkunst ausfindig machen. Indem sie die Subjektivität und Körperlichkeit des Menschen in den Mittelpunkt ihrer Kunst stellen, gelten auch sie auf einer anderen Stufe des Zivilisationsprozesses als Künderinnen eines herrschaftsfreieren Umgangs mit dem eigenen Körper und mit anderen Menschen. Wie bei den Ausdruckstänzerinnen zeigt sich bei den Choreographinnen des derzeitigen Tanztheaters die historische Verbindung zwischen Frauen, Körper und Tanz von einer zivilisationskritischen Seite: die mit gesellschaftlicher Aufbruchstimmung einhergehende Kulturkritik wird hier von Frauen mit einer Rückführung des Tanzes auf sein Medium, den Körper, beantwortet. Die eigene Körperlichkeit bildet den Maßstab der tanzkünstlerischen Arbeit. Die hierin enthaltene Gesellschafts- und Kunstkritik schlägt aber auch diesmal nicht in eine politische Kritik im Sinne eines utopischen Gesamtentwurfs um, sondern äußert sich, im Gegensatz zu den politisch engagierten Werken männlicher Choreographen, als eine phänomenologische Betrachtung der Folgen zivilisationsgeschichtlicher Entwicklung auf individuelle Gefühlswelten und zwischenmenschliche Beziehungen. Wenn sich die Auseinandersetzung mit dem eigenen Körper und den eigenen Gefühlen und die Art ihrer künstlerischen Umsetzung auf dem Hintergrund des traditionellen Diskurses über Weiblichkeit auch hier als weiblich charakterisieren läßt, eröffnet das Tanztheater zugleich Wege zu einem veränderten Umgang mit dem Selbst und den anderen. In der Suche nach einer neuen Ästhetik der Sinne, nach einer Erkundung des Körpers jenseits festgefügter Begriffsraster, begrenzender Wahrnehmungswelten und einer geschlechtsspezifischen Gestensprache besteht derzeit das gesellschaftspolitische Potential einer auf der Mikroebene des Körpers arbeitenden Tanzkunst.

Anmerkungen

Einleitung

1 Die Zahlenangabe beruht auf einer statistischen Erhebung »Zur Ausbildungssituation im Tanz der BRD«, die seit Mitte 1990 von tanz AKTUELL/Berlin und tanz media/München durchgeführt wird.

2 Diese Zahl beruht ebenfalls auf der o. g. Erhebung.

3 Norbert Elias: Über den Prozeß der Zivilisation. Soziogenetische und psychogenetische Untersuchungen. 2 Bde., Frankfurt/M. 1976. Zur Rezeptionsgeschichte dieses Werkes vgl. Johan Goudsblom: Aufnahme und Kritik der Arbeiten von Norbert Elias in England, Deutschland, den Niederlanden und Frankreich. In: P. Gleichmann/J. Goudsblom/H. Korte (Hg.): Materialien zur Norbert Elias' Zivilisationstheorie. Frankfurt/M. 1978, S. 17–85; Hermann Korte: Über Norbert Elias. Das Werden eines Menschenwissenschaftlers. Frankfurt/M. 1988, S. 13–34.

4 Im folgenden ist mit dem Begriff ›Körper‹ die Synthese von biologischem Geschlecht, physischer Erscheinung, psychischer Struktur und gesellschaftlicher Repräsentation gemeint.

5 Rudolf zur Lippe: Der Sinn der Sinne. ›Der Körper‹ – eine Fiktion. In: D. Kamper/Ch. Wulf (Hg.): Das Schwinden der Sinne. Frankfurt/M. 1984, S. 298–316.

6 Dietmar Kamper/Christian Wulf (Hg.): Die Wiederkehr des Körpers. Frankfurt/M. 1982.

7 Dietmar Kamper: Einleitung: Vom Schweigen des Körpers. In: D. Kamper/V. Rittner (Hg.): Zur Geschichte des Körpers. Perspektiven einer Anthropologie. München/Wien 1976, S. 7–12.

8 Dietmar Kamper/Christoph Wulf (Hg.), 1984, a. a. O.

9 Bernd Nitschke: Die Zerstörung der Sinnlichkeit. München 1981.

10 »Unter der bekannten Geschichte Europas verläuft eine unterirdische. Sie besteht im Schicksal der durch Zivilisation verdrängten und entstellten menschlichen Instinkte und Leidenschaften (…). Von der Verstümmelung betroffen ist vor allem das Verhältnis zum Körper.« (Max Horkheimer/Theodor W. Adorno: Dialektik der Aufklärung. Frankfurt/M. 1971, S. 207).

11 Der Begriff innere Natur bezeichnet hier die Affekte, Triebbedürfnisse und die Körperlichkeit der Menschen.

12 In Anlehnung an Elias verstehe ich ›Macht‹ als ein Spannungsgefüge mit Gegenkräften innerhalb von Beziehungen. »Machtbalancen sind überall da vorhanden, wo eine funktionale Interdependenz zwischen Menschen besteht.« (Norbert Elias: Was ist Soziologie? München 1971, S. 77). Macht ist demnach niemals im ›Besitz‹ eines einzelnen, wie auch ein einzelner niemals ohne jegliche Macht ist. Vielmehr ergeben sich die Machtbalancen aus einem grundsätzlichen Bedürfnis des Menschen nach Befriedigung seiner unmittelbaren Bedürfnisse, das er nicht nur an den eigenen Körper, sondern gleichermaßen an andere Menschen richtet, was ihn gleichzeitig von dem eigenen Körper wie auch von anderen Menschen abhängig macht.

13 Der Begriff ›Figuration‹ bezeichnet das von den Menschen selbst gebildete Interdependenzgeflecht mit all seinen ständig im Wandel begriffenen spezifischen Ausformungen. ›Figuration‹ meint also nicht Abstraktionen von den Charakterista scheinbar gesellschaftslos existierender Individuen, noch ein anonymes System, das jenseits der Menschen existiert (vgl. Norbert Elias: Figuration. In: B. Schäfers (Hg.): Grundbegriffe der Soziologie. Opladen 1986, S. 88–91).

14 Einen ersten Hinweis auf diesen Zusammenhang gab Henning Eichberg in seinem Aufsatz: Immer wieder aus der Rolle tanzen. Ein kultursoziologischer Versuch, Tanzen zu deuten. In: Sportpädagogik, 9. Jg., H. 4, 1985, S. 16–19.

15 Mary Wigman: Tanz. In: Rudolf Bach: Das Mary-Wigman-Werk. Dresden 1933, S. 19–20 (hier: S. 20).

ÜBER DIE BEDEUTUNG DES TANZES: EINE HISTORISCHE SPURENSUCHE

1 Vgl. Walter Sorell: Knaurs Buch vom Tanz. Der Tanz durch die Jahrhunderte. München/Zürich 1969, S. 14.

2 Vgl. Curt Sachs: Eine Weltgeschichte des Tanzes. Hildesheim/New York 1976, S. 13 ff.; S. 24 ff. u. S. 43 ff.

3 Dies zeigte sich beispielsweise bei dem Tanz des Zauberers, einem Imitationstanz, der die Bewegung von Tieren nachahmte. Die Bedeutung des Tanzes lag aber nicht in der bloßen Nachahmung, sondern in seiner Symbolik, der magischen Inbesitznahme des Tieres, mit der der Tanzende seine Macht über die Natur und die Gewährleistung der Lebensgrundlage demonstrierte (vgl. Giovanni Calendoli: Tanz: Kult – Rhythmus – Kunst. Braunschweig 1986, S. 14).

4 Max von Boehn: Der Tanz. Berlin 1925, S. 24.

5 Max von Boehn, a. a. O., S. 24. Die Geschlechteraufteilung galt insbesondere für totemistische und schamanistische Gesellschaften, während in den späteren Ackerbaugesellschaften auch Frauentänze bei wesentlichen gesellschaftlichen Anlässen nachzuweisen sind (vgl. Curt Sachs, a. a. O., S. 121).

6 Vgl. Heide Göttner-Abendroth: Die tanzende Göttin. Prinzipien einer matriarchalen Ästhetik. 3. überarbeitete Aufl., München 1982, S. 45 ff.

7 Heide Göttner-Abendroth: Für die Musen. Frankfurt/M. 1988, S. 103 f.

8 Sir Galahad: Mütter und Amazonen. Ein Umriß weiblicher Reiche. München/Berlin 1975, S. 216.

9 Vgl. C. Cavikis: Observations sur l'education physique, les sports et les danses de la femme dans la Grece Antique. In: Hispa-Seminar Wien 1974, Bd.1, Ref.-Nr.9/1–14.

10 Vgl. Giovanni Calendoli, a. a. O., S. 18.

11 Sir Galahad, a. a. O., S. 239.

12 Rudolf Liechtenhan: Vom Tanz zum Ballett. Eine illustrierte Geschichte des Tanzes von den Anfängen bis zur Gegenwart. Zürich 1983, S. 12.

13 Vgl. Curt Sachs, a. a. O., S. 166.

14 Vgl. Werner Heinrich Scharff: Der Sport und die Frau. Diss. Erlangen 1938, S. 6.

15 Curt Sachs, a. a. O., S. 166.

16 Ernest Bornemann: Das Patriarchat. Ursprung und Zukunft unseres Gesellschaftssystems. Frankfurt/M. 1975, S. 253.

17 Ebd., S. 191.

18 Carola Reinsberg: Ehe, Hetärentum und Knabenliebe im antiken Griechenland. München 1989, S. 96.

19 Curt Sachs, a. a. O., S. 166.

20 Max Horkheimer/Theodor W. Adorno, a. a. O., S. 208.

21 Michel Foucault: Sexualität und Wahrheit. Bd. 2, Der Gebrauch der Lüste. Frankfurt/M. 1986, S. 33.

22 Vgl. Hans Peter Duerr: Nacktheit und Scham. Der Mythos vom Zivilisationsprozess. 2.Aufl., Frankfurt/M. 1988, S. 13 ff. In Entgegnung der Eliasschen Gedanken versucht Duerr hier nachzuweisen, daß Selbstkontrollen und Scham sich nicht erst seit dem Mittelalter herausgebildet haben, sondern schon in früheren Gesellschaften existierten. Michael Schroeter hat dem Autor eine unsystematische Auswahl der Quellen und eine z. T. historisch verfälschende Interpretation vorgeworfen (vgl. Michael Schroeter: ›Scham‹ im Zivilisationsprozeß? Erwiderungen auf Hans Peter Duerr. In: H. Korte (Hg.): Gesellschaftliche Prozesse und individuelle Praxis. Bochumer Vorlesungen zu Norbert Elias‹ Zivilisationstheorie. Frankfurt/M. 1990, S. 42–85).

23 Carola Reinsberg, a. a. O., S. 219.

24 Vgl. Eberhard Mehl: Gymnastik und Athletik im Denken der Römer. Amsterdam 1974. S. 5.

25 Zit. nach Angelika Tschap-Bock, Frauensport und Gesellschaft. Der Frauensport in seinen historischen und gegenwärtigen Formen. Ahrensburg bei Hamburg 1983, S. 60.

26 Curt Sachs, a. a. O., S. 167.

27 Ebd., S. 168.

28 Vgl. Hartmut Galsterer: ›Mens sana in corpore sano‹ – Der Mensch und sein Körper in römischer Zeit. In: Arthur E. Imhof (Hg.): Der Mensch und sein Körper. München 1983, S. 31–45 (hier: S. 41).

29 Norbert Elias weist in der Entwicklung Roms von der Republik bis zum frühen Kaiserreich eine Entwicklung in den Machtbalancen zwischen

den Geschlechtern nach, die von einer »extremen sozialen Unterwerfung der Frauen unter die Männer vor und in der Ehe zu einem Zustand faktischer Gleichberechtigung zwischen den Geschlechtern in der Ehe führte«. Mit diesem Prozeß ging seiner Meinung nach gleichzeitig ein höheres Niveau der Selbstdistanzierung zwischen den Geschlechtern einher (vgl. Norbert Elias: Wandlungen der Machtbalance zwischen den Geschlechtern. Eine prozeßsoziologische Untersuchung am Beispiel des antiken Römerstaates. In: KZfSS, Vol.38, Nr.2, 1986, S. 425–449 (hier. S. 428)).

30 Ernest Borneman, a.a.O., S. 489.
31 Ebd., S. 502.
32 Vgl. ebd., S. 503.
33 Ebd.
34 Seneca epist.ad.Lucil. 15,1–2, zit. nach Hartmut Galsterer, a.a.O., S. 43.
35 Karlheinz Deschner: Das Kreuz mit der Kirche. Eine Sexualgeschichte des Christentums. München 1989, S. 322.
36 Georges Bataille: Der heilige Eros. Frankfurt/Berlin/Wien 1982. S. 122.
37 Ebd., S. 121.

WEIBLICHE LEBENSBEDINGUNGEN, KÖRPERLICHKEIT UND TANZ IM MITTELALTER

1 Simone de Beauvoir: Das andere Geschlecht. Reinbek bei Hamburg 1968, S. 103; vgl. Elizabeth Gould-Davis: Am Anfang war die Frau. Die Zivilisationsgeschichte aus weiblicher Sicht. München 1977, S. 243.
2 Vgl. Michel Foucault: Überwachen und Strafen. Die Geburt des Gefängnisses. 4.Aufl., Frankfurt/M. 1981, S. 47.
3 Zit. nach Hans-Gert Roloff: Der menschliche Körper in der älteren deutschen Literatur. In: A.E. Imhof (Hg.), a.a.O., S. 83–102 (hier: S. 92).
4 Thomas von Aquin: Die Ehe. In: Die deutsche Thomas-Ausgabe. Bd.33 (Supplement), Heidelberg 1958, S. 39.
5 Ebd., S. 42.
6 Werner Affeld: Lebensformen für Frauen im Frühmittelalter. In: U.A. Becher/ J. Rüsen (Hg.): Weiblichkeit in geschichtlicher Perspektive. Fallstudien und Reflexionen zu den Grundproblemen der historischen Frauenforschung. Frankfurt/M. 1988, S. 51–78 (hier: S. 54).
7 Franz M. Boehme: Geschichte des Tanzes in Deutschland. Hildesheim 1967, S. 16.
8 Zur theoretischen Auseinandersetzung mit dem In- und Miteinander von Be- und Entgrenzungsprozessen, vgl. Gilles Deleuze/ Felix Guattari: Anti-Ödipus. Kapitalismus und Schizophrenie. Bd.1, Frankfurt/M. 1974, S. 286 ff.
9 Norbert Elias sieht das Wachstum der Bevölkerung als eine der wichtigsten Triebkräfte für gesellschaftliche Veränderungsprozesse an, vgl. Norbert Elias, 1976, Bd.2, a.a.O., S. 37 ff.

10 Norbert Elias, 1976, Bd.2, a.a.O., S. 60.

11 Damit wurde das Prädikat ›Ritter‹ zum Qualitätsbegriff für adelige Personen, während es zuvor allgemein als Bezeichnung für schwerbewaffnete Krieger benutzt wurde.

12 Als wichtigste Quellen gelten in dieser Hinsicht die höfischen Epen »Eneit« (Heinrich v. Veldeke um 1200), »Iwein« und »Erek« (beide von Hartmann v. Aue um 1200), »Parzival« (Wolfram v. Eschenbach um 1210) und »Tristan und Isolde« (Gottfried v. Straßburg um 1210).

13 Die Reihe der Kreuzzüge waren durch kirchliche Reformgedanken entzündet. Sie begannen 1096 und endeten 1270.

14 Volker Rittner: Norbert Elias: Das Konzept des Zivilisationsprozesses als Entsatz des epischen Moments durch das konstruktive. In: D. Kamper/V. Rittner (Hg.): Abstraktion und Geschichte. München und Wien 1975, S. 83–126 (hier: S. 110).

15 Walter Sorell: Der Tanz als Spiegel der Zeit. Eine Kulturgeschichte des Tanzes. Wilhelmshaven 1985, S. 35.

16 Norbert Elias, 1976, Bd.1, a.a.O., S. 110.

17 Helmut Günther/Helmut Schäfer: Vom Schamanentanz zum Rumba. Die Geschichte des Gesellschaftstanzes. 2.Aufl., Stuttgart 1975, S. 55.

18 Ebd., S. 59 f.

19 Um das wirtschaftliche Wachstum und die politische Bedeutung der Städte voranzutreiben, schafften die Landesherren die Hörigkeit der Stadtbevölkerung ab und gewährten ihnen Rechte wie Selbstverwaltung, eigenen Gerichtsbarkeit, Handels- und Gewerbefreiheit, Verteidigungsrecht sowie Zoll- und Münzrecht.

20 Um 1400 lebten ca. 15 % der deutschen Gesamtbevölkerung in Städten. Die großen Städte wie Köln, Lübeck, Nürnberg, Wien und Augsburg hatten durchschnittlich 20–30000 Einwohner.

21 Hierdurch erklärt sich auch das Verbot der Kirche, die Bibel in Landessprache zu übersetzen (vgl. John Desmond Bernal: Sozialgeschichte der Wissenschaften. 4 Bde, Reinbek bei Hamburg 1978 (hier: Bd.1, S. 301 ff.)).

22 In diesem Zusammenhang ist die bei Honnegger zitierte Interpretation des berühmten Triptychons ›Der Garten der Lüste‹ von Hieronymus Bosch durch W. Fraenger als eine freigeistig beeinflußte Darstellung rauschhafter Lust interessant (vgl. Claudia Honnegger (Hg.): Die Hexen der Neuzeit. Studien zur Sozialgeschichte eines kulturellen Deutungsmusters. Frankfurt/M. 1978, S. 39 ff.). »Eine ähnlich offene, vor allem aber so ungezierte sexuelle Literatur ist in Deutschland seitdem nicht geschrieben worden.« (Klaus Theweleit: Männerphantasien. Bd. 1, Reinbek bei Hamburg 1980, S. 316).

23 Marilyn French: Jenseits der Macht: Frauen, Männer und Moral. Reinbek bei Hamburg 1988, S. 260.

24 Klaus Theweleit, Bd.1, a.a.O., S. 308.

25 Curt Sachs, a.a.O., S. 172.

26 Vgl. ebd., S. 171.

27 Rudolf zur Lippe: Naturbeherrschung am Menschen. Bd. 1, Frankfurt/M. 1974, S. 109.

28 Vgl. ebd.

29 Walter Sorell, 1969, a.a.O., S. 39.

30 So hieß es beispielsweise in einem Polizeiedikt des 14. Jahrhunderts aus Nürnberg: »Es sol kain dienstmagt raien noch tanzen an der burgerin raien oder tantz, oder sie mus geben zwei schillinge bus.« (zit. nach: Helmut Günther/Helmut Schäfer, a.a.O., S. 61). Beachtenswert ist auch der hier vollzogene Unterschied zwischen ›raien‹ und ›tantzen‹.

31 Das älteste Tanzhaus ist 1396 in Augsburg nachgewiesen.

32 Dementsprechend lautete ein Edikt aus Bamberg aus dem Jahre 1554: »An den Abendtänzen soll sich ein jeder des Umbschwingens, Umb-drehens oder Umbwerfens der Maid oder Tänzerin, und auch des Tanzens in bloßen Hosen und ohne Wams genzlich enthalten« (zit. nach: Helmut Günther/Helmut Schäfer, a.a.O., S. 63).

33 Zit. nach John Schikowski, a.a.O., S. 57.

KÖRPERLICHKEIT UND WEIBLICHKEIT IN
DER BÜRGERLICHEN GESELLSCHAFT

1 Im deutschsprachigen Raum ist das erste Arbeitshaus 1620 in Hamburg nachgewiesen (vgl. Michel Foucault: Wahnsinn und Gesellschaft. Frankfurt/M. 1969, S. 77).

2 Lewis Mumford: Mythos der Maschine. Kultur, Technik und Macht. Frankfurt/M. 1977, S. 537.

3 »Die Tageszeiten waren durch Ereignisse gekennzeichnet, etwa wenn die Sonne über einem bestimmten Berg stand, oder (...) durch Arbeiten, die begonnen oder beendet wurden, wie das Einspannen (Morgen) und das Ausspannen (Abend) der Ochsen. Eine Zeitdauer wurde dadurch ausge-drückt, daß man sie zu allgemein bekannten Verrichtungen in Beziehung setzte, z.B. die für das Zurücklegen einer bekannten Entfernung benö-tigte Zeit oder das Kochen abgemessener Wassermengen. Jahreszeiten waren aufgrund der Wiederkehr entsprechender Ereignisse bekannt, z.B. der Aufbruch der Zugvögel.« (Josef Weizenbaum: Die Macht der Com-puter und die Ohnmacht der Vernunft. Frankfurt/M. 1977, S. 40 f.; vgl. auch: Hans-Willy Hohn: Zyklizität und Heilsgeschichte. Religiöse Zeit-erfahrung des europäischen Mittelalters. In: Ästhetik und Kommunika-tion, 10. Jg., H.45/46, 1981, S. 91 ff.).

4 Hans-Willy Hohn, a.a.O., S. 92.

5 Als Beispiel dafür können die Landgewinnung und die Bodengestaltung in Holland sowie die Konstruktion italienischer und französischer Gär-ten angesehen werden.

6 Wie z.B. Campanellas Sonnenstaat oder der calvinistische Gottesstaat.

7 Henri Lefebvre: Die Revolution der Städte. Frankfurt 1976, S. 18 f.

8 Agnes Heller: Der Mensch der Renaissance. Köln 1982, S. 191 f.

9 Norbert Elias leitet die Rationalisierung des Verhaltens und zunehmende Affektkontrolle ausschließlich aus den Strukturen und Beziehungen der höfischen Gesellschaft ab. Die Rolle des Bürgertums sieht er hauptsäch-lich darin, Auslöser von Verhaltensänderungen in Adelskreisen zu sein, deren Verhaltensstandards in erster Linie dem Zwecke sozialer Abgren-

zung dienten (vgl. Norbert Elias, 1976, Bd.2, a.a.O., S. 384). Eine autonome Rolle gesteht Elias dem Bürgertum erst nach seinem Aufstieg zur gesellschaftlichen Führungsschicht zu (vgl. ebd., S. 417 ff.).

10 Norbert Elias, 1976, Bd.1, a.a.O., S. 206 f.

11 Hans-Willy Hohn, a.a.O., S. 92 f.

12 Klaus Theweleit, 1980, Bd.1, a.a.O., S. 319. Leo Kofler betont den politischen Charakter der protestantischen Lehre, der sie von den Sektenbewegungen des ausgehenden Mittelalters unterscheidet (vgl. Leo Kofler, a.a.O., S. 210). Herbert Marcuse hingegen interpretiert das politische Moment dieser Glaubensrichtung dahingehend, daß die Ansprüche der sich emanzipierenden Individuen an die Gesellschaft auf das innere Leben verlagert, Freiheit nicht in gesellschaftlichen Veränderungen, sondern in inneren Werten gesucht werden sollte (vgl. Herbert Marcuse: Vernunft und Revolution. 2.Aufl., Darmstadt und Neuwied 1976, S. 24 f.).

13 Andreas Wehowsky: Uns beweglicher machen als wir sind – Überlegungen zu Norbert Elias. In: Ästhetik und Kommunikation, 6. Jg., H.30, 1977, S. 8–17 (hier: S. 15).

14 Das »klassische Zeitalter« ist nach Michel Foucault die Periode zwischen Descartes (1596–1650) und der französischen Revolution 1789 (vgl. Michel Foucault, 1969, a.a.O., S. 68 ff.).

15 Klaus Dörner: Bürger und Irre. Zur Sozialgeschichte und Wissenschaftssoziologie der Psychiatrie. Frankfurt/M. 1969, S. 28.

16 Das bedeutet aber keineswegs, daß die äußeren Gewalten verschwanden: Ganz im Gegenteil, sie existieren in dem modernen Staatsapparat und deren funktionsfähigen Institutionen wie Militär, Polizei, Gerichtsbarkeit und Verwaltungsbürokratie weiter fort.

17 Michel Foucault, 1981, a.a.O., S. 175.

18 Nach Elias ist die Abspaltung der körperlichen Bedürfnisse vom Bewußtsein als die sich langsam vollziehende Trennung der psychischen Instanzen Über-Ich und Es zu begreifen (vgl. Norbert Elias, 1976, Bd.1, a.a.O., S. 174 ff. u. S. 263 ff.: Ders., 1976, Bd.2, a.a.O., S. 369 ff.; Ders.: Die höfische Gesellschaft. Untersuchungen zur Soziologie des Königtums und der höfischen Aristokratie. Neuwied und Berlin 1969, S. 363 ff.).

19 Vgl. Norbert Elias, 1976, Bd.2, a.a.O., S. 397 ff.; Klaus Theweleit 1980, Bd.1, a.a.O., S. 393 ff. Beachtenswert in diesem Zusammenhang sind auch die in den zwanziger Jahren von Wilhelm Reich entwickelten Begriffe »Charakter- und Muskelpanzer« (vgl. Wilhelm Reich: Die Entdeckung des Orgons. Die Funktion des Orgasmus. Frankfurt/M. 1972).

20 Klaus Theweleit, 1980, Bd.1, a.a.O., S. 162.

21 Richard Sennett verortet die historische Genese der Polarität von Öffentlichkeit und Privatheit als gesellschaftlich institutionalisierten Bereichen in diesen Zeitraum (vgl. Richard Sennett: Verfall und Ende des öffentlichen Lebens. Die Tyrannei der Intimität. Frankfurt/M. 1986, S. 122 ff.).

22 Alexander Kluge: Die Macht der Gefühle. In: Ästhetik und Kommunikation. H.53/54, Jg.14, 1983, S. 168–203 (hier: S. 174).

23 »Die verstärkte Neigung der Menschen, sich und andere zu beobachten, ist eines der Anzeichen dafür, wie nun die ganze Frage des Verhaltens einen anderen Charakter erhält. Die Menschen formen sich und andere mit größerer Bewußtheit als im Mittelalter« (Norbert Elias, 1976, Bd.1, a. a. O., S. 102).

24 Norbert Elias, 1969, a. a. O., S. 371.

25 Diese Augenlust unterschied sich von der früheren Schau-Lust beispielsweise gegenüber Tänzerinnen insofern, als auf vorliegenden Stufen des Zivilisationsprozesses eine derartige Selbstdisziplinierung des Körpers und seiner Bedürfnisse nicht existiert hat. Triebbedürfnisse konnten sich dort noch über das Betrachten entladen, während nun die Distanz zum eigenen Körper dies verhinderte.

26 Norbert Elias, 1976, Bd.1, a. a. O., S. 281.

27 Rudolf zur Lippe, 1974, Bd.2, a. a. O., S. 228.

28 Modern times, Regie: Charlie Chaplin, USA 1936, 83 mins., b & w, mono.

29 Otto Brunner: Vom ›ganzen Haus‹ zur Familie. In H. Rosenbaum (Hg.): Seminar: Familie und Gesellschaftsstruktur. Frankfurt/M. 1978, S. 83–91 (hier: S. 89).

30 Max Horkheimer/Theodor W. Adorno, a. a. O., S. 221.

31 Zum Begriff der Arbeit vgl. Karl Marx: Das Kapital. Bd.1, MEW Bd.23, Berlin (Ost) 1975, S. 192. Zur feministischen Kritik an der Marxschen Definition von Arbeit vgl. Maria Mies: Gesellschaftliche Ursprünge geschlechtsspezifischer Arbeitsteilung. In: Frauen und »Dritte« Welt. Beiträge zur feministischen Theorie und Praxis. Bd.3, 1980, S. 61–78.

32 Zu der Interpretation der Natur als eines weiblichen Prinzips vgl. Susan Griffin: Frau und Natur. Frankfurt/M. 1987; Carolyn Merchant: Der Tod der Natur. Ökologie, Frauen und neuzeitliche Naturwissenschaften. München 1987; Christine Woesler de Panafieu: Feministische Kritik am wissenschaftlichen Androzentrismus. In: U. Beer (Hg.): Klasse Geschlecht. Feministische Gesellschaftsanalyse und Wissenschaftskritik. Bielefeld 1987, S. 84–115.

33 Silvia Bovenschen: Die imaginierte Weiblichkeit. Exemplarische Untersuchungen zur kulturgeschichtlichen und literarischen Präsentationsform des Weiblichen. 2.Aufl., Frankfurt/M. 1980, S. 31 f.

34 Zu den Strategien des normalisierenden Diskurses vgl. Michel Foucault: Die Ordnung des Diskurses. Frankfurt/M./Berlin/Wien 1977, S. 27; Ders.: Archäologie des Wissens. Frankfurt/M. 1981, S. 116.

35 Brigitte Wartmann: Verdrängungen der Weiblichkeit aus der Geschichte. In: B. Wartmann (Hg.): Weiblich – Männlich. Kulturgeschichtliche Spuren einer verdrängten Weiblichkeit. Berlin 1980, S. 7–33 (hier: S. 7 f.).

36 Johann Gottlieb Fichte: Erster Anhang des Naturrechts. Grundriss des Familienrechts. Gesammelte Werke. Bd.3, Berlin 1971, S. 309 u. 314.

37 Brigitte Wartmann, 1980, a. a. O., S. 20.

38 Das Bild Marias veränderte sich im dreizehnten Jahrhundert. Immer noch als himmlisches Wesen dargestellt, orientierte sich ihr Äußeres nun am herrschenden Schönheitsideal aristokratischer Frauen. In der Renaissance wurde Weiblichkeit und Körperlichkeit dann immer mehr

stilisiert: das Bild Marias erfuhr dadurch seine erste Säkularisierung. Maria erschien nun nach dem Vorbild der höfischen Frauen als vornehme Dame, freundlich, lächelnd und leicht kokett. (vgl. Friederike Höher, a.a.O., S. 27 ff.) Im Zeitalter des Barock wurden dann die Mariendarstellungen endgültig als strahlende Frauengestalten, umgeben von Engeln und Putten dargestellt (vgl. ebd., S. 33).

39 Das Vorbild dieser begehrten Frauenkörper bildeten zunehmend ›exotische‹ Frauen: Frauen aus überseeischen Ländern, Tänzerinnen und mit der Ausbreitung der Medienwelt im zwanzigsten Jahrhundert, Film- und Fernsehidole.

40 Edith Seifert: Einheit – Zweiheit – Ganzheit. In: B. Wartmann (Hg.), 1980, a.a.O., S. 193–201 (hier: S. 195).

41 Michel Foucault: Sexualität und Wahrheit. Bd.1, Der Wille zum Wissen. Frankfurt/M. 1983, S. 126.

42 Eduard Fuchs: Illustrierte Sittengeschichte in sechs Bänden. Bd.3: Die galante Zeit I, Frankfurt/M. 1985, S. 112.

43 Ebd., S. 145.

44 So gab es im achtzehnten Jahrhundert eine Vielzahl von Kleiderordnungen, die den Angehörigen eines bestimmten Standes versagten, Kleider eines höheren Standes zu tragen. Diese Form sozialer Hierarchisierung existiert noch heute. Gesetzliche Verbote und Bestrafungen sind aber auch bei der Kleidermode subtilen, verinnerlichten Zwängen gewichen, während die ökonomischen Möglichkeiten weiterhin die entscheidene Grundlage für eine Anpassung an die schichtspezifisch differenzierten Kleidernormen blieben.

45 Christine Woesler de Panafieu: Außen- und Innenaspekte weiblicher Körper. In: M. Klein (Hg.): Sport und Geschlecht. Reinbek bei Hamburg 1983, S. 60–74 (hier: S. 63).

46 Vgl. Sigmund Freud: Abriß der Psychoanalyse. Das Unbehagen in der Kultur. Frankfurt/M. 1972; Juliet Mitchell: Psychoanalyse und Feminismus. Freud, Reich, Laing und die Frauenbewegung. Frankfurt/M 1972.

47 Christine Woesler de Panafieu: Das Konzept von Weiblichkeit als Natur- und Maschinenkörper. In: B. Schaeffer-Hegel/B. Wartmann (Hg.): Mythos Frau. Projektionen und Inszenierungen im Patriarchat. Berlin 1984, S. 244–268 (hier: S. 255).

FRÜHBÜRGERLICHE TANZKULTUR

1 Unter professionellem Bühnentanz verstehe ich in Bezug auf die bürgerliche Gesellschaft das gestaltete und einstudierte Endergebnis tanzkünstlerischer Tätigkeit.

2 Fabritio Caroso da Sermoneta: Il Ballerino. Venedig 1581, 2.Aufl. unter dem Titel: Nobilita di Dame. 1605, S. 13–14. Zit. nach: Karl Gaulhofer: Die Fußhaltung. Ein Beitrag zur Stilgeschichte der menschlichen Bewegung. Kassel 1930, S. 114.

3 Eine genaue Beschreibung der einzelnen Tänze in: Max von Boehn: Der Tanz. Berlin 1925, S. 74–94; Helmut Günther/Helmut Schäfer, a.a.O.,

S. 87–97; Curt Sachs: Eine Weltgeschichte des Tanzes. Hildes-
heim/New York 1976, S. 239–258 u. S. 272–279; John Schikowski:
Geschichte des Tanzes. Berlin 1926, S. 62–66; Karl Heinz Taubert: Höfische Tänze. Ihre Geschichte und Choreographie. Mainz/Lon-
don/New York/Tokio 1968.

4 Eine Beschreibung dieser Tänze in: Henning Eichberg, 1978, a. a. O.,
S. 181 ff.; Helmut Günther/Helmut Schäfer, a. a. O., S. 126 ff.; Curt
Sachs, a. a. O., S. 279 ff.

5 In den höheren Sozialschichten bildeten die englischen ›Country Dan-
ces‹ den Übergang vom Menuett zum Walzer. Auch sie stellten mit ihren
ungezwungenen Formen schon einen krassen Gegensatz zu den Bewegungsmustern des Menuetts dar (vgl. Karl Heinz Taubert, a. a. O.,
S. 169 f.).

6 Vgl. Karl Heinz Taubert, a. a. O., S. 172.

7 Johann Wolfgang Goethe: Die Leiden des jungen Werther (1774).
Frankfurt/M. 1973, S. 33 f.

8 Charles Dickens: David Copperfield. 1849/50. 18. Kapitel, München
1970, S. 310.

9 Gerhard Ulrich Anton Vieth: Versuch einer Encyklopädie der Leibesübungen. Bd.2, Frankfurt/M. 1970 (1795), S. 181.

10 Adolph von Knigge: Über den Umgang mit Menschen (1788). Gera
1891, S. 186.

11 Der Begriff romantisches Ballett wurde im zwanzigsten Jahrhundert zur
Bezeichnung der historischen und ästhetischen Homogenität der Ballettwerke von 1830–1860 eingeführt. Deren grundlegendes Merkmal ist:
»…the expression of events, the treatment of subject matter, on two
planes: The plane of reality, and the phantastic plane, the beautiful
dream.« (Anatole Chujoy: The Dance Encyclopedia. New York 1949,
S. 406).

12 Dies verdeutlicht auch der Begriff Ballett, der sich vom italienischen
›balletto‹, von ›ballo‹ (Tanz) und ›ballare‹ (tanzen) ableitet. ›Ballo‹ bezeichnete zunächst ganz allgemein den Tanz, bezog sich aber dann seit
der Renaissance auf den Tanz der oberen Gesellschaftsschichten (vgl.
Helmut Schmidt-Garre: Ballett. Vom Sonnenkönig bis Balanchine. Velber bei Hannover 1966, S. 9.)

13 Zur Bedeutung des Tanzes an den italienischen Höfen vgl. Rudolf zur
Lippe: Vom Leib zum Körper. Naturbeherrschung am Menschen in der
Renaissance. Reinbek bei Hamburg 1988, S. 27 ff.

14 Das Ballett ist in einer Publikation des Autors selbst überliefert: Bal-
thasar de Beaujoyeulx: Le Ballet comique de la Royne, faict aux nopces
de Monsieur le Duc de Joyeuse & mademoyselle de Vaudemont, sa
soeur, Paris 1582. Mit der Symbolik dieses Balletts hat sich Rudolf zur
Lippe eingehend beschäftigt (vgl. Rudolf zur Lippe, 1974, Bd.2, a. a. O.,
S. 409 ff.).

15 Der noch heute gebräuchliche Begriff ›klassisch-akademischer Tanz‹
zeugt davon.

16 Mit der weitreichenden Bedeutung Noverres hat sich Manfred Krüger
eingehend beschäftigt, vgl. Manfred Krüger: Jean-Georges Noverre und
sein Einfluß auf die Ballettgestaltung. Emsdetten (Westf.) 1963.

17 Jean Georges Noverre: Briefe über die Tanzkunst und über die Ballette. Hamburg und Bremen 1979.

18 Zit. nach Walter Sorell, 1985, a.a.O., S. 178.

19 Ebd.

20 Mit diesen Balletten hat sich Marion Kant ausführlich beschäftigt (vgl. Marion Kant: Romantisches Ballett – Eine Auskunft zur Frauenfrage. Diss. (Gesellschaftswissenschftl. Fak.) Berlin (Ost) 1985, S. 60 ff. u. S. 131 ff).

21 Verna Lorenz: PrimaBallerina. Der zerbrechliche Traum auf Spitzen. Frankfurt/M. 1987, S. 19.

22 Noch zu Beginn dieses Jahrhunderts betrug das Gehalt einer Chortänzerin monatlich nicht mehr als 60–100 M., das einer Solotänzerin 100–150 M. An großen Hoftheatern erhielten Tänzerinnen bis zu 400 M. monatlich. Zum Vergleich: Eine Schauspielerin verdiente 1500–3000 M. im Monat, eine angelernte Arbeiterin in der metallverarbeitenden Industrie ca. 40 M. pro Monat, (vgl. Marion Kant, a.a.O., S. 123).

23 Vgl. Hedwig Müller: Von der äußeren Bewegung zur inneren Bewegung. Klassische Ballerina – moderne Tänzerin. In: R. Möhrmannn (Hg.): Die Schauspielerin. Zur Kulturgeschichte der weiblichen Bühnenkunst. Frankfurt/M. 1989, S. 281–297 (hier: S. 286 f.).

24 Götz Adriani: Edgar Degas. 8.Aufl., Köln 1984, S. 55.

25 Vgl. Margit Wienholz: Französische Tanzkritik im 19. Jahrhundert als Spiegel ästhetischer Bewußtseinsbildung. Frankfurt/M. 1974.

26 Stephane Mallarmé, zit. nach Margit Wienholz, a.a.O., S. 148. (Übers.)

27 Margaret Walters, a.a.O., S. 13.

28 Es handelte sich dabei um die Mercurio-Statue des Giovanni da Bologna aus dem Jahre 1567.

29 Theophile Gautier, zit. nach: Margit Wienholz, a.a.O., S. 45. (Übers.)

30 Ebd., S. 46. (Übers.)

31 Zit. nach Rudolf Liechtenhan, a.a.O., S. 75.

32 Zit. nach Andrej Levinson: Meister des Balletts. Potsdam 1923, S. 142.

33 Anna Pawlowa: Tanzende Füße. Dresden 1928, S. 37.

34 Ebd., S. 24.

35 Ein hartes Körpertraining an anderen Grundpositionen und -haltungen hatten auch Männer zu absolvieren, allerdings mit dem Unterschied, daß ihr Training nicht im Widerspruch zu ihrer getanzten Rolle stand: Im romantischen Ballett vertanzten Männer niemals ätherische, schwebende Wesen, sie blieben immer auf dem ›Boden‹ der menschlichen Existenz.

36 Anna Pawlowa, a.a.O., S. 118.

37 Egon Vietta: Briefe über den Tanz. Bielefeld 1948, S. 19.

38 Rudolf zur Lippe, 1974, Bd.2, a.a.O., S. 227.

39 Marie Taglioni schuf 1860 das Ballett ›Le papillon‹, Fanny Cerrito 1854 das Ballett ›Gemma‹, beides Ballette, die recht erfolgreich waren, produzierten sie doch die gleichen Inhalte, die sie sonst auch als Tänzerinnen darstellten: In ›Papillon‹ verwandelt sich eine Frau in einen

Schmetterling‹, in ›Gemma‹ wird ein unschuldiges Mädchen durch einen Hypnotiseur verführt.

40 Automaten sind hierbei nicht mit Robotern zu verwechseln. Während letztere nur partielle Arbeitsfunktionen ausführen sollen und ihre äußere Erscheinung dabei nebensächlich ist, ist es Ziel der Automaten, menschengleich zu sein, sowohl in ihrer körperlichen Gestalt wie auch hinsichtlicher ihrer Funktionen.

41 Beispielhaft seien hier der Flötenspieler von Vaucanson und die Klavierspielerin von Pierre Jaquet-Droz genannt.

42 Hierzu zählen insbesondere Jean Paul's »einfältige, aber gut gemeinte Biographie einer neuen Frau aus bloßem Holz, die ich längst erfunden und geheiratet« von 1789, E.T.A. Hoffmann's »Der Sandmann« von 1817 wie auch Villiers de l'Isle-Adam's »L'Eve Futur« von 1880. E.T.A. Hoffmann's Erzählung vom Sandmann ist von Lienhard Wawrzyn sehr gut beschrieben und sozialhistorisch eingeordnet worden (vgl. Lienhard Wawrzyn: Der Automaten-Mensch. E.T.A. Hoffmanns Erzählung vom Sandmann. Berlin 1976).

43 Christine Woesler de Panafieu, 1984, a.a.O., S. 256.

GESELLSCHAFTS- UND BÜHNENTANZ VON 1900 BIS 1936

1 Rudolf Bode: Rhythmus und Körpererziehung. Jena 1923, S. 67 ff.

2 Rudolf Bode: Ausdrucksgymnastik. München 1922, S. 15.

3 Wolfgang Scharenberg: Zurück zur Scholle – Vom Schrebergarten zur Gartenstadt. Berlin 1931.

4 Hugo Ball/Emmy Hennings: Damals in Zürich. Briefe aus den Jahren 1915–1917. Zürich 1978, S. 106.

5 Thomas Reuter: »Wir sind nackt und nennen uns Du!«. Von Lichtfreunden und Sonnenmenschen. In: W. Bucher/K. Pohl (Hg.): Schock und Schöpfung. Jugendästhetik im 20. Jahrhundert. Darmstadt und Neuwied 1986, S. 407–411.

6 Vgl. ebd., S. 407.

7 Wolfgang Graeser: Körpersinn. München 1927, S. 3.

8 Paul Schultze-Naumburg: Die Kultur des weiblichen Körpers als Grundlage der Frauenkleidung. Jena 1910.

9 Werner Jakob Stüber: Geschichte des modern dance. Zur Selbsterfahrung und Körperaneignung im modernen Tanztheater. Wilhelmshaven 1984, S. 77.

10 Isadora Duncan: Der Tanz der Zukunft. Leipzig 1903, S. 44 f.

11 Isadora Duncan: Memoiren. Zürich/Leipzig/Wien 1928, S. 21.

12 Paul Schultze-Naumburg, a.a.O., S. 143 f.

13 Deutscher Mädchenwanderbund, H.8/9, 1921, S. 125.

14 Der Landfahrer, H.4, 1917, S. 5.

15 Zit. nach Thomas Reuter, a.a.O., S. 410.

16 Fritz Schimmer: Vom Wesen körperlicher Schönheit. In: D. Menzler (Hg.): Vom Ursprung neuzeitlicher Körperschulung. 10. Aufl., Stuttgart 1924, S. 7–12 (hier: S. 10 f.).

17 Rudolf Bode, 1923, a.a.O., S. 71 f.

18 Ebd., S. 24 f.
19 Karl Bücher: Arbeit und Rhythmus. 4. Aufl., Leipzig 1909.
20 Ludwig Klages: Vom kosmogonischen Eros. München 1922.
21 Karl Storck: E. Jaques-Dalcroze. Seine Stellung und Aufgabe in unserer Zeit. Stuttgart 1912, S. 88.
22 Emile Jaques-Dalcroze in: Karl Storck, a.a.O., S. 24.
23 Jaques-Dalcroze: Rhythmus, Musik und Erziehung. Basel 1921, S. 161.
24 Camill Hoffmann: Die Tänzerinnen von Hellerau. In: Neue Freie Presse, Juni 1912 (Mary-Wigman Archiv, Akademie der Künste, West-Berlin).
25 Rudolf Bode, 1923, a.a.O., S. 36.
26 Ebd., S. 15.
27 Ebd., S. 73 f.
28 Helmut Günther: Historische Grundlinien der deutschen Rhythmusbewegung. In: G. Bünner/P. Röthig (Hg.): Grundlagen und Methoden rhythmischer Erziehung. 3.Aufl., Stuttgart 1979, S. 33–69 (hier: S. 38).
29 Wolfgang Graeser, a.a.O., S. 3.
30 Ludwig Pallat/Franz Hilker: Künstlerische Körperschulung. Breslau 1923, S. 13.
31 Rudolf Bode, 1922, a.a.O., S. 10.
32 Alexandra Kollontai: Die neue Moral und die Arbeiterklasse (1918/1920). Münster 1977, S. 9 f.
33 So hielten beispielsweise Gewerkschaftsfunktionäre wie Croner, Funktionär im Allgemeinen Freien Angestelltenbund, die »Feminisierung« des Angestelltenberufs für den »Beginn der wirklichen Emanzipation der Frau«, für die »größte Revolution in der sozialen Stellung der Frau« (vgl. Fritz Croner: Soziologie der Angestellten. Köln 1962, S. 180).
34 Alice Rühle-Gerstel: Das Frauenproblem der Gegenwart. Eine psychologische Bilanz. Leipzig 1932, S. 299 f.; ähnlich argumentierten Bloch und Adorno (vgl. Ernst Bloch: Das Prinzip Hoffnung. Bd 2, Frankfurt/M. 1974, S. 687; Theodor W. Adorno: Minima Moralia. Frankfurt/M. 1989, S. 115 f.).
35 Irmgard Keun: Das kunstseidene Mädchen. Düsseldorf 1979; Dies.: Gilga – Eine von uns. Düsseldorf 1979.
36 Zu der Position der bürgerlichen Frauenbewegung vgl. Gertrud Bäumer: Die Frau in der Krisis der Kultur. 2.Aufl., Berlin 1927; Agnes von Zahn-Harnack: Die arbeitende Frau. Breslau 1924.
37 Charlotte von Mendelssohn-Bartholdy: Sollen wir eine Mode tragen? In: Ch. Ferber (Hg.): Die Dame. Ein deutsches Journal für den verwöhnten Geschmack 1912 bis 1943. Frankfurt/Berlin/Wien 1980, S. 27–28 (S. 27 f.).
38 Metropolen machen Mode. Haute Couture der Zwanziger Jahre. (Ausstellungskatalog) Berlin 1977, S. 15.
39 Ebd., S. 106.
40 Vgl. zu den folgenden Ausführungen Astrid Eichstätt/Bernd Polster: Wie die Wilden. Tänze auf der Höhe ihrer Zeit. Berlin 1985, S. 35–72.

41 Text: Julius Brammer/Alfred Grünwald, Musik: Emmerich Kalman (1921).

42 Berliner Tageblatt, 1.1.1919.

43 Heinz Pollack: Die Revolution des Gesellschaftstanzes. Dresden 1922.

44 Zit. nach Astrid Eichstedt/Bernd Polster, a.a.O., S. 44.

45 Walter M. F. Becker: Wer soll ihr Tänzer sein? In: Elegante Welt, 16. Jg., Nr.2, Berlin 1927, S. 20–21.

46 G. A. Masson: Die Philosophie des Foxtrott. In: Das Tagebuch, 1. Jg., H.29, Berlin 1920.

47 Heinz Pollack, a.a.O., S. 77.

48 Hans Siemsen: Jazz-band. In: Die Weltbühne. 17. Jg., Berlin 1921, S. 287–288 (hier: S. 288).

49 Siegfried Kracauer: Die Angestellten (1930). Berlin 1981, S. 65.

50 Richard von Schaukal: Das Bein. In: Ch. Ferber (Hg.), a.a.O., S. 178–180 (hier: S. 178 f.).

51 Zit. nach Astrid Eichstedt: Irgendeinen trifft die Wahl. In: K. von Soden/M. Schmidt (Hg.), a.a.O., S. 9–15 (hier: S. 14).

52 M. Ulbrich in: Evangelische Lehrerinnen-Warte/Deutsche Lehrerzeitung, H.2, Leipzig 1932.

53 Franz Wolfgang Koebner: Charleston – ein neues Tanzbrevier. Berlin 1927.

54 Zit. nach Astrid Eichstedt/Bernd Polster, a.a.O., S. 64.

55 Zit. nach Horst Koegler: Tanz in die Dreissiger Jahre. In: H. Koegler (Hg.): Ballett 1972. Chronik und Bilanz des Ballettjahres. Velber bei Hannover 1972, S. 37–53 (hier: S. 50).

56 Felix Salten: Wien, gib‹ acht. In: Neue Freie Presse, Wien, 10.2.1924.

57 Fritz Böhme: Tanzkunst. Dessau 1926, S. 12.

58 In der derzeitigen Tanzliteratur bezeichnet der Begriff Ausdruckstanz eine Tanzrichtung in Deutschland zwischen 1910 und 1933, die sich auf dem Hintergrund des Expressionismus als avantgardistische Tanzkunst entfaltete. In der zeitgenössischen Literatur hingegen ist der Begriff seltener anzutreffen. Wenn von einer neuen, zweiten Kunsttanzrichtung fern des klassischen Balletts die Rede ist, spricht man hier meistens von ›modernem Tanz‹, ›freien Tanz‹, ›absolutem Tanz‹ oder ›neuem künstlerischen Tanz‹, später auch vom ›german dance‹. Dabei wurden diese Begriffe aber nicht synonym verwandt. Von ›modernem Tanz‹ war zumeist die Rede, wenn die Grundprinzipien dieser Tanzrichtung, häufig exemplarisch an ihren Exponenten beschrieben wurden, während die anderen Begriffe speziell auf einzelne TänzerInnen bezogen wurden. Von ›freiem Tanz‹ sprach man beispielsweise vorwiegend in bezug auf die Labansche Tanzphilosophie und -pädagogik, während ›absoluter Tanz‹ zunächst für Mary Wigman, später häufig in bezug auf ihre Schülerin Vera Skoronel benutzt wurde. Der Begriff ›neuer künstlerischer Tanz‹ ist tanzgeschichtlich der eindeutigste Begriff. In ihm manifestiert sich, daß bis in das erste Jahrzehnt dieses Jahrhunderts das klassische Ballett der einzig existierende Kunsttanz war. Nicht zuletzt findet sich in der Tanzliteratur auch die Bezeich-

nung ›grotesker Tanz‹, die aber nahezu ausschließlich bei den Tänzen Valeska Gerts Anwendung fand. Ebenso ist der Begriff ›abstrakter Tanz‹ personenspezifisch gebunden. Mit ihm sind gemeinhin die Tanzexperimente Oskar Schlemmers an der Bauhaus-Bühne in den zwanziger Jahren gemeint. Letztere hatten aber von ihrer künstlerischen Enwicklung her keine unmittelbaren Berührungspunkte mit den Leitfiguren des Ausdruckstanzes Laban und Wigman sowie deren Schüler-Innen.

59 Carl Gustav Grabe: Vom Erleben des Tanzes. In: Westermanns Monatshefte, 70. Jg., H.830, 1925/26, S. 145–156 (hier: S. 149).

60 Mary Wigman: Deutsche Tanzkunst. Dresden 1935, S. 10.

61 Gret Palucca: Gedanken und Erfahrungen. In: R. von Laban/M. Wigman (Hg.): Die tänzerische Situation unserer Zeit. Dresden 1936, S. 10–13 (hier: S. 10).

62 Mary Wigman: Tanz. In: Rudolf Bach, a.a.O., S. 20.

63 Hans Brandenburg: Der moderne Tanz. München 1931, S. 9.

64 Magnus Weidemann: Körper und Tanz. Rudolstadt 1925, S. 18.

65 Ebd., S. 23.

66 Hans Schikowski: Der neue Tanz. Berlin 1924, S. 9.

67 Carl Gustav Grabe: Vom Erleben des Tanzes. In: Westermanns Monatshefte, a.a.O., S. 149.

68 Rudolf Lämmel: Der moderne Tanz. Berlin 1928, S. 16.

69 Mary Wigman: Der Tänzer und sein Instrument. In: Die Tanz-Gemeinschaft, 1. Jg., H. 4, 1929, S. 1–3 (hier: S. 2).

70 Mary Wigman: Vom Wesen des künstlerischen Tanzes. In: R. von Laban/M. Wigman (Hg.), a.a.O., S. 8–10 (hier: S. 8).

71 Mary Wigman: Tanz. In: Rudolf Bach: Das Mary-Wigman-Werk. Dresden 1933, S. 19–20 (hier: S. 19).

72 Frank Thiess: Der Tanz als Kunstwerk. Studien zu einer Ästhetik der Tanzkunst. München 1923, S. 71.

73 Mary Wigman: Meisterin und Meisterschülerin. Warum tanzt die Jugend? In: Die schöne Frau, 3. Jg., Nr.1, 1927/28, S. 10.

74 Ebd., S. 55.

75 Frank Thies, a.a.O., S. 54.

76 Mary Wigman: Vom Wesen des künstlerischen Tanzes. In: R. von Laban/M. Wigman, a.a.O., S. 10.

77 Mary Wigman: Die Sprache des Tanzes. München 1986, S. 12.

78 Ebd., S. 12.

79 Margarete Wallmann: Mary Wigman und ihre Gruppe. In: Tanz-Gemeinschaft, 2. Jg., H.2, 1930, S. 6–8 (hier: S. 6).

80 Hans Brandenburg, a.a.O., S. 12.

81 Ebd., S. 108 u. S. 115.

82 Margarete Wallmann: Mary Wigman und ihre Gruppe. In: Tanz-Gemeinschaft, a.a.O., S. 6.

83 Franz Löwitsch: Theatertanz und die Neue Deutsche Tanzkunst. In: Der Tanz, 5. Jg., H.6, 1932, S. 2–3 (hier: S. 2).

84 Hans Schikowski, a.a.O., S. 4 f.

85 Thea Schleusner: Tänzerische Frauenpersönlichkeiten der Gegenwart. In: Die schöne Frau, 4. Jg., H.5, 1928/29, S. 11–14 (hier: S. 12).

86 Katharina Rathaus: Tanzkunst und Körperschönheit. In: Elegante Welt, 17. Jg., H.1, 1928, S. 23–25 (hier: S. 24).

87 Hans Schikowski, a.a.O., S. 9.

88 Fritz Böhme: Der Tanz in der heutigen Kultur. In: Die Freude, 2. Jg., H. 9, 1925, S. 385–391 (hier: S. 387).

89 Hans Schikowski, a.a.O., S. 9.

90 Ebd., S. 10.

91 Fritz Böhme: Der Tanz in der heutigen Kultur. In: Die Freude, a.a.O., S. 388.

92 Ebd.

93 Rudolf Lämmel, a.a.O., S. 21.

94 Ebd., S. 21 f.

95 A. Verin: Die Kurve. In: Der Tanz, 6. Jg., H.1, 1933, S. 6–7 (hier: S. 6).

96 László Moholy-Nagy: In: Palucca. Porträt einer Künstlerin. Berlin (Ost) 1972, S. 60.

97 Alfred Schlee: An der Wende des Neuen Tanzes. In: Schrifttanz, 3. Jg., H.1, 1930, S. 1–2 (hier: S. 1).

98 vgl. Klaus Pringsheim: Der Unfug der Neudeutschen Tanzkunst. In: Der Querschnitt, 10. Jg., H.9, 1930, S. 604–606 (hier: S. 604).

99 Will Goetze: Situation des Tanzes. In: Der Scheinwerfer, 4. Jg., H.4, 1930/31, S. 10–14 (hier: S. 10).

100 Felix Emmel: Neue Sachlichkeit im Tanz. In: Tanz-Gemeinschaft, 2. Jg., Nr.3, 1930, S. 3–5 (hier: S. 4).

101 vgl. Anna Markard/Hermann Markard, a.a.O., S. 38.

102 Elli Müller-Rau: Stil und Technik. In: Der Tanz, 3. Jg., H.1, 1930, S. 6–8 (hier: S. 6); vgl. Mary Wigman: Der neue künstlerische Tanz und das Theater. In: Der Volkstanz, 5. Jg., H.8/9, 1929/30, S. 65.

103 Elli Müller-Rau: Stil und Technik. In: Der Tanz, a.a.O., S. 7.

104 Joseph Lewitan: Mary Wigman. In: Der Tanz, 4. Jg., H.6., 1931, S. 15–17 (hier: S. 15).

105 Will Goetze: Situation des Tanzes. In: Der Scheinwerfer, a.a.O., S. 14.

106 Mary Wigman: Das »Land ohne Tanz«. In: Die Tanz-Gemeinschaft, 1. Jg., H.2, 1929, S. 12–13 (hier: S. 12).

107 Fritz Böhme: Ist das Ballett deutsch? In: Rhythmus, 11. Jg., H.9, 1933, S. 126–128 (hier: S. 127).

108 Erläuterungen zu der tänzerischen Inszenierung Mary Wigmans in: Hedwig Müller: Mary Wigman. Leben und Werk der großen Tänzerin. Weinheim/Berlin 1986, S. 237 ff.

109 Rudolf von Laban: Die deutsche Tanzbühne. In: R. von Laban/M. Wigman (Hg.), a.a.O., S. 3–7 (hier: S. 7).

110 Horst Koegler: Tanz in die 30er Jahre. a.a.O., S. 49.

111 Mary Wigman, 1935, a.a.O., S. 11.

112 Sie war durch sakralkultische Tänze, deren Inhalte den mystisch-religiösen Vorstellungen orientalischer Kulturen entsprangen, bekannt geworden (vgl. Werner Jakob Stüber, a.a.O., S. 94 ff.).

113 Isadora Duncan: Der Tanz der Zukunft, a.a.O., S. 31 f.

114 Vgl. Leonhard M. Fiedler/Martin Lang (Hg.): Grete Wiesenthal. Die

Schönheit der Sprache des Körpers im Tanz. Salzburg und Wien 1985.

115 Mary Wigman: Weibliche Tanzkunst. In: Blätter der Staatsoper und der städtischen Oper Berlin, 10. Jg., H.6, 1929, S. 14–16 (hier: S. 14 f.).

116 Hans Brandenburg, a.a.O., S. 10.

117 Ebd., S. 19.

118 Ebd., S. 9.

119 Magnus Weidemann, a.a.O., S. 25.

120 Richard Bie: Eros, Tanz und Emanzipation. In: Der Scheinwerfer, 1. Jg., H.11/12, 1920, S. 7–10 (hier: S. 9 f.).

121 Thea Schleusner: Tänzerische Frauenpersönlichkeiten der Gegenwart. In: Die schöne Frau, H.4, 1928/29, S. 11–14 (hier: S. 12).

122 Vgl. Wilm Burghardt: Der männliche Tänzer. In: Die Schönheit, 22. Jg., H.2, 1926, S. 69–81 (hier: S. 71).

123 Vgl. Frank Manuel Peter: Valeska Gert. Tänzerin, Schauspielerin, Kabarettistin. Berlin 1985; Valeska Gert: Ich bin eine Hexe. Kaleidoskop meines Lebens. München 1989.

124 Valeska Gert: Mary Wigman und Valeska Gert. In: Der Querschnitt, 6. Jg., H.5, 1926, S. 361–363 (hier: S. 361).

125 Berthe Trümphy: Gruppentanz – Chorische Gemeinschaft. In: Die Tat, 20. Jg., H.3, 1928/29, S. 214–216 (hier: S. 215).

TANZKULTUR UND TANZKUNST VON 1950 BIS 1980

1 Hermann Korte: Eine Gesellschaft im Aufbruch. Die Bundesrepublik in den sechziger Jahren. Frankfurt/M. 1987.

2 Herbert Marcuse: Über den affirmativen Charakter der Kultur. In: Ders.: Kultur und Gesellschaft. Bd.1, Frankfurt/M. 1965, S. 65–101.

3 Hermann Korte, a.a.O., S. 43.

4 Vgl. Herbert Marcuse: Eros und Kultur. Ein philosophischer Beitrag zu Sigmund Freud. Stuttgart 1957; Ders.: Triebstruktur und Gesellschaft. Frankfurt/M. 1971; Ders.: Der eindimensionale Mensch. Studien zur Ideologie der fortgeschrittenen Industriegesellschaft. 12.Aufl., Darmstadt und Neuwied 1979; Ders.: Über Revolte, Anarchismus und Einsamkeit. Ein Gespräch. Zürich 1969.

5 Frankfurter Frauen (Hg.): Frauenjahrbuch 1975. Frankfurt/M. 1975, S. 15.

6 Elisabeth Pfeil: Die Berufstätigkeit von Müttern. Tübingen 1961.

7 Ebd., S. 256.

8 Helge Pross: Die Wirklichkeit der Hausfrau. Reinbek bei Hamburg 1975, S. 249.

9 Aus einer Umfrage von »Konkret« 1966, zit. nach: Sabine Weißler: Sexy Sixties. In: CheSchahShit, a.a.O., S. 138–147 (hier: S. 144).

10 Die Zahlen entstammen der Zeitschrift ›Stern‹, die 1960/61 mit einer großen Serie die fatalen Auswirkungen des § 218 öffentlich zur Diskussion stellte.

11 Vgl. Reimut Reiche: Sexualität und Klassenkampf. Zur Abwehr repressiver Entsublimierung. Frankfurt/M. 1974.

12 Herbert Marcuse, 1971, a.a.O., S. 209.

13 Jahrbuchgruppe des Münchener Frauenzentrums (Hg.): Frauenjahr-
    buch 1976. München 1976, S. 68.

14 Vgl. zu den Tänzen der fünfziger und sechziger Jahre: Astrid Eich-
    stätt/Bernd Polster, a.a.O., S. 89–136.

15 Ernst Bloch: Das Prinzip Hoffnung. Bd.1, Frankfurt/M. 1974, S. 457.

16 Theodor W. Adorno: Zeitlose Mode. Zum Jazz. In: Merkur, 7. Jg., H.6,
    1952, S. 537–548.

17 Kitty Cat (1958), Gesang: Peter Kraus, Musik und Text: Halletz/v.
    Pinelli/Bradtke.

18 Zit. nach Hans Hermann Krüger, a.a.O., S. 273.

19 Zit. nach Astrid Eichstedt/Bernd Polster, a.a.O., S. 107 f.

20 Joachim Heller: Der gute Ton im Umgang mit Menschen. München
    1959

21 Erika Pappritz: Etikette. Marbach 1956, S. 123.

22 Nach Krüger beteiligten sich nur 5–10 % der bundesdeutschen Jugend
    an den Halbstarkenkrawallen (vgl. Hans Hermann Krüger, a.a.O.,
    S. 269).

23 Hallo Mister Twist, Text/Musik: Poll/Ström; Gesang: Billy Sanders.

24 Anne Kuckuck: Mini, Twist & Twiggy. In: E. Siepmann/u.a. (Red.):
    CheShaShit, a.a.O., S. 130–137 (hier: S. 131).

25 Astrid Eichstedt/Bernd Polster, a.a.O., S. 107.

26 Ebd., S. 120.

27 In: Volker Canaris: Peter Zadek. Der Theatermann und Filmemacher.
    München/Wien 1979, S. 31.

28 Vgl. Bertolt Brecht: Realistisches Theater und Illusion. In: E. Haupt-
    mann (Red.): Bertolt Brecht. Gesammelte Werke. Bd.7, Frankfurt/M.
    1967, S. 285–304; Ders.: Kurze Beschreibung einer neuen Technik der
    Schauspielkunst, die einen Verfremdungseffekt hervorbringt. In: E.
    Hauptmann (Red.), a.a.O., S. 341–357.

29 Klaus Geitel: Ballett in Deutschland – ein Rückblick. In: H. Kilian
    (Hg.): Internationales Ballett auf deutschen Bühnen. München 1968,
    S. 131–139 (hier: S. 135).

30 Merce Cunningham in: Merce Cunningham. Der Tänzer und der Tanz.
    Gespräche mit Jacqueline Lesschaeve. Frankfurt/M. 1986, S. 168.

31 In: Helmut Scheier: Männerkunst? Frauenkunst. Über eine mögliche
    Ästhetik des Tanzens. In: H. Regitz (Hg.): Jahrbuch Ballett 1987. Zü-
    rich und Berlin 1988, S. 4–11 (hier: S. 4).

32 Merce Cunningham, in: Joseph Harris, a.a.O., S. 204.

33 Werner Jakob Stüber, a.a.O., S. 186.

34 Ebd.

35 Susanne Schlicher: Deutsches Tanztheater der siebziger Jahre. Diss.
    (Theaterwiss. Inst.) Wien 1984, S. 55.

36 Horst Koegler: Provokateure gesucht. In: H. Koegler (Hg.): Ballett
    1968. Chronik und Bilanz eines Ballettjahres. Velber bei Hannover
    1968, S. 46–47 (hier: S. 46).

37 Johann Kresnitz, in: Hildegard Kraus: Johann Kresnik. Frankfurt/M.
    1990, S. 61.

38 Ebd., S. 57

39 Diethard Kerbs (Hg.): Die hedonistische Linke. Beiträge zur Subkultur-Debatte. Neuwied/Berlin 1970.

40 Nach Peter Brückner vollzog zu diesem Zeitpunkt sich innerhalb der antiautoritären Studentenbewegung ein Prozeß der »doppelten Entmischung«: »Einmal entmischten sich zwei Intentionen (...) Die Intention, Bewußtsein umzuwerfen, die Struktur zwischenmenschlicher Beziehungen total zu verändern, und die andere Intention, energisch an der Veränderung der Verhältnisse in der Produktionssphäre und damit auch an Massenarbeit und politischer Schulung an Klassenanalyse usw. zu gehen.« (Peter Brückner: Nachruf auf die Kommunebewegung. In: D. Kerbs (Hg.), a.a.O., S. 181).

41 Hedwig Müller: Offenheit aus Überzeugung. Die Entwicklung des modernen Tanzes. In: H. Regitz (Hg.): Tanz in Deutschland. Ballett nach 1945. Berlin 1984, S. 78–115 (hier: S. 80).

42 Renate Klett: Die Körperlichkeit als Maß aller Dinge. Ganz persönliche Erfahrungen einer Schauspieldramaturgin mit dem Tanztheater. In: Ballett-Journal/Das Tanzarchiv, 34. Jg., Nr.6, 1986, S. 60–61 (hier: S. 60).

43 Ebd., S. 60.

44 Eine ausführliche Beschreibung der Anwendung dieser Stilmittel im Bauschschen Tanztheater in: Hedwig Müller/Norbert Servos: Die Produktivität des Unfertigen. Work in Progress, Montage, Verfremdung. In: Dies. (Hg.): Pina Bausch. Wuppertaler Tanztheater. Köln 1979, o.S.

45 Pina Bausch selbst sieht ihre Stücke nicht in direkter Kontinuität des Ausdruckstanzes und behauptet auch, sich niemals theoretisch mit der Brechtschen Montagetechnik auseinandergesetzt zu haben (vgl. Helmut Scheier: Der Tanz muß etwas ganz Erwachsenes werden. Pina Bausch im Gespräch über ihre Arbeit. In: Ballett-Journal/Das Tanzarchiv, 34. Jg., Nr.6, 1986, S. 26–27 (hier: S. 26)). Zu der verzweifelten Suche einiger Tanzkritiker nach der Kontinuität zwischen Ausdruckstanz und Tanztheater vgl. Helmut Scheier: Was hat Tanztheater mit Ausdruckstanz zu tun? In: Ballett international, 1. Jg., H.1, 1987, S. 12–17 (erstmalig veröffentlicht in: Tanzen, 4. Jg., Nr.4, 1986, S. 4–7).

46 Helmut Scheier: Der Tanz muß etwas Erwachsenes werden. Pina Bausch im Gespräch über ihre Arbeit. In: Ballett-Journal/Das Tanzarchiv, a.a.O., S. 26 u. 27.

47 Neben Pina Bausch zählen Reinhild Hoffmann und Susanne Linke zu den Pionierinnen des bundesdeutschen Tanztheaters. Trotz der Ähnlichkeit ihrer Tanzsozialisation setzten die Choreographinnen unterschiedliche künstlerische Schwerpunkte wie sie auch ihr Tanzverständnis individuell verschieden umsetzten. Auf diese Unterschiede soll an dieser Stelle nicht eingegangen werden (vgl. Susanne Schlicher: Tanz-Theater. Traditionen und Freiheiten, Reinbek bei Hamburg 1987). Vielmehr sollen hier die gemeinsame ästhetische Praxis auf dem Hintergrund des thematischen Zusammenhangs dieser Arbeit Beachtung finden.

48 Norbert Servos: Tanz und Emanzipation. Das Wuppertaler Tanztheater. In: ballett international, 5. Jg., Nr.1, 1982, S. 50–63 (hier: S. 55).

49 Hedwig Müller, 1984, a.a.O., S. 98.

50 Hedwig Müller: Der Weg ist das Ziel. Dialog mit Reinhild Hoffmann, Choreographin und Direktorin des Bremer Tanztheaters. In: ballett international, 6. Jg., H.4, 1983, S. 10–19 (hier: S. 10).

51 Raimund Hoghe: ›Keuschheitslegende‹. Beobachtungen, Notizen, Erfahrungen während einiger Proben. In: Ders.: Pina Bausch. Tanztheatergeschichten. Frankfurt/M. 1986, S. 40–61 (hier: S. 42).

52 Bettina Hesse: Erdbeeren im Winter. In: U. Hanraths/H. Winkels (Hg.): Tanz-Legenden. Essays zu Pina Bausch, Frankfurt/M. 1984, S. 90–104 (hier: S. 96).

53 Pina Bausch in: Raimund Hoghe: Meinwärts – Ein Zweig, eine Mauer. Versuch über Pina Bausch und ihr Theater. In: Ders., a.a.O., S. 7–39 (hier: S. 35).

54 Meryl Tankard in: Raimund Hoghe: ›Du kannst alles tun: du kannst lachen, du kannst weinen‹. Ein Portrait der Tänzerin Meryl Tankard. In: Ders., a.a.O., S. 74–83 (hier: S. 81).

55 Raimund Hoghe: ›Keuschheitslegende‹. In: Ders., a.a.O., S. 43.

56 »Ich kann nur spielen, was ich auch wirklich fühle. Ich kann nicht irgend etwas machen.« (Meryl Tankard in: Raimund Hoghe: ›Du kannst alles tun: du kannst lachen, du kannst weinen‹. In: Ders., a.a.O., S. 82).

57 Hedwig Müller/Norbert Servos: Die Emanzipation des Tanzes zu seinen eigenen Mitteln. Einige Überlegungen zum Tanztheater aus theoretischer Sicht. In: Dies., 1979, a.a.O., o.S.

58 Max Horkheimer/Theodor W. Adorno, a.a.O., S. 209.

59 Renate Klett, a.a.O., S. 60.

60 Die Diskussion über eine Öffnung des Tanzes in Richtung Theater hatte schon Ende der zwanziger Jahre eingesetzt, wurde dort aber hauptsächlich von den Männern wie Jooss und Weidt realisiert, während die Frauen sich mit Ausnahme Yvonne Georgis gegen eine solche Öffnung aussprachen (vgl. Yvonne Georgi: Tanz für das Theater. In: Musik und Theater, 3. Jg., Sept.-H., 1928, S. 5).

61 Vgl. Ein Interview. Jochen Schmidt im Gespräch mit Pina Bausch am 9. November 1978. In: H. Müller/N. Servos, a.a.O., o.S.

62 Pina Bausch in: ebd., o.S.

63 Susanne Linke in: Hartmut Regitz: Zwischen Gruppe und Solo. Ein Gespräch mit Susanne Linke. In: Ballett-Journal/Das Tanzarchiv 1985, S. 34–39 (hier: S. 37 u. 39).

64 Bettina Hesse: Erdbeeren im Winter. In: U. Hanraths/H. Winkels (Hg.), a.a.O., S. 98.

65 Hedwig Müller/Norbert Servos, a.a.O., o.S.

66 Raimund Hoghe: ›Keuschheitslegende‹. In: Ders., a.a.O., S. 44.

67 Raimund Hoghe: Meinwärts – Ein Zweig, eine Mauer. In: Ders., a.a.O., S. 23.

68 Edmund Gleede: Die Damen auf dem Vormarsch. Einige Überlegungen zur Rollenverteilung beim Ballett und Tanz. In: H. Regitz (Hg.): Jahrbuch Ballett 1987. Zürich und Berlin 1988, S. 19–22 (hier: S. 22).

69 Evelyne Sullerot: Die Wirklichkeit der Frau. München 1979.

70 In: Raimund Hoghe: Meinwärts – Ein Zweig, eine Mauer. In: Ders., a.a.O., S. 28.

71 In: Jo Wüllner: Reinhild Hoffmann. Das Interview. In: Guckloch, H.8, 1986, S. 92–97 (hier: S. 96).

72 Ebd., S. 96.

73 In: »…ich empfinde Menschen sehr stark«. Edmund Gleede sprach mit der Wuppertaler Ballettchefin. In: H. Koegler (Hg.), 1976, a.a.O., S. 30.

74 In: Raimund Hoghe: Meinwärts – Ein Zweig, eine Mauer. In: Ders., a.a.O., S. 28.

75 In: Edmund Gleede/Horst Koegler: Die Frau und der Tanz. In: H. Koegler (Hg.): Ballett 1975. Velber 1976, S. 20–26 (hier: S. 22).

76 Jochen Schmidt: Die Enkelinnen tanzen sich frei. Von Fanny Elßler zu Pina Bausch oder Von der weiblichen Fremd- zur Selbstbestimmung im Ballett. In: F. J. Hassauer/P. Roos (Hg.): Notizbuch. VerRückte Rede – Gibt es eine weibliche Ästhetik? Berlin 1980, S. 35–47 (hier: S. 47).

77 Ebd., S. 41.

78 Norbert Servos: Tanz-Lust oder Totentanz? In: ballett international, 12. Jg., Nr.7/8, 1989, S. 33–37 (hier: S. 33).

79 Ebd., S. 33.

Ausblick: Tanz um das eigene Selbst

1 Vgl. zu den folgenden Ausführungen: Ulrich Beck/Elisabeth Beck-Gernsheim: Das ganz normale Chaos der Liebe. Frankfurt/M. 1990.

2 Dominique Bagouet in: Johannes Odenthal: Warum choreographieren? In: tanz aktuell, 5. Jg., Nr.3, 1990, S. 4–5 (hier: S. 5).

3 William Forsythe in: tanz aktuell, 4. Jg., H.7/8, 1989, S. 4–8 (hier: S. 8).

4 Rosamund Gilmore in: Norbert Servos: »Unsere Stücke erlösen etwas«. Interview mit Rosamund Gilmore. In: tanzdrama, Nr.8, 1989, S. 4–6.

5 Mary Wigman, 1986, a.a.O., S. 17.

6 Ebd., S. 18.

7 Johannes Odenthal: Für eine Theorie des Androgynen. Unveröffentl. Vortragsmanuskript, Berlin 1990, S. 4.

8 Julia Kristeva: Produktivität der Frau. Interview mit Eliane Boucquey. In: Alternative 108/109, 1976, S. 166–174 (hier: S. 173).

9 Maurice Merleau-Ponty: Phänomenologie der Wahrnehmung. Berlin 1965, S. 168.

Schlussbetrachtungen

1 Norbert Elias, 1976, Bd.2, a.a.O., S. 112.

Literatur

Adorno, Theodor W.: Zeitlose Mode. Zum Jazz. In: Merkur, 7. Jg., H.6, 1952, S. 537–548.

Adorno, Theodor W.: Ästhetische Theorie. Gesammelte Schriften. Bd.7, 2.Aufl., Frankfurt/M. 1972.

Adorno, Theodor W.: Minima Moralia. Frankfurt/M. 1989.

Adriani, Götz: Edgar Degas. 8.Aufl., Köln 1984.

Affeld, Werner: Frühmittelalter und historische Frauenforschung. In: Werner Affeld/Annette Kuhn (Hg.): Frauen in der Geschichte VII. Düsseldorf 1986, S. 10–30.

Affeld, Werner: Bemerkungen zum Forschungsstand. In: Werner Affeld/Annette Kuhn (Hg.): Frauen in der Geschichte VII. Düsseldorf 1986, S. 32–42.

Affeld, Werner: Lebensformen für Frauen im Frühmittelalter. Probleme und Perspektiven ihrer Erforschung. In: Ursula A. J. Becher/Jörn Rüsen (Hg.): Weiblichkeit in geschichtlicher Perspektive. Fallstudien und Reflexionen zu Grundproblemen der historischen Frauenforschung. Frankfurt/M. 1988, S. 51–78.Aquin, Thomas von: Die Ehe. In: Die deutsche Thomas-Ausgabe, Bd.33 (Supplement), Heidelberg 1958.

Argyle, Michael: Körpersprache und Kommunikation. 3.Aufl., Paderborn 1985.

Armitage, Merle (Hg.): Martha Graham. New York 1978.

Bach, Rudolf: Das Mary-Wigman-Werk. Dresden 1933.

Ball, Hugo/Hennings, Emmy: Damals in Zürich. Briefe aus den Jahren 1915–1917. Zürich 1978.

Barta, Ilsebill: Der disziplinierte Körper. Bürgerliche Körpersprache und ihre geschlechtsspezifische Differenzierung am Ende des 18. Jahrhunderts. In: Ilsebill Barta/u.a. (Hg.): Frauen Bilder. Männer Mythen. Kunsthistorische Beiträge. Berlin 1987, S. 84–106.

Bartsch, Robert: Die Rechtsstellung der Frau als Gattin und Mutter. Leipzig 1903.

Bataille, Georges: Der heilige Eros. Frankfurt/M./Berlin/Wien 1982.

Baxmann, Inge: »Die Gesinnung ins Schwingen bringen«. Tanz als Metasprache und Gesellschaftsutopie in der Kultur der zwanziger Jahre. In: Hans Ulrich Gumbrecht/K. Ludwig Pfeiffer (Hg.): Materialität der Kommunikation. Frankfurt/M. 1988, S. 360–373.

Bäumer, Gertrud: Der Krieg und die Frau. Stuttgart 1914.

Bäumer, Gertrud: Die Frau in der Krisis der Kultur. 2.Aufl., Berlin 1927.

Beauvoir, Simone de: Das andere Geschlecht. Reinbek bei Hamburg 1968.

Bebel, August: Die Frau und der Sozialismus. Berlin/Bonn 1980 (Neusatz der Jubiläumsausgabe von 1929).

Beck, Ulrich: Freiheit oder Liebe. Vom Ohne-, Mit- und Gegeneinander der Geschlechter innerhalb und außerhalb der Familie. In: Ulrich Beck/Elisabeth Beck-Gernsheim: Das ganz normale Chaos der Liebe. Frankfurt/M. 1990; S. 20–65.

Becker, Walter M. F.: Wer soll Ihr Tänzer sein? In: Elegante Welt, 16. Jg., Nr.2, 1927, S. 20–21.

Beckers, Edgar: Zur Entwicklung der ›Deutschen Gymnastik‹. Ein Beitrag zur Neuorientierung der ästhetischen Erziehung heute. In: Kölner Beiträge zur Sportwissenschaft, Bd.6 (1977), St. Augustin 1978, S. 115–148.

Bentley, Tony: Tanzen ist beinahe alles. Selbstportrait einer Tänzerin des New York City Ballet. Frankfurt/M. 1983.

Bernal, John Desmond: Sozialgeschichte der Wissenschaften. 4 Bde., Reinbek bei Hamburg 1978.

Best, Otto F. (Hg.): Theorie des Expressionismus. Stuttgart 1982.

Béjart, Maurice: Einen Augenblick in der Haut eines anderen. München 1980.

Bie, Richard: Eros, Tanz und Emanzipation. In: Der Scheinwerfer, 1. Jg., H.11/12, 1920, S. 7–10.

Bloch, Ernst: Das Prinzip Hoffnung. 2 Bde., Frankfurt/M. 1973.

Blos, Anna: Die Frauenfrage im Lichte des Sozialismus. Dresden 1930.

Bode, Rudolf: Ausdrucksgymnastik. München 1922.

Bode, Rudolf: Rhythmus und Körpererziehung. Jena 1923.

Boehme, Franz M.: Geschichte des Tanzes in Deutschland. Hildesheim 1967.

Boehn, Max von: Der Tanz. Berlin 1925.

Bornemann, Ernest: Das Patriarchat. Ursprung und Zukunft unseres Gesellschaftssystems. Frankfurt/M. 1975.

Bovenschen, Silvia: Die imaginierte Weiblichkeit. Exemplarische Untersuchungen zur kulturgeschichtlichen und literarischen Präsentationsform des Weiblichen. 2.Aufl., Frankfurt/M. 1980.

Bovenschen, Silvia: Die aktuelle Hexe, die historische Hexe und der Hexenmythos. Die Hexe: Subjekt der Naturaneignung und Objekt der Naturbeherrschung. In: Gabriele Becker u.a. (Hg.): Aus der Zeit der Verzweiflung. Zur Genese und Aktualität des Hexenbildes. 4.Aufl., Frankfurt/M. 1981, S. 259–312.

Böhme, Fritz: Der Tanz in der heutigen Kultur. In: Die Freude, 2. Jg., H.9, 1925, S. 385–391.

Böhme, Fritz: Tanzkunst. Dessau 1926.

Böhme, Fritz: Ist das Ballett deutsch? In: Rhythmus, 11. Jg., H.9, 1933, S. 126–128.

Brandenburg, Hans: Der moderne Tanz. München 1921.

Brecht, Bertolt: Kurze Beschreibung einer neuen Technik der Schauspielkunst, die einen Verfremdungseffekt hervorbringt. In: Elisabeth Hauptmann (Red.): Bertolt Brecht. Gesammelte Werke. Bd.7, Frankfurt/M. 1967, S. 341–357.

Brecht, Bertolt: Realistisches Theater und Illusion. In: Elisabeth Hauptmann (Red.): Bertolt Brecht. Gesammelte Werke. Bd.7, Frankfurt/M. 1967, S. 285–304.

Brunner, Otto: Vom ›ganzen‹ Haus zur ›Familie‹. In: Heidi Rosenbaum (Hg.): Seminar: Familie und Gesellschaftsstruktur. Frankfurt/M. 1978, S. 83–91.

Burghardt, Wilm: Der männliche Tänzer. In: Die Schönheit, 22. Jg., H.2, 1926, S. 69–81.

Bücher, Karl: Arbeit und Rhythmus. 4.Aufl., Leipzig 1909.

Bücher, Karl: Die Frauenfrage im Mittelalter. Tübingen 1910.

Calendoli, Giovanni: Tanz: Kult – Rhythmus – Kunst. Braunschweig 1986.

Canaris, Volker: Peter Zadek. Der Theatermann und Filmemacher. München/Wien 1979.

Castel, Robert: Bilder und Phantasiebilder. In: Pierre Bourdieu, u.a. (Hg.): Die sozialen Gebrauchsweisen der Photographie. Frankfurt/M. 1983, S. 245–246.

Cavikis, C.: Observations sur l'education physique, les sports et les danses de la femme dans la Grece Antique. In: Hispa-Seminar Wien 1974, Bd.1, Ref.-Nr. 9/1–14.

Chujoy, Anatole: The Dance Encyclopedia. New York 1949.

Croner, Fritz: Soziologie der Angestellten. Köln 1962.

Cunningham, Merce: Der Tänzer und der Tanz. Gespräche mit Jacqueline Lesschaeve. Frankfurt/M. 1986.

Decker, Wolfgang: Quellentexte zu Sport und Körperkultur im alten Ägypten. St. Augustin 1974.

Deleuze, Gilles/Guattari, Felix: Anti-Ödipus. Kapitalismus und Schizophrenie. Bd.1, Frankfurt/M. 1974.Deschner, Karlheinz: Das Kreuz mit der Kirche. Eine Sexualgeschichte des Christentums. München 1989.

D'Eaubonne, Francoise: Feminismus oder Tod. Thesen zur Ökologiedebatte. München 1975.

Dickens, Charles: David Copperfield (1849/50). München 1970.

Diem, Carl: Eine Weltgeschichte des Sports und der Leibeserziehung. Stuttgart 1960.

Dörner, Klaus: Bürger und Irre. Zur Sozialgeschichte und Wissenschaftssoziologie der Psychiatrie. Frankfurt/M. 1969.

Duden, Barbara: Das schöne Eigentum. Zur Herausbildung des bürgerlichen Frauenbildes an der Wende vom 18. zum 19. Jahrhundert. In: Kursbuch 47, Berlin 1977, S. 125–140.

Duerr, Hans Peter: Nacktheit und Scham. Der Mythos vom Zivilisationsprozeß. 2.Aufl., Frankfurt/M. 1988.

Duncan, Isadora: Der Tanz der Zukunft. Leipzig 1903.

Duncan, Isadora: Memoiren. Zürich/Leipzig/Wien 1928.

Eichberg, Henning: Leistung, Spannung, Geschwindigkeit. Sport und Tanz im gesellschaftlichen Wandel des 18./19. Jahrhunderts. Stuttgart 1978.

Eichberg, Henning: Immer wieder aus der Rolle tanzen. Ein kultursoziologischer Versuch, Tanzen zu deuten. In: Sportpädagogik, 9. Jg., H.4, 1985, S. 16–19.

Eichstedt, Astrid/Polster, Bernd: Wie die Wilden. Tänze auf der Höhe ihrer Zeit. Berlin 1985.

Elias, Norbert: Die höfische Gesellschaft. Untersuchungen zur Soziologie des Königtums und der höfischen Aristokratie. Neuwied und Berlin 1969.

Elias, Norbert: Über den Prozeß der Zivilisation. Soziogenetische und psychogenetische Untersuchungen. 2.Bde., Frankfurt/M. 1976.

Elias, Norbert: Zur Grundlegung einer Theorie sozialer Prozesse. In: Zeitschrift für Soziologie, 6. Jg., H.2, 1977, S. 127–149.

Elias, Norbert: Wandlungen der Machtbalance zwischen den Geschlechtern. Eine prozeßsoziologische Untersuchung am Beispiel des antiken Römerstaats. In: Kölner Zeitschrift für Soziologie und Sozialpsychologie, 36. Jg., Nr.2, 1986, S. 425–449.

Elias, Norbert: Figuration. In: Bernhard Schäfers (Hg.): Grundbegriffe der Soziologie. Opladen 1986, S. 88–91.

Emmel, Felix: Neue Sachlichkeit im Tanz. In: Tanz-Gemeinschaft, 2. Jg., Nr.3, 1930, S. 3–5.

Fichte, Johann Gottlieb: Erster Anhang des Naturrechts. Grundriss des Familienrechts. Gesammelte Werke. Bd.3, Berlin 1971.

Fiedler, Leonhard M./Lang, Martin (Hg.): Grete Wiesenthal. Die Schönheit der Sprache des Körpers im Tanz. Salzburg 1985.

Field, David: Der Körper als Träger des Selbst. Bemerkungen zur sozialen Bedeutung des Körpers. In: Kurt Hammrich/Michael Klein (Hg.): Materialien zur Soziologie des Alltags. Sonderheft 20 der Kölner Zeitschrift für Soziologie und Sozialpsychologie, Köln/Opladen 1978, S. 244–264.

Fischer, Lothar: Tanz zwischen Rausch und Ekstase. Anita Berber, 1918–1928 in Berlin. Berlin 1984.

Foucault, Michel: Wahnsinn und Gesellschaft. Frankfurt/M. 1969.

Foucault, Michel: Die Ordnung des Diskurses. Frankfurt/M./Berlin/Wien 1977.

Foucault, Michel: Archäologie des Wissens. Frankfurt/M. 1981.

Foucault, Michel: Überwachen und Strafen. Die Geburt des Gefängnisses. 4.Aufl., Frankfurt/M. 1981.

Foucault, Michel: Sexualität und Wahrheit. Bd.1, Der Wille zum Wissen. Frankfurt/M. 1983.

Foucault, Michel: Sexualität und Wahrheit. Bd.2, Der Gebrauch der Lüste. Frankfurt/M. 1986.

Frankfurter Frauen (Hg.): Frauenjahrbuch 1975. Frankfurt/M. 1975.

Frecot, Janos u.a.: Fidus 1868–1948. Zur ästhetischen Praxis bürgerlicher Fluchtbewegungen. München 1972.

Frecot, Janos: Die Lebensreformbewegung. In: Claus Vondung (Hg.): Das wilhelminische Bürgertum. Zur Sozialgeschichte seiner Ideen. Göttingen 1976.

French, Marilyn: Jenseits der Macht. Frauen, Männer und Moral. Reinbek bei Hamburg 1988.

Freud, Sigmund: Abriß der Psychoanalyse. Das Unbehagen in der Kultur. Frankfurt/M. 1972.

Frevert, Ute: Frauen-Geschichte. Zwischen bürgerlicher Verbesserung und neuer Weiblichkeit. Frankfurt/M. 1986.

Frevert, Ute: Kunstseidener Glanz. Weibliche Angestellte. In: Kristina Soden/Maruta Schmidt (Hg.): Neue Frauen. Die Zwanziger Jahre. Berlin 1988, S. 25–31.

Fuchs, Eduard: Illustrierte Sittengeschichte in sechs Bänden. Bd.3: Die galante Zeit I. Frankfurt/M. 1985.

Galahad, Sir: Mütter und Amazonen. Ein Umriß weiblicher Reiche. München/Berlin 1975.

Galsterer, Hartmut: ›Mens sana in corpore sano‹ – Der Mensch und sein Körper in römischer Zeit. In: Arthur E. Imhof (Hg.): Der Mensch und sein Körper. München 1983, S. 31–45.

Gaulhofer, Karl: Die Fußhaltung. Ein Beitrag zur Stilgeschichte der menschlichen Bewegung. Kassel 1930.

Geitel, Klaus: Ballett in Deutschland – ein Rückblick. In: Hannes Kilian (Hg.): Internationales Ballett auf deutschen Bühnen. München 1968, S. 131–139.

Georgi, Yvonne: Tanz für das Theater. In: Musik und Theater, 3. Jg., Sept.-H., 1928, S. 5.

Gert, Valeska: Mary Wigman und Valeska Gert. In: Der Querschnitt, 6. Jg., H.5, 1926, S. 361–363.

Gert, Valeska: Ich bin eine Hexe. Kaleidoskop meines Lebens. München 1989.

Gleede, Edmund: »…ich empfinde Menschen sehr stark«. Edmund Gleede sprach mit der Wuppertaler Ballettchefin. In: Horst Koegler (Hg.): Ballett 1975. Chronik und Bilanz eines Ballettjahres. Velber bei Hannover 1976, S. 27–31.

Gleede, Edmund: Die Damen auf dem Vormarsch. Einige Überlegungen zur Rollenverteilung beim Ballett und Tanz. In: Hartmut Regitz (Hg.): Jahrbuch Ballett 1987. Zürich und Berlin 1988, S. 19–22.

Gleede, Edmund/Koegler, Horst: Die Frau und der Tanz. In: Horst Koegler (Hg.): Ballett 1975. Chronik und Bilanz eines Ballettjahres. Velber bei Hannover 1976, S. 20–26.

Goethe, Johann Wolfgang: Die Leiden des jungen Werther (1774). Frankfurt/M. 1973.

Goudsblom, Johan: Aufnahme und Kritik der Arbeiten von Norbert Elias in England, Deutschland, den Niederlanden und Frankreich. In: Peter Gleichmann/Johann Goudsblom/Hermann Korte (Hg.): Materialien zu Norbert Elias' Zivilisationstheorie, Frankfurt/M., S. 17–85.

Gould-Davis, Elizabeth: Am Anfang war die Frau. Die neue Zivilisationsgeschichte aus weiblicher Sicht. München 1977.

Göttner-Abendroth, Heide: Die tanzende Göttin. Prinzipien einer matriarchalen Ästhetik. 3. überarbeitete Aufl., München 1982.

Goetze, Will: Situation des Tanzes. In: Der Scheinwerfer, 4. Jg., H.4, 1930/31, S. 10–14.

Grabe, Carl Gustav: Vom Erleben des Tanzes. In: Westermanns Monatshefte, 70. Jg., H.830, 1925/26, S. 145–156.

Graeser, Wolfgang: Körpersinn. München 1927.

Griffin, Susan: Frau und Natur. Frankfurt/M. 1987.

Günther, Dorothee (Hg.): Mädchen-Reigen. Ein Gemeinschaftstanz, entworfen für das Festspiel »Olympische Jugend« der
XI. Olympiade Berlin 1936. Berlin 1936.

Günther, Helmut: Historische Grundlagen der deutschen Rhythmusbewegung. In: Gertrud Bünner/Peter Röthig (Hg.): Grundlagen und Methoden rhythmischer Erziehung. 3.Aufl., Stuttgart
1979, S. 33–69.

Günther, Helmut: Die Tänze und Riten der Afro-Amerikaner.
Vom Kongo bis Samba und Soul. Bonn 1982.

Günther, Helmut/Schäfer, Helmut: Vom Schamanentanz zum
Rumba. Die Geschichte des Gesellschaftstanzes. 2.Aufl., Stuttgart 1975.

Hagemann-Boese, Hedwig: Über Körper und Seele der Frau.
Leipzig und Zürich 1927.

Hanraths, Ulrike/Winkels, Hubert (Hg.): Tanz-Legenden. Essays
zu Pina Bausch. Frankfurt/M. 1984.

Harris, Dale: Merce Cunningham. In: Anne Livet (Hg.): Contem-
porary Dance and Ballet. London 1977.

Hegel, Georg Friedrich Wilhelm: Vorlesung über die Ästhetik.
Bd.1. In: Hermann Glockner (Hg.): Hegel. Sämtliche Werke.
Stuttgart 1971.

Heller, Agnes: Der Mensch der Renaissance. Köln 1982.

Heller, Joachim: Der gute Ton im Umgang mit Menschen. München 1959.

Herkommer, Barbara: Vom »Aktionsrat zur Befreiung der Frau-
en« zum »Sozialistischen Frauenbund Westberlin«. In: Bärbel
Becker (Hg.): Unbekannte Wesen. Frauen in den 60er Jahren.
Berlin 1987, S. 163–165.

Hesse, Bettina: Erdbeeren im Winter. In: Ulrike Hanraths/Hubert
Winkels (Hg.): Tanz-Legenden. Essays zu Pina Bausch. Frank-
furt/M. 1984, S. 90–104.

Hoffmann, Camill: Die Tänzerinnen von Hellerau. In: Neue Freie
Presse. Juni 1912, S. 3.

Hoffmann, Kristiana: Deutsche Gartenstadtbewegung. Kulturpolitik und Gesellschaftsreform. München 1976.

Hoghe, Raimund: ›Du kannst alles tun: du kannst lachen, du
kannst weinen‹. Ein Portrait der Tänzerin Meryl Tankard. In:

Raimund Hoghe: Pina Bausch. Tanztheatergeschichten. Frankfurt/M. 1986, S. 74–83.

Hoghe, Raimund: ›Keuschheitslegende‹. Beobachtungen, Notizen, Erfahrungen während einiger Proben. In: Raimund Hoghe: Pina Bausch. Tanztheatergeschichten. Frankfurt/M. 1986, S. 40–61.

Hoghe, Raimund: Meinwärts – Ein Zweig, eine Mauer. Versuch über Pina Bausch und ihr Theater. In: Raimund Hoghe: Pina Bausch. Tanztheatergeschichten. Frankfurt/M. 1986, S. 7–39.

Hohn, Hans-Willy: Zyklizität und Heilsgeschichte. Religiöse Zeiterfahrung des europäischen Mittelalters. In: Ästhetik und Kommunikation, 10. Jg., H.45/46, 1981, S. 91–105.

Honnegger, Claudia (Hg.): Die Hexen der Neuzeit. Studien zur Sozialgeschichte eines kulturellen Deutungsmusters. Frankfurt/M. 1978.

Horkheimer, Max/Adorno, Theodor W.: Dialektik der Aufklärung. Frankfurt/M. 1971.

Höher, Friederike: Hexe, Maria und Hausmutter – Zur Geschichte der Weiblichkeit im Spätmittelalter. In: Annette Kuhn/Jörn Rüsen (Hg.): Frauen in der Geschichte III. Düsseldorf 1983, S. 13–62.

Imhof, Arthur E. (Hg.): Der Mensch und sein Körper. München 1983.

Irigaray, Luce: Das Geschlecht, das nicht eins ist. Berlin 1979.

Ischreyt, Heinz: Deutsche Kulturpolitik. Bremen 1964.

Jahrbuchgruppe des Münchener Frauenzentrums (Hg.): Frauenjahrbuch 1976. München 1976.

Jaques-Dalcroze, Emile: Rhythmus, Musik und Erziehung. Basel 1921.

Jung, Carl Gustav: Der Mensch und seine Symbole. 10.Aufl., Olten und Freiburg 1987.

Kamper, Dietmar: Einleitung: Vom Schweigen des Körpers. In: Dietmar Kamper/Volker Rittner (Hg.): Zur Geschichte des Körpers. Perspektiven einer Anthropologie. München/Wien 1976, S. 7–12.

Kamper, Dietmar/Wulf, Christian (Hg.): Die Wiederkehr des Körpers. Frankfurt/M. 1982.

Kamper, Dietmar/Wulf, Christian (Hg.): Das Schwinden der Sinne. Frankfurt/M. 1984.

Kant, Marion: Romantisches Ballett – Eine Auskunft zur Frauenfrage. Dissertation (Gesellschaftswissenschaftl. Fak.) Berlin (Ost) 1985.

Kerbs, Diethard: Die hedonistische Linke. Beiträge zur Subkultur-Debatte. Neuwied/Berlin 1970.

Keun, Irmgard: Das kunstseidene Mädchen. Düsseldorf 1979.

Keun, Irmgard: Gilga – Eine von uns. Düsseldorf 1979.

Kimmerle, Gerd: Hexendämmerung. Studie zur kopernikanischen Wende der Hexendeutung. Tübingen 1980.

Kirkland, Gelsey/Lawrence, Greg: Dancing on my grave. New York 1986.

Klages, Ludwig: Vom kosmogonischen Eros. München 1922.

Klein, Michael: Die Zukunft der Geschlechter: ›Genus‹ oder Androgynität. Habilitation Oldenburg 1988.

Klett, Renate: Die Körperlichkeit als Maß aller Dinge. Ganz persönliche Erfahrungen einer Schauspieldramarturgin mit dem Tanztheater. In: Ballett-Journal/Das Tanzarchiv, 34. Jg., Nr.6, 1986, S. 60–61.

Kluge, Alexander: Die Macht der Gefühle. In: Ästhetik und Kommunikation, 14 Jg., H.53/54, 1983, S. 168–203.

Knigge, Adolph von: Über den Umgang mit Menschen (1788). Gera 1891.

Koebner, Franz Wolfgang: Charleston – ein neues Tanzbrevier. Berlin 1927.

Koegler, Horst: Yvonne Georgi. Velber bei Hannover 1963.

Koegler, Horst: Provokateure gesucht. In: Horst Koegler (Hg.): Ballett 1968. Chronik und Bilanz eines Ballettjahres. Velber bei Hannover 1972, S. 46–47.

Koegler, Horst: Tanz in die 30er Jahre. In: Horst Koegler (Hg.): Ballett 1972. Chronik und Bilanz eines Ballettjahres. Velber bei Hannover 1972, S. 37–53.

Koegler, Horst: Tanz in den Abgrund. Chronik deutscher Tanzereignisse 1936–1944. In: Horst Koegler (Hg.): Ballett 1973. Chronik und Bilanz eines Ballettjahres. Velber bei Hannover 1973, S. 57–61.

Kofler, Leo: Zur Geschichte der bürgerlichen Gesellschaft. Versuch einer verstehenden Deutung der Neuzeit. Neuwied und Berlin 1966.

Kollontai, Alexandra: Die neue Moral und die Arbeiterklasse (1918/1919). Münster 1977.

Kool, Jaap: Tänze der Naturvölker. Ein Deutungsversuch primitiver Tanzkulte und Kultgebräuche. Berlin 1921.

Korte, Hermann: Eine Gesellschaft im Aufbruch. Die Bundesrepublik in den sechziger Jahren. Frankfurt/M. 1987.

Korte, Hermann: Über Norbert Elias. Das Werden eines Menschenwissenschaftlers. Frankfurt/M. 1988.

Krabbe, Wolfgang R.: Gesellschaftsveränderung durch Lebensreform. Strukturmerkmale einer sozialreformerischen Bewegung im Deutschland der Industrialisierungsperiode. Göttingen 1974.

Kracauer, Siegfried: Die Angestellten (1930). Berlin 1981.

Kraus, Hildegard: Johann Kresnitz, Frankfurt/M. 1990.

Kristeva, Julia: Produktivität der Frau. Ein Interview mit Eliane Boucquey. In: Alternative 108/109, 1976, S. 167–174.

Krüger, Heinz Hermann: »Es war wie ein Rausch, wenn alle Gas gaben« – Die ›Halbstarken‹ der 50er Jahre. In: Willi Bucher/Klaus Pohl (Hg.): Schock und Schöpfung. Jugendästhetik im 20. Jahrhundert. Darmstadt 1986, S. 269–277.

Krüger, Manfred: Jean-Georges Noverre und sein Einfluß auf die Ballettgestaltung. Emsdetten (West.) 1963.

Krumrey, Horst-Volker: Entwicklungsstrukturen von Verhaltensstandarden. Eine soziologische Prozeßanalyse auf der Grundlage deutscher Anstands- und Manierenbücher von 1870 bis 1970. Frankfurt/M. 1984.

Kuckuck, Anne: Mini, Twist und Twiggy. In: Eckhard Siepmann u.a. (Red.): CheSchaShit. Die Sechziger Jahre zwischen Cocktail und Molotow. Reinbek bei Hamburg 1986, S. 130–137.

Kuczynski, Jürgen: Die Geschichte der Lage der Arbeiter unter dem Kapitalismus. Bd.18, Berlin (Ost) 1963.

Laban, Rudolf von: Die deutsche Tanzbühne. In: Rudolf von Laban/Mary Wigman (Hg.): Die tänzerische Situation unserer Zeit. Dresden 1936, S. 3–7.

Langer, Ingrid: Vor dem Aufbruch. Die soziale Stellung der Frauen in den sechziger Jahren. In: Bärbel Becker (Hg.): Unbekannte Wesen. Frauen in den 60ziger Jahren. Berlin 1987, S. 112–129.

Lämmel, Rudolf: Der moderne Tanz. Berlin 1928.

Lefebvre, Henri: Die Revolution der Städte. Frankfurt/M. 1976.

Levinson, Andrej: Meister des Balletts. Potsdam 1923.

Lewitan, Joseph: Mary Wigman. In: Der Tanz, 4. Jg., H.6, 1931, S. 15–17.

Liechtenhan, Rudolf: Vom Tanz zum Ballett. Eine illustrierte Geschichte des Tanzes von den Anfängen bis zur Gegenwart. Zürich 1983.

Lippe, Rudolf zur: Naturbeherrschung am Menschen. 2 Bde., Frankfurt/M. 1974

Lippe, Rudolf zur: Der Sinn der Sinne. ›Der Körper‹ – eine Fiktion. In: Dietmar Kamper/Christoph Wulf (Hg.): Das Schwinden der Sinne. Frankfurt/M. 1984, S. 298–316.

Lippe, Rudolf zur: Vom Leib zum Körper. Naturbeherrschung am Menschen in der Renaissance. Reinbek bei Hamburg 1988.

Lorenz, Verna: PrimaBallerina. Der zerbrechliche Traum auf Spitzen. Frankfurt/M. 1987.

Löwitsch, Franz: Theatertanz und die Neue Deutsche Tanzkunst. In: Der Tanz, 5. Jg., H.6, 1932, S. 2–3.

Lüders, Marie-Elisabeth: Das unbekannte Heer. Frauen kämpfen für Deutschland 1914–1918. Berlin 1936.

Mähl, Eberhard: Gymnastik und Athletik im Denken der Römer. Amsterdam 1974.

Marcuse, Herbert: Eros und Kultur. Ein philosophischer Beitrag zu Sigmund Freud. Stuttgart 1957.

Marcuse, Herbert: Über den affirmativen Charakter der Kultur. In: Herbert Marcuse: Kultur und Gesellschaft, Bd.1, Frankfurt/M. 1965, S. 65–101.

Marcuse, Herbert: Über Revolte, Anarchismus und Einsamkeit. Ein Gespräch. Zürich 1969.

Marcuse, Herbert: Triebstruktur und Gesellschaft. Frankfurt/M. 1971.

Marcuse, Herbert: Vernunft und Revolution. 2.Aufl., Darmstadt und Neuwied 1976.

Marcuse, Herbert: Der eindimensionale Mensch. Studien zur Ideologie der fortgeschrittenen Industriegesellschaft. 12.Aufl., Darmstadt und Neuwied 1979.

Markard, Anna/Markard, Hermann: Jooss (Ausstellungskatalog). Köln 1985.

Marx, Karl: Das Kapital. Bd.1, MEW Bd.23, Berlin 1975.

Masson, G.A.: Die Philosophie des Foxtrott. In: Das Tagebuch, 1. Jg., H.29, 1920, S. 959–962.

Mathys, Fritz Karl: Die Frau im Sport – 4000 Jahre Frauensport. Basel 1969.

Mazo, Joseph H.: Prime Movers. The makers of modern dance in America. New York 1977.

Meillassoux, Claude: Die wilden Früchte der Frau. Über häusliche Produktion und kapitalistische Wirtschaft. Frankfurt/M. 1976.

Meissner, Arno: Altrömisches Kulturleben. Leipzig 1908.

Mendelssohn-Bartholdy, Charlotte von: Sollen wir eine Mode tragen? In: Christian Ferber (Hg.): Die Dame. Ein deutsches Journal für den verwöhnten Geschmack 1912 bis 1943. Frankfurt/Berlin/Wien 1980, S. 27–28.

Menzler, Dora: Vom Ursprung neuzeitlicher Körperschulung. In: Dora Menzler (Hg.): Die Schönheit deines Körpers. Das Ziel unserer gesundheitlich-künstlerischen Körperschulung. 10. Aufl., Stuttgart 1924, S. 13–16.

Merchant, Carolyn: Der Tod der Natur. Ökologie, Frauen und neuzeitliche Naturwissenschaften. München 1987.

Merleau-Ponty, Maurice: Phänomenologie der Wahrnehmung. Berlin 1965.

Mies, Maria: Gesellschaftliche Ursprünge geschlechtsspezifischer Arbeitsteilung. In: Frauen und ›Dritte Welt‹. Beiträge zur feministischen Theorie und Praxis. Bd.3, 1980, S. 61–78.

Mindt, Erich: Mädchen-Reiterballspiele, Tänze und Sonstiges vom ägyptischen Sport. In: Der Erdball, 1. Jg., H.1, 1926/27, S. 29–32.

Mitchell, Juliet: Psychoanalyse und Feminismus. Freud, Reich, Laing und die Frauenbewegung. Frankfurt/M. 1972.

Mittauer, Michael: Zur Problematik des Begriffs ›Familie‹ im

17. Jahrhundert. In: Heidi Rosenbaum (Hg.): Seminar: Familie und Gesellschaftsstruktur. Frankfurt/M. 1978, S. 73–82.

Mumford, Lewis: Mythos der Maschine. Kultur, Technik und Macht. Frankfurt/M. 1977.

Müller, Hedwig: Der Weg ist das Ziel. Dialog mit Reinhild Hoffmann, Choreographin und Direktorin des Bremer Tanztheaters. In: ballett international, 6. Jg., H.4, 1983, S. 10–19.

Müller, Hedwig: Offenheit aus Überzeugung. Die Entwicklung des modernen Tanzes. In: Hartmut Regitz (Hg.): Tanz in Deutschland. Ballett nach 1945. Berlin 1984, S. 76–115.

Müller, Hedwig: Die Begründung des Ausdruckstanzes durch Mary Wigman. Dissertation (Philosoph. Fak.) Köln 1986.

Müller, Hedwig: Mary Wigman. Leben und Werk einer großen Tänzerin. Berlin 1986.

Müller, Hedwig: Martha Graham. Der Beginn des modern dance. In: tanzdrama, Nr.8, 3.Quartal 1989, S. 26–27.

Müller, Hedwig: Von der äußeren Bewegung zur inneren Bewegung. Klassische Ballerina – moderne Tänzerin. In: Renate Möhrmann (Hg.): Die Schauspielerin. Zur Kulturgeschichte der weiblichen Bühnenkunst. Frankfurt/M. 1989, S. 281–297.

Müller, Hedwig/Servos, Norbert: Die Emanzipation des Tanzes zu seinen eigenen Mitteln. Einige Überlegungen zum Tanztheater aus theoretischer Sicht. In: Hedwig Müller/Norbert Servos (Hg.): Pina Bausch. Wuppertaler Tanztheater. Köln 1979, o.S.

Müller, Hedwig/Servos, Norbert: Die Produktivität des Unfertigen. Work in Progress, Montage, Verfremdung. In: Hedwig Müller/Norbert Servos (Hg.): Pina Bausch. Wuppertaler Tanztheater. Köln 1979, o.S.

Müller, Hedwig/Servos,Norbert: Von Frühlingsopfer bis Kontakthof. In: Hedwig Müller/Norbert Servos (Hg.): Pina Bausch. Wuppertaler Tanztheater. Köln 1979, o.S.

Müller-Rau, Elli: Stil und Technik. In: Der Tanz, 3. Jg., H.1, 1930, S. 6–8.

Nitschke, Bernd: Die Zerstörung der Sinnlichkeit. München 1981.

Noverre, Jean Georges: Briefe über die Tanzkunst und über die Ballette. Hamburg und Bremen 1979.

Odenthal, Johannes: Warum choreographieren? In: tanz aktuell, Nr.3, 5. Jg., 1990, S. 4–5.

Odenthal, Johannes: Für eine Theorie des Androgynen. (Unveröffentl. Vortragsmanuskript). Berlin 1990.

Opitz, Claudia: Vom Familienzwist zum sozialen Konflikt. Über adlige Eheschließungspraktiken im Hoch- und Spätmittelalter. In: Ursula A. J. Becher/Jörn Rüsen (Hg.): Weiblichkeit in geschichtlicher Perspektive. Fallstudien und Reflexionen zu Grundproblemen der historischen Frauenforschung. Frankfurt/M. 1988, S. 116–149.

Oppenheimer, Franz: Die Siedlungsgenossenschaft. Versuch einer positiven Überwindung des Kommunismus durch Lösung des Genossenschaftsproblems und der Agrarfrage. Jena 1896.

Pallat, Ludwig/Hilker, Franz: Künstlerische Körperschulung. Breslau 1923.

Palucca, Gret: Gedanken und Erfahrungen. In: Rudolf von Laban/Mary Wigman (Hg.): Die tänzerische Situation unserer Zeit. Dresden 1936, S. 10–13.

Palucca, Gret: Portrait einer Künstlerin. Berlin (Ost) 1972.

Pappritz, Erika: Etikette. Marbach 1956.

Pawlowa, Anna: Tanzende Füße. Dresden 1928.

Peter, Frank Manuel: Valeska Gert. Tänzerin, Schauspielerin, Kabarettistin. Berlin 1985.

Peters, Kurt: Der Ausdruckstanz. Über die Genesis einer neuen Bewegungskunst. In: Ballett-Journal/Das Tanzarchiv, 35. Jg., Nr.1, 1987, S. 70–73.

Pfeil, Elisabeth: Die Berufstätigkeit von Müttern. Tübingen 1961.

Pfister, Gertrud: Körperkultur und Weiblichkeit. Ein historischer Beitrag zur Entwicklung des modernen Sports in Deutschland bis zur Weimarer Republik. In: Michael Klein (Hg.): Sport und Geschlecht. Reinbek bei Hamburg 1983, S. 35–59.

Plastrotmann, Gundula Maria: Zwergschule, Puddingabitur und Alma Mater. Mädchen- und Frauenbildung in den sechziger Jahren. In: Bärbel Becker (Hg.): Unbekannte Wesen. Frauen in den sechziger Jahren. Berlin 1987, S. 57–62.

Pollack, Heinz: Die Revolution des Gesellschaftstanzes. Dresden 1922.

Pomeroy, Sarah B.: Frauenleben im klassischen Altertum. Stuttgart 1985.

Pringsheim, Klaus: Der Unfug der Neudeutschen Tanzkunst. In: Der Querschnitt, 10. Jg., H.9, 1930, S. 604–606.

Pross, Helge: Die Wirklichkeit der Hausfrau. Reinbek bei Hamburg 1975.

Pudor, Heinrich: Nackt-Kultur. 3 Bde., 3.Aufl., Berlin 1906.

Rathaus, Katharina: Tanzkunst und Körperschönheit. In: Elegante Welt, 17. Jg., H.1, 1928, S. 23–25.

Regitz, Hartmut: Zwischen Gruppe und Solo. Ein Gespräch mit Susanne Linke. In: Ballett-Journal/Das Tanzarchiv, 33. Jg., H.4, 1985, S. 34–39.

Regner, Otto Friedrich: Das neue Ballettbuch. Frankfurt/M. 1962.

Reich, Wilhelm: Die Entdeckung des Orgons. Die Funktion des Orgasmus. Frankfurt/M. 1972.

Reiche, Reimut: Sexualität und Klassenkampf. Zur Abwehr repressiver Entsublimierung. Frankfurt/M. 1974.

Reinsberg, Carola: Ehe, Hetärentum und Knabenliebe im antiken Griechenland. München 1989.

Reiter, Sabine: Weltliche Lebensformen von Frauen im 10. Jahrhundert. Das Zeugnis erzählender Quellen. In: Werner Affeld/Annette Kuhn (Hg.): Frauen in der Geschichte VII. Düsseldorf 1986, S. 209–226.

Reuter, Thomas: »Wir sind nackt und nennen uns Du!«. Von Lichtfreunden und Sonnenmenschen. In: Willi Bucher/Klaus Pohl (Hg.): Schock und Schöpfung. Jugendästhetik im 20. Jahrhundert. Darmstadt und Neuwied 1986, S. 407–411.

Rittner, Volker: Norbert Elias: Das Konzept des Zivilisationsprozesses als Ensatz des epischen Moments durch das konstruktive. In: Dietmar Kamper/Volker Rittner (Hg.): Abstraktion und Geschichte. München und Wien 1975, S. 83–126.

Rittner, Volker: Handlung, Lebenswelt und Subjektivierung. In: Dietmar Kamper/Volker Rittner (Hg.): Zur Geschichte des Körpers. Perspektiven einer Anthropologie. München/Wien 1976, S. 13–66.

Roloff, Hans-Gert: Der menschliche Körper in der älteren deutschen Literatur. In: Arthur E. Imhof (Hg.): Der Mensch und sein Körper. München 1983, S. 83–102.

Ruprecht, Erich: Die Weltanschauung der Romantik. In: Georg Eckert/Otto Schüttekopf: Die deutsche Romantik im französischen Deutschlandbild. Braunschweig 1957.

Rühle-Gerstel, Alice: Das Frauenproblem der Gegenwart. Eine psychologische Bilanz. Leipzig 1932.

Rydberg, Olaf: Die Tänzerin Palucca. Dresden 1935.

Sachs, Curt: Eine Weltgeschichte des Tanzes. Hildesheim/New York 1976.

Salten, Felix: Wien, gib' acht. In: Neue Freie Presse, Wien 10.2.1924.

Sander, Helke: Die Anfänge der Frauenbewegung. In: Eckhard Siepmann u.a. (Red.): CheSchaShit. Die Sechziger Jahre zwischen Cocktail und Molotow. Reinbek bei Hamburg 1986, S. 273–282.

Scharenberg, Wolfgang: Zurück zur Scholle – Vom Schrebergarten zur Gartenstadt. Berlin 1931.

Scharff, Werner Heinrich: Der Sport und die Frau. Erlangen 1938.

Schaukal, Richard von: Das Bein. In: Christian Ferber (Hg.): Die Dame. Ein deutsches Journal für den verwöhnten Geschmack 1912 bis 1943. Frankfurt/Berlin/Wien 1980, S. 178–180.

Scheier, Helmut: Der Tanz muß etwas ganz Erwachsenes werden. Pina Bausch im Gespräch über ihre Arbeit. In: Ballett-Journal/Das Tanzarchiv, 34. Jg., Nr.6, 1986, S. 26–27.

Scheier, Helmut: Was hat Tanztheater mit Ausdruckstanz zu tun? In: ballett international, 1. Jg., H.1, Nr.4, 1986, S. 4–7.

Scheier, Helmut: Männerkunst? Frauenkunst. Über eine mögliche Ästhetik des Tanzens. In: Hartmut Regitz (Hg.): Jahrbuch Ballett 1987. Zürich und Berlin 1988, S. 4–11.

Schikowski, John: Geschichte des Tanzes. Berlin 1926.

Schimmer, Fritz: Vom Wesen körperlicher Schönheit. In: Dora Menzler (Hg.): Die Schönheit deines Körpers. Das Ziel unserer gesundheitlich-künstlerischen Körperschulung. 10.Aufl., Stuttgart 1924, S. 7–12.

Schirmer, Eva: Mystik und Minne. Frauen im Mittelalter. Berlin 1984.

Schlee, Alfred: An der Wende des Neuen Tanzes. In: Schrifttanz, 3. Jg., H.1, 1930, S. 1–2.

Schleusner, Thea: Tänzerische Frauenpersönlichkeiten der Gegenwart. In: Die schöne Frau, 4. Jg., H.5, 1928/29, S. 11–14.

Schlicher, Susanne: Deutsches Tanztheater der siebziger Jahre. Dissertation (Theaterwiss. Inst.), Wien 1984.

Schlicher, Susanne: TanzTheater. Traditionen und Freiheiten. Reinbek bei Hamburg 1987.

Schmidt, Jochen: Ein Interview. Jochen Schmidt im Gespräch mit Pina Bausch am 9. November 1978. In: Hedwig Müller/Norbert Servos (Hg.): Pina Bausch. Wuppertaler Tanztheater. Köln 1979, o.S.

Schmidt, Jochen: Die Enkelinnen tanzen sich frei. Von Fanny Elssler zu Pina Bausch oder Von der weiblichen Fremd- zur Selbstbestimmung im Ballett. In: Friederike Hassauer/Peter Roos (Hg.): Notizbuch. VerRückte Rede – Gibt es eine weibliche Ästhetik? Berlin 1980, S. 35–47.

Schmidt-Garre, Helmut: Ballett. Vom Sonnenkönig bis Balanchine. Velber bei Hannover 1966.

Schöfthaler, Ele: Troubadora und Meisterin. In: Kursbuch 47, Berlin 1977, S. 115–123.

Schreier, Josefine: Göttinnen. Ihr Einfluß von der Urzeit bis zur Gegenwart. München 1978.

Schröter, Michael: ›Scham‹ im Zivilisationsprozeß. Erwiderungen auf Hans Peter Duerr. In: Hermann Korte (Hg.): Gesellschaftliche Prozesse und individuelle Praxis. Bochumer Vorlesungen zu Norbert Elias' Zivilisationstheorie. Frankfurt/M. 1990, S. 42–85.

Schultze-Naumburg, Paul: Die Kultur des weiblichen Körpers als Grundlage der Frauenkleidung. Jena 1910.

Schulz, Knut: Mittelalterliche Vorstellungen von der Körperlichkeit. In: Arthur E. Imhof (Hg.): Der Mensch und sein Körper. München 1983, S. 46–64.

Seiffert, Edith: Einheit – Zweiheit – Ganzheit. In: Brigitte Wartmann (Hg.): Weiblich – Männlich. Kulturgeschichtliche Spuren einer verdrängten Weiblichkeit. Berlin 1980, S. 193–201.

Seitz, Joseph M.: Die Nacktkulturbewegung. Dresden 1923.

Sennett, Richard: Verfall und Ende des öffentlichen Lebens. Die Tyrannei der Intimität. Frankfurt/M. 1986.

Servos, Norbert: Tanz und Emanzipation. Das Wuppertaler Tanztheater. In: ballett international, 5. Jg., Nr.1, 1982, S. 50–63.

Servos, Norbert: Tanz-Lust oder Totentanz? Gedanken zur Bewegungsfreiheit im Tanz. In: ballett international, 12. Jg., Nr.7/8, 1989, S. 33–37.

Servos, Norbert: »Unsere Stücke erlösen etwas«. Interview mit Rosamund Gilmore. In: tanzdrama, Nr.8, 3.Quartal 1989, S. 4–6.

Servos, Norbert: Interview mit William Forsythe. In: tanz aktuell, 4. Jg., H.7/8, S. 4–8.

Siemsen, Hans: Jazz-band. In: Die Weltbühne, 17. Jg., Berlin 1921, S. 287–288.

Soden, Kristina/Schmidt, Maruta (Hg.): Neue Frauen. Die Zwanziger Jahre. Berlin 1988.

Sorell, Walter: Knaurs Buch vom Tanz. Der Tanz durch die Jahrhunderte. München/Zürich 1969.

Sorell, Walter: Der Tanz im Spiegel der Zeit. Eine Kulturgeschichte des Tanzes. Wilhelmshaven 1985.

Stodelle, Ernestine: Deep Song: The Dance Story of Martha Graham. New York 1984.

Storck, Karl: E. Jaques-Dalcroze. Seine Stellung und Aufgabe in unserer Zeit. Stuttgart 1912.

Stüber, Werner Jakob: Geschichte des modern dance. Zur Selbsterfahrung und Körperaneignung im modernen Tanztheater. Wilhelmshaven 1984.

Sullerot, Evelyne: Die Wirklichkeit der Frau. München 1979.

Suren, Hans: Der Mensch und die Sonne. 5.Aufl., Stuttgart 1924.

Taubert, Karl Heinz: Höfische Tänze. Ihre Geschichte und Choreographie. Mainz/London/New York/Tokyo 1968.

Tawney, Richard Henry: Religion und Frühkapitalismus. Eine historische Studie. Bern 1946.

Theweleit, Klaus: Männerphantasien. Bd.1, Reinbek bei Hamburg 1980.

Thiess, Frank: Der Tanz als Kunstwerk. Studien zu einer Ästhetik der Tanzkunst. München 1923.

Trümphy, Berthe: Gruppentanz – Chorische Gemeinschaft. In: Die Tat, 20. Jg., H.3, 1928/29, S. 214–216.

Tschap-Bock, Angelika: Frauensport und Gesellschaft. Der Frauensport in seinen historischen und gegenwärtigen Formen. Ahrensburg bei Hamburg 1983.

Ueberhorst, Horst: Leibesübungen im alten Ägypten. In: Horst Ueberhorst (Hg.): Geschichte der Leibesübungen, Bd.1, Berlin/München/Frankfurt 1972, S. 190–224.

Ulbrich, M.: In: Evangelische Lehrerinnen-Warte/Deutsche Lehrerzeitung, 45. Jg., H.2, Leipzig 1932.

Verin, A.: Die Kurve. In: Der Tanz, 6. Jg., H.1, 1933, S. 6–7.

Vieth, Gerhard Ulrich Anton: Versuch einer Encyklopädie der Leibesübungen (Berlin 1795). Bd.2, Frankfurt/M. 1970.

Vietta, Egon: Briefe über den Tanz. Bielefeld 1948.

Vogt, Paul: Der Blaue Reiter. Köln 1977.

Wallmann, Margarete: Mary Wigman und ihre Gruppe. In: Tanz-Gemeinschaft, 2. Jg., H.2, 1930, S. 6–8.

Walters, Margaret: Der männliche Akt. Berlin 1979.

Wartmann, Brigitte: Verdrängungen der Weiblichkeit aus der Geschichte. In: Brigitte Wartmann (Hg.): Weiblich – Männlich. Kulturgeschichtliche Spuren einer verdrängten Weiblichkeit. Berlin 1980, S. 7–33.

Wartmann, Brigitte: Die Grammatik des Patriarchats. Zur ›Natur‹ des Weiblichen in der bürgerlichen Gesellschaft. In: Ästhetik und Kommunikation, 11. Jg., H.47, 1982, S. 12–32

Wawrzyn, Lienhard: Der Automaten-Mensch. E.T.A. Hoffmanns Erzählung vom Sandmann. Berlin 1976.

Weber-Kellermann, Ingeborg: Die deutsche Familie. Frankfurt/M. 1974.

Weege, Fritz: Der Tanz in der Antike. Hildesheim/New York 1976.

Wehowsky, Andreas: Uns beweglicher machen als wir sind – Überlegungen zu Norbert Elias. In: Ästhetik und Kommunikation, 6. Jg., H.30, 1977, S. 8–17.

Weidemann, Magnus: Körper und Tanz. Rudolstadt 1925.

Weidt, Jean: Auf der grossen Strasse. Berlin (Ost) 1984.

Weinrich, Lorenz (Hg.): Quellen zur deutschen Verfassungs-, Wirtschafts- und Sozialgeschichte bis 1250. Freiherr vom Stein-Gedächtnisausgabe, Bd.32, Darmstadt 1977.

Weisenburger, Petra: »Tänzer sind unsozial«. Zur Erinnerung an Jean Weidt. In: tanz aktuell, 4. Jg., Nr.10, 1989, S. 17–20.

Weißler, Sabine: Sexy Sixties. In: Eckhard Siepmann (Red.): Che-SchaSchit. Die Sechziger Jahre zwischen Cocktail und Molotow. Reinbek bei Hamburg 1986, S. 138–147.

Weizenbaum, Josef: Die Macht der Computer und die Ohnmacht der Vernunft. Frankfurt/M. 1977.

Wex, Marianne: ›Weibliche‹ und ›männliche‹ Körpersprache als Ausdruck patriarchaler Machtverhältnisse. Hamburg 1979.

Wied, Karl Victor: Königinnen des Balletts. München 1961.

Wienholz, Margit: Französische Tanzkritik im 19. Jahrhundert als Spiegel ästhetischer Bewußtseinsbildung. Frankfurt/M. 1974.

Wigman, Mary: Meisterin und Meisterschülerin. Warum tanzt die Jugend? In: Die schöne Frau, 3. Jg., Nr.1, 1927/28, S. 10.

Wigman, Mary: Das ›Land ohne Tanz‹. In: Die Tanz-Gemeinschaft, 1. Jg., H.2, 1929, S. 12–13.

Wigman, Mary: Der Tänzer und sein Instrument. In: Die Tanz-Gemeinschaft, 1. Jg., H.4, 1929, S. 1–3.

Wigman, Mary: Weibliche Tanzkunst. In: Blätter der Staatsoper und der städtischen Oper Berlin, 10. Jg., H.6, 1929, S. 14–16.

Wigman, Mary: Der neue künstlerische Tanz und das Theater. In: Der Volkstanz, 5. Jg., H.8/9, 1929/30, S. 65.

Wigman, Mary: Vom Wesen des künstlerischen Tanzes. In: Rudolf von Laban/Mary Wigman (Hg.): Die tänzerische Situation unserer Zeit. Dresden 1936, S. 8–10.

Wigman, Mary: Die Sprache des Tanzes. München 1986.

Wittkop-Ménardeau, Gabrielle: Unsere Kleidung. Aus der Geschichte der Moden bis zum Jahr 1939. Frankfurt/M. 1985.

Woesler de Panafieu, Christine: Außen- und Innenaspekte weiblicher Körper. In: Michael Klein (Hg.): Sport und Geschlecht. Reinbek bei Hamburg 1983, S. 60–74.

Woesler de Panafieu, Christine: Das Konzept von Weiblichkeit als Natur- und Maschinenkörper. In: Barbara Schaeffer-Hegel/Brigitte Wartmann (Hg.): Mythos Frau. Projektionen und Inszenierungen im Patriarchat. Berlin 1984, S. 244–268.

Woesler de Panafieu, Christine: Feministische Kritik am wissenschaftlichen Androzentrismus. In: Ursula Beer (Hg.): Klasse Geschlecht. Feministische Gesellschaftsanalyse und Wissenschaftskritik. Bielefeld 1987, S. 84–115.

Wulf, Christoph: Das gefährdete Auge. Ein Kaleidoskop der Geschichte des Sehens. In: Dietmar Kamper/Christoph Wulf (Hg.): Das Schwinden der Sinne. Frankfurt/M. 1984, S. 21–45.

Wüllner, Jo: Das Interview. Reinhild Hoffmann. In: Guckloch, H.9, 1986, S. 92–97.

Zahn-Harnack, Agnes von: Die arbeitende Frau. Breslau 1924.

Dieses Buch wurde 1990 an der Fakultät für Sozialwissenschaft der Ruhr-Universität Bochum als Dissertation angenommen.

Bildnachweis

BIOGRAPHIEN

Maria Biesold
Sergej Rachmaninoff
Eine Künstlerbiographie zwischen
Moskau und New York
480 Seiten, 25 Abb., geb.
ISBN 3-88679-191-2

Eberhard Fechner
Die Comedian Harmonists
Sechs Lebensläufe
452 Seiten, zahlr. Abb., Ln.
ISBN 3-88679-174-2

Inge Meysel
Frei heraus – mein Leben
375 Seiten, ca. 180 Abb., geb.
ISBN 3-88679-195-5

Christian Morgenstern:
Ein Wanderleben in Text
und Bild
Hrsg. von Ernst Kretschmer
224 Seiten, 145 Abb., Br.
ISBN 3-88679-180-7

Hedwig Müller
Mary Wigman
324 Seiten, zahlr. Abb., Br.
ISBN 3-88679-148-3

Egon Netenjakob
Eberhard Fechner
Lebensläufe dieses Jahrhunderts
im Film. Eine Biographie
240 Seiten, 30 Abb., Ln.
ISBN 3-88679-181-5

Carl von Ossietzky
Ein Lebensbild
Hrsg. von Richard von Soldenhoff
336 Seiten mit zahlr. Abb., Ln.
ISBN 3-88679-173-4

Vanessa Redgrave
Autobiographie
Aus dem Englischen von Heide
Sommer und R. Range Cloyd.
455 Seiten, 96 Abb., geb.
ISBN 3-88679-200-5

Agnes Sassoon
Überlebt. Als Kind in deutschen
Konzentrationslagern
Aus dem Engl. von Heike Brandt.
160 Seiten, ca. 10 Abb., geb.
ISBN 3-88679-198-X

Herbert Spaich
Rainer Werner Fassbinder
Leben und Werk
421 Seiten, zahlr. Abb., geb.
ISBN 3-407-85104-9

Caitlin Thomas
Mein Leben mit Dylan Thomas
Aus dem Engl. von Angela
Uthe-Spencker.
287 Seiten, ca. 20 Abb., geb.
ISBN 3-88679-196-3

Kurt Tucholsky 1890–1935
Ein Lebensbild
Hrsg. von Richard von Soldenhoff
296 Seiten, 325 Abb.
ISBN 3-88679-138-6 (Ln.)
ISBN 3-88679-154-8 (Br.)

BELTZ
Quadriga

HEYNE
BÜCHER

Frau und Gesellschaft

Bücher, die brisante Themen aufgreifen, sachlich und zugleich
engagiert geschrieben – nicht nur für Frauen . . .

SACHBUCH

**FRAUEN
UND GELD**
DIE GESCHICHTE EINER
ZWIESPÄLTIGEN BEZIEHUNG

MARIE-FRANÇOISE HANS

19/237

Außerdem lieferbar:

Thomas Gordon
Frauenkonferenz
19/20

Gunnar Heinsohn/Otto Steiger
**Die Vernichtung der weisen
Frauen**
19/18

Jehan Sadat
Ich bin eine Frau aus Ägypten
01/8196

Claudia Schmölders (Hrsg.)
Die wilde Frau
19/240

Kaari Utrio
**Evas Töchter – Die weibliche
Seite der Geschichte**
19/147

Wilhelm Heyne Verlag
München